HOTEL TRÓPICO

Jerry Dávila

HOTEL TRÓPICO

O Brasil e o desafio da descolonização africana, 1950-1980

Tradução

Vera Lúcia Mello Joscelyne

Copyright © Jerry Dávila
Copyright da tradução © Vera Lúcia Mello Joscelyne
Copyright desta edição © 2011 Editora Paz e Terra

Direitos de edição da obra em língua portuguesa no Brasil adquiridos pela EDITORA PAZ E TERRA. Todos os direitos reservados. Nenhuma parte desta obra pode ser apropriada e estocada em sistema de banco de dados ou processo similar, em qualquer forma ou meio, seja eletrônico, de fotocópia, gravação etc., sem a permissão do detentor do copirraite.

EDITORA PAZ E TERRA LTDA.
Rua do Triunfo, 177 — Sta Ifigênia — São Paulo
Tel: (011) 3337-8399 — Fax: (011) 3223-6290
http://www.pazeterra.com.br

Texto revisto pelo novo Acordo Ortográfico da Língua Portuguesa.

DADOS INTERNACIONAIS DE CATALOGAÇÃO NA PUBLICAÇÃO
(CIP) (CÂMARA BRASILEIRA DO LIVRO, SP, BRASIL)

Dávila, Jerry
    Hotel Trópico : O Brasil e o desafio da descolonização africana, 1950-1980 / Jerry Dávila ; tradução Vera Lúcia Mello Joscelyne. -- São Paulo : Paz e Terra, 2011.

    Título original: Hotel Trópico : Brazil and the challenge of African decolonization, 1950-1980.
    ISBN 978-85-7753-179-0

    1. África - Língua portuguesa - História -Século 20 2. África - Relações - Brasil 3. África -Relações exteriores - Brasil 4. Brasil - Relações África 5. Brasil - Relações exteriores - África
    I. Título.

11-06856   CDD-327.8106

Índices para catálogo sistemático:
1. Brasil : Relações exteriores : África : Ciência política : História 327.8106

Sumário

	Agradecimentos	7
	Introdução	11
1	O Brasil no mundo lusotropical	23
2	A África e a Política Externa Independente	55
3	"Os amantes da raça africana": diplomatas brasileiros na Nigéria	83
4	Guerra em Angola, crise no Brasil	115
5	Latinidade ou Fraternidade? Senegal, Portugal e o regime militar brasileiro	145
6	A viagem de Gibson Barboza: "O Brasil [re]descobre a África"	173
7	O Brasil e a revolução portuguesa	207
8	A representação especial do Brasil em Angola, 1975	231
9	Milagre à venda: o marketing do Brasil na Nigéria	269

Epílogo	297
Abreviações	313
Bibliografia	315

Agradecimentos

Este livro explora a mudança rápida e muitas vezes tumultuada que os países do Atlântico sofreram na segunda metade do século XX, impulsionada pelas correntes da descolonização, do desenvolvimentismo, do autoritarismo e da Guerra Fria. Focaliza a maneira como um grupo de brasileiros interpretou essas correntes de mudança e especificamente o que essas percepções revelam sobre o pensamento racial brasileiro. Ao escrever este livro, só me foi possível abordar tantos temas e lugares pelo apoio que recebi de muitos amigos e colegas que, no Brasil e nos Estados Unidos, partilharam materiais, fizeram perguntas, abriram portas e concederam-me tempo para pesquisar. E, como um livro que depende profundamente de histórias orais, é também fruto da generosidade de muitos diplomatas, intelectuais, artistas, ativistas e seus parentes que me concederam entrevistas sobre suas experiências com relação ao Brasil e à África.

Meu interesse pelas conexões do Brasil com a África e pela identidade racial brasileira começou quando eu cursava a Universidade de Brown, graças ao estímulo de Thomas Skidmore e de Anani Dzidzienyo, cujo interesse pela conexão africana e pela situação afro-brasileira alimentou e orientou este projeto do início até sua publicação.

Anani Dzidzienyo, Jeffrey Lesser, John David Smith, Mark Wilson e os pareceristas anônimos da Editora Paz e Terra e da Duke University Press leram e comentaram o manuscrito em sua totalidade. Agradeço também a Izabel Aleixo, Nina Schipper e Mariana Elia da Editora Paz e Terra, e Valerie Milholland, da Duke University Press. Paulina Alberto, George Reid Andrews, Jürgen Buchenau, Greg Childs, Marshall Eakin, Lyman Johnson, Jeffrey Needell e Thomas Rogers também leram partes do manuscrito, oferecendo sugestões e incentivo. Muitos outros generosamente me cederam materiais, deram-me oportunidades para debater questões e me apoiaram, entre eles Peter Beattie, Leslie Bethell, Amy Chazkel, Ralph Della Cava, Tom Cohen, Todd Diacon, James Green, Thomas Holloway, Hal Langfur, Bryan McCann, Zachary Morgan, Timothy Power, Uri Rosenheck, Wayne Selcher, Ken Serbin, Ariel Svarch, Luiz Valente, Daryle Williams, Erica Windler, Joel Wolfe e James Woodard.

No Brasil, foram muitos os que me aconselharam, facilitaram o acesso às fontes e me apresentaram a possíveis entrevistados. Meus agradecimentos a Paulo Roberto de Almeida, Marcelo Bittencourt, Celso Castro, Vivaldo Costa Lima, Claudio DeNipoti, Peter Fry, Cristina Gouveia, Monica Grin, Keila Grinburg, Antonio Sergio Guimarães, André Joanilho, Angela Lühnig, Marcos Chor Maio, Beatriz Mamigonian, José Carlos Sebe Bom Meihy, Abdias e Elisa Larkin do Nascimento, Satiro Nunes, Paulo Sérgio Pinheiro, João José Reis, Cláudio Ribeiro, Heloísa Pimenta Rocha, Jocélio Teles dos Santos, Leila Santos, Lilia Moritz Schwarcz, Sandra Selles, Mariza Soares, Omar Thomaz e Bruno Pessoa Villela. Sônia Oliveira transcreveu muitas horas de entrevistas. Amigos no Brasil, entre eles Andy Castonguay, Nando Duarte, Jürgen Heye, Beth Marino, Adilson Rachid, Gabi e Leo Rego, Luis Filipe Silveiro Lima e Alina Skonieczny fizeram com que minha família e eu nos sentíssemos em casa durante as viagens para a pesquisa.

Em Lisboa, Maria Isabel Fevereiro, diretora do arquivo do Ministério dos Negócios Estrangeiros português, com boa vontade e eficiência incomparáveis, permitiu meu acesso a um dos tesouros documentais mais valiosos como fonte de informações para este livro. Os funcionários do salão de leitura do Arquivo Histórico do Itamaraty, em Brasília, também sempre me receberam e foram muito atenciosos.

As oportunidades para apresentar e discutir a pesquisa forneceram meios de questionar e apurar a análise neste livro. Agradeço aos alunos e colegas da Universidade da Carolina do Norte em Charlotte, às Universidades de Georgetown, Columbia e Denison, ao Davidson College, à Pontifícia Universidade Católica do Rio de Janeiro, à Universidade Federal do Rio de Janeiro, à Universidade Federal de Minas Gerais, ao CPDOC da Fundação Getulio Vargas, à Fundação Casa de Rui Barbosa, à Fiocruz, à Universidade Federal Fluminense, à Universidade Estadual de Campinas, à Universidade de São Paulo, ao Instituto Sverdlin de Estudos Latino-Americanos na Universidade de Tel Aviv, e ao Brazil Centre na Universidade de Oxford. Alunos que participavam do seminário da graduação em história latino-americana na Universidade de Emory envolveram-se em uma discussão estimulante de uma versão completa do manuscrito que acrescentou muito ao livro.

Este livro tornou-se possível graças ao apoio generoso da agência norte-americana National Endowment for the Humanities, das bolsas Fulbright e Fulbright Hays e das bolsas de pesquisa das faculdades da Universidade da Carolina do Norte em Charlotte. Durante meu período como bolsista da Fulbright, Marco Antonio Pamplona, Ângela Paiva e Karl Erik Scholhammer, colegas na Pontifícia Universidade Católica do Rio, receberam-me muito bem e com eles tive diálogos muito enriquecedores. Meu agradecimento também ao diretor da Comissão Fulbright do Brasil, Luiz Loureiro, à coordenadora do programa Fulbright Carol Robles e aos funcionários da Fulbright pelo permanente apoio.

Minha esposa, Liv, encorajou-me, ouviu-me, desafiou-me e acompanhou-me a cada página.

Finalmente, agradeço aos diplomatas, intelectuais, artistas, ativistas — e seus parentes — que generosamente me concederam entrevistas sobre suas experiências na história que se segue. Eles deram seu tempo (em várias ocasiões), partilharam fotos e objetos e refletiram muitas vezes de forma muito pessoal sobre suas experiências. Meu agradecimento a Mário Gibson Barboza, José Clemente Baena Soares, Maria do Carmo Brito, Yedda Castro Pessoa, Alberto da Costa e Silva, Waldir Freitas de Oliveira, Antonio Gomes da Costa, José Manuel Gonçalves, Maria Yedda Linhares, José Osvaldo Meira Penna, Ivony de Andrade Melo, Ovídio de Andrade Melo, Cândido Mendes de Almeida, Fernando Mourão, Antonio Olinto, Mário Osava, José Maria Nunes Pereira, Antonio Pitanga, Rubens Ricupero, Ramiro Saraiva Guerreiro e Adyel Silva. Sua boa vontade em partilhar suas impressões foi essencial para este livro.

Introdução

Este livro começa no Hotel Trópico. Lá, enquanto centenas de milhares de colonialistas portugueses fugiam de Luanda durante os meses anteriores à independência de Angola, em novembro de 1975, o diplomata brasileiro Ovídio Melo desfazia suas malas. Percebendo a tensão e o clima de incerteza, Ovídio pediu ao Ministério das Relações Exteriores brasileiro (conhecido como Itamaraty) que lhe permitisse comprar uma cisterna, um gerador e um carro. Só a compra do carro foi aprovada pelo Itamaraty. Ovídio e sua esposa Ivony sobreviveram a uma cidade que explodia em uma guerra civil e atuaram como intermediários entre uma ditadura militar sul-americana e um frágil movimento marxista africano. Durante o período que se seguiu, os funcionários portugueses do Hotel Trópico fugiram. Ovídio disse-me que o *barman* foi o último a partir, viajando na cabine de um DC-10 da Varig lotado que levava um dos últimos grupos de refugiados para o Rio de Janeiro. "Os *barmen* geralmente são muito pacientes, aturam bêbados. Mas esse cara ficou até não aguentar mais."[1] Em um ato de sabotagem, alguém havia jogado cebolas no poço do elevador do hotel. O cheiro de cebola podre invadiu o prédio. A presença de Ovídio e Ivony era tão quixotesca que os funcionários acharam que eles eram fantasmas.[2]

O casal encerrou um ciclo de encontros brasileiros com a África que começou quando o escritor brasileiro Gilberto Freyre, que viajou para Angola em 1951 como convidado das autoridades coloniais portuguesas, ergueu sua taça para comemorar os "futuros brasis" que, a seu ver, os colonialistas portugueses estariam criando. Este livro se chama *Hotel Trópico* porque o hotel foi o local de um dos atos mais incongruentes da política externa brasileira, quando a ditadura militar de direita do Brasil tornou-se o primeiro governo a reconhecer a independência de Angola sob o Movimento Popular para a Libertação da Angola (MPLA). Hotéis também sugerem transitoriedade, e este livro analisa as maneiras como diplomatas e intelectuais que transitavam por países africanos interpretaram os significados da mistura cultural

---
[1] Entrevista com Ovídio e Ivony Melo em 25 de julho de 2006.
[2] Ibid.

e racial brasileira. Ele explora uma forma de pensar que alguns dos brasileiros interessados pela África abraçaram e outros rejeitaram: isto é, a existência de algo chamado de "lusotropicalismo". O termo, cunhado por Freyre, sugeria que os portugueses possuíam uma maneira especial de viver nos trópicos, caracterizada pela mistura racial e pela afinidade com negros: O Brasil seria o melhor exemplo desse ideal lusotropical.[3]

As experiências e as reflexões dos brasileiros que viajavam para a África nas décadas de 1960 e 1970 revelam elementos da identidade racial e étnica brasileira de meados do século XX. Elas ilustram como a ideia de que o Brasil era especial por sua harmoniosa miscigenação — ou seja, de que o país era uma "democracia racial" —, o que dava sentido à política estatal, definia um papel global para o Brasil e impulsionava uma geração de diplomatas, intelectuais e artistas a atravessarem o Atlântico. A noção de que o Brasil pudesse ser uma democracia racial já foi rejeitada como mito por vários estudiosos de relações raciais: todos os dados indicam a distribuição profundamente desigual de recursos econômicos, educacionais e políticos, que permanecem esmagadoramente concentrados nas mãos dos brasileiros de descendência europeia. O mito disfarça a desigualdade e a discriminação, em contraste com os símbolos visíveis de discriminação e segregação em sociedades como os Estados Unidos e a África do Sul. Nesse sentido, ele reforça a discriminação, tanto porque ajuda a escondê-la por trás de uma autoimagem nacional positiva, quanto porque dificulta a mobilização das vítimas do mito.

Será que os defensores da democracia racial conspiravam para reprimir e subordinar os brasileiros negros? Estariam eles fechando os olhos para as desigualdades a sua volta? Como diplomatas brasileiros poderiam apresentar seu país como uma democracia racial no exterior quando os cidadãos negros não tinham um só representante no corpo diplomático profissional brasileiro? A pesquisa apresentada aqui abre uma janela para essas perguntas. Os brasileiros que viajavam para a África normalmente abraçavam a mitologia de um Brasil racialmente democrático. Eles a representavam publicamente e a aceitavam em privado. Acreditavam que todos os brasileiros têm um herança africana comum independente da cor. Esses diplomatas e intelectuais (quase exclusivamente brancos) acreditavam que eles próprios, como todos os brasileiros, possuíam raízes africanas. Mas, ao mesmo tempo, reconheciam as profundas desigualdades raciais de sua sociedade. Eles

---
[3] Devo essa ideia a Leo Spitzer, cujo *Hotel Bolívia* sugere uma abordagem para interpretar essas experiências baseada nos *insights* conceituais e metodológicos desenvolvidos para examinar a memória na experiência de refugiados judeus na Bolívia. Spitzer, *Hotel Bolívia*.

conciliavam sua crença no mito com o reconhecimento da discriminação e da desigualdade porque acreditavam que o Brasil era diferente dos outros países — e melhor que eles — no grau de mistura racial e nos níveis de penetração das influências africanas em sua cultura.

Praticamente todos esses diplomatas eram brancos, refletindo a mais ampla falta de integração de brasileiros negros nos primeiros escalões governamentais ou do mundo de negócios no decorrer do século XX. Anani Dzidzienyo dá ênfase a isso, considerando-a uma das "contradições mais gritantes entre o interesse renovado do Brasil pela África e sua incapacidade de incluir afro-brasileiros na própria concretização desse interesse. Sob um exame mais detalhado, aquilo que chamamos de contraditório é, na verdade, totalmente coerente com a ausência geral de negros no processo decisório e na implementação de políticas públicas. É bastante lógico que nenhuma exceção poderia ser feita no caso da política oficialmente declarada do Brasil com relação à África."[4]

Os políticos e intelectuais brasileiros que moldaram as relações com os países africanos tinham outras particularidades além dessa homogeneidade racial. O corpo diplomático tinha características sociais e políticas que foram perspicazmente descritas pelo embaixador norte-americano no Brasil: "Os diplomatas brasileiros saíram de uma base estreita e aristocrata procedente de um contexto europeu e católico. São parte de um grupo fechado, intimamente relacionado por sangue ou por laços matrimoniais, com formação e habilidades linguísticas bem-estruturadas que, no entanto são um tanto distintas da vida no Brasil, a não ser aquela conhecida na sociedade do Rio de Janeiro. Consequentemente, aos diplomatas brasileiros muitas vezes faltaram uma compreensão mais ampla de sua sociedade e a construção de fortes laços pessoais com sua liderança política. Portanto, com frequência, a fim de defender sua posição na sociedade, os diplomatas do Itamaraty adotaram posições mais militantemente nacionalistas que outros que se sentem mais seguros no país."[5] São esses diplomatas e intelectuais que estão no centro deste livro. Eles foram muitas vezes contrapostos a grupos políticos rivais e muitas vezes imbuídos de um sentido de missão que os fez ver as conexões com a África como uma forma de ajudar o Brasil a concretizar seu destino nacional de potência mundial racialmente miscigenada.

---

[4] Dzidzienyo, "The African Connection and the Afro-Brazilian Condition", 138.
[5] Da Embaixada dos EUA em Brasília para o Departamento de Estado, "O papel do Itamaraty na formulação da política externa brasileira", 5 de setembro de 1970, Pol 1 Braz, RG59, caixa 2.129, NARA.

As experiências desses brasileiros na África inverteram a pergunta sobre identidade forjada pelo psicólogo e filósofo martinicano Frantz Fanon em seu livro *Pele negra, máscara branca* (1952). Fanon analisou a ansiedade e a alienação produzidas pelas identidades impostas aos negros pelos brancos. Este livro explora o oposto: a sensação de liberdade que os brasileiros brancos tinham ao afirmar sua negritude e sua africanidade. Nesse mundo em que a democracia racial parecia florescer, intelectuais, políticos e diplomatas brancos podiam imaginar que eram africanos. Podiam, com a mesma facilidade, se imaginar portugueses, escoceses ou japoneses, ou até mesmo assumir qualquer outra identidade presente em seu contexto familiar ou na sociedade brasileira. Mas a descolonização africana mudou o foco — ela criou um contexto internacional em que enaltecer uma identidade africana subitamente passou a ser de extrema importância. Embora a "África" tenha se tornado um elemento importante nas discussões brasileiras de identidade nacional nas primeiras décadas do século XX, só com o processo de descolonização africano é que os intelectuais brasileiros se apressaram para atravessar o Atlântico. A descolonização passou a ser o centro das atenções de uma geração de nacionalistas culturais e econômicos.

A descolonização mudou o cenário do mundo em expansão moldado pela diáspora africana e teve um impacto visível no pensamento racial brasileiro e em suas conexões com o projeto de desenvolvimento nacional. Nesse aspecto mais amplo, ela articulou as respostas do Estado brasileiro à Guerra Fria, dando aos diplomatas brasileiros a possibilidade de propor uma alternativa à lógica de uma "cortina de ferro" dividindo o Leste do Oeste. Como sugeriu o ex-ministro das Relações Exteriores Afonso Arinos de Melo Franco em 1965, o Brasil estava das lado moral de uma "cortina racial": era um líder natural do mundo em desenvolvimento porque sua democracia racial era uma resposta positiva a Jim Crow e ao colonialismo.[6] Os líderes brasileiros usaram as relações com a África para afirmar sua independência em relação aos Estados Unidos e reivindicar seu papel de potência mundial emergente.

Que África?

Em 1972, o ministro das Relações Exteriores do Brasil, Mário Gibson Barboza, viajou para onze países do oeste da África. Pouco depois, teve um jantar

---

[6] Arinos deu como exemplo sua viagem para a Argélia e Israel, lados opostos da "cortina racial", observando que era amplamente sabido pelas pessoas com quem interagia que ele tinha escrito "a lei antirracista do Brasil". Arinos de Melo Franco, *Evolução da crise brasileira*, 241.

privado com o conselheiro de Segurança Nacional dos Estados Unidos, Henry Kissinger, que lhe perguntou: "Qual é sua opinião sobre a África?" Gibson Barboza recorda: "Respondi um pouco no estilo kissingeriano: 'A África é uma abstração.'"[7] Uma abstração das quê? Em 1975, quando Ovídio Melo resistia ao pior combate em Luanda, o ministro das Relações Exteriores Azeredo da Silveira apresentou uma resposta, declarando que "se a América Latina é o cenário indispensável da nossa política externa, a África é a tela onde ela se projeta, anunciando já algumas das formas que ela terá de assumir no futuro. (...) Na África (...) o campo é praticamente virgem para nossas ações diplomáticas. O que começarmos a fazer hoje com o continente africano certamente moldará as relações que teremos com as nações africanas daqui a vinte ou trinta anos. Mais do que a política externa dos anos 1970, é a do ano 2000 que estamos, de certo modo, traçando com as iniciativas de hoje."[8]

Para os diplomatas e intelectuais brasileiros que iam para a África, o destino era normalmente uma abstração: um lugar imaginário que se refletia na cultura brasileira, em seu passado, em seu futuro e em seu relacionamento com o mundo. Na "África", eles projetavam os significados que davam à escravidão e à presença de negros na cultura e na sociedade brasileira. Os visitantes brasileiros olhavam para a África e viam o Brasil. Apesar da importância simbólica da África na construção da história e da cultura brasileiras, havia pouquíssima informação no Brasil sobre a história ou sobre a situação atual daquele continente. Essa lacuna foi em parte resultado do colonialismo europeu na África, que cortou os laços diretos com o outro lado do Atlântico. E em parte ela se devia ao fato de a "África" estar inserida no imaginário do Brasil como uma nação que fundia três raças — a europeia, a africana e a indígena —, o que significava que o interesse pelo continente africano inevitavelmente acabava no Brasil.

Ao lado de Cuba, o Brasil foi o único entre os países latino-americanos a priorizar relações com os países africanos. Como mostram Piero Gleijeses e Carlos Moore, a África era um espaço onde Cuba podia afirmar sua influência política e sua autonomia e em que podia projetar o significado da Revolução.[9] A experiência cubana foi particularmente dramática, culminando no envio de milhares de soldados para Angola e na luta armada com

---
[7] Entrevista com Mário Gibson Barboza, em 18 de abril de 2006.
[8] "Conferência pronunciada por Sua Excelência o senhor Embaixador Antonio F. Azeredo da Silveira, ministro de estado das Relações Exteriores, na Escola Superior de Guerra, em 7 de julho de 1975", AAS mre ag 1975.05.27, Arquivo Azeredo da Silveira, CPDOC/FGV.
[9] Gleijeses, *Conflicting Missions*; Carlos Moore, *Castro, The Blacks and Africa*.

os militares sul-africanos. Embora durante grande parte do período coberto por este livro o Brasil estivesse governado por uma ditadura militar de direita, a política brasileira na África, especialmente em Angola, muitas vezes condizia com a da Cuba revolucionária.

Quando o Brasil buscou novas relações com a África, os diplomatas e intelectuais relembraram os cinco séculos de contato através do Atlântico Sul que moldaram a demografia, a cultura e as hierarquias sociais brasileiras. Examinaram, então, as conexões que tinham começado com os postos comerciais portugueses estabelecidos na África Ocidental no final do século XV e que foram intensificadas com o comércio de escravos. Nos três séculos que se seguiram, navios transportando escravos geraram uma conexão por meio da qual circulavam mercadorias, pessoas e informações. O vínculo entre Brasil e Angola era bastante forte. Entre o século XVIII e o início do século XIX, Angola foi governada pelas autoridades coloniais portuguesas no Brasil. Em 1822, quando o Brasil se tornou independente, os colonos portugueses em Angola propuseram uma união dos dois países. Com isso, o primeiro artigo do tratado pelo qual, em 1825, Portugal reconheceu a independência brasileira proibia o Brasil de tomar posse das colônias de Portugal na África.[10]

Após a independência, o comércio de escravos manteve as trocas através do Atlântico, incluindo a migração (ou, em alguns casos, o exílio) de ex-escravos e seus descendentes para a África Ocidental. Na Nigéria, a origem da população muçulmana da cidade de Lagos remete aos escravos e africanos livres que tinham sido condenados por sua participação na Revolta dos Malês que ocorreu na Bahia em 1835. A população católica de Lagos era igualmente formada por imigrantes brasileiros. No decorrer do século XIX, talvez entre 3 e 8 mil antigos escravos brasileiros se estabeleceram na costa da África Ocidental, da Nigéria a Benin, Togo, Gana e Costa do Marfim.[11] Esses ex-escravos foram chamados de agudás (ou, em Gana, de *ta-bom*). O primeiro presidente de Togo, Sylvanus Olympio, era descendente de brasileiros. Intercâmbios comerciais envolviam a circulação de mercadorias brasileiras para a África Ocidental e o fluxo de mercadorias africanas, especialmente objetos relacionados com as cerimônias religiosas afro-brasileiras, para o Brasil.

---

[10] Garcia, *Cronologia das relações internacionais do Brasil*, 49; Magalhães, *Breve história das relações diplomáticas entre Brasil e Portugal*, 32.
[11] Amos e Ayesu, "Sou brasileiro", 36.

A consolidação do colonialismo europeu a partir do final do século XIX gradativamente pôs fim a essas conexões. Os navios mercantes que se deslocavam pelo Atlântico Sul desapareceram. Pela primeira vez em quatrocentos anos, o fluxo de pessoas e de mercadorias na região deixou de existir, a não ser por navios de passageiros e, posteriormente, aviões fazendo escala em Dacar, no Senegal, quando iam da Europa para a América do Sul. Embora essas paradas dos navios de passageiros não fossem suficientes para manter uma relação significativa, elas permitiram que o jovem Gilberto Freyre, a caminho da Europa em 1930, passasse dois dias em Dacar, onde acreditou ter "sentido e visto vivamente o Brasil em algumas de suas origens africanas".[12]

Em 1960, dezesseis nações africanas recém-independentes ocuparam assentos nas Nações Unidas. Os diplomatas brasileiros se surpreenderam com a nova face da Assembleia Geral da ONU. Enquanto, em 1958, apenas uma em cada vinte delegações na ONU representava um país africano negro (os quatro países representados eram Etiópia, Gana, Guiné e Sudão), essa proporção aumentou para uma em cada cinco em 1960 e para uma em cada quatro em 1970. Essa mudança assinalou as possibilidades aparentemente ilimitadas de um mundo em transformação. As novas nações africanas experimentaram uma combinação de economia de livre mercado e projetos socialistas na tentativa de encontrar a chave para a erradicação da pobreza, do subdesenvolvimento econômico e dos laços colonialistas que ainda restavam. Buscavam também libertar-se das pressões da Guerra Fria e procuravam caminhos para pôr fim aos últimos exemplos de colonialismo. Essas metas foram expressas de forma mais veemente na Conferência de Nações Afro-Asiáticas em Bandung, em 1955. Ao enfrentar esses desafios, essas novas nações ecoavam experiências semelhantes às do Brasil e de outros países latino-americanos.

A sensação de possibilidade desencadeada pelo fim do colonialismo cristalizou-se nas primeiras experiências nacionais de Gana, Senegal e Nigéria. Gana foi o primeiro país do sub-Saara africano a se libertar do governo colonial. O primeiro líder nacional do país, Kwame Nkrumah, abraçou o pan-africanismo socialista como o futuro para a África: para Nkrumah, a unidade pan-africana iria solapar a influência europeia e diminuir as rivalidades étnicas. Seu movimento político construiu uma causa comum entre

---

[12] Gilberto Freyre, "África", *Correio da Manhã*, 19 de fevereiro de 1941. Artigos de jornal de Gilberto Freyre, AJ-2, 1941-1944, FGF.

as lutas pela liberdade africanas e afro-americanas. Militantes afro-americanos como Richard Wright viajaram por Gana e W.E.B. Du Bois passou lá seus últimos anos.[13] Sob o governo de Léopold Senghor, o Senegal manteve fortes laços econômicos com a França e evitou o socialismo pan-africano, mas Senghor abraçou a *negritude*, um movimento cultural, intelectual e político que desafiava o racismo celebrando a herança compartilhada na África e no mundo Atlântico. Em contraste, o maior país africano, a Nigéria, era menos ideológico. Como ocorreria com seus sucessores, o desafio principal para Nnamdi Azikiwe era manter a unidade política diante de todas as divisões regionais e étnicas da nação.

As possibilidades aparentemente ilimitadas criadas pela independência foram reprimidas pelos legados do colonialismo. A nova liderança herdara as antigas burocracias e fronteiras. As novas economias continuavam presas às metrópoles de outrora. As políticas nacionais eram cortadas pelas divisões internas, e o consenso político era ilusório. O único líder que se aposentou voluntariamente foi Senghor, em 1980. Nkrumah e Azikiwe foram depostos por golpes militares em 1966. A vulnerabilidade econômica e a instabilidade política impediram esses novos países de ganharem uma projeção internacional além de relações bilaterais com seus antigos colonizadores. Como explicam Gilbert Khadiagala e Terrence Lyons, "as autoridades africanas estavam pressionadas pela necessidade de consolidar o poder e satisfazer as demandas socioeconômicas em seus países".[14]

Houve uma exceção para os limites da política externa africana: o esforço comum de pôr fim ao governo colonial e estabelecer o governo da maioria na Rodésia, na África do Sul e na Namíbia. Quando os líderes nacionais defendiam essas causas, conseguiam unificar o apoio político interno, aliar-se a outros países africanos e exercer liderança em foros internacionais, tais como as Nações Unidas, em que os diplomatas africanos formaram um bloco com voto influente que era cortejado por outros países, que ofereciam em troca seu apoio ao governo da maioria. Com frequência, os países africanos se aliavam aos países asiáticos e do Oriente Médio, formando um bloco afro-asiático. No entanto, mantendo-se fiel a uma visão de mundo definida por Freyre, o governo brasileiro continuava sentimentalmente ligado a Portugal, durante as guerras, para preservar seu império africano.

---

[13] Gaines, *African Americans in Ghana*; Wright, *Black Power*.
[14] Khadiagala e Lyons (orgs.), "Foreign Policy Making in Africa", 3. Sua análise é influenciada pela de Stephen Wright (org.), em *African Foreign Policies*.

No final, os diplomatas e políticos brasileiros viam a África através daquilo que Dzidzienyo chama de "espelho triangular".[15] Eles consideravam que suas ações concernentes à África tinham reflexos sobre o desenvolvimento econômico do Brasil e seu sistema de relações raciais. Mas eles também insistiam em se voltar para Portugal. Durante a maior parte do período examinado neste livro, a política brasileira referente aos países africanos estava subordinada à política que o Brasil adotava ante Portugal. Esses laços com Portugal paralisaram a política externa nacional no que dizia respeito ao assunto, que contudo promoveu a unificação das nações africanas.

Que Brasil?

"O Brasil será a potência mundial ou uma das potências mundiais dentro de um século?"[16] O diplomata Adolpho Justo Bezerra de Menezes fez essa pergunta no começo do livro que publicou ao voltar da Conferência de Bandung, em que representou o Brasil. Em *O Brasil e o mundo afro-asiático*, Bezerra de Menezes explicou o que seria necessário para que o Brasil se tornasse uma superpotência:

> precisaremos fazer o que o americano chama coloquialmente de *"to think big"*, pensar, planejar grande, dentro de uma órbita maior que a continental. A mesquinhez da má política, que age apenas na América do Sul e segue passiva os Estados Unidos no mundo em geral, não terá mais cabimento. Se vamos ser, muito em breve, companheiros ou sucessores dos gigantes contemporâneos, devemos, desde já, começar a pôr em prática um programa que nos impeça de reincidir nos erros por eles cometidos.

O diplomata acreditava que "o conceito de superioridade baseado na pigmentação é uma invencionice puramente anglo-saxã".[17] A supremacia branca seria a ruína dos Estados Unidos: "O horror à miscigenação só desaparecerá dos Estados Unidos com a extinção do último negro." A intensidade do racismo no sul daquele país era tão grande que "se, de repente, todos os cidadãos do resto dos Estados Unidos se considerassem totalmente iguais a qualquer outro povo, qualquer outra raça; se, por milagre, o restante da nação acordasse um belo dia com a mentalidade 'lusotropicalista'

---

[15] Dzidzienyo, "África e diáspora", 213.
[16] Bezerra de Menezes, *O Brasil e o mundo ásio-africano*, 17.
[17] Ibid., 25.

de miscigenação total de que nos fala Gilberto Freyre, ainda assim aqueles 47 milhões de sulistas retirariam a força moral necessária para que o país pudesse ser o guia, o verdadeiro líder da humanidade".[18]

A arma secreta do Brasil era a tolerância racial. Bezerra de Menezes propôs uma estratégia: a curto prazo, o Brasil deveria aderir à posição antissoviética definida pelos Estados Unidos, e, mesmo que os Estados Unidos se mantivessem indiferentes às lutas dos povos coloniais e das minorias raciais, ou hostis com relação a eles, o Brasil deveria fazer o oposto e mostrar-lhes solidariedade. Enquanto isso, o Brasil deveria desenvolver "uma política inteiramente nossa, independente, uma política mais sigilosa, discreta e de longo alcance na qual houvesse um extenso e persistente trabalho de sedução das massas africanas e asiáticas por meio de nossa principal arma político-diplomática — a igualdade racial e social quase perfeita existente no Brasil".[19]

Em 1956, era muito cedo para que Bezerra de Menezes percebesse a falha em seu argumento, que iria aleijar a política externa brasileira com relação ao mundo "afro-asiático" pelas duas décadas seguintes. O erro estava em aceitar a noção de Freyre de que as colônias africanas de Portugal "mostraram ser possível o homem branco viver em paz e com a possibilidade real de participar de igual para igual com o nativo", o que significava admitir a premissa de que a forma de colonialismo de Portugal era moral e substantivamente diferente de outras formas de colonialismo. Segundo essa interpretação, a miscigenação, o catecismo e a educação elementar tinham feito das colônias portuguesas "ilhas de tranquilidade" na África. Com isso, "não resta dúvida de que o sistema colonial português é o mais adequado e o único que poderia vingar e de fato construir uma ponte de amizade entre a Europa e o vulcão africano".[20] Os diplomatas e políticos brasileiros que aceitavam essa visão adotaram políticas externas alinhadas com Portugal, ficando contra as nações africanas independentes governadas pela maioria.

Bezerra de Menezes revisou seu livro em 1961, justamente quando suas ideias estavam sendo postas em prática pelo presidente Jânio Quadros. A edição revisada — *Ásia, África e a política independente do Brasil* — elogiava Quadros pela implementação daquela que era chamada de "política externa independente", descrevendo-a como "um sopro de renovação [que] atinge o Itamaraty". Bezerra de Menezes já não via nada de louvável no colonialismo

---
[18] Ibid., 313, 317.
[19] Ibid., 29-330.
[20] Ibid., 85, 93-94.

português, repudiando Portugal como uma das "potências coloniais menores". Para ele, o país seria especialmente tenaz na resistência à perda de seu império, e ele comparava o colonialismo português ao *apartheid*, caracterizado por "homens semiescravos, em contraste com os homens altivos e livres do Sudão e de Gana" ou de outras partes da África já independentes.[21]

Nas duas versões do livro, Bezerra de Menezes molda o relacionamento entre Brasil e Portugal; e esse relacionamento, por sua vez, determina as relações com os países africanos. Na esteira da independência de grande parte dos países africanos e da deflagração das guerras de libertação nas colônias portuguesas, Portugal travou uma campanha feroz para reduzir a oposição estrangeira a seu governo colonial. O caráter e a intensidade da resistência portuguesa à descolonização criaram um dilema para os brasileiros: que parte de suas raízes deveriam apoiar — a portuguesa ou a africana? E o que era mais importante: a conexão sentimental com Portugal ou a aspiração desenvolvimentista de fazer do Brasil um líder industrializado do Terceiro Mundo?

Brasil, o país do futuro, buscava compreender seu potencial na África. Primeiro tinha de enfrentar Portugal, o império do passado. O ex-ministro das Relações Exteriores Afonso Arinos de Mello Franco tinha consciência desse desafio quando, em 1965, invocou o padre Antônio Vieira, que, no século XVII, defendia os direitos indígenas, e Luís de Camões, cujo épico do século XVI, *Os Lusíadas*, expressava o espírito da expansão imperial portuguesa no Atlântico. Arinos escreveu: "Nossa amizade com Portugal não deve interferir em nossos interesses e responsabilidades. A comunidade atlântica de que falou o presidente Quadros só pode ser erguida tendo como objetivo a democracia e a liberdade para todos os povos dela participantes. Só pode estar voltada para o futuro, nunca para o passado, por mais belo que este seja. Leiamos Camões, mas pratiquemos Antônio Vieira, que escreveu uma *História do futuro*."[22]

---

[21] Ibid., 7, 57, 104.
[22] Arinos de Melo Franco, *Evolução da crise brasileira*, 256.

1
O Brasil no mundo lusotropical

Figura 1 *Luis de Camões vai para o Depósito da Prefeitura*, Luanda, novembro 1975. Imagem por cortesia de Ovídio Melo.

ENQUANTO LUANDA ENTRAVA NA EBULIÇÃO DA GUERRA CIVIL, Ovídio Melo tentava se distrair pintando imagens da convulsão angolana nas longas e insones noites sob toque de recolher. Um de seus quadros captou uma cena comum na capital: um guindaste da prefeitura circulando pela cidade e retirando de pedestais as estátuas heroicas de exploradores portugueses e administradores coloniais. O quadro, *Luís de Camões vai para o depósito da prefeitura*, mostra uma praça da cidade danificada por furos de balas e grafite de teor revolucionário. Homens com fuzis e outros passantes observam, um deles com os braços levantados em um gesto de vitória, enquanto a figura de Camões é retirada pelo guindaste, seu braço erguido como se dissesse adeus. Entre todas as remoções realizadas, a escolha de Ovídio foi significativamente brasileira. O imaginário convencional afirmava que o Brasil era produto da fusão dos povos português e africano, resultante de uma suposta inclinação especial dos portugueses para expandir a civilização pelos trópicos e atenuar as diferenças raciais por meio da miscigenação — vocação evocada por Camões. No entanto, a imagem que Ovídio capturou mostra esse mundo sendo violentamente dividido.

Tal circunstância separa os ingredientes que Gilberto Freyre (1900-1987) uniu para se transformar no intelectual mais reconhecido do Brasil. Freyre foi o principal transmissor da identidade nacional brasileira, fazendo uso de ideias já em circulação, mas refinando-as e popularizando-as. O termo "democracia racial", por exemplo, tão intimamente associado a Freyre, teve provavelmente origem na expressão "democratização étnica" descrita por um de seus mentores intelectuais, Manoel de Oliveira Lima, em 1922.[1] O nome de Freyre passou a ser uma abreviação para várias crenças: o Brasil era uma "democracia racial"; a sociedade brasileira estava impregnada de cultura africana; a miscigenação era uma virtude nacional; e a sociedade brasileira tinha sido moldada graças a uma inclinação especial dos portugueses para a mistura sexual e cultural.

O conceito de identidade nacional brasileira que Freyre transmitiu foi tão poderoso e influente, em meados do século XX, que permeou o pensamento dos brasileiros que formularam políticas com relação à África ou que viajaram para aquele continente. Mesmo Freyre sendo partidário e defensor do colonialismo português, aqueles que discordavam dele confiavam em sua lógica. Sua obra foi a base da compreensão brasileira da África e de seu significado para o Brasil. Ao projetar o país como a síntese dialética de elementos portugueses e africanos, Freyre criou um arcabouço que tanto aqueles que apoiavam Portugal quanto aqueles que buscavam laços com a África iriam utilizar.

Este capítulo explora como a influência de Freyre foi sentida em dois grupos diferentes e cada vez mais incompatíveis. O primeiro grupo incluía as autoridades portuguesas que tentavam preservar seu império ultramarino e seus aliados nas comunidades étnicas portuguesas no Rio de Janeiro e em São Paulo. Juntos, exerciam pressão suficiente sobre a política nacional brasileira para ganhar o apoio de presidentes do país, principalmente Getúlio Vargas (1951-54), João Café Filho (1954-55) e Juscelino Kubitschek (1956-61).

---

[1] O argumento de Oliveira Lima sobre a mistura racial e a ausência de preconceito racial no Brasil apresentado originalmente em *O Movimento da Independência, 1821-1822* [1922] foi reintroduzido como evidência da "democratização étnica" em 1941, no primeiro número de *Cultura Política*, a publicação intelectual oficial do Estado Novo de Getúlio Vargas, para afirmar que "o nacionalismo brasileiro não apoia o preconceito racial". "A igualdade de raças no Brasil: suas raízes históricas", *Cultura Política*, 1º (março de 1941), 202.

Para eles, as ideias de Freyre sintetizavam a justificativa para o apoio brasileiro a Portugal e seu esforço de criar "futuros brasis" na África. O segundo grupo viu nos escritos de Freyre a legitimação para estabelecer laços com os países africanos recém-independentes e apoiar a descolonização. Formado por jovens diplomatas, membros da esquerda intelectual e organizadores dos centros acadêmicos brasileiros de estudos africanos e asiáticos, sua influência aumentou quando o presidente Jânio Quadros (1961) introduziu o que chamou de Política Externa Independente, uma política que buscava a autonomia em relação aos aliados tradicionais, como os Estados Unidos e Portugal, e o estabelecimento de laços com o mundo em desenvolvimento.

Freyre foi o protagonista intelectual da transformação nacionalista cultural e econômica do Brasil que começou nas décadas de 1920 e 1930. Culturalmente, esse nacionalismo imaginava o Brasil diferente da Europa e dos Estados Unidos e melhor que eles. Economicamente, significava encontrar o caminho de uma sociedade agrária para uma sociedade industrial, fosse por meio da empresa privada e do livre mercado ou pela intervenção estatal intensa, ou por ambos. Esse nacionalismo inundava a vida política brasileira, orientando as relações externas do país e definindo a interpretação que os brasileiros davam às oportunidades e aos desafios da descolonização africana.

O despertar cultural fundiu a estética modernista europeia com um projeto de "descobrimento" do que era genuinamente brasileiro. Freyre desenhou uma paisagem sedutora em que a nação era uma extensão da plantação colonial, caracterizada por interações íntimas e cordiais entre negros e brancos (apesar da realidade em que os negros eram escravizados pelos brancos). Ele não só considerou a presença de negros e da miscigenação como uma virtude, mas também reimaginou os colonizadores portugueses de uma maneira positiva: embora a Grã-Bretanha tivesse realizado a Revolução Industrial e criado os Estados Unidos, apenas Portugal tinha tido a aptidão para criar a civilização nos trópicos, por meio de uma miscigenação harmoniosa com pessoas não brancas. Para um leitorado tipicamente branco, Freyre oferecia uma visão romântica da vida nas fazendas que começava a parecer remota. Passado meio século desde a abolição, o número de antigos escravos que ainda sobreviviam diminuía. E, como em outras sociedades em processo de industrialização e urbanização, a adoção da modernidade trouxe saudades de um passado pastoral idílico. Freyre explorava sentimentos semelhantes àqueles popularizados por *Ivanhoé* e *E o vento levou...* na Grã-Bretanha e nos Estados Unidos, destilando as tradições que definiam o mundo moderno.

O livro mais conhecido de Freyre, *Casa-grande e senzala* (1933) explorou a mistura de culturas e costumes, sugerindo que uma inclinação portuguesa para a "interpenetração" tinha permitido que os colonizadores se acomodassem e se adaptassem ao ambiente tropical, absorvendo hábitos africanos e indígenas. Gradativamente, Freyre ampliou essa interpretação do Brasil, aplicando-a a todo o império português e defendendo o colonialismo português no continente africano, mesmo durante as guerras pela independência. O sociólogo sugeriu que a África estava efetivamente presente no Brasil em virtude da influência dos escravos e da prevalência da cultura negra. E mais: que estava presente nos lares brasileiros, trazida pelos escravos criados, cozinheiros e babás. E, de uma maneira ainda mais íntima, estava presente na família por meio da mistura sexual.

Nos termos de Freyre, a "interpenetração" sexual e cultural infundiu africanidade em todos os brasileiros.

> Todo brasileiro, mesmo o alvo, de cabelo louro, traz na alma, quando não na alma e no corpo (...) a influência direta, ou vaga e remota, do africano (...) Na ternura, na mímica excessiva, no catolicismo em que se deliciam nossos sentidos, na música, no andar, na fala, no canto de ninar menino pequeno, em tudo que é expressão sincera de vida, trazemos quase todos a marca da influência negra. Da escrava ou sinhá ama que nos embalou. Que nos deu de mamar. Que nos deu de comer, ela própria amolegando na mão o bolão de comida (...) Da mulata (...) que nos iniciou no amor físico e nos transmitiu, ao ranger da cama de vento, a primeira sensação completa de homem.[2]

Essa passagem mostra um elemento comum nos escritos de Freyre: como argumenta Jeffrey Needell, quando Freyre fala de brasileiros "implicitamente se refere a homens da elite branca, estimulados por suas libidos e pelo clima sensual dos trópicos a uma busca predatória e incessante por penetração".[3]

A obra de Freyre foi tão polêmica quanto influente. Após a década de 1940, o sociólogo associou-se à direita política brasileira, à medida que as tendências autoritárias já evidentes em *Casa-grande e senzala* deram lugar à

---
[2] Freyre, *Casa-grande e senzala*, 367.
[3] Needell, "Identity, Race, Gender, and Modernity in the Origins of Gilberto Freyre's Oeuvre", 70.

defesa da ditadura no Brasil e ao apoio ao regime de Salazar em Portugal. Os estudos sobre Freyre tendem a separar a primeira parte de sua obra do "oportunismo descarado" de seus "anos lusotropicais", concentrando-se, em vez disso, no pensamento dominante em suas primeiras obras, a rejeição à ideia de uma inferioridade racial de negros e mulatos em favor de uma rica análise das diferenças e dos padrões de mistura culturais.[4] No entanto, em seus últimos anos, Freyre fez uso da proeminência intelectual que tinha obtido graças a seus primeiros livros para defender o colonialismo português.

As ideias de Freyre foram um impasse para os políticos brasileiros interessados em relações com a África, porque ele havia ajudado a popularizar a visão de que as contribuições africanas para a cultura e a sociedade brasileiras eram positivas, justificando assim o desenvolvimento de relações no outro lado do Atlântico. Mas, ao privilegiar hierarquicamente os portugueses como catalisadores dessas relações, Freyre influenciou o governo brasileiro a dar um apoio custoso às guerras coloniais de Portugal. Os partidários de Portugal no Brasil invocavam Freyre, e os oponentes também. E até mesmo o pequeno número de militantes negros brasileiros e radicais exilados na África dialogavam com as ideias de Freyre. O sociólogo estava tão onipresente em 1973 que, quando o ministro das Relações Exteriores Mário Gibson Barboza (que tinha sido pesquisador assistente de Freyre na década de 1930) se esforçava para desemaranhar a associação do Brasil com Portugal e fortalecer os laços com os países africanos, a estratégia incluiu um convite a Freyre para um almoço no Itamaraty no qual o prato principal foi bife Apipucos, cujo nome foi uma homenagem à casa de Freyre, uma casa-grande restaurada; a sobremesa foi quindim Casa-grande, dando ao doce parte do título do clássico livro de Freyre.[5]

Freyre, Portugal e o lusotropicalismo

Em virtude do sucesso de *Casa-grande e senzala* e do volume que o sucedeu, *Sobrados e mucambos* (1938), o governo português agarrou-se a Gilberto Freyre como uma figura que podia oferecer uma justificativa moderna e atraente — antirracista e envernizada com o linguajar das ciências sociais — para seu antigo projeto colonial. Por sua vez, Freyre encontrou um pa-

---
[4] Pallares-Burke, *Gilberto Freyre*; Luiz Costa Lima, introdução a Benzaquen de Araújo, *Guerra e paz*, 9.
[5] Convite para almoço, 11 de outubro de 1973, "Artigos de jornal sobre Gilberto Freyre", n. 39, 1973, FGF.

trocinador no governo português e se baseou naquilo que viu nas colônias portuguesas da África como um laboratório atual para demonstrar os processos de mistura cultural e racial no Brasil colonial que ele tinha descrito. Esse relacionamento iria definir a obra de Freyre e sua política cada vez mais conservadora e daria forma ao caráter das últimas décadas do colonialismo português.

Portugal foi o país com a maior experiência colonial na África, experiência que teve início no século XV com um "império marítimo" de postos comerciais que mandava escravos para o Brasil e outras partes das Américas. Após a independência do Brasil, em 1822, o projeto colonial de Portugal na África foi definhando até o fim do século XIX. Poucos portugueses se estabeleciam nas colônias e, quando o faziam, se misturavam às populações locais em virtude de seu número reduzido. Depois que os impérios europeus demarcaram seus domínios na África por meio do Tratado de Berlim de 1885, Portugal modificou suas práticas coloniais e promoveu a imigração para impedir que a Inglaterra e a Bélgica invadissem seus territórios.

No decorrer do século XIX, e após a independência do Brasil, Portugal estagnou política e economicamente. Um de seus principais produtos de exportação eram pessoas, e esses emigrantes preferiam o Brasil às colônias africanas. Quase meio milhão de portugueses se estabeleceram no Brasil no século XIX e mais de um milhão deles no século XX.[6] Na década de 1920, crises políticas e econômicas provocaram o golpe que levou Antônio de Oliveira Salazar ao poder. Salazar consolidou seu governo em 1932, criando uma ditadura corporativista chamada de Estado Novo que tinha como modelo o fascismo italiano. A ditadura salazarista foi semelhante ao Estado Novo brasileiro, regime que teve à frente Getúlio Vargas: ambos proibiram partidos políticos, reprimiram qualquer dissidência e governaram por meio de uma burocracia autoritária centralizada. O Estado Novo brasileiro durou de 1937 a 1945. Getúlio Vargas, figura política central no Brasil do século XX, foi presidente de 1930 a 1945 e novamente de 1951 até seu suicídio, em 1954. Durante esse período, Vargas reinventou a si próprio e a seu estilo político, passando de reformista liberal a ditador corporativista e finalmente a populista nacionalista. Em Portugal, em contrapartida, António Salazar governou uma ditadura cada vez mais esclerosada, e o Estado Novo português se prolongou até 1974.

---

[6] *Brasil: 500 anos de povoamento*. Rio de Janeiro: IBGE, 2000, http://www.ibge.gov.br/brasil500/index2.html (acessado em: 26 de fevereiro 2008).

Após a Segunda Guerra Mundial, Salazar modificou a Constituição para classificar as colônias como "províncias ultramarinas" de uma nação unificada, evitando assim que elas pudessem ser submetidas à descolonização. Enfrentando uma crescente militância nacionalista e pressão internacional contra seu sistema colonial e seus abusos, o governo aboliu o trabalho compulsório entre as populações africanas, enquanto dava continuidade ao assentamento de populações brancas. Como o ministro colonial português Sarmento Rodrigues escreveu para Freyre em 1954, "surgem alguns sintomas de preocupação não no racismo, mas em certo nativismo eclesiástico. Temos de reforçar o elemento europeu cada vez mais e então nos estará garantida a paz."[7] O clima político repressivo de Portugal salazarista não permitia os tipos de debates sobre descolonização que ocorriam em outras sociedades europeias. Antônio Costa Pinto sugere que "se alguns fatores de democratização estivessem presentes, teriam levado seguramente a uma negociação mais rápida da solução do problema colonial".[8]

Já na metade do século XX, a colônia mais rica de Portugal, Angola, exportava café, diamantes e petróleo. Tinha também a maior população branca. O censo português de 1950 mostrou uma população de 4.145.266 habitantes em Angola. Dessa população, 4.036.687 eram "indígenas" que não falavam português e eram obrigados a prestar trabalhos forçados nas fazendas, nas minas e em obras públicas; 30.080 eram "assimilados" que falavam português e tinham direitos geralmente equivalentes aos dos colonialistas; e 78.499 eram europeus.[9] Nos anos 1960, após uma década de intensas políticas de assentamento por parte do governo português, Angola tinha uma população branca que se aproximava dos 500 mil em um total de 5 milhões de habitantes.

O censo de 1950 ainda usava os termos "civilizado" e "não civilizado" para distinguir suas populações coloniais.[10] Esse detalhe semântico revela não só a mentalidade colonial portuguesa, mas toda a lógica do Estado Novo de Salazar, que mergulhou no imaginário da era de ouro da expansão marítima colonial em todo o seu ideal cristão e das cruzadas. Para observadores externos, Portugal parecia estar perdido no tempo. O subsecretário de Estado norte-americano, George Ball, recorda seu encontro, em 1963, com Salazar

---

[7] Manoel Sarmento Rodrigues a Gilberto Freyre, 25 de outubro de 1954, CR Port., p. 7, FGF.
[8] Costa Pinto, *O fim do império português*, 86.
[9] Iñiguez, *Sueños paralelos*, 304.
[10] Instruções para a elaboração das estatísticas ultramarinas, série 2 n. 1 Lisboa: Instituto Nacional de Estatística, 1949, http://inenetw02.ine.pt (acessado em: 26 de fevereiro de 2008).

para encorajar a descolonização: "Durante nossa conversa, a história se impunha constantemente... Salazar estava absorvido por uma dimensão temporal bastante diferente da nossa; parecia que ele e todo o seu país estavam vivendo em mais de um século ao mesmo tempo e que os heróis do passado ainda estavam formulando a política portuguesa. Essa impressão foi tão aguçada que, após o segundo dia de conversas, o relatório que enviei ao presidente Kennedy por telegrama observava, entre outras coisas, que estávamos errados ao imaginar que Portugal estava sob o controle de um ditador. Em vez disso, ele era governado por um triunvirato composto por Vasco da Gama, o infante d. Henrique, o Navegador e Salazar."[11] Assim como o regime de Salazar dependia da ideologia da Guerra Fria e do imaginário das Cruzadas, o ditador português usava também as ideias de Gilberto Freyre sobre relações raciais para justificar o colonialismo. Seu governo abraçava a ideia do sociólogo de que a harmonia racial brasileira era um legado dos portugueses, usando como evidência o fato de Portugal não ter colônias, e sim "províncias ultramarinas" que seriam parte de uma nação unificada, "multirracial" e "pluricontinental".

Freyre conferiu credibilidade intelectual ao regime de Salazar e, por sua vez, encontrou no governante o símbolo do autoritarismo tradicionalista que era fundamental para sua visão de mundo. Como explica Needell, "embora Freyre tivesse criativamente atrelado a ciência social americana recente a um projeto de criação de uma visão da sociedade tradicional, não há qualquer dúvida sobre seus preconceitos. Embora profundamente 'moderno' em sua formação e em sua experiência de conflitos pessoais e sociais, ele não conseguia realmente encontrar um equilíbrio e ansiava pela segurança do passado... Sua distância crítica é dominada por sua adesão ao patriarcalismo".[12] Essa aproximação com o governo português começou quando Freyre foi convidado a dar uma série de palestras que tinha publicado em 1940 com o título de *O mundo que o português criou* e que enfatizava uma dimensão de sua análise que iria ressoar através do Atlântico nas décadas seguintes. Consistia em um manifesto político etnicamente nacionalista sobre as virtudes heroicas de Portugal. Freyre chegou a comentar que "depois de Cristo ninguém tinha contribuído mais que o português para a fraternidade dos homens".[13]

Freyre concluiu que o que ele vira no Brasil era aplicável ao colonialismo português na África e na Ásia não só no século XVI, mas também na

---
[11] Ball, *The Past Has Another Pattern*, 277.
[12] Needell, "Identity, Race, Gender, and Modernity in the Origins of Gilberto Freyre's Oeuvre", 51, 75.
[13] Freyre, *O mundo que o português criou*, 58.

metade do século XX. Como resultado, diz ele, "para nós, portugueses e lusodescendentes, [há] um clima sentimental e cultural que quase não varia da Ásia portuguesa ao Brasil, nem da África portuguesa a Cabo Verde". Embora ainda não tenha usado o termo "democracia racial", o sociólogo argumentou que essa "unidade de cultura" que abarcava o mundo português era definida como "a boa compreensão entre homens formados sob a influência das mesmas tradições e orientados pelas mesmas aspirações democráticas. Democracia social, essencial, humana, quero dizer; pouco me preocupa a política." Com "democracia social" Freyre queria dizer mobilidade social "animada pela mestiçagem" e afirmava a "superioridade ética desse processo".[14] Com isso, o sociólogo forneceu a justificativa intelectual perfeita para a preservação do império colonial português.

Em 1950, o ministro do Ultramar português Manoel Sarmento Rodrigues o convidou para viajar pelas colônias portuguesas na África e na Índia por seis meses às custas do governo. Freyre concordou, respondendo que era uma pessoa que a "cada dia sabe separar menos o brasileiro do português. E que se regozija com o que Portugal continua a realizar de bom".[15] À medida que ia sendo levado de uma colônia a outra, Freyre era recebido pelos governadores coloniais que definiam o roteiro de suas interações com as respectivas colônias, embora Sarmento Rodrigues tenha escrito a Salazar para dizer-lhe "o que eu quis foi não mostrar o Timor", país conhecido pela violência do domínio português.[16]

Durante a viagem, o sociólogo brasileiro celebrava as virtudes do colonialismo português e, ao desembarcar em Recife, declarou à imprensa: "A impressão mais viva que trago é que o português continua a ser um povo criador. Às realizações do passado, algumas monumentais, ele acrescenta uma vasta obra, moderna, nos trópicos: no Oriente e na África. Essa obra não faz má figura ao lado daquela que, como descendente e continuador do português, o brasileiro realiza na América. E a esses dois grandes esforços (...) anima um espírito comum caracterizado principalmente pelo sentimento e pela prática de uma, não direi perfeita, mas bastante avançada democracia étnica e social."[17] Em suas visitas, Freyre foi hóspede dos governadores colo-

---

[14] Ibid., 48,51,46,58.
[15] Gilberto Freyre a Manoel Sarmento Rodrigues, 4 de julho de 1951, cópia do documento MAS 4292.001 im. 13. do Arquivo Mário Soares, FGF.
[16] Citado em Castelo, *O modo português de estar no mundo*, 89.
[17] "Declarações de Gilberto Freyre ao chegar ao Brasil", *Novidades* (Lisboa), 18 de fevereiro de 1952. Artigos de jornal sobre Gilberto Freyre, n.15, 1952, FGF.

niais, deu palestras em instituições de pesquisa e foi festejado pela imprensa. Como resultado dessas viagens, dois livros foram produzidos: *Aventura e rotina* (1952) e *Um brasileiro em terras portuguesas* (1953). *Aventura e rotina* é um diário de viagem no qual registrou as impressões de Portugal (que ele caracterizou como sendo "rotina" ou familiar) e de suas colônias (que eram a "aventura" tanto no sentido exótico quanto no sentido de um projeto colonial dinâmico em curso). *Um brasileiro em terras portuguesas* é uma síntese das palestras dadas com algumas reportagens adulatórias que tinham sido publicadas nos jornais coloniais censurados. Em seus textos e entrevistas, Freyre defendia sua viagem como sendo apolítica. Ele se pergunta: se vivesse em Portugal teria apoiado o governo? E responde: "Não sei. A simples democracia política cada dia me interessa menos", e continua descrevendo a "superioridade do regime português" com relação ao brasileiro.[18]

Freyre viu e falou de "províncias ultramarinas" e não de colônias, adotando o truque semântico que as autoridades portuguesas usavam para amenizar as pressões globais pela descolonização. A ideia de que Portugal era realmente uma nação "transnacional" e "intercontinental", mas unificada, de povos de cores e culturas diferentes, unidos por sua "portuguesidade" enquadrava-se perfeitamente no processo histórico que, segundo Freyre acreditava, tinha produzido o Brasil. A edição de 2001 de *Aventura e rotina* aqui citada abre com um prefácio de Alberto da Costa e Silva, um diplomata que se tornou um dos autores brasileiros mais prolíficos sobre cultura e história africana. Costa e Silva caracterizou Freyre como "prisioneiro de seu sonho", alguém que via um colonialismo português idealizado e não o colonialismo moderno: "Estava a louvar o que, desde havia muito, estava deixando ou já deixara de existir no império português."[19] Quando via evidências que contradiziam suas concepções dos portugueses, Freyre as deixava de lado. As companhias de mineração de diamantes, por exemplo, que eram a base da economia angolana, dependiam de trabalho quase escravo nas cidades mineiras segregadas. Para Freyre, no entanto, havia "alguma coisa irredutivelmente belga" nelas: eram exceções que provavam seus argumentos.[20]

Na África portuguesa, Freyre descobriu possibilidades ilimitadas de expandir suas teses sobre a formação do Brasil em terras onde o colonialismo tinha criado um "perfeito Portugal africano".[21] Imaginava que o que via na

---
[18] Freyre, *Aventura e rotina*, 41.
[19] Alberto da Costa e Silva, prefácio à *Aventura e rotina*, 19.
[20] Freyre, *Aventura e rotina*, 270.
[21] Ibid.

África do século XX era idêntico ao que acreditava ter ocorrido no Brasil do século XVII. Costa e Silva sugere que Freyre não viu a verdadeira natureza da miscigenação na África, um processo que pouco estava relacionado com os portugueses, e sim resultado de séculos de encontros dos africanos com árabes, persas e indianos em um oceano Índico de intensos intercâmbios comerciais e culturais.[22]

Além de ser um prisioneiro de seu sonho, Freyre também descobriu que o governo português era um patrono generoso. O Ministério do Ultramar financiou muitas de suas viagens, publicou suas palestras em várias línguas e custeou suas compras em livrarias portuguesas.[23] Por sua vez, Freyre se esforçou para proteger a imagem do colonialismo português no Brasil, em Portugal e até mesmo nos Estados Unidos.[24] O sociólogo desenvolveu um relacionamento com o ministro Ultramar Sarmento Rodrigues que se estendeu durante todo o colapso do regime português e de seu império. Como Sarmento Rodrigues escreveu para Freyre em 1954, "quanto à causa que defendemos, basta saber que é a mesma".[25]

Contrastando com o relacionamento de Freyre com as autoridades coloniais portuguesas, quando o nacionalista angolano Mário de Andrade criticou os textos de Freyre sobre as colônias em 1955, foi obrigado a fazê-lo sob pseudônimo e no exílio. Andrade foi um dos fundadores do MPLA e escrevia na publicação nacionalista de língua francesa *Présence Africaine*. Na crítica, Andrade argumentou que o lusotropicalismo era um "método de colonização" e condenou Freyre por acreditar "religiosamente, diríamos, numa aptidão hereditária exclusiva dos portugueses para viver sob o sol dos trópicos e arranjar uma mulher de cor. Influenciado por este preconceito, compreende-se que o essencial da questão colonial lhe escape." Para ele, a ênfase do sociólogo na suposta influência das preferências sexuais dos homens portugueses levaram a um descaso pelos aspectos econômicos e políticos do colonialismo português. Longe de ver um paraíso de liberdade racial e sexual, Andrade viu no ideal lusotropical um processo violento que eliminava a autonomia e a livre participação dos povos nativos. Ele indagou: "Que participação harmoniosa e cordial pode existir na África sob a dominação portuguesa, onde as culturas indígenas são destruídas

---
[22] Alberto da Costa e Silva, prefácio à *Aventura e rotina*, 20.
[23] Manoel Sarmento Rodrigues a Gilberto Freyre, 16 de setembro de 1952, CR Port., p. 6, FGF.
[24] Gilberto Freyre a Sarmento Rodrigues, 7 de setembro de 1954, cópia do Arquivo Mário Soares, documento MAS 4292.001 im. 7, FGF.
[25] Manoel Sarmento Rodrigues a Gilberto Freyre, 25 de outubro de 1954, CR Port., p. 7, FGF.

sistematicamente por uma política feroz de assimilação? Os homens são destribalizados e populações inteiras reduzidas a trabalhos forçados."[26]

Vendo a África pelos olhos de Portugal

Freyre ofereceu uma visão abrangente da cultura "lusitana", que ia dos engenhos de Pernambuco até os "futuros brasis" da África portuguesa. Para ele, o Brasil era composto de ingredientes africanos processados por meio da cultura portuguesa. Esse conjunto de crenças era tão poderoso que formou o arcabouço conceitual não apenas dos brasileiros que apoiavam o colonialismo português mas até mesmo dos que rejeitavam Portugal, desejavam a descolonização e buscavam laços com as nações africanas independentes.

Grande parte da pesquisa apresentada neste livro vem de fontes documentais diplomáticas, extraídas principalmente dos arquivos do Ministério das Relações Exteriores brasileiro e da Fundação Getulio Vargas (FGV). Essa pesquisa documental é complementada por memórias, fotografias e depoimentos de pessoas diversas. Além disso, o livro conta com a análise de entrevistas com diplomatas, artistas e intelectuais sobre suas experiências na África. Normalmente eu começava as entrevistas perguntando: "Como foi que você se interessou pela África?" O padrão das respostas era bastante semelhante: os entrevistados geralmente se referiam diretamente à obra de Freyre como fonte de seu interesse e, quando não o faziam, normalmente aceitavam a triangulação de Brasil, Portugal e África proposta pelo sociólogo. Entrevistei, por exemplo, um brasileiro que militava pela independência de Angola que me surpreendeu quando afirmou sem rodeios: "Claro que cometi incesto com a minha irmã de criação aos oito anos. Ela me ensinou. Até isso. Até o sexo."[27] A irmã de criação era a filha mulata que o pai dele havia tido com a criada negra. Era como dizia Freyre em *Casa-grande e senzala*: "É mesmo possível que, em alguns casos, se amassem o filho branco e a filha mulata do mesmo pai."[28] Dessa experiência formativa, o entrevistado, assim como outros, desenvolveu um fascínio intelectual pela raça que o levaria inevitavelmente primeiro a Portugal e depois à África.

Entre 2003 e 2008, realizei 21 entrevistas, com pessoas que tinham participado de eventos que tinham ocorrido de trinta a cinquenta anos antes.

---

[26] Andrade, "O mito lusotropical", 46-47.
[27] Entrevista por Jerry Dávila, 2006. Embora essa pessoa tenha formalmente dado permissão para a entrevista e seu uso no livro, neste caso achei melhor não mencionar seu nome.
[28] Freyre, *Casa-grande e senzala*, 424.

O significado é inevitavelmente modulado pelo passado e pelo presente de maneiras inseparáveis. Sempre que possível, eu trazia para nossa sessão uma série de arquivos (muitas vezes criados originalmente pelo entrevistado) para ajudá-lo a recordar o contexto em que a fonte tinha sido produzida. No entanto, essas entrevistas ainda são produtos do momento em que foram registradas. Reconhecendo isso, deixo claro quando estou utilizando o conteúdo de uma entrevista e, muitas vezes, relembro as circunstâncias em que foi realizada. Muitos dos entrevistados dedicaram suas vidas ao desenvolvimento da relação entre o Brasil e a África, outros, à defesa da independência ou da libertação revolucionária, e os ambientes onde realizamos as entrevistas refletem esses compromissos. Eles nos lembram também de que as entrevistas foram realizadas em um momento específico e dependem de memórias processadas em um contexto do início do século XXI quando as políticas raciais brasileiras estão mudando e o relacionamento com a África está sendo renovado.

Várias das pessoas que entrevistei foram fundadoras de centros de estudo africanos e asiáticos no Brasil. Suas reflexões sobre o contexto em que trabalhavam captam o peso de Portugal no pensamento sobre a África e a influência que os pontos de vista de Freyre tiveram tanto nos seguidores de Portugal quanto nos partidários da descolonização. Há três centros para estudos africanos no Brasil: o Centro de Estudos Afro-Orientais (CEAO; 1959), na Universidade Federal da Bahia; o Centro de Estudos Africanos (CEA), na Universidade de São Paulo; e o Centro para Estudos Afro-Asiáticos (CEAA; 1973), na Universidade Cândido Mendes. O CEAA é uma continuação do Instituto Brasileiro de Estudos Afro-Asiáticos (IBEAA), instituição federal. Criado por Cândido Mendes de Oliveira, conselheiro político de Jânio Quadros, o IBEAA foi extinto pelos militares após 1964. O CEAO na Bahia foi criado pelo exilado português George Agostinho da Silva. O CEA em São Paulo e o CEAA no Rio de Janeiro foram organizados por Fernando Albuquerque Mourão e José Maria Nunes Pereira (diretor assistente do CEAA na administração de Cândido Mendes), dois brasileiros cujos interesses pela África tiveram como base suas experiências como estudantes universitários em Portugal. Eles se opunham ao colonialismo português e à ditadura de Salazar. Enquanto Agostinho da Silva seguiu um movimento espiritual chamado Sebastianismo, Mourão e Pereira passaram a ser inimigos seculares do colonialismo e colaboraram com os movimentos de libertação marxistas da África portuguesa.

O que os atraiu para a África? Suas relações com Portugal. Agostinho da Silva era um milenário que acreditava na criação de um novo reino de Deus na Terra com liberdade universal e justiça social, trazidas com a volta do rei Sebastião de Portugal, morto em uma cruzada em 1578. Perseguido pelo regime de Salazar por suas crenças, Agostinho da Silva exilou-se no Brasil em 1944. Mourão e Pereira desenvolveram seu interesse pela África e sua militância anticolonial quando eram estudantes nas universidades de Coimbra e do Porto na década de 1950. Embora de descendência portuguesa, ambos sentiram que, como brasileiros, identificavam-se mais com os estudantes africanos, brancos ou negros. Mourão recorda: "Eu não tinha nada a ver com os estudantes portugueses (...) culturalmente nós vivíamos em mundos diferentes. Acabei conhecendo alguns estudantes africanos e logo se estabeleceu um vínculo (...) Quer dizer, uma maneira de ser muito mais próxima."[29] Como brasileiros, tanto Mourão quanto Pereira podiam pertencer à Casa dos Estudantes do Império, uma associação colonial de estudantes que se tornou um foco de sentimento nacionalista e independente.[30] Depois de ter entrado na Casa em 1955, Mourão se envolveu com as políticas de descolonização e com a criação do MPLA, levando textos de poetas e escritores para a França, onde podiam ser publicados pela *Presénce Africaine*.[31]

A trajetória de Pereira foi semelhante. Filho de um imigrante português, foi mandado para o Porto e Coimbra com a intenção de se tornar um missionário católico. Inicialmente tinha como objetivo entrar para a organização católica conservadora Opus Dei, mas, como relembrou mais tarde, "não tinha classe para entrar na Opus Dei. Era filho de imigrantes, né?" No entanto, em virtude de sua proximidade dos estudantes africanos, os líderes da Opus Dei pediram que ele se tornasse um informante. Nesse processo, Pereira converteu-se à causa e passou "de missionário a revolucionário".[32] Comprometidos com a independência de Angola, Pereira e Mourão decidiram voltar para o Rio de Janeiro e São Paulo, centros de apoio a Portugal com comunidades organizadas de imigrantes, lusófilos influentes e o eficiente corpo diplomático português.

Militantes como Mourão e Pereira também tinham aliados que questionavam a influência portuguesa no Brasil. Um dos mais importantes entre

---

[29] Entrevista com Fernando Mourão, 16 de agosto de 2006.
[30] Gérard, *European-Language Writing in Sub-Saharan Africa*, 398.
[31] Entrevista com Fernando Mourão, 16 de agosto de 2006.
[32] Entrevista com José Maria Pereira, 27 de maio de 2006.

eles era José Honório Rodrigues, autor do texto canônico *Brasil e África* (1961), que tratava da história das ricas conexões do Brasil com a África Ocidental, rompidas no século XIX e no começo do século XX, e defendia a renovação desses laços. No instituto de formação do Itamaraty, Rodrigues deu aulas a muitos dos diplomatas que questionavam o colonialismo português e que puseram em prática a abertura política com relação à África, inclusive Ovídio Melo. Cada um desses partidários da descolonização africana e oponentes de Salazar enfatizava ideias semelhantes às de Freyre: Mourão e Pereira se conectaram com a África através de Portugal; Agostinho da Silva apoiou a descolonização por conta de uma mistura de crenças baseada nas Cruzadas portuguesas; José Honório Rodrigues acreditava que as raízes da conexão do Brasil com a África advinham da democracia racial.

Presidentes brasileiros e a afinidade com Portugal

Da década de 1930 à de 1970, os presidentes brasileiros buscaram aproximar-se das comunidades étnicas portuguesas no Rio de Janeiro e em São Paulo, uma forma de cultivar o apoio político de um eleitorado particularmente bem-organizado e influente. O relacionamento entre esses grupos e a política nacional teve um peso decisivo na elaboração da política externa brasileira a partir da década de 1950. As organizações étnicas portuguesas no Brasil estavam intimamente associadas ao regime salazarista, e, com sucesso, atavam as relações externas brasileiras aos interesses portugueses. Principalmente quando se tratava do colonialismo português, a pressão das comunidades restringia a política externa nacional para com a África, associando o governo brasileiro ao apoio internacional a Portugal em suas lutas coloniais e colocando o Brasil em oposição às metas uniformemente compartilhadas de política externa dos governos africanos. O ideal lusotropical sugerido por Gilberto Freyre era tecido por meio do relacionamento entre a política nacional, a militância étnica portuguesa e os desafios da descolonização africana.

Mais de um milhão de imigrantes portugueses se estabeleceram no Brasil entre 1900 e 1980, sobretudo em São Paulo e no Rio de Janeiro.[33] Essa comunidade controlava jornais e financiava campanhas políticas, formando um *"lobby* português" que era especialmente eficaz quando o Rio era a capital da República e mesmo quando permaneceu apenas na prática, na década de 1960. Quando entrevistei José Maria Pereira, ele enfatizou a sensação que tinha do Rio de Janeiro como um espaço português. Citou

---
[33] Rodrigues, *Brasil e África*, 294.

José Honório Rodrigues e Fernando de Mourão, que teriam dito, respectivamente: "O Rio de Janeiro é a maior cidade portuguesa do mundo" e "Se a capital não tivesse mudado para Brasília, ainda estaríamos apoiando o colonialismo".[34] A comunidade portuguesa no Rio e em São Paulo (a colônia, como eles próprios se chamavam) organizava instituições, como clubes esportivos e sociais, escolas, círculos literários, grupos políticos e jornais. A colônia empregava as estratégias usadas por outros grupos étnicos de imigrantes, que, como sugere Jeffrey Lesser, baseavam-se em práticas que se reforçavam mutuamente: a construção da coesão tendo como base a diferença percebida e a afirmação de que a etnicidade portuguesa era intrínseca à brasilidade (ou até mesmo que as características étnicas portuguesas *eram* a brasilidade). Como o ensaísta Clodomir Vianna Moog afirmou: "Quem nasce aqui torna-se brasileiro ao aderir à cultura portuguesa."[35]

Havia uma diferença entre as experiências dos imigrantes portugueses e a de outros grupos minoritários: a grande maioria dos brasileiros mais ricos e influentes, incluindo figuras políticas, comerciais, literárias e artísticas, se interessava por sua ascendência portuguesa. Enquanto grupos minoritários lutaram para se definir como a epítome da brasilidade, os portugueses nem mesmo precisaram se inserir em mitos de origem nacional, elementos da cultura dominante, como o idioma, ou os artefatos principais da identidade nacional, tais como a ideia de democracia racial.

No Rio de Janeiro, grande parte da organização da comunidade ocorria em um único palco: o Real Gabinete Português de Leitura, uma biblioteca luxuosa construída na primeira fase do estilo manuelino. Embora no século XIX o Real Gabinete servisse para projetar uma imagem dos portugueses no Brasil como sendo uma elite culta, no século XX ela desempenhou um papel político como centro de atividade para a principal organização étnica portuguesa: a Federação de Associações Portuguesas (FAP). Foi a Federação, usando o Real Gabinete como palco, que moldou o relacionamento entre a "colônia" portuguesa e a presidência brasileira. Em 1937 e 1941, a Federação convidou os ministros das Relações Exteriores brasileiros Macedo Soares e Oswaldo Aranha para serem convidados de honra nas cerimônias do "Dia da Raça", em 10 de junho, e lhes presenteou com seus retratos feitos por artistas portugueses. Em 1939, Getúlio Vargas foi alvo do mesmo tratamento, recebendo também um retrato do mesmo artista que havia pintado

---

[34] Entrevista com José Maria Pereira, 27 de maio de 2006.
[35] Vianna Moog, Revista *Época*, 11 de novembro de 1972, SR 110. Recortes de Imprensa II, 1971/ago-1972/dez UM/GM/GNP/110/C1, AHU.

o de Salazar. Em 1944, a agência de notícias portuguesa Lusitânia fundou um jornal da comunidade no Rio de Janeiro chamado *Brasil-Portugal* e nomeou o irmão de Getúlio Vargas, Lutero, como editor.[36]

Entrevistei Antônio Gomes da Costa, presidente da Federação de Associações Portuguesas, em 2006. Nós nos encontramos em um salão de conferências decorado com painéis no Real Gabinete e conversamos sob um retrato de Salazar. O Real Gabinete era o centro físico da "colônia" portuguesa nos meados do século e ainda mostrava orientação salazarista. Gomes da Costa, que esteve ativamente envolvido na federação desde o início da década de 1970, comentou que "a colônia portuguesa aqui nas décadas anteriores, digamos... sofria muito com o que se passava em Portugal, pela desordem, um país incrédulo, a moeda desacreditada, a economia ruim etc. Então, quando vem o Estado Novo, a colônia começa uma aproximação muito grande com seus líderes, sobretudo Oliveira Salazar, que encarnava, digamos, o novo regime (...) O grosso da colônia sempre foi muito salazarista."[37]

A grande imprensa, no Rio de Janeiro, também era predominantemente a favor de Portugal. Assis Chateaubriand, proprietário da maior cadeia de jornais no Brasil, os Diários Associados, era um defensor declarado do regime de Salazar. Em gratidão por seu apoio, Salazar deu o nome de Chateaubriand a uma rua de Lisboa.[38] Mas, além dos Diários Associados, quase todos os jornais diários dos anos 1950 e 1960 no Rio — *Correio da Manhã*, *O Globo*, *O Jornal*, *Tribuna da Imprensa*, *Diário da Noite* e *Jornal do Brasil* — eram pró-Portugal.[39] Gomes da Costa recordou a força política da comunidade portuguesa: "A colônia portuguesa tinha uma certa influência política (...) Então, não só os governos brasileiros, como a própria classe política brasileira, sempre, digamos, namorou muito a colônia por essa 'força' que ela representava em termos eleitorais e internos. Em termos de sua importância no setor econômico, no setor comercial etc."[40] Juntos, o regime de Salazar, os grupos étnicos portugueses no Brasil e seus aliados, como Gilberto Freyre, mantinham uma pressão constante sobre os presidentes do país. Quando regressou de sua viagem a Portugal e colônias em 1950, Freyre foi para o Rio em uma missão do governo português, que havia orquestrado sua volta

---

[36] Paulo, *Aqui também é Portugal*, 184, 221.
[37] Entrevista com Antônio Gomes da Costa, 1º de setembro de 2006.
[38] Morais, *Chatô*, 586.
[39] Entrevista com Alberto da Costa e Silva, 14 de dezembro de 2005.
[40] Entrevista com Antônio Gomes da Costa, 1º de setembro de 2006.

para causar um efeito político. Trazia em mãos uma cópia de *Os Lusíadas*, de Camões, encadernado em prata e pedras preciosas, para presentear o presidente Getúlio Vargas, atraindo vasta cobertura da imprensa tanto no Brasil quanto em Portugal e consolidando seu status como mediador entre Salazar e Vargas e como o intérprete do caráter português. Freyre assumiu o papel, declarando que Portugal não tinha colônias, e sim "províncias ultramarinas", e que elas eram frutos de uma "obra de engenharia social jamais atingida por outros europeus".[41]

O relacionamento de Freyre com Vargas estava tenso já há bastante tempo, mas aparentemente encontrou uma nova vida com o papel de Freyre como intermediário do governo português. Imediatamente após o suicídio de Getúlio Vargas, em 1954, Freyre disse a Sarmento Rodrigues: "Pouco antes de seu fim trágico, meu amigo Getúlio Vargas insistiu muito comigo para aceitar a presidência, com carta branca, do Instituto Nacional de Imigração e Colonização... Ele próprio me disse que era um supra-Ministério e quase outra presidência da República. Disse-me textualmente: 'Agora podeis pôr em prática tuas ideias sobre colonização e trazer à vontade para o Brasil teus portugueses. Isto é, se o Salazar deixar.' Disse-lhe que o professor Salazar concordaria: suas ideias coincidem com as nossas. Escrevi-lhe, recusando, mas ele insistia. Seu trágico fim muito me comoveu."[42] Os comentários são curiosos, já que, havia muito, Freyre vinha criticando Vargas. No entanto, eles demonstram que o sociólogo gostava do papel de intermediário entre os chefes de Estado brasileiro e português.

Durante a década de 1950, a pressão étnica e diplomática portuguesa resultou em uma sucessão de ações governamentais com a intenção de alinhar o Brasil ainda mais com Portugal. Vargas e Salazar negociaram o Tratado de Amizade e Consulta de 1953, pelo qual os dois governos concordaram em se consultar sobre questões internacionais. O tratado era uma garantia para uma série de acordos no decorrer dos vinte anos seguintes, estendendo privilégios econômicos e políticos aos imigrantes portugueses no Brasil, reduzindo as barreiras para a exígua quantidade de comércio que existia entre os dois países e excluindo qualquer conexão entre o Brasil e as colônias portuguesas. José Honório Rodrigues condenou o tratado como

---

[41] "Em vastos territórios espalhados pelos continentes, Portugal ergueu obras de engenharia social jamais conseguidas por qualquer outro povo", *Diário da Manhã* (Lisboa), 11 de abril de 1952. Artigos de jornal sobre Gilberto Freyre, n. 15, 1952, FGF.

[42] Gilberto Freyre a Sarmento Rodrigues, 7 de setembro de 1954, cópia do Arquivo Mário Soares documento AMS 4292.001 im. 7, FGF.

"uma vitória de Portugal, ao puxar o Brasil para sua órbita... com ele nos obrigamos a consultar Portugal e suas dependências coloniais sobre questões internacionais... Imagine os Estados Unidos tendo de consultar a Grã-Bretanha a respeito do que eles devam ou não fazer".[43]

O presidente João Café Filho continuou a aproximação com Portugal iniciada por seu predecessor. Para a Conferência Afro-Asiática em Bandung, Café Filho enviou um observador diplomático extraoficial, Bezerra de Menezes, enquanto ele visitou Portugal. A posição do Brasil com relação aos desafios ao colonialismo português que se aproximavam foi explicitada por Café Filho e, mais tarde, por Juscelino Kubitschek quando o governo da Índia exigiu que Portugal abrisse mão de uma série de encraves na costa indiana, principalmente Goa, Damão e Diu. O presidente reagiu à pressão indiana sobre Portugal declarando: "Estamos ao lado dos portugueses em qualquer parte do mundo."[44] Na mesma época, o governo brasileiro patrocinou a admissão de Portugal nas Nações Unidas.

Durante a presidência de Juscelino Kubitschek (1956-61), a identificação brasileira com Portugal intensificou-se ainda mais. Em 1957, Juscelino recebeu o presidente honorário de Portugal, Craveiro Lopez (Salazar nunca saía do país, nem para visitar as colônias). Durante a visita, o ex-ministro das Relações Exteriores João Neves da Fontoura, que tinha sido o principal negociador do Tratado de Amizade e Consulta, declarou: "A política com Portugal não chega a ser uma política. É um ato de família. Vivemos com eles, na intimidade do sangue e dos sentimentos."[45] Juscelino manifestava amor genuíno por Portugal e admiração por Salazar, mas também valorizava o peso político da colônia portuguesa no Brasil. Nas transações públicas que tinha com a colônia portuguesa e com Portugal, dava ênfase a seu segundo sobrenome, de Oliveira, tipicamente português. No final de seu mandato, já pensando em sua futura campanha presidencial para 1965, não perdia a oportunidade de cortejar os lusófilos brasileiros. Não só esteve presente em manifestações após Goa ter sido anexada pela Índia, como também avisou ao primeiro-ministro Nehru que "70 milhões de brasileiros nunca poderiam compreender ou admitir, sem uma grave reação, qualquer ato de violência contra Goa".[46]

---

[43] Rodrigues, *Brazil and Africa*, 297-298.
[44] Pinheiro, "Brasil, Portugal e a descolonização africana", 101.
[45] Rodrigues, *Brazil and Africa*, 296. Pinheiro, "Brasil, Portugal e a descolonização africana", 106.
[46] Marcelo Mathias ao ministro das Relações Exteriores português, 9 de novembro de 1961, PROC 922 PAA 283, Diversos, MNE; "The Reaction in Brazil over the Indian Aggression against Goa".

Juscelino encontrou uma forma incomparavelmente romântica para unir Brasil e Portugal e tradição com modernidade. Em sua viagem a Portugal em 1960, propôs a criação do Instituto Luso-Brasileiro de Astronáutica. Juntos, os dois países iriam explorar o espaço sideral exatamente como Portugal tinha explorado os mares, usando como base para seus foguetes o promontório de Sagres de onde as caravelas tinham deixado a Europa séculos antes.[47] Kubitschek não especificou como duas nações com um índice de analfabetismo superior a 30% e cujas exportações principais incluíram cortiça e café poderiam chegar ao espaço sideral. E tampouco percebeu a ironia de uma repetição da glória colonizadora do passado no mesmo momento em que a África alcançava a independência. Pelo contrário, a fantasia de conquistar o espaço com Portugal e não com os Estados Unidos (um aliado que tinha um programa espacial real) refletia a profundidade do sentimentalismo brasileiro em relação a Portugal.

Desafiando Portugal

Ao longo da década de 1950, a maior parte da comunidade portuguesa, grande parcela da imprensa, líderes políticos nacionais e os políticos estrangeiros apoiavam Salazar e a manutenção das colônias portuguesas. Mas havia uma contracorrente firme de oposição que abrangia desde auxiliares do presidente até membros das principais instituições étnicas portuguesas. Os dissidentes viam o colonialismo português como algo incoerente com os princípios raciais brasileiros e defendiam a democratização de Portugal. Mantinham, portanto, uma pressão constante que alimentava uma atmosfera de polêmica em torno do apoio brasileiro ao regime salazarista. Essas críticas ecoavam através dos dois principais diários hostis a Salazar, *O Estado de São Paulo* e o *Diário de Notícias* (Rio de Janeiro), cujas reportagens reverberavam pelo resto da imprensa.[48] Esses obstáculos ao apoio brasileiro culminaram, em 1959, na decisão de Álvaro Lins — um antigo auxiliar do presidente Kubitschek que estava servindo como embaixador brasileiro em Portugal — de conceder asilo à figura mais importante da oposição portuguesa, Humberto Delgado.

Portugal News, legação portuguesa em Bangcoc, 10 de janeiro de 1962, SR 185, Comemorações Henriquianas, 1961 Proc. 15.00 e 15.081 UM/GM/GNP/185/PT.1, AHU.

[47] Pedro Calmon a Negrão de Lima, 20 de junho de 1960, Francisco Negrão de Lima Arquivo, NL ad po 1960.06.07, CPDOC/FGV; Documentos tratando da criação do Instituto Luso-Brasileiro de Astronáutica, Brasília, NL ad po 1960.05.26, CPDOC/FGV.

[48] Entrevista com Alberto da Costa e Silva, 14 de dezembro de 2005.

Um incidente em 1956 envolvendo o time de futebol Vasco da Gama, que tinha como diretores membros proeminentes da colônia portuguesa no Rio de Janeiro, foi um exemplo tanto do salazarismo étnico quanto da corrente dissidente. O Vasco recebeu um convite de um promotor esportivo português para jogar uma série de amistosos em Angola. O promotor "impôs a condição de que aquele grupo desportivo não levasse jogadores de cor em virtude da existência de preconceitos raciais nas nossas possessões ultramarinas". Alguém divulgou os termos racistas do convite para a imprensa. O embaixador de Portugal escreveu então para seu ministro das Relações Exteriores:

Devo confessar (...) a minha ignorância no que diz respeito às condições eventualmente estabelecidas nas nossas possessões ultramarinas relativamente à apresentação de grupos de futebol (...) Na hipótese de as alegações do sr. José da Gama terem qualquer procedência, haveria toda a conveniência de se evitar que surjam oportunidades de se dar publicidade.

Os diretores do Vasco recusaram o convite em virtude de seus membros "serem radicalmente contrários à ida do clube nessas condições, pois as tradições democráticas e antirracistas do Vasco não poderiam ser postergadas com a encampação de preconceitos de cor".[49] A embaixada portuguesa pediu "explicações", e o patrocinador refez sua história e excluiu o racismo: segundo ele, tudo havia sido um mal-entendido que surgiu devido à possibilidade de o time ter também de jogar na África do Sul. E cuidadosamente explicou: "Sendo português, conheço muito bem as leis e os costumes de meu país, e não seria eu que iria dizer que, em nossas colônias, existe preconceito racial, porque, se assim fizesse, estaria mentindo."[50]

Nos anos posteriores, quando as nações africanas exigiam o fim do colonialismo português, diretores do Vasco da Gama pediram às autoridades portuguesas que vetassem convites para jogar em países que poderiam ser hostis a Portugal. Em 1963, o Vasco foi convidado para jogos amistosos na Argélia, em Gana e na Costa do Marfim. O presidente do time consultou o embaixador português, que descreveu esses países como sendo alguns dos

---

[49] Carta da embaixada portuguesa no Rio de Janeiro para o ministro das Relações Exteriores, 21 de novembro de 1956, Proc 902, 1 PAA 155; "Questão racial: Preconceitos raciais nas províncias ultramarinas portuguesas (excursão do Clube de Regatas 'Vasco da Gama' à África portuguesa)", MNE.
[50] "Pretos podem jogar em Portugal", *Tribuna da Imprensa*, 23 de novembro de 1956, Proc 902, 1 PAA 155; "Questão racial: Preconceitos raciais nas províncias ultramarinas portuguesas (excursão do Clube de Regatas 'Vasco da Gama' à África portuguesa)", MNE.

mais "agressivos" em relação a Portugal. Embora o presidente do Vasco tenha concordado em recusar as propostas, sua decisão não prevaleceu, e o Vasco viajou para Gana, Costa do Marfim e Nigéria três meses mais tarde.[51] Um pouco antes de o time partir para a África (e talvez em virtude de sua viagem), um dos diretores do clube viajou para Portugal e colônias. Tendo tido uma reunião privada com Salazar, ao voltar ao Brasil, declarou: "As armas que estão em Cuba são as mesmas que cercam os territórios da África portuguesa." Ele também comentou sua reunião com Salazar, a quem descreveu como "o homem do século XX".[52]

Nas duas ocasiões, embora os diretores do Vasco normalmente apoiassem Salazar e o colonialismo, os membros da diretoria estavam dispostos a questionar a aparência de racismo colonial na imprensa ou a reverter a decisão de evitar jogos amistosos em países africanos que fossem contrários ao colonialismo. Esse tipo de dissidência estava presente também entre os assistentes do presidente da república e no próprio Itamaraty e irrompeu quando o presidente Kubitschek nomeou Álvaro Lins embaixador brasileiro em Portugal, em 1957. Lins era o chefe do Gabinete Civil de Juscelino e um aliado-chave em sua campanha presidencial, embora viesse a criar uma intensa crise diplomática entre os dois países. A história de Lins mostra o poder da lusofilia na formulação da política e da diplomacia brasileiras. Em um livro de memórias de seiscentas páginas chamado *Missão em Portugal*, Lins recontou a crise de sua embaixada, fato lembrado também por João Clemente Baena Soares, a quem entrevistei em 2006. Baena Soares era terceiro secretário na Embaixada do Brasil em Lisboa e suas recordações refletem até que ponto Lins, antes escritor do que diplomata, dependia de seus secretários, bem como o clima geral dos funcionários da embaixada em Lisboa, que, segundo Lins, era indiferente ao salazarismo e ao colonialismo.

Lins chegou a Portugal acreditando que o Tratado de Amizade e Consulta subordinava o Brasil a Portugal sem nenhum benefício em troca. Em Lisboa, os funcionários da embaixada faziam parte, em sua maioria, de uma geração de diplomatas que tendiam a favor da descolonização e

---

[51] Telegrama 70 da embaixada portuguesa no Rio de Janeiro para o Ministério das Relações Exteriores, 14 de março de 1963, Proc. 922 PAA 282 1963/6, MNE; "Visita do Clube de Regatas Vasco da Gama", 3 de junho de 1963, ofício 101, embaixada em Lagos para o Ministério das Relações Exteriores, AHI.
[52] "As armas que estão em Cuba são as mesmas que cercam os territórios da África portuguesa", *Diário de Notícias* (Lisboa), 3 de maio de 1963, Proc. 922, PAA 282 1963/66, MNE.

que julgavam, como Lins, a política brasileira muito submissa a Portugal. Baena Soares recorda: "Estávamos numa situação colonial (...) não tínhamos autonomia na nossa diplomacia, fortemente influenciada, no exterior, pela portuguesa e, no interior, pela força dos empresários, dos comendadores, que naturalmente financiavam a candidatura. Não era só no executivo, também no legislativo, havia defensores, defensores enfáticos, da política portuguesa."[53]

Baena Soares lembra também que Lins ressentiu-se pelo fato de o Brasil tratar Portugal como "um vovô querido". Essa atitude coincidiu com uma agitação crescente em Portugal contra o regime de Salazar. Em 1958, eleições simbólicas foram realizadas, e um presidente honorário foi escolhido. Mas o poder verdadeiro estava nas mãos de Salazar, cuja posição era a de "presidente do Conselho de Ministros". Nessa eleição, no entanto, o general da Aeronáutica Humberto Delgado baseou sua campanha na defesa da redemocratização. A censura tinha sido parcialmente suspensa durante a campanha, e, quando um jornalista perguntou a Delgado "se Vossa Excelência for eleito presidente, o que fará com o presidente do Conselho?", Delgado respondeu: "Demito." Tendo perdido a eleição, Delgado foi destituído de seu posto. Já sem a imunidade parcial que tinha como oficial, o general temeu ser preso. Foi, então, até a Embaixada do Brasil e declarou: "Eu sou o general Delgado, aqui estão minhas pistolas, peço asilo."[54]

O governo português negou a permissão de saída do país, e Delgado, com isso, morou na embaixada pelos três meses seguintes. A embaixada brasileira ficava ao lado da Polícia Secreta Portuguesa, a PIDE. Baena Soares conta que todas as manhãs Delgado ia até uma sala que ficava em frente aos escritórios da PIDE, fazia seus exercícios calistênicos e depois abria a janela e gritava insultos aos agentes da PIDE até a agência pedir a Lins que abrandassem o general. O diplomata defendeu o asilo de Delgado, ao contrário do ministro das Relações Exteriores brasileiro, Negrão de Lima, e outros lusófilos. Assis Chateaubriand, proprietário dos Diários Associados e à época embaixador do Brasil na Grã-Bretanha, viajou por conta própria para Lisboa para pressionar Lins. Baena Soares recorda que Chateaubriand perguntou: "Mas o que é isso? Vocês contra Portugal? Vocês estão na Inconfidência Mineira? Vocês têm que ser coloniais e submissos." Depois que outras figuras da oposição portuguesa buscaram asilo em outras embaixadas, Salazar

---

[53] Entrevista com João Clemente Baena Soares, 30 de junho de 2006.
[54] Ibid.

cedeu. Delgado foi escamoteado para o Brasil, onde continuou a conspirar contra Salazar até ser assassinado, com sua esposa brasileira, quando, em 1965, tentou entrar outra vez em Portugal, clandestinamente, por uma parte remota da fronteira espanhola.[55]

O impasse sobre o asilo ilustrou a fragilidade da autoridade presidencial e ministerial no Brasil. Lins sentiu-se livre para conceder asilo a Delgado por conta própria e até mesmo a planejar um curso de ação crescentemente incompatível com os objetivos de Juscelino com relação a Portugal. Ao mesmo tempo, Assis Chateaubriand levava a cabo sua própria política externa ao viajar a Portugal para falar com Lins e empreender, a seguir, uma campanha contra ele em seus jornais. Esse tipo de ação era característico da política brasileira nas décadas de 1950 e 1960: havia uma cultura caótica de confronto que contribuiu para o suicídio de Vargas, para a renúncia de Quadros, para a oposição militar à tomada de posse de João Goulart como presidente e para o golpe militar de 1964. Esse caos aumentava quando Portugal estava envolvido, em virtude da intensidade do apoio dado ao país por partes da elite brasileira e da imprensa.[56]

Quando o caso do asilo terminou, o ministro das Relações Exteriores português enviou uma delegação para encontrar-se pessoalmente com Juscelino e convidá-lo para as Comemorações Henriquianas, a comemoração dos quinhentos anos da morte do infante d. Henrique, que se transformou em uma grandiosa celebração da resistência do império ultramarino português. Baena Soares conta: "Os portugueses fazem *mises-en-scène* fantásticas. Mandaram uma missão para convidar Juscelino para ser copresidente das comemorações. Ora, estás a ver, Juscelino não queria outra coisa… E aí nós éramos a dificuldade, tinham que acabar com a dificuldade da embaixada de qualquer maneira. Grande habilidade da diplomacia portuguesa. Finalmente, ele foi, copresidiu, foi homenageado. Grande herói português, o Juscelino."[57]

Kubitschek substituiu Lins por Negrão de Lima a fim de remediar as relações com Portugal. Baena Soares questionou a nomeação: "Ora, eu, terceiro secretário, também fiquei perplexo. Como é que mandam para cá o chanceler que estava conduzindo a crise anterior, a favor de Portugal, claro, com o Itamaraty resistindo?" Seu desconforto aumentou quando observou a declaração que Negrão de Lima fez aos repórteres ao

---

[55] Id.
[56] Ibid.
[57] Ibid.

desembarcar em Lisboa. Quando lhe perguntaram qual seria sua diretriz, o novo embaixador declarou: "Não tenho programa, vim amar Portugal." Baena Soares comenta: "Eu disse para minha mulher, Gláucia, 'olha, nós vamos para outro lugar, não vou ficar aqui com este homem'."[58] Outros diplomatas na embaixada também pediram para serem substituídos. A missão de Negrão de Lima era reparar o dano que, na opinião dele e de Juscelino, Lins tinha causado. No discurso que fez ao desembarcar, Negrão de Lima deu início à tarefa de desenhar portugueses e brasileiros como um único povo: "Com este nome — Negrão de Lima — não é possível que eu seja considerado alguém que vem de fora (...) Sou um lusíada, como lusíadas são todos os brasileiros que consideram não apenas um dever, mas previlégio [sic], o resguardo da fidelidade às origens e ao que há de intransferível e sagrado em seu país."[59]

Pouco depois de sua chegada, Negrão de Lima soube que Juscelino poderia não participar das Comemorações Henriquianas; e a escolha do novo ministro das Relações Exteriores como chefe da delegação brasileira causou alvoroço. O advogado Augusto de Lima Júnior enviou uma carta a Negrão de Lima em que confidenciava sua preocupação: "Isso será mais um desastre em nossas relações com Portugal (...) Horácio Lafer é judeu da Cracóvia. Isso não será um problema em outros casos. Mas ir a Portugal representando o Brasil no quinto centenário do Grão-Mestre da Ordem do Cristo (...) [é] muito incongruente. Não teria o Brasil uma figura de raça portuguesa para representá-lo num fato histórico que diz respeito diretamente à fé cristã? (...) A missão pode e deve ser chefiada por você, que poderá falar nas naus e caravelas com a Cruz de Cristo, sem reservas ou discretas saudades da Santa Inquisição. De qualquer modo, mandar Horácio Lafer é repetir o desastre do Álvaro Lins, de outro modo."[60] Na verdade, Lafer tinha nascido em São Paulo e seu pai tinha emigrado da Lituânia, não da Polônia. Ainda assim, a preocupação de Augusto de Lima ilustra bem o tom da situação. Seguindo a lógica de cruzada do regime de Salazar, qualquer um poderia se sentir suficientemente seguro para reclamar a um dos conselheiros de seu presidente que o ministro das Relações Exteriores era um representante inadequado da nação por ser judeu.

---
[58] Ibid.
[59] "Saudação do embaixador Negrão de Lima ao desembarcar em Portugal", Arquivo Negrão de Lima, NL ad po 1959.12.04, CPDOC/FGV.
[60] Augusto de Lima Júnior a Francisco Negrão de Lima, 15 de julho de 1960. Arquivo Negrão de Lima, NL ad po 1960.06.07, CPDOC/FGV.

Enquanto Juscelino cultivava apoio político para Portugal no Brasil, uma corrente oposicionista ganhou forças com o caso Lins e Delgado. Dois meses após o exílio de Delgado, em abril de 1959, quando o antigo ministro colonial Sarmento Rodrigues (que tinha recebido Freyre em sua viagem) viajou para o Rio de Janeiro, membros da oposição organizaram uma manifestação para o momento em que o navio do ministro atracou no cais. Uma organização chamada Frente Católica para Libertação Portuguesa distribuiu panfletos no centro do Rio convidando para a manifestação e proclamando: "O homem que hoje chega, na sua missão porca e subserviente, chama-se Sarmento Rodrigues. De humano só tem a forma, pois seu caráter sabemos ser dúbio e perverso. Vem afrontar a nossa dignidade de povo livre e democrático. Traz no peito as medalhas que Salazar lhe conferiu por chibatear pretos em Angola e em Moçambique. É um racista execrável e fanático, mas atreve-se a vir falar numa terra onde não há preconceitos de cor, onde os homens são verdadeiramente livres e iguais perante a lei. Se os nossos compatriotas de cor estivessem sob as suas ordens, teriam a mesma sorte dos nossos irmãos de Angola e Moçambique. Este homem cuspiu na cara dos homens de cor e vê no negro uma raça inferior."[61] O imediato do navio relatou à PIDE que quando o navio atracou no porto, "estava-lhe preparada uma manifestação hostil por parte de brasileiros, sobretudo de cor, juntamente com alguns portugueses, que eram portadores de faixas com dísticos contrários àquele senhor, ovos podres para lhe atirarem e milhares de panfletos".[62]

Durante o resto da viagem, Sarmento Rodrigues esteve sob vigilância. Discursou na Escola Superior de Guerra e na Academia Naval e foi condecorado com uma medalha pela Marinha brasileira. O diretor da Escola Superior de Guerra não permitiu que fossem feitas perguntas após a palestra de Rodrigues temendo que alguns dos oficiais o questionassem sobre o regime salazarista.[63] Sarmento Rodrigues também foi o principal palestrante na conferência tradicional do "Dia Nacional Português" no Real Gabinete. O *Diário de Notícias* condenou sua escolha como orador, chamando-o de agente do "sistema fascista de Lisboa (...) ao negar a obra de progresso implíci-

---

[61] "Manifesto: 'Brasileiros': Distribuídos aos milhares na doca e nos arranha-céus", Frente Católica Pró-Libertação de Portugal. Lisboa, 3 de julho de 1959. "Manoel Maria Sarmento Rodrigues", PIDE/DGS, SC SR 5671 u.i. 2421, ANTT.

[62] Relatório da PIDE sobre as medidas para a chegada de Sarmento Rodrigues, 26 de junho de 1959, "Manoel Maria Sarmento Rodrigues", PIDE/DGS, SC SR 5671 u.i. 242, ANTT.

[63] "Escola de guerra proíbe perguntas sobre Salazar", *Tribuna da Imprensa*, 9 de junho de 1959. "Manoel Maria Sarmento Rodrigues", PIDE/DGS, SC SR 5671 u.i. 242, ANTT.

ta nas descobertas dos portugueses, ao confundir os mastros das caravelas com os postes de tortura da PIDE".[64]

A POLÍTICA EXTERNA INDEPENDENTE

A presidência de Jânio Quadros começou com o repúdio de muitas das políticas de Juscelino Kubitschek e o anúncio de uma nova "Política Externa Independente" que questionaria as relações com Portugal e daria apoio à descolonização. A mudança foi saudada com entusiasmo pelos inimigos de Salazar e do colonialismo, tais como José Honório Rodrigues e Álvaro Lins. Esse entusiasmo parecia ser justificado pela maneira como Quadros lidou com a primeira crise internacional que surgiu após sua posse. Em 22 de janeiro de 1961, o antigo funcionário colonial português Henrique Galvão, que havia pedido asilo na embaixada argentina em Lisboa durante o caso Delgado, sequestrou o navio português *Santa Maria* no litoral da América do Sul. Sua intenção era levar a embarcação até Angola para incitar uma rebelião contra Portugal. A primeira insurreição em Angola ocorreu um mês mais tarde, quando supostos militantes do MPLA foram presos em consequência do sequestro. Perseguido por navios de guerra portugueses e norte-americanos, o *Santa Maria* atracou em Recife. Quadros concedeu asilo a Galvão e seus companheiros, sob protestos de Portugal. Embora o presidente tivesse planejado distanciar a política brasileira de Portugal, o sequestro colocou seu governo em uma trajetória de confronto com o país desde o começo.

A Política Externa Independente de Quadros distanciou o Brasil de seu alinhamento automático com os Estados Unidos e com Portugal. Ao definir o país como líder do mundo em desenvolvimento, e não como um seguidor dos Estados Unidos, ela satisfez as aspirações brasileiras de se tornar uma potência mundial. Era também seu objetivo a busca de mercado para os produtos manufaturados brasileiros em lugares como a China. Essa política era semelhante a outras expressões do nacionalismo desenvolvimentista da metade do século promovido por Jarwaharlal Nehru na Índia, Gamal Abdel Nasser no Egito, Josef Tito na Iugoslávia e Juan Perón na Argentina. O cientista político Wayne Selcher observa a mudança implícita na nova política de Jânio: durante a campanha presidencial de 1960, Jânio visitou Cuba e, alguns meses antes de sua posse, viajou para a União Soviética, a República Árabe Unida,

---

[64] "Um dia e uma comunidade", *Diário de Notícias*, 10 de junho de 1959. "Manoel Maria Sarmento Rodrigues", PIDE/DGS, SC SR 5671 u.i. 2421, ANTT.

a Iugoslávia, a Índia e o Japão. Selcher comparou essa série de viagens com a de Juscelino após sua eleição: Estados Unidos, Grã-Bretanha, Holanda, Bélgica, Luxemburgo, França, Alemanha, Itália, Espanha e Portugal.[65] Cândido Mendes, conselheiro de Jânio para questões internacionais, lembra que o presidente tinha "fascínio por Nehru e Tito" — os líderes nacionalistas da Índia e da Iugoslávia — e tinha retratos de ambos na parede de seu escritório.[66]

A Política Externa Independente de Jânio invocava repetidamente a identidade do Brasil como uma democracia racial. Para Jânio, isso significava apoiar a descolonização, mesmo das colônias de Portugal, e também estabelecer conexões com os novos países do outro lado do Atlântico. Em 1961, o presidente submeteu um artigo explicando sua política à revista *Foreign Affairs*. No artigo, que só foi publicado depois de sua renúncia, o Brasil foi apresentado como

> uma nação de proporções continentais (...) relativamente próxima da África e com raízes étnicas indígenas, europeias e africanas. Na próxima década, nossa população chegará a quase cem milhões de habitantes e a rápida industrialização de algumas regiões de nosso país é o prenúncio do desenvolvimento em uma potência econômica.

E a isso acrescentou: "Nossa democracia é maior que a de outras nações de nossa mesma esfera cultural. Portanto, nós nos tornamos o exemplo mais bem-sucedido de coexistência e integração racial que a história já conheceu."[67]

O fato de a Política Externa Independente ter reduzido a deferência histórica para com os Estados Unidos ficou claro quando Jânio estabeleceu relações diplomáticas com Cuba, com a China e com o Leste Europeu, e quando concedeu a Ordem do Cruzeiro do Sul a Che Guevara. Quadros repudiou igualmente a deferência sentimental do país para com Portugal quando apoiou resoluções anticoloniais nas Nações Unidas. Sua explicação:

> Por muitos anos, o Brasil cometeu o erro de apoiar o colonialismo europeu nas Nações Unidas (...) Círculos mal-informados, deslumbrados com os padrões europeus de comportamento, contribuíram para um erro que deve ser atribuído mais a uma desconsideração pelos compromissos mais

---

[65] Selcher, *The Afro-Asian Dimension of Brazilian Foreign Policy*, 18-19.
[66] Entrevista com Cândido Mendes de Almeida, 24 de novembro de 2004.
[67] Quadros, "Brazil's New Foreign Policy", 19, 21.

profundos de nosso país do que à má intenção política. Nosso relacionamento fraterno com Portugal desempenhou sua parte na complacência demonstrada pelo ministro das Relações Exteriores do Brasil nessa questão. Portanto, tudo indica a necessidade de uma mudança de posição com relação ao colonialismo (...) que a partir de agora irá encontrar uma oposição acirrada por parte do Brasil. Essa é nossa política, não apenas no que se refere à África, e muito menos por uma questão de solidariedade platônica, mas porque está de acordo com os interesses nacionais brasileiros.[68]

A imagem do Brasil transmitida por Jânio era a de uma potência mundial emergente. A África seria, então, o palco para a expansão da influência do Brasil: "Creio que é precisamente na África que o Brasil pode prestar o melhor serviço aos conceitos da vida e dos métodos políticos ocidentais. Nosso país deve se tornar o elo, a ponte entre a África e o Ocidente, já que estamos tão intimamente ligados a ambos os povos... podemos dar às nações do continente negro um exemplo da ausência total de preconceito racial, junto com uma prova bem-sucedida de progresso, sem solapar os princípios de liberdade."[69] Ou seja, em virtude de seu status de nação miscigenada em desenvolvimento, o Brasil seria a ponte entre o Ocidente branco desenvolvido e uma África negra subdesenvolvida.

O arquiteto da política de Jânio era Afonso Arinos. Filho do eminente político e ministro das Relações Exteriores Afrânio de Melo Franco, a trajetória intelectual e política de Afonso Arinos levou-o de escritos antissemitas sobre a ameaça de "internacionalistas judeus", na década de 1930, à autoria da lei que proibiu a discriminação racial, conhecida como Lei Afonso Arinos (1954).[70] A visão que ele tinha do papel do Brasil no mundo e de sua natureza como um farol de tolerância racial refletia a de Jânio. Como escreveu em 1965,

> o fato de sermos, até certo ponto, imunes à questão racial, não implica que o Brasil se desinteresse dos passos que devem ser dados para sua atenuação (...) Nenhum país tem as condições do Brasil, hoje, para se tornar o centro dos debates e das negociações em prol da erradicação do racismo como fator da perturbação da paz e da segurança internacional.[71]

---

[68] Ibid., 25
[69] Ibid., 24.
[70] Lesser, *Welcoming the Undesirables*, 66.
[71] Arinos de Melo Franco, *Evolução da crise brasileira*, 241.

A opinião de Arinos e Jânio sobre as relações raciais no Brasil e seu lugar no mundo era um lugar comum no início da década de 1960 e muitas vezes era formulada em comparação aos Estados Unidos. A visão de Freyre sobre a harmonia racial contrastava profundamente com as imagens de confronto, violência e degradação no segregado sul dos Estados Unidos. Com efeito, quando casos de racismo no Brasil vinham à tona, eram normalmente reportagens sobre atos racistas cometidos por estrangeiros contra brasileiros ou atos de racismo de brasileiros contra negros americanos. A Lei Afonso Arinos foi aprovada em reação à experiência da dançarina negra Katherine Dunham, a quem foi recusado um quarto de hotel em São Paulo.[72] A lei foi raramente aplicada, a não ser como prova da democracia racial brasileira. Naquele momento, Jânio e Arinos utilizaram a imagem de harmonia racial para lançar uma imagem da liderança internacional do Brasil como alternativa para as linhas desenhadas pela Guerra Fria.

Olhando para o futuro

As relações contemporâneas do Brasil com a África começaram no governo de Jânio Quadros. Embora presidente apenas por oito meses no ano de 1961, sua Política Externa Independente definiu uma alternativa para o apoio a Portugal defendido por seus predecessores, o que ocorreu no mesmo momento em que rebeliões violentas pela independência irrompiam nas colônias portuguesas na África. Jânio abriu embaixadas em Gana, Nigéria e Senegal. Seu sucessor, João Goulart, continuou nessa linha até sua deposição pelos militares em 1964. O governo Castelo Branco reverteu a direção da política externa brasileira e prendeu seguidores dos movimentos para a independência da África portuguesa. As relações com os Estados Unidos e Portugal foram restauradas. O ministro das Relações Exteriores de Castelo Branco, Juracy Magalhães, declarou que "Tudo que é bom para os Estados Unidos também é bom para o Brasil". Entrevistado por um jornalista português, Magalhães estendeu esse sentimento: "Tudo o que acontece de bom para Portugal é recebido com imenso agrado pelo Brasil."[73]

De 1969 a 1974, a economia brasileira cresceu a um índice médio anual de mais de 11%. Esse "milagre econômico" criou uma nova justificativa para as relações com a África, e o ministro das Relações Exteriores Mário Gibson

---

[72] Dávila e Morgan, "Since *Black into White*", 409-23.
[73] "Entrevista concedida ao *Diário Popular*, de Lisboa, sobre as relações luso-brasileiras", Arquivo Juracy Magalhães, JM pi Magalhães, J. 1966.08.24/3, CPDOC/FGV.

Barboza retomou a política com relação aos países africanos, esmaecida desde 1964, a fim de desenvolver mercados de exportação. Gibson intensificou a diplomacia com a África Ocidental, tentando intermediar as negociações com Portugal. Em outubro de 1972, ele embarcou para uma visita a oito países da África Ocidental na expectativa de que a diplomacia pessoal vencesse o ressentimento africano e abrisse as portas para as exportações brasileiras.

Portugal rejeitou os acordos propostos por Gibson Barboza. Paralelamente, quando os Estados Unidos enviaram aviões com suprimentos militares para Israel durante a Guerra do Yom Kipur de 1973, os países árabes responderam impondo um bloqueio de petróleo. Os países africanos aderiram ao bloqueio, que se ampliou para incluir países associados com Portugal. O Brasil, que importava mais da metade de seu petróleo, escapou por pouco, mas sua economia desestabilizou-se em virtude do aumento em dez vezes no preço do petróleo mundial. Para Barboza, as relações com Portugal eram uma "hipoteca" que o Brasil não podia pagar.[74] O sucessor de Médici, Ernesto Geisel, concordou. Como presidente da Petrobras durante o bloqueio do petróleo, Geisel tinha percebido os imensos custos econômicos da afeição com Portugal. Porém, como presidente, não teve a oportunidade de mudar a política brasileira nesse aspecto antes da Revolução dos Cravos, que derrubou a ditadura salazarista em Portugal, em abril de 1974.

Ansioso para restaurar a credibilidade do país na África, Geisel fez com que o Brasil fosse a primeira nação a reconhecer o governo independente de Angola, embora fosse um regime marxista. Essa decisão foi parte de uma nova política externa que o regime chamou de "pragmatismo responsável". O governo se distanciou dos Estados Unidos, acreditando que o milagre econômico brasileiro estava em ascensão e os Estados Unidos estavam em declínio. Ironicamente, enquanto abraçava Angola marxista, o governo brasileiro afastou-se do novo governo socialista de Portugal. A política brasileira, somada à revolução em Portugal e à libertação de Angola, deu lugar a novas correntes migratórias. Portugal concedeu asilo a exilados esquerdistas brasileiros ao mesmo tempo que dezenas de milhares de portugueses fugiam para o Brasil vindos das colônias e diretamente de Portugal.

No fim da década de 1970, o governo brasileiro esforçou-se para concretizar o potencial de suas relações com os países africanos. Obteve um sucesso limitado, principalmente na Nigéria, que, enriquecida com o petróleo,

---

[74] Gibson Barboza a Médici, 22 de janeiro de 1974. Arquivo Azeredo da Silveira, AAS mre rb 1974.05.23, CPDOC/FGV.

podia comprar grandes quantidades de carne, automóveis e eletrodomésticos brasileiros. Em 1984, a África já absorvia 7,9% das exportações brasileiras. Mas, na década de 1980, a crise da dívida externa brasileira limitou suas opções na política externa e novamente subordinou sua economia e política aos Estados Unidos. O comércio com a África perdeu força em parte pelas condições econômicas brasileiras que deterioravam e em parte devido ao declínio político e econômico de parceiros africanos, como a Nigéria. Devastada pela guerra civil, Angola não se tornou o parceiro econômico e político por tanto tempo imaginado pelos brasileiros.

Ao situar o pensamento racial brasileiro em um contexto do mundo atlântico, este livro ilustra duas coisas. Primeiro, que os padrões do pensamento racial brasileiro foram condicionados por eventos internacionais, tais como a descolonização na África, o conflito português e as lutas por direitos civis nos Estados Unidos. Segundo, que essas experiências entre países moldadas pela diáspora africana estão conectadas por influências compartilhadas, e os eventos em cada país se desdobraram de maneira simultânea. Em 1961 e 1975, por exemplo, Brasil, Estados Unidos, Portugal e Angola estiveram ligados por eventos que ocorreram em cada um desses países, mas que foram impulsionados pelo começo e pelo apogeu do movimento pela independência de Angola. Esta narrativa focaliza as experiências brasileiras com eventos no mundo Atlântico moldados pela descolonização, pelo desenvolvimento, pela Guerra Fria e pelos padrões cambiantes de relações raciais. Gilberto Freyre forneceu sua lógica dialética: Portugal seria o filtro pelo qual os diplomatas e intelectuais brasileiros iriam confrontar a África, uma abstração por meio da qual os brasileiros negociariam os desafios do desenvolvimento e da inclusão.

2
A ÁFRICA E A POLÍTICA EXTERNA INDEPENDENTE

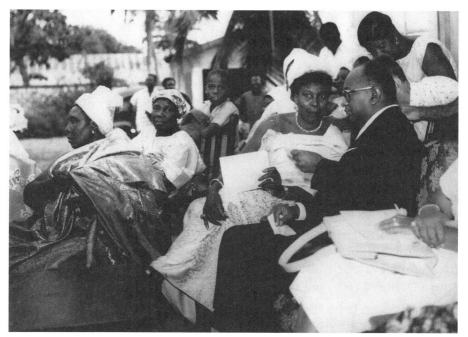

Figura 2 Embaixador Raymundo Souza Dantas com a comunidade TaBom em Acra. Coleção do autor.

EM 2006, EM UM SEBO NO RIO DE JANEIRO, um amigo me passou um álbum de retratos esfarrapado com fotos tiradas na África.[1] Havia dezenas de cópias dobradas e soltas em seu interior. Tinham sido tiradas na África Ocidental, no começo da década de 1960, e mostravam Raymundo Souza Dantas, o primeiro embaixador brasileiro em um país africano e também o primeiro e único embaixador negro do Brasil. O álbum pertencera ao jornalista e escritor Gasparino Damata, que tinha servido como adido de imprensa na embaixada brasileira em Gana.[2] Damata, que mais tarde ficou conhecido como o autor de ficção *gay* sobre a boemia no Rio de Janeiro, captou um panorama das conexões entre a África Ocidental e o Brasil. Os

---
[1] Obrigado a Uri Rosenheck por ter encontrado o álbum.
[2] Howes, "Damata, Gasparino", 100.

temas das fotografias iam desde um forte de escravos português, passando pelas comunidades de descendentes de escravos brasileiros libertos que fizeram o oposto de seus antepassados e se restabeleceram na África Ocidental (conhecidos como TaBom em Gana e agudá na Nigéria) até membros da primeira geração de intelectuais, artistas e diplomatas brasileiros a viajarem para os países africanos recém-independentes da região. Finalmente havia fotos dos líderes da independência africana, tais como o presidente Nnamdi Azikiwe da Nigéria, bem como cenas de rua sobrepondo imagens tradicionais a imagens modernas.

As imagens revelavam o idealismo com que os diplomatas e intelectuais brasileiros se voltaram para a África Ocidental na esteira da descolonização, estimulados pelas conexões culturais dos dois lados do Atlântico: o candomblé afro-brasileiro no Nordeste do Brasil, originário do espiritismo do Oeste africano, e a identidade brasileira das comunidades agudás na África Ocidental. E também pela sensação de que a descolonização transformava o mundo de uma maneira que iria empurrar o Brasil para o papel de líder global em virtude de suas relações raciais pacíficas. No entanto, as fotos também captavam eventos que contradiziam esse otimismo romântico. O envio de um embaixador negro para Gana não significava que o Brasil era uma democracia racial: pelo contrário, Souza Dantas passou por uma experiência dolorosa. O desenvolvimento das relações com os países africanos também expôs desavenças há muito existentes entre os círculos intelectuais em várias regiões do Brasil. As primeiras experiências no desenvolvimento de uma política externa com relação à África revelaram os conflitos que os brasileiros, ao encontrar uma África que existia quase que inteiramente em sua imaginação, tiveram de enfrentar.

Essas experiências eram fruto da Política Externa Independente levada a cabo pelo presidente Jânio Quadros (1961) e continuada por seu sucessor, João Goulart (1961-1964). Por meio dela, o governo brasileiro abriu uma primeira embaixada em Acra, Gana, em 1961. Um ano mais tarde, embaixadas em Dacar, no Senegal e em Lagos, na Nigéria. Este capítulo examina a Política Externa Independente de Jânio, a abertura na direção da África e sua repercussão no Brasil, principalmente com relação à competição regional que ela estimulou.

Figura 3 Vivaldo Costa Lima e Gasparino Damata. Coleção do autor.

Figura 4 Zora Seljan em uma reunião de agudás. Coleção do autor.

Figura 5 Agudás em um festival em Bonfim. Coleção do autor.

Figura 6 Reunião de TaBom com o embaixador Souza Dantas. Coleção do autor.

Jânio abriu a primeira embaixada subsaariana em Gana porque foi a primeira nação do oeste africano a obter a independência e também porque o pan-africanismo de Kwame Nkrumah parecia fazer dele um líder natural do continente. O entusiasmo a respeito de Nkrumah foi assimilado sete anos mais tarde pelo embaixador brasileiro Mário Vieira de Mello: "Mais do que tudo isto, foi Nkrumah o homem que pareceu dar independência a Gana (...) Uma imagem de sua personalidade se formava em virtude da qual a causa de Gana se identificava com a causa de todo o continente africano. Não se tratava somente de emancipar um país africano. Tratava-se de emancipar toda a África e de transformá-la num continente capaz de falar em termos de perfeita igualdade com o mundo que a havia, durante tantos séculos, explorado e tiranizado."[3] Gana parecia guiar o caminho para a África e foi lá que Jânio escolheu iniciar a presença diplomática brasileira.

Brasil na África: a missão condenada

A decisão de Jânio Quadros de mandar seu adido de imprensa, Raymundo Souza Dantas, para Gana é um exemplo típico de sua presidência curta e quixotesca em seu desejo de romper com o passado, sua rejeição à burocracia profissional e sua confiança em um aliado próximo para ocupar uma posição importante. Jânio fez o mesmo com outras embaixadas recém-criadas no norte da África, enviando o escritor Rubem Braga para o Marrocos e o pintor Cícero Dias para a Tunísia.[4] A nomeação de Souza Dantas como embaixador em Gana, no entanto, tinha um significado muito peculiar: sua cor gerava resistência entre diplomatas e intelectuais brasileiros e provocou uma reflexão existencial por parte do próprio embaixador sobre a relação entre ser negro e representar o Brasil.

A nomeação de Souza Dantas foi praticamente ignorada pelo Itamaraty. Em Gana, ele se queixou ao Ministério das Relações Exteriores com relação à longa demora das respostas a seus telegramas — em um caso específico a resposta demorou mais de cinco meses.[5] O embaixador enfrentou aquilo que, a seu ver, era uma crítica racista à escolha de seu nome para ocupar

---
[3] Mário Vieira de Mello ao Ministério das Relações Exteriores, ofício 116, "Situação Política de Gana", 19 de junho de 1968, AHI.
[4] Entrevista com Cândido Mendes de Almeida, 24 de novembro de 2006.
[5] Ministério das Relações Exteriores à embaixada em Acra, telegrama 90, "Vinda ao Brasil do embaixador R. Souza Dantas", 7 de novembro de 1961, AHI; Ministério das Relações Exteriores à embaixada em Acra, telegrama 34, "Fornecimento de café do IBC para consumo das missões diplomáticas e repartições consulares", 29 de maio de 1962, AHI.

o cargo, e isso o deixou ofendido e isolado. A decisão foi condenada pela imprensa,[6] e até José Honório Rodrigues a criticou publicamente, ao considerá-la uma forma de "racismo às avessas". Escreveu Rodrigues: "Ninguém deve ser, nesta República, escolhido por sua cor, mas por suas qualificações morais e intelectuais. E muito menos sentido teria determinar que caberia a um homem de cor tratar de assuntos africanos."[7]

Para a opinião geral e especialmente a dele própria, a missão de Souza Dantas como embaixador foi um desastre. Sua chegada à Acra ocorreu pouco depois da renúncia de Jânio, e o novo embaixador se viu sem apoio político e rejeitado por seu próprio ministério. O desprezo que o Itamaraty tinha por ele foi exemplificado pelo comportamento do encarregado de negócios no local, Sérgio Corrêa do Lago. Enviado para abrir a embaixada no local, Corrêa do Lago tornou-se o primeiro brasileiro a ter um posto em um país africano independente. Enquanto organizava a embaixada, Corrêa do Lago enviava longas reflexões ao Itamaraty sobre a natureza de ser um diplomata na África, onde "o dia de trabalho é tudo e, encerrado o expediente, vem o silêncio, o ruidoso e nostálgico silêncio das noites africanas, permeado pelos rumores naturais dos arredores baldios e o zunido dos mosquitos".[8] Tendo servido no Egito, havia participado de conferências de cúpula dos líderes nacionalistas africanos nos anos anteriores à independência, e acreditava que "ao Brasil poderia caber o importante papel de elo natural entre o continente africano e o mundo ocidental e, sobretudo, por sermos a única verdadeira democracia multirracial do mundo".[9] A maneira mais "fácil" de estabelecer essas relações seria "utilizando-se o enorme acervo de nosso folclore comum ao da África Ocidental", mandando grupos musicais para a África para dar shows.

Apesar da interpretação que fazia da democracia racial brasileira, ao saber que Souza Dantas tinha sido nomeado embaixador, Corrêa do Lago sentiu-se ofendido e queixou-se ao Itamaraty. Quando o novo embaixador chegou, Corrêa do Lago recusou-se a sair da residência da embaixada, e Souza Dantas foi obrigado a passar os primeiros meses morando em uma série de hotéis. Sua presença como um embaixador negro representando o Brasil em um país africano envolvia uma série de contradições que o próprio Souza

---

[6] "Jornalistas na diplomacia", *Correio da Manhã*, 25 de abril de 1961, 2.
[7] José Honório Rodrigues, "O racismo às avessas do presidente Jânio Quadros", *O Jornal*, 2 de março de 1961, p. 4; Souza Dantas, *África difícil*, 51.
[8] Corrêa do Lago ao Ministério das Relações Exteriores, telegrama 94, "Problemas africanos: conversa com o senhor ministro de Estado em Dacar", 11 de abril de 1961, AHI.
[9] Id., telegrama 9, "Política brasileira na África Ocidental", 8 de fevereiro de 1961, AHI.

Dantas explorou em um livro de memórias apropriadamente chamado *África difícil (Missão condenada: Diário)*.

Nas páginas iniciais do livro, Souza Dantas relata que comprou uma cópia de *Os condenados da Terra*, de Frantz Fanon, em uma livraria em Dacar. Embora o embaixador tivesse rejeitado a filosofia de Fanon, considerando-a "violenta", os sentimentos em suas memórias lembram a ansiedade e a alienação que Fanon expressou em sua obra. Dantas lutava com o significado de ser negro e brasileiro na África, compartilhando a alienação sentida por intelectuais afro-americanos como Richard Wright.[10] Em uma de suas reflexões, diz ele: "Por motivos óbvios, não me seria difícil passar por um nativo, mas havia outros, sem qualquer relação com a cor e sim com o meu modo de ser e de ver as coisas, sendo como sou homem de outro mundo, que me impediram a intimidade na medida do desejado."[11] Esse era o desafio básico que Souza Dantas enfrentava constantemente: a diferença entre ser negro e ser africano, aliado com a questão de ser um homem negro cuja posição como representante do Brasil era criticada.

Duas perguntas o confrontaram. A primeira foi feita inicialmente por Martin Appiah, auxiliar de Nkrumah: "Deve sentir-se em casa, não?" Será que Appiah realmente acreditava que Souza Dantas se sentia em casa em Gana? Ou será que perguntou porque se sentir em casa era o sentimento que um número crescente de negros da América que viajavam para Gana gostariam de ter?[12] Souza Dantas lhe respondeu: "Chego à conclusão de que, por motivos vários, todos relevantes, eu não poderia sentir-me em casa. Nem mesmo por ser negro, considerado descendente de africano. O meu mundo é outro, como também a minha civilização... Tudo, porém, que se passa aqui, interessa-me a fundo, pois sou daqueles que têm a preocupação com seu continente." Ele voltaria a esse ponto inúmeras vezes em suas memórias, declarando "pois repito que pertenço a outro universo, sou negro de outra civilização".[13]

A segunda pergunta era igualmente alienadora: "É verdade que não há discriminação racial no Brasil?" Souza Dantas conta que, quando essa pergunta lhe foi feita por um aluno na Universidade de Gana, ele hesitou em responder. Mas explicou que o aluno "esperou minha resposta como se a sorte de alguma coisa que lhe fosse muito cara dependesse do que lhe eu dissesse". O embaixador pesou bem sua resposta, observando mais tarde que, "em

---

[10] Wright, *Black Power*.
[11] Souza Dantas, *África difícil*, 14.
[12] Wright, *Black Power*; Gaines, *African Americans in Ghana*.
[13] Souza Dantas, *África difícil (Missão condenada: Diário)*, 35-36.

condições diferentes, sem a responsabilidade de que estava e continuo investido, seria fácil. Dissesse o que dissesse, na qualidade de um simples cidadão, representaria a opinião de um homem comum, entre 77 milhões de brasileiros. 'Não precisa responder' fizera, diante do meu franzir de sobrolho."[14]

Grande parte das memórias de Souza Dantas é dedicada ao fardo que essa pergunta colocava sobre ele. Como todos os embaixadores do Brasil, estava encarregado de apresentar as relações raciais do país em uma forma positiva de democracia racial. No entanto, seu papel público contrastava com a discriminação a que estava sujeito por parte do Itamaraty, de seus críticos no Brasil e até mesmo de seus subordinados. Ele compreendeu bem a ironia de sua posição quando descreveu como fizera a minuta do texto que iria ler na apresentação de suas credenciais ao presidente Nkrumah: "Preparara, na véspera, um discurso falando nas raízes étnicas e culturais entre os dois países, como também reafirmando nossa posição de franco anticolonialismo e combate à discriminação racial. Escrevi-o no meu quarto do Ambassador Hotel, onde permaneci por um mês à espera que fosse desocupada, pelo secretário Corrêa do Lago, a residência destinada ao chefe da missão."[15]

Essa experiência o perturbava. Sentia-se traído pela reação de seu país à sua cor. O embaixador era um pária, rejeitado pelo Itamaraty e provocado por seus subordinados:

> Continuam as decepções (...) O meu propósito é apenas registrar que não passa de drama o que todos consideram conquista: ser embaixador. Da mesma forma que descartei de cogitação, nestas notas, quaisquer dos problemas da embaixada, repito não desejar ocupar-me das decepções que tenho sofrido, de parte daqueles que, talvez por ser eu embaixador, procuram criar toda espécie de obstáculos em meu caminho, dificultando ainda mais o desempenho de funções que já são difíceis por natureza (...) Sei que não conto com quem quer que seja, no Brasil, que no Itamarati (*sic*) não tenho cobertura, que o presidente da república nem se lembra de suas missões na África, que ninguém nos atribui importância. Diante desse lamentável panorama, por que teimar em permanecer? Felizmente, nem tudo é motivo de amargura. Recebo carta do Brasil, dando notícia dos estudos de meu filho Roberto. Foi um conforto nesta manhã depressiva. Que Deus o ajude, e, por outro lado, que lhe tire da cabeça a ideia de ingressar na carreira diplomática. Sei o que sofrerá, por ser negro.[16]

---
[14] Ibid., 39.
[15] Ibid., 55.
[16] Ibid., 40.

Souza Dantas compreendia que, embora os brasileiros brancos celebrassem a africanidade e a negritude como características nacionais, não reconheciam brasileiros negros como seus pares, nem estavam acostumados a partilhar posições de autoridade em suas instituições. Sua missão era um calvário.

A questão das relações raciais brasileiras e a missão de Souza Dantas geraram uma citação repetida com frequência e normalmente atribuída a Nkrumah. João Clemente Baena Soares, que chefiava a Divisão da África no Itamaraty em 1962 e 1963, lembra que Nkrumah "levou três meses para receber as credenciais. Emendava a mensagem dizendo que o Brasil era racista, mandava um preto, um negro para África. Devia mandar um negro para Suécia, isso é que não era racismo. Tinha razão em certo ponto. Um simplismo. Ah, por que o primeiro negro brasileiro, embaixador brasileiro, vai para África. Por que vai para África? Manda para Europa..."[17] Cândido Mendes, chefe da IBEAA e um dos conselheiros mais próximos de Jânio, recorda ter ouvido isso diretamente de Nkrumah durante uma visita a Gana. Quando o entrevistei, Cândido Mendes repetiu o que lembrava como sendo as palavras de Nkrumah: "Que diabos seu presidente fez, mandando um embaixador negro para Gana? Por favor, mande-o para a Suécia." Mendes explicou que Nkrumah "ficou muito zangado com o que chamou de racismo às avessas, de mandar um embaixador preto para Gana (...) O Raymundo não teve muita sorte por conta disso (...) Foi um erro da política de Gana."[18] No entanto, isso não foi sequer mencionado no relato de Souza Dantas.

Por que razão Souza Dantas não relatou essa estadia tão abertamente discutida? Suas memórias foram estruturadas ao redor de duas formas distintas de alienação: uma era resultado da humilhação por parte do Itamaraty, a outra por sentir-se diferente dos africanos. De um modo geral, Souza Dantas dizia que se sentia bem-acolhido e bem-tratado pelos ganenses, chegando a afirmar que as autoridades ganenses se referiam a ele como "irmão",[19] e ele comparou esse tratamento com o desrespeito que recebia dos brasileiros. É possível que Souza Dantas não tenha mencionado a oposição de Nkrumah pelo constrangimento de levar uma repreenda do presi-

---

[17] O comentário também foi citado por Sombra Saraiva, *O lugar da África*, 90; Entrevista com João Clemente Baena Soares, 30 de junho de 2006.
[18] Entrevista com Cândido Mendes de Almeida, 24 de novembro de 2006.
[19] Souza Dantas, *África difícil*, 37.

dente do país para o qual tinha sido nomeado e em virtude de sua sensação de que ele era um representante legítimo do Brasil, independentemente de sua cor. Como deixou claro, ser negro não o fazia se sentir como um africano, e resistia à discriminação que enfrentava por ter sido nomeado embaixador. Quando prefaciou sua narrativa da reunião que teve com Nkrumah com uma referência ao hotel onde tinha sido forçado a morar por Corrêa do Lago, estava enfatizando esse desafio. O comentário de Nkrumah minava a própria legitimidade da missão que Souza Dantas lutava para defender diante dos brasileiros, pois assolava sua luta para afirmar sua identidade e ilustrava a distância que separava a África do Brasil.

Mas teria Nkrumah criticado um brasileiro negro para um brasileiro branco? O presidente de Gana havia sido sempre acolhedor ao interagir com negros da América, de Richard Wright até W.E.B. Du Bois. Mas, se a crítica ocorreu ou não, essa foi a história que ouvi com mais frequência durante minha pesquisa, reforçando uma narrativa brasileira predominante sobre relações raciais: a prova de que a democracia racial brasileira residia no fato de um brasileiro de qualquer cor poder apropriadamente representar o país diante de africanos, e que a escolha de um embaixador brasileiro negro seria uma forma de racismo inverso, como José Honório Rodrigues havia sugerido.

A cerimônia de apresentação de Souza Dantas provou a distância entre Brasil e Gana também de outra maneira. O embaixador lembra que Nkrumah lhe disse: "Conheci o seu novo presidente (...) Eu o conheci em Pequim. Ele então era vice-presidente", referindo-se a João Goulart.[20] Jango tinha ido à China em uma missão comercial a pedido de Jânio, mas o então presidente renunciou durante a viagem. O momento era inoportuno porque a presença de Jango em Pequim simbolizava o suposto extremismo de esquerda, justificativa para que os oficiais militares e os políticos conservadores se opusessem à sua presidência. Embora da perspectiva da política brasileira interna a viagem de Jango à China tenha sido desastrosa, da perspectiva das relações brasileiras com a África foi favorável, pois assinalou um caminho que não tinha sido tomado, mas que teria alinhado a política brasileira muito mais próxima a líderes africanos como Nkrumah.

Em seu período em Gana, Souza Dantas percebeu a futilidade potencial da abertura diplomática brasileira com relação à África. Viajando entre os dois países, veio a compreender como eles eram desconhecidos um para o outro: "Como não podia deixar de ser, fizeram-me no Brasil toda espécie

---
[20] Ibid., 55.

de perguntas sobre a África em geral e Gana em particular. Muitas delas me irritaram, porque eram inspiradas na mais completa má vontade ou ignorância. A verdade é que ainda se sabe muito pouco em meu país sobre o que realmente se passa na África. Ocorre, por outro lado, o mesmo fenômeno de parte dos africanos para conosco. A ignorância é quase absoluta." O fato de se encontrar em uma situação de intermediário entre duas sociedades ignorantes uma da outra fez com que a sensação de ser "um negro de outra civilização" se acentuasse.[21]

Essa ignorância era acompanhada pela ausência de uma estratégia brasileira, política ou econômica, com relação à África que fosse além da simples abertura de embaixadas. A renúncia de Jânio e a turbulência política que se seguiu deixaram um vácuo. Souza Dantas concluiu: "Penso regressar em definitivo, ao Brasil, dentro de um mês. Já tenho inclusive os termos da carta ao presidente Goulart, solicitando exoneração do honroso posto (...) É meu dever registrar que a nossa embaixada jamais esteve devidamente aparelhada para funcionar de forma eficaz. Nada foi, de fato, feito para o incremento de nossas relações comerciais, tarefa que requeria atuação agressiva (...) Não penso em escusar-me pelas coisas que deixaram de ser feitas, mesmo sem contar com a devida aparelhagem, mas não poderei deixar de referir-me ao que poderia ter sido a nossa ação em Gana, caso realmente tivéssemos tido condições de realizar tudo quanto foi planejado. Sei que não farei nenhuma carta nesses termos. Vai ser um pedido de exoneração puro e simples, alegando motivos de saúde. A verdade é que tudo não passou de um drama." Souza Dantas regressou ao Brasil em 1963, frustrado pelas limitações das relações brasileiras com Gana, embora sua luta pessoal com a questão de raça e de identidade tivesse sido mais importante para ele. Após sua partida, a embaixada no país africano estagnou ainda mais. Já não era parte das prioridades de quaisquer dos ministros das Relações Exteriores nos anos de 1963 e 1964. E foi ainda menos prioritária após o golpe de 1964. Nkrumah foi deposto em um golpe militar em 1966 e isso diminuiu ainda mais a exposição internacional de Gana, pois o novo regime abandonou o pan-africanismo de Nkrumah. Para Souza Dantas, no entanto, ela tinha sido uma "missão de antemão condenada".[22]

Os brasileiros que viajavam para Gana eram confrontados por difíceis realidades relativas ao próprio país. A política de Jânio em relação à África

---
[21] Ibid., 31, 36.
[22] Ibid., 21, 95.

estimulou a competição e o ressentimento entre os círculos intelectuais que tinham mais interesse pelo continente no Rio de Janeiro e em Salvador. Enquanto isso, Corrêa do Lago, diplomata de carreira e branco, irritava-se pelo fato de servir a um embaixador que não era nenhuma das duas coisas. Souza Dantas havia construído uma carreira no governo como funcionário na área de comunicação e, embora não fosse, de forma alguma, um militante nas questões de raça, tinha se sentido maltratado e solapado por ser negro. Mesmo que o Brasil fosse uma democracia racial, não era o tipo de democracia racial em que Souza Dantas podia ser embaixador e Corrêa do Lago seu subordinado.

Após o retorno de Souza Dantas ao Brasil em 1963, o Itamaraty não enviou outro embaixador para Gana até 1968. A embaixada ficou subordinada a um encarregado de negócios e suas comunicações com o Itamaraty se restringiram a raros telegramas sobre questões basicamente administrativas, tais como o cronograma de férias ou a atualização de códigos para a comunicação criptografada. Souza Dantas tinha sugerido ao Itamaraty que o foro mais importante para as relações com Gana fosse a ONU, onde Nkrumah tinha buscado o apoio brasileiro para a descolonização da África portuguesa. Os laços do regime militar brasileiro com Portugal, após 1964, reduziram a frangalhos esses meios de conexão. Corrêa do Lago viu um problema adicional: "De um modo geral, o Brasil, na África ocidental, é apenas conhecido como uma terra de lenda para onde foram e de onde vieram antepassados. Portanto, não é de admirar-se que nossa política não tenha tido aqui maiores repercussões, justamente devido a dois fatores: a) porque ainda não temos política exterior efetiva para a África e b) por não saberem ainda, exatamente, os africanos, o que é o Brasil."[23]

Essas dificuldades foram ilustradas por uma discussão entre Souza Dantas e o Itamaraty em 1962, sobre a entrega de café para a embaixada. Em um gesto típico, Jânio publicou um decreto, em 1961, ordenando que a estatal Instituto Brasileiro do Café (IBC) enviasse sacos de café para as embaixadas brasileiras para promover o principal produto de exportação do país.[24] Seis meses depois de a embaixada em Gana ter sido notificada do recebimento do carregamento, nenhum café ainda tinha chegado. Souza Dantas

---

[23] Souza Dantas ao Ministério das Relações Exteriores, ofício 61, "Subsídios para a Comissão de Planejamento Político", 7 de dezembro de 1961, AHI.

[24] Ministério das Relações Exteriores para a embaixada em Acra, telegrama 36, "Fornecimento de café do IBC para consumo das missões diplomáticas e repartições consulares", 8 de junho de 1961, AHI.

mandou um telegrama para o Itamaraty perguntando onde estava o café e, cinco meses mais tarde, recebeu a resposta: "Até hoje, nossos esforços para regularizar as condições de remessas de café em grão às nossas missões diplomáticas não têm sido coroados senão de êxito incompleto, pois se, de um lado, os vapores do Lloyd Brasileiro transportam a mercadoria gratuitamente, de outro, só conseguem assegurar transporte para número reduzido de portos, da Europa e do norte da África, muito aquém do compromisso de fornecimento assumido pelo Instituto Brasileiro do Café, e sem a regularidade que seria de se desejar. Acredito que no futuro tal situação sofra melhoria, quando então essa embaixada passará a receber seu suprimento regular de café."[25] Se o Itamaraty e a Marinha mercante, atuando sob ordem presidencial, eram incapazes de entregar um saco de café na embaixada em Acra, não é de se surpreender que nenhuma outra coisa circulasse entre os dois países.

Quando um novo embaixador, Mário Vieira de Mello, finalmente chegou a Gana, em março de 1968, encontrou o que deve lhe ter parecido a última embaixada brasileira na Terra. O telegrama por ele enviado em seu primeiro dia explicou que "nenhum país está tão mal-instalado quanto o Brasil". Sem ar-condicionado, a embaixada era "absolutamente inabitável".[26] Tendo servido em Acra por quatro anos, Vieira de Mello deu ímpeto e continuidade à embaixada, embora as relações com Gana fossem pouco significativas e o comércio quase inexistente.

Depois de um ano no país, Vieira de Mello enviou um relatório para o Ministério das Relações Exteriores sobre sua dificuldade em estimular o comércio. Sua análise da situação foi: "Não tem o objetivo de estimular novos esforços no sentido de uma maior e mais profunda compreensão do assunto. Tudo já parece ter sido dito a respeito. As dificuldades persistem não porque não tenham sido examinadas, analisadas e finalmente compreendidas. Persistem pura e simplesmente porque não é de sua natureza serem facilmente eliminadas."[27] O embaixador analisou os problemas dos dois lados do Atlântico. Em Gana, indicou a dívida externa, os laços neocoloniais com a Grã-Bretanha e um frágil mercado interno como obstáculos, sugerindo

---

[25] Id., telegrama 34, "Fornecimento de café do IBC para consumo das missões diplomáticas e repartições consulares", 29 de maio de 1962, AHI.
[26] Mário Vieira de Mello para o Ministério das Relações Exteriores, telegrama 11, "Situação da embaixada em Acra", 21 de março de 1968, AHI.
[27] Mário Vieira de Mello para o Ministério das Relações Exteriores, ofício 43, "Relações comerciais Brasil e Gana", 22 de abril de 1969, AHI.

que a África Ocidental era prejudicada pelo sistema comercial do Atlântico, ainda dominado pelos europeus. Embora acreditasse que Nkrumah tivesse tentado lutar contra a falta de dinamismo econômico em Gana, Vieira de Mello julgava que o plano de desenvolvimento ganês tinha fracassado e levado a uma "recolonização" do país.

Quanto ao potencial econômico do Brasil para o comércio com a África, Vieira de Mello via a empreitada em termos igualmente pessimistas. O setor de exportação brasileiro ainda era imaturo, sendo capaz de vender apenas para dois tipos de clientes: países ricos que tivessem reservas de moedas fortes para gastar com importações e países com economias complementares que permitissem intercâmbios básicos de bens. A incapacidade, segundo Vieira de Mello, era estimular o comércio por meio de uma exportação de capital. Os países que se davam bem na África, explicou, eram aqueles que podiam financiar o desenvolvimento dos setores público e privado e construir mercados externos para bens por meio daquele fluxo de capital. No fim, nem Brasil nem Gana tinham alcançado um estágio de desenvolvimento em que correntes comerciais podiam ser mantidas. Isso significava que havia pouco sentido em tentar solucionar os obstáculos óbvios, tais como a falta de navegação entre os dois lados do Atlântico. Oito anos após o início da missão condenada de Souza Dantas, o Brasil ainda não tinha realmente qualquer missão em Gana.

"Qual África? Por que África?"

Essas perguntas, feitas por Maria Yedda Linhares, traçam os limites da abertura diplomática com relação à África iniciada por Jânio Quadros como núcleo de sua Política Externa Independente. A essas perguntas, podemos acrescentar: "Que Brasil?" Sob as presidências de Jânio e Jango, o Ministério das Relações Exteriores brasileiro expandiu seu alcance diplomático e sua capacidade burocrática, abrindo embaixadas em Gana, Senegal e Nigéria, bem como consulados em Angola e Moçambique. Essas legações e os brasileiros que nelas serviram eram uma expressão do imaginário brasileiro sintetizado por Jânio, que afirmava que o Brasil era uma potência mundial emergente, que a África era sua esfera de influência natural e que a democracia racial era seu cartão de visita. Por sua vez, a África iria ajudar a impulsionar o Brasil industrialmente e a torná-lo mais independente das potências da Guerra Fria.

Com 94 anos, ao recordar seu papel nos esforços para o estabelecimento de laços com os países africanos na década de 1960, Maria Yedda Linhares disse: "Na época, a África era muito importante para nós, intelectuais, pessoas que nos julgávamos mais de esquerda. Tem de mudar a política, tem que se voltar para a África. O Brasil tem suas raízes na África." Mas vendo as coisas com os olhos de hoje, Linhares afirma que "percebo bem que não dá para levar a sério. Era uma coisa de pessoas muito honestas muito sérias, muito dignas", mas era "uma ingenuidade".[28] Linhares ensinava história da África na Universidade do Brasil e participou do Instituto Brasileiro de Estudos Afro-Asiáticos (IBEAA) e, por meio do Instituto, trabalhou com Cândido Mendes e outros envolvidos no desenvolvimento de políticas relacionadas com a África.

Figura 7 Maria Yedda Linhares, Cândido Mendes e seus cônjuges com Kwame Nkrumah. Cortesia de Maria Yedda Linhares.

As lembranças de Maria Yedda Linhares sobre seu envolvimento com o IBEAA transmitem o entusiasmo que intelectuais brasileiros, principalmente da esquerda, sentiam a respeito da descolonização da África e de seu potencial para atrelar o Brasil à dinâmica da mudança mundial. Em 2008, olhando para trás, ela criticou o que viu como ingenuidade por

---

[28] Entrevista com Maria Yedda Linhares, 22 de maio de 2008.

parte dos membros de sua geração intelectual. Na opinião de Yedda, eles sabiam muito pouco sobre a África e as mudanças por que estava passando, e o interesse era inspirado por idealismo e não por experiência prática. Mas foram exatamente suas críticas que lançaram luz sobre a mentalidade do período e sobre aquela sensação de potencial que ela e outros então percebiam.

Maria Yedda foi uma das primeiras mulheres brasileiras a ocupar o cargo de historiadora em uma faculdade universitária e, como tal, teve de enfrentar restrições em suas pesquisas e no ensino. Seu campo de trabalho era definido por aquilo que seus pares do sexo masculino na Universidade do Brasil já tinham descoberto: ela não podia ensinar história do Brasil, das Américas e da Europa. A contratação era feita por meio da apresentação de uma sucessão de teses. Sua primeira foi sobre a crise de Suez em 1956, quando a Inglaterra e a França invadiram o Egito em uma tentativa fracassada de interromper a nacionalização do canal por Gamal Nasser. A segunda foi sobre o colonialismo britânico no Sudão. Com uma tese sobre a expansão colonial francesa na África, Yedda obteve uma promoção e se tornou um dos poucos professores a ensinar história da África no Brasil.[29]

No começo da década de 1960, a Universidade do Brasil passou a ser um foco de apoio à libertação africana, e Maria Yedda se viu no centro dele. Ela se lembra das ideias então predominantes: "Temos que voltar para a África. A África é nossa origem. Muito romântica a ideia. A África é nossa origem. De repente passa a ser uma honra, uma dignidade, ser mulato. Eu sou mulato, sou africano, uma honra, uma dignidade. Essas bobagens."[30] Quanto ao ambiente em que essas ideias ecoavam, "foi toda uma intelectualidade importante, de renome, no Brasil. Então, vamos à África, vamos todos à África. Vamos ser africanos, vamos ser africanos. Vai ser uma beleza. Somos todos africanos, somos todos africanos. E essas bobagens; no fundo era uma tolice." Intelectuais progressistas se inspiravam naquele cenário que Maria Yedda Linhares descreveu e que, na verdade, significava algo sobre o Brasil e sobre eles próprios: "Era uma intelectualidade que se dizia de esquerda, mas não tinha nenhuma esquerda combatente. Combater o quê? Como? De que maneira? Então ficava construindo essas coisas com a

---

[29] Ib.
[30] Moraes, "Entrevista com Maria Yedda Linhares", 230; Entrevista com Maria Yedda Linhares, 22 de maio de 2008.

África. Falava da 'política do Brasil com a África', como se o Brasil fosse de repente salvar a África!"[31]

A África era um símbolo da mudança num meio intelectual comprometido com medidas desenvolvimentistas que iam da industrialização até a reforma agrária e que definiam sucesso como a capacidade de o Brasil sair da sombra dos Estados Unidos e se tornar um líder mundial por conta própria. A política externa de Jânio Quadros se adequava a essas aspirações. A direção de sua nova política significava distribuir novos recursos e redistribuir os recursos existentes. A abertura em relação à África criou oportunidades, competição por recursos e ressentimentos. Um exemplo disso era a ordem presidencial que criava bolsas de estudo para trazer estudantes universitários africanos para o Brasil. Jânio financiou a oferta cortando o salário do corpo diplomático. As bolsas eram um gesto típico da visão de governança do presidente: desconfiando da burocracia, ele tirava autoridade e recursos do Ministério das Relações Exteriores e usava a própria entidade, o IBEAA, para coordenar o programa e designar alunos africanos para as universidades brasileiras de acordo com suas áreas de interesse.

Raça, região e África

À exceção de Souza Dantas, as relações com a África excluíam quase em sua totalidade brasileiros negros de posições políticas mais importantes, do corpo diplomático ou das universidades. Assim, o debate para definir os planos de ação se desdobrava entre as elites políticas e intelectuais contra um cenário de rivalidades regionais. Esse processo se desenrolava principalmente entre o Rio de Janeiro, Brasília e Salvador, embora na década de 1970, quando bens industriais e serviços de engenharia começaram a ser exportados para os países africanos, São Paulo também viesse a desempenhar seu papel. O Rio de Janeiro concentrava o poder político enquanto o desenvolvimento nacional era simbolizado por Brasília e a conexão do Brasil com a África por Salvador.

Embora a capital tivesse se mudado formalmente para Brasília, o Ministério das Relações Exteriores — o Itamaraty — continuou no Rio até 1970. Além disso, durante a década de 1960, os presidentes brasileiros mantinham escritórios e funcionários em Brasília e no Rio de Janeiro. Com isso, políticos, intelectuais, jornalistas, grupos étnicos e outros no Rio de Janeiro continuavam não só a exercer uma influência desproporcional sobre a política

---

[31] Entrevista com Maria Yedda Linhares, 22 de maio de 2008.

presidencial como também a colher recompensas desproporcionais. O *lobby* português era um exemplo dessa influência. O resultado era que políticos e intelectuais no Rio de Janeiro continuavam a se considerar uma elite nacional. A percepção de que o Rio era o centro da nação é transmitida pelos nomes do departamento e da universidade onde Maria Yedda trabalhava: a Faculdade *Nacional* de Filosofia da Universidade *do Brasil*.

Como o Rio permanecia a capital na prática, as principais autoridades responsáveis pelo desenvolvimento da política relacionada com a África estavam baseadas na cidade, embora muitos fossem originalmente de outras partes do país. Maria Yedda tinha nascido no Ceará. Eduardo Portella, presidente do IBEAA, era de Salvador. Cândido Mendes era professor na Pontifícia Universidade Católica no Rio. Outros artistas e intelectuais interessados na África, tais como o baiano Jorge Amado, o crítico literário Antonio Olinto (originalmente de Minas Gerais) e os escritores Zora Seljan e Rubem Braga, formavam um círculo intelectual no Rio de Janeiro que conseguiu se conectar com a Política Externa Independente de Jânio Quadros. A inclinação que Jânio tinha para confiar em amigos e associados mais do que em membros da burocracia profissional aumentou a influência desse grupo.

No decorrer da década de 1960, Brasília teve uma influência limitada nas relações brasileiras com a África, embora tenha tido um papel retórico e simbólico. Com o Congresso Nacional funcionando na cidade, a Câmara de Deputados, com muitos membros eleitos dos centros de imigração portuguesa, como Rio de Janeiro e São Paulo, passou a ser um foro em defesa do apoio a Portugal. O Senado, por outro lado, era um centro de apoio às políticas na África. O chanceler Afonso Arinos, um dos líderes do partido do presidente, a UDN, ainda tinha uma cadeira no Senado e o mesmo ocorria com seu sucessor San Tiago Dantas. O Senado ratificava a nomeação de embaixadores e sua Comissão de Relações Exteriores era um fórum de discussão sobre a abertura para a África.

Inaugurada em 1960, a capital era tão nova quanto os países africanos emergentes. A arquitetura moderna e o planejamento urbano de Brasília com sua função como eixo de transporte e comunicações cuja intenção era abrir e desenvolver o interior do Brasil representavam estratégias para o desenvolvimento patrocinado pelo Estado que eram compatíveis com as metas dos novos governos africanos. Brasília atraía a atenção especialmente das autoridades senegalesas e nigerianas. Os conceitos ali utilizados para evocar o progresso e a modernidade eram pontos de referência que tinham eco nos países africanos e também em outros povos no mundo em desenvolvimento. Uma das principais peças arquitetônicas de Brasília era a torre de televisão, um marco geográfico e tecnológico de tal importância que tinha um restaurante para turistas na parte inferior. Embora nos Estados Unidos ou na Europa uma torre de televisão já não fosse mais um marco notável, a maior parte dos países africanos não tinha sistemas de televisão nessa altura. As autoridades brasileiras apresentavam o projeto arquitetônico e urbano de Brasília como um exemplo para as nações africanas. Em 1963, o Itamaraty organizou uma exposição de fotografias intitulada "Brasília e outras cidades brasileiras" que circulou entre as missões brasileiras na África.[32] E na década de 1970, quando a Nigéria usou os lucros do petróleo para transferir sua capital de Lagos para Abuja, uma cidade planejada no centro do país, urbanistas brasileiros participaram do projeto.

Salvador, por outro lado, simbolizava as conexões do Brasil com a África no passado. Centro de comércio tradicional com a África e do comércio de escravos e capital da Bahia, era uma região característica que mantinha vestígios das línguas e das práticas culturais da África Ocidental. Em Salvador, políticos, intelectuais e empresários esforçavam-se para preservar as áreas e práticas históricas definidas como "afro-brasileiras" — tais como o candomblé e a capoeira — que faziam da cidade o coração cultural do Brasil. Como explica Jocélio Teles dos Santos, a partir dos últimos anos da década de 1950, a Bahia foi reimaginada como um espaço que cristalizava a cultura negra fazendo dela "a matéria-prima para um novo programa de desenvolvimento e de negócios internacionais".[33]

Simultaneamente, uma comunidade de intelectuais e de artistas esforçava-se para absorver e interpretar práticas culturais "africanas" na Bahia. Tendo pesquisado a história das ligações entre Salvador e África Ocidental, exploravam as expressões culturais que esse contato havia criado. Esses estudiosos e artistas formaram um grupo interessado na abertura política do Brasil com relação à África, cooperando com o círculo intelectual no Rio de Janeiro, mas competindo pelo acesso aos canais que tinham sido abertos pela política externa de Jânio. Embora em desvantagem por estarem mais longe do centro político no Rio de Janeiro, conseguiram fazer de Salvador um elo indispensável na relação Brasil-África Ocidental.

---

[32] Ministério das Relações Exteriores para a embaixada em Acra, telegrama 5, "Exposição fotográfica itinerante 'Brasília e outras cidades brasileiras'", 19 de fevereiro de 1963, AHI.
[33] Teles dos Santos, *O poder da cultura e a cultura no poder*, 22, 67.

Os dois baianos mais importantes no desenvolvimento desse projeto foram o fotojornalista francês Pierre Verger e o exilado português George Agostinho da Silva. Esse último obteve o apoio do governador do estado e do reitor da Universidade da Bahia para estabelecer um Centro de Estudos Afro-Orientais (CEAO) — um esforço que era compatível com a promoção da Bahia como coração africano do Brasil. Teles dos Santos cita a explicação do filho de Agostinho, segundo a qual o CEAO servia "menos pelo interesse acadêmico do que pelo desejo de objetivá-lo como instrumento político no âmbito local (iniciou-se um curso de ioruba para membros do candomblé sem a exigência de escolaridade comprovada), nacional (o intercâmbio entre alunos e professores africanos e brasileiros) e internacional (uma política de articulação com os países do Terceiro Mundo)".[34]

Em virtude de suas conexões com a África Ocidental, Verger tornou-se um intermediário para o Ministério das Relações Exteriores brasileiro e para diplomatas brasileiros que viajavam para a África. Tendo se estabelecido em Salvador no fim da década de 1940, a princípio fotografava cenas de rua da cultura afro-baiana. Sua fotografia etnográfica mapeou conexões religiosas e culturas entre o oeste da África e o Brasil, tornando-se um "mensageiro entre dois mundos".[35] A conexão que Verger estudava tinha suas raízes nos laços culturais e comerciais entre a África Ocidental (principalmente Lagos) e a Bahia durante todo o século XIX e começo do século XX. Esses vínculos alimentaram a religião afro-brasileira do candomblé, cujos adeptos a apresentavam como um "genuíno" espaço africano no Brasil. Os líderes do terreiro Ilê Axé Opô Afonjá utilizavam essas relações com uma habilidade peculiar, transformando o local na "sede do purismo afro-baiano".[36]

O fato de o terreiro de candomblé de Opô Afonjá ter se transformado no espaço principal para artistas e intelectuais interessados na cultura afro-brasileira e em suas raízes africanas foi resultado dos esforços de sua mãe de santo, Mãe Aninha, em promover seus rituais do candomblé como "genuinamente" africanos, usando como modelo a identidade cultural ioruba nigeriana que tinha se desenvolvido em resistência ao domínio britânico.[37] Mãe Aninha e sua sucessora, Mãe Senhora, cultivaram contatos com antropólogos, artistas e intelectuais cuja busca por práticas culturais "autênticas" se alinhavam ao projeto de Opô Afonjá. O antropólogo Peter Fry descreveu

---

[34] Ibid., 28.
[35] Hollanda, *Pierre Verger*.
[36] Matory, "The 'Cult of Nations' and the Ritualization of their Purity", 200.
[37] Matory, "The English Professors of Brazil", 73.

essa conexão com Roger Bastide em mente que, de estudioso do candomblé, passou a ser um de seus iniciados: "A iniciação no candomblé nagô confere o status de africano (...) Há sim, uma afinidade eletiva entre o candomblé nagô e os intelectuais, entre a África e os desencantados profissionais das ciências humanas."[38] A "autenticidade" e a "pureza" desse candomblé fizeram com que ele fosse cada vez mais procurado por intelectuais e artistas brancos como Bastide.[39] Verger passou a ser um babalaô (um adivinho que usa búzios) no terreiro Opô Afonjá, papel que facilitou seus movimentos entre a Bahia e o oeste da África. O fotógrafo também apresentou Opô Afonjá a artistas e intelectuais brancos, como Zora Seljan e Antonio Olinto.

As conexões com o terreiro de Opô Afonjá estimularam a rivalidade entre os intelectuais de Salvador e do Rio de Janeiro, que ainda era visível nas entrevistas que fiz em 2006. O grupo de Salvador se unia ao redor de Agostinho da Silva e da Universidade da Bahia e incluía Waldir Freitas, geógrafo que dirigiu o CEAO na década de 1960; Verger; o antropólogo Vivaldo Costa Lima, que estudava candomblé; e a linguista Yedda Pessoa Castro. A competição era desigual, já que o grupo do Rio manejava sua proximidade com o poder político eficazmente. Freitas lembra que "desse grupo faziam parte intelectuais de grande influência, entre eles, Jorge Amado. Ao lado dele, Antonio Olinto. Ao seu lado, Raymundo de Souza Dantas (...) Mas, na realidade, o que esse grupo estava querendo era que o Brasil criasse embaixadas nos vários países africanos e que eles fossem escolhidos como embaixadores."[40] Enquanto o grupo do Rio tinha mais sucesso na formulação de políticas e na obtenção de postos diplomáticos, os membros da Bahia estabeleceram um relacionamento com o Departamento de Negócios Culturais do Itamaraty, que financiou viagens para o oeste da África para conferências e também o jornal mensal do CEAO, publicado em inglês como *Brazil Report* e, em português, como *África e Ásia*, enviado por correio para as bibliotecas universitárias em toda a África. O Itamaraty também mandou políticos e diplomatas africanos a Salvador em visitas para conhecer as "raízes africanas" do Brasil.

Era a busca das "raízes africanas" do Brasil que atraía artistas e intelectuais tanto do Rio quanto de Salvador. A dramaturga modernista Zora Seljan Braga começou a se interessar por candomblé quando viajou como turista para a capital baiana no começo da década de 1950. Verger levou-a

---
[38] Fry, "Gallus africanus est", 43.
[39] Dantas, *Vovó nagô e papai branco*; Motta, "L'invention de l'Afrique dans le candomblé du Brésil", 65-85; Matory, "The English Professors of Brazil", 78-79.
[40] Entrevista com Waldir Freitas de Oliveira, 2 de agosto de 2006.

até o terreiro de Opô Afonjá, e ela "se apaixonou pela Mãe Senhora", como lembra Antonio Olinto.[41] Ela voltou para o Rio convencida de que o candomblé realmente refletia as raízes do Brasil e se comprometeu a incorporar a mitologia do Oeste africano na construção do teatro nacional brasileiro. Tendo se tornado uma iniciada em Opô Afonjá, Seljan usou a história e as estórias que Mãe Senhora contava para elaborar novelas e peças teatrais sobre temas religiosos afro-brasileiros. A experiência de Zora é um exemplo do fascínio que o candomblé exercia sobre a vanguarda cultural afluente do Brasil, principalmente a carioca, bem como o ressentimento que alguns devotos do candomblé na Bahia sentiam contra "estranhos" como ela.

Em 1955, quando Mãe Senhora viajou para o Rio, Zora Seljan organizou algumas recepções em sua homenagem. Em uma carta que escreveu a Verger, Zora captou o fascínio que a religião afro-brasileira exerce sobre artistas e intelectuais da alta sociedade. A primeira recepção foi na casa de um editor de uma revista de arte e a ela compareceram artistas e músicos. Zora conta que "o popular cantor Jorge Fernandes cantou varias músicas folclóricas e Léa Abdias recitou poemas negros. Era num lindo apartamento na Urca, tendo de um lado vista para o Pão de Açúcar e do outro toda a Guanabara."[42] Outra recepção, "mais de escritores da esquerda", foi realizada "numa das mais suntuosas mansões de Laranjeiras, pertencente à família Passos. Antonio Bulhões, neto do prefeito Passos, vem se dedicando, com todo o coração, às causas populares e assim este palácio está hoje cumprindo sua verdadeira função." A terceira foi em Copacabana em "um apartamento muito grã-fino, com um terraço enorme, de modo que pude organizar uma boa festa". Nessa festa, um conjunto folclórico com trinta membros dançou sambas tradicionais.

Tudo isso era parte do plano cultural e artístico de Zora para a "criação de um teatro brasileiro". Ela explicou a Verger: "Temos todo este rico material africano e outro indígena e mais a tradição ibérica. É um teatro em embrião que precisamos desenvolver e assim popularizar nossos mitos. Não é justo, por exemplo, que os trovadores do Nordeste citem Júpiter em vez de Xangô (kaô!) (...) Nós podemos fazer aqui no Brasil um teatro completamente novo e com um caráter nacional definido."[43] O espiritismo da África Ocidental iria substituir os clássicos europeus na mitologia e no cânone literário do Brasil. Ela começou a escrever para Verger em ioruba e, quando assinava seu nome, acentuava-o com um machado duplo, símbolo de Xangô.

---

[41] Entrevista com Antonio Olinto, 26 de maio de 2006.
[42] Zora Seljan para Pierre Verger, s.d. (provavelmente 1955), Correspondência, FPV.
[43] Ib.

Em 1955, Zora Seljan casou-se com o escritor e crítico literário Antonio Olinto. Entrevistei Antonio Olinto em maio de 2006, no escritório do apartamento em um edifício *art déco* onde ele e Zora moravam desde 1960. Ele ainda estava de luto pela morte dela um mês antes, e nossas conversas foram inundadas por uma sensação de perda que o levou a recordar a viagem pela cultura afro-brasileira e africana na qual Zora o tinha levado. Antes de começarmos a falar sobre sua experiência em Lagos, Olinto me mostrou uma série de quartos cheios de máscaras, esculturas e tecidos africanos que ele tinha adquirido na África Ocidental, inclusive uma peneira para jogar búzios, tarefa que Verger tinha executado no terreiro de Mãe Senhora.

Quando perguntei a Olinto como tinha se interessado pela África, ele respondeu: "Por causa da Zora. Ela se interessou pela cultura ioruba, pela cultura de candomblé. Foi ela que me introduziu naquele meio. Nunca tinha pensado em candomblé na minha vida."[44] Ele próprio tinha se tornado um iniciado de Opô Afonjá, e o candomblé e a África moldaram seus escritos, inclusive uma trilogia que celebrava as conexões entre o Brasil e o continente africano. Olinto me explicou: "Nós temos que ser muito fiéis a essa tradição. Ela ajudou a nos formar. Nós não somos europeus. Nós somos brasileiros misturados com a África." O primeiro livro da trilogia, *A casa da água* (1969), é a história de escravos brasileiros libertos que migram para o oeste da África. Foi publicado em 19 idiomas, e Olinto mostrou-me uma foto sua entregando uma cópia do livro ao papa João Paulo II. No texto, os escravos libertos são da cidade de Minas Gerais, onde Olinto nasceu, e ele colocou a si próprio como um dos personagens negros brasileiros, Antonio. Perguntei-lhe se isso tinha sido intencional. Ele sorriu e respondeu: "É que tinha um Antonio lá."

Em duas ocasiões — primeiro em seu apartamento e depois três semanas mais tarde na biblioteca da Academia Brasileira de Letras, da qual ele era membro — Antonio Olinto contou-me como ele e Zora tinham tido a oportunidade de ir à Nigéria. Segundo ele, a oportunidade de viajar para a África foi resultado da crise política nacional que se seguiu à súbita renúncia do presidente Jânio Quadros, em 1961. O Congresso brasileiro solucionou a crise engendrando um acordo no qual João Goulart seria presidente, mas seu ministério seria nomeado pelo Congresso e chefiado por um primeiro-ministro. O acordo durou até o começo de 1963, quando Goulart obteve plenos poderes presidenciais.

---

[44] Entrevista com Antonio Olinto, 26 de maio de 2006.

Durante 1962, o congressista mineiro Tancredo Neves foi primeiro-ministro. Em uma recepção, Neves ofereceu a seu conterrâneo Antonio Olinto um posto diplomático como adido cultural e lhe perguntou para onde queria ir. Olinto respondeu que queria ir para a Nigéria. Tancredo se surpreendeu com a resposta e perguntou por quê. Olinto recorda: "Ele estranhou de eu pedir a Nigéria. Por que você não pediu a França?"[45] Olinto respondeu que eram várias as razões: "Pedi a Nigéria por razões culturais, porque eu e Zora estávamos dentro desse ambiente aqui, ambiente negro aqui, dentro da cultura negra, então ali era Roma, para a cultura ioruba, é a Roma, é a base. Nigéria e Dahomey. De modo que para ela foi ótimo. Ela desenvolveu a literatura dela ligada ao assunto. Para mim também." Embora sem entender por que Olinto tinha escolhido Lagos em vez de qualquer outra cidade no mundo, Neves providenciou a nomeação.

À época, Pierre Verger relatou de outra maneira as circunstâncias que permitiram que Olinto e Zora fossem para a Nigéria. Sua impressão, partilhada por outras pessoas em Salvador, foi que Olinto fez campanha para ser nomeado embaixador e não adido cultural. Em novembro de 1961, Vivaldo Costa Lima escreveu para Verger de Acra e perguntou: "Seu amigo Olinto ainda vai ser embaixador?"[46] Verger respondeu que tinha falado sobre isso com o diretor da Divisão Cultural do Itamaraty e que, apesar da "onda" que Zora tinha feito, o Itamaraty iria nomear um diplomata de carreira para o posto.[47]

A diferença entre esses dois relatos ilustra a construção de uma narrativa de Olinto que situa a si próprio em uma cultura afro-brasileira, ao lado da África, e no centro de uma crise política nacional, manejando suas oportunidades por meio de conexões pessoais regionais. A versão de Olinto enfatizou a surpresa de Tancredo Neves, que, baseada na premissa de que a África deveria ser uma escolha distante, ajuda a colocar Olinto e Zora "dentro" da cultura afro-brasileira. Ao chamar a Nigéria de "Roma" brasileira, Olinto introduziu em sua narrativa pessoal a crença de Zora Seljan de que a religião e a cultura africana deveriam se tornar as bases de uma cultura nacional genuinamente brasileira. O relato de Olinto coloca a Nigéria como o berço de sua identidade como escritor: "Na África, encontrei um assunto — a própria África."[48]

---

[45] Id., 14 de junho de 2006.
[46] Vivaldo Costa Lima para Pierre Verger, 2 de novembro de 1961. Pasta correspondência com Vivaldo Costa Lima, FPV.
[47] Pierre Verger para Vivaldo Costa Lima (Ogundeyi), 25 de novembro de 1961. Pasta correspondência com Vivaldo Costa Lima, FPV.
[48] Entrevista com Antonio Olinto, 26 de maio de 2006.

A diferença entre as duas versões também assinala a profunda divisão entre os círculos intelectuais em Salvador e no Rio de Janeiro com relação ao acesso à África por meio dos novos canais abertos pelo Itamaraty. No cerne da rivalidade, além da competição profissional e dos postos diplomáticos, está a questão de quais conexões com Opô Afonjá eram legítimas. Todos, à exceção de Freitas, eram iniciados no Opô Afonjá. Verger, Costa Lima e Freitas realizaram pesquisas etnográficas no terreiro. Apesar das cartas de Zora em ioruba para Verger e sua dedicação à cultura afro-brasileira, ela e Olinto eram vistos como intrusos. Expressando a rivalidade em termos claros, Costa Lima escreveu para Verger: "Sua amiga Zora já anunciou que está escrevendo a biografia de Senhora, que será naturalmente mentirosa e falsa como o que Zora pode fazer. São uns abutres, essa gente, exploram Senhora até depois da morte e sobretudo."[49] Quando Pierre Verger e Vivaldo Costa Lima se correspondiam, ambos se referiam ironicamente a Zora Seljan como "a sua amiga Zora" e, em outras ocasiões, Verger se referia a ela como "a esposa interessante" de Olinto.[50]

Essas tensões não eram apenas regionais. Uma fotografia no álbum de Gasparino Damata foi dobrada para excluir Zora Seljan, revelando uma desavença também presente nas memórias de Souza Dantas. Tendo viajado com Damata em uma visita a Togo, Souza Dantas comentou que, "se sua saúde melhorasse", Damata seria a melhor pessoa para escrever sobre as comunidades dos descendentes dos escravos brasileiros na costa da África Ocidental. "Melhor do que o famigerado Verger, ou do que o bem-informado Vivaldo Costa Lima, este incapaz de qualquer método de trabalho, e melhor ainda do que o pretensioso ou a ambiciosa [Olinto e Seljan] (...) Tenho mais que fazer do que preocupar-me com essa gente."[51] Ainda assim, esses conflitos pessoais refletiam uma competição por recursos e sobre quem estaria melhor qualificado para interpretar o significado que a África tinha para o Brasil.

Considerações finais

Algumas das primeiras travessias do Atlântico durante a década de 1960 foram feitas por estudantes africanos que recebiam bolsas do Itamaraty. O primeiro grupo chegou na segunda metade de 1961. Ao todo, foram quinze es-

---

[49] Vivaldo Costa Lima para Pierre Verger, s.d. (possivelmente 3 de junho de 1967). Pasta correspondência com Vivaldo Costa Lima, FPV.
[50] Pierre Verger para Vivaldo Costa Lima, 25 de novembro de 1961; Pierre Verger para Vivaldo Costa Lima, 17 de abril de 1965; Vivaldo Costa Lima para Pierre Verger, s.d. (possivelmente 3 de junho de 1967). Pasta correspondência com Vivaldo Costa Lima, FPV.
[51] Souza Dantas, *África difícil*, 77.

tudantes de Gana, Senegal, Nigéria, Camarões, Cabo Verde e Guiné Bissau. O IBEAA distribuiu-os por universidades pelo Brasil, mas primeiro enviou-os a Salvador, onde teriam três meses de aulas de português e de "civilização brasileira" no CEAO da Universidade da Bahia. Na Bahia, é claro, uma de suas primeiras paradas foi o terreiro de Mãe Senhora. Visitaram também uma refinaria de petróleo. Juntas, as viagens assinalavam as bases da autorrepresentação do Brasil: raízes africanas e desenvolvimento industrial.[52]

A experiência de uma estudante nigeriana refletiu as contradições entre a imaginação brasileira sobre a África e as visões que os africanos tinham do Brasil. A estudante havia sido acomodada em um dormitório feminino na Universidade da Bahia. Segundo Freitas, suas companheiras de quarto reclamavam que ela não as deixava dormir a noite toda, cantando hinos evangélicos de uma maneira histérica. Freitas a visitou e lembra que ela tentou afastá-lo dizendo: "Não, você é Xangô!" (ou seja, um devoto do deus da guerra e do trovão). Ela não deixava que ninguém da universidade chegasse perto dela. Finalmente, George Alakija, um psiquiatra com laços familiares com a Nigéria, internou-a em um hospital psiquiátrico. O que tinha acontecido? "Ela tinha sido educada na Nigéria, em Lagos, num colégio de freiras anglicanas. E as freiras anglicanas se destacam por sua rigidez do ponto de vista religioso. Quando ela chegou à Bahia, tudo aquilo que ela havia aprendido a considerar como arte do diabo, que são orixás, o candomblé, ela viu que todo mundo aceitava, porque passou e viu um hotel chamado Hotel Oxumarê. Encontrou um outro hotel chamado Oxalá. Ela aí começou a se sentir perdida... no inferno. À noite, começou a não deixar ninguém dormir cantando hinos evangélicos para se proteger dos demônios." Para Freitas, "ela encontrou na Bahia uma África que ela, africana, não conhecia".[53]

A estudante foi vítima daquilo que Yedda Linhares, mais tarde, chamou idealismo não prático. Em sua crítica a esse idealismo, falou:

> Veio a ideia de o Brasil sair do seu círculo fechado e se lançar no mundo. Então tinha que ter uma política normal. Ele seria o herdeiro natural da África e o mentor natural da África. A África fez o Brasil. Então os africanos passaram a ser muito populares aqui, muito queridos, muito festejados porque eram negros e vieram da África. E uma intelectualidade extremamente ingênua, despreparada e ignorante que falava besteira e igualava o futuro do Brasil ao futuro da Ásia. Assim tinha um idealismo, um palavrório só. Mas

---

[52] "Jovens africanos tiveram na Bahia seu primeiro contacto com o Brasil", *África e Ásia*, abril-maio de 1962, 1.
[53] Entrevista com Waldir Freitas de Oliveira, 2 de agosto de 2006.

de política concreta [batendo as mãos] não havia nada. Eles se convenceram de que, porque eram brasileiros, iam fazer política na África. Ah, muito bem. Mas o quê na África? Como na África? Por que na África? Quais os objetivos, quais são as metas? Não, mas é África... festeja a África, uma festa, comemoração da África. Vamos embora todos à comemoração do continente. Eu tinha a impressão, falando assim, que era uma esquerda muito despreparada, muito honesta, extremamente honesta, extremamente idealista. Queriam que as coisas não fossem assim, que fossem diferentes. Mas não tinham nenhum meio de mudar, entendeu? Como fazer? Como chegar ao governo? Porque essas coisas não se fazem com a vontade de umas vinte pessoas. São mudanças históricas muito longas, muito difíceis etc.[54]

Maria Yedda via seu papel no avanço na direção da África como uma espécie de ponto de acesso e fonte de informação em um ambiente onde todos eram africanos e queriam conectar-se com a África, mas ninguém tinha qualquer conhecimento ou informação sobre o continente: "Puxa, é o aniversário da independência da Nigéria, o que vamos fazer? Ninguém sequer sabe onde é a Nigéria. Yedda, vem cá, fala sobre a Nigéria."[55] Como os estudantes africanos em intercâmbio que chegaram à Bahia, os brasileiros que viajavam para a África Ocidental ficavam nervosos em virtude das conexões imaginadas e as contradições que elas revelavam.

Figura 8 Última fila, terceira a partir da esquerda, Maria Yedda Linhares na conferência "Mundo sem a bomba", em Acra. Foto por cortesia de Maria Yedda Linhares.

[54] Entrevista com Maria Yedda Linhares, em 22 de maio de 2008.
[55] Ibid.

As fotos de Gasparino Damata mantêm vestígios daquele idealismo e entusiasmo inicial com que os primeiros diplomatas brasileiros se voltaram para Gana. Suas fotos captaram o fascínio com que contemplavam as comunidades agudás, eram atraídos pelas relíquias do comércio de escravos português e absorviam a sensação de mudança que permeava a libertação das antigas colônias. No auge desse entusiasmo, Cândido Mendes, Maria Yedda Linhares e seus cônjuges viajaram para Gana como delegados brasileiros na conferência "Mundo sem a bomba", organizada por Nkrumah. Posaram para uma fotografia com o presidente de Gana, uma foto que Maria Yedda compartilhou comigo. Estavam no auge da convicção de que o Brasil, com a África, iria mudar o mundo.

3
"Os amantes da raça africana": diplomatas brasileiros na Nigéria

Antonio Carlos Tavares estava morto. Talvez fosse vingança dos orixás por causa do comércio de escravos. Os mensageiros da embaixada brasileira em Lagos, empregados em virtude da precariedade do sistema telefônico nigeriano, limparam o chão manchado de sangue do vão de escada depois que o chefe da missão brasileira caiu dos escritórios do terceiro andar da embaixada. O diplomata morreu em setembro de 1963, um ano após sua chegada como encarregado de negócios para abrir a nova embaixada brasileira em Lagos. Um "Tributo a Carlos Tavares" no jornal *Nigerian Morning Post* fazia o panegírico do "sr. Tavares, popularmente conhecido no Brasil como 'o amante da raça africana' que, entusiasmado pela África, pediu para ser transferido para a Nigéria".[1] Ele tinha acabado de se casar e sua esposa estava grávida. Com 32 anos de idade, Tavares era o chefe de missão mais jovem de Lagos. Não foi o primeiro a morrer.

Sete meses antes, o primeiro embaixador designado para a Nigéria, Luiz de Souza Bandeira, tinha morrido de infarto. Estava na Nigéria havia apenas duas semanas. Com a chegada de Souza Bandeira, Tavares tinha pedido transferência de volta ao Brasil.[2] Em vez disso, viu-se responsável pela triste tarefa de encontrar um caixão para o corpo do embaixador. Souza Bandeira era um homem troncudo, simplesmente não havia caixões grandes o bastante nas funerárias de Lagos; Tavares já perdia as esperanças de poder remover o corpo do necrotério, que comparou com o Inferno de Dante. Felizmente, a Embaixada dos Estados Unidos cedeu a Tavares um caixão de tamanho extragrande de seus estoques.[3]

---

[1] "Envoy Falls 3 Floors to His Death", *Sunday Times*, 15 de setembro de 1963; "Recortes de jornal: falecimento do secretário Antonio Carlos de Souza Tavares", 28 de setembro de 1963, ofício 153, embaixada em Lagos para o Ministério das Relações Exteriores, AHI; Ebenezer Curtis, "Tribute to Carlos Tavares", *Nigerian Morning Post*, 20 de setembro de 1963, 11, BL.
[2] "Chegada e posse do ministro Luiz de Souza Bandeira", 22 de janeiro de 1963, telegrama 8, embaixada em Lagos para o Ministério das Relações Exteriores, AHI.
[3] "Transporte do corpo do embaixador Luiz de Souza Bandeira", 10 de fevereiro de 1963, telegrama 29, embaixada em Lagos para o Ministério das Relações Exteriores, AHI.

Estaria a missão amaldiçoada? O primeiro embaixador brasileiro a sobreviver no posto, em Lagos, levantou a questão em seu relatório final. José Osvaldo Meira Penna (1963-65) descreveu os infortúnios da embaixada para o ministro das Relações Exteriores: "Menos de três anos e já duas mortes, uma criança atropelada, um cozinheiro morto por envenenamento, uma doença grave, um desvio de verbas, quatro brigas e uma violação de menor."[4] Meira Penna refletiu que talvez o antigo provérbio fosse verdadeiro e que a África Ocidental realmente fosse "o túmulo do homem branco".

Perguntei-lhe sobre a maldição quando o entrevistei em 2006, em Brasília. Ele respondeu: "Estava tudo com má sorte, porque houve uma série de coisas que não tinham nada a ver inclusive com o clima."[5] Em seu relatório de 1965 sobre a natureza daquela sorte, Meira Penna foi mais específico, sugerindo que tinha sido "uma praga quiçá dos orixás iorubanos que assim estariam a vingar a triste sorte de seus antigos fiéis, levados aos milhões para a Bahia nos porões dos navios negreiros, lançando sobre a repartição o que se chama de *jújú*. O que nós chamamos *urucubaca*, palavra, entretanto, cuja etimologia não parece ser nagô, porém bantu."[6]

A interpretação do embaixador dos estranhos acontecimentos relacionados com os primeiros diplomatas brasileiros na Nigéria tem origem em duas maneiras distintas de ligar-se com a África. Primeiro, ao descrever a África como o "túmulo do homem branco", Meira Penna estava utilizando o discurso colonial europeu. Contemporâneo de Meira Penna, Philip Curtin explicou: "Há uma 'lenda negra' sobre o clima dos países tropicais que se perpetua (...) É normalmente elaborada com elementos tais como 'tribos primitivas', calor sufocante, pântanos repletos de febre (...) Sobretudo, acredita-se que a África Ocidental é um lugar onde os homens brancos não podem trabalhar. Só os africanos aguentam, os europeus 'vão até lá' por períodos curtos arriscando consideravelmente suas vidas."[7] Nesses relatórios e lembranças, Meira Penna frequentemente invocou as interpretações climatológicas da Nigéria e do Brasil. Mas, em seu relatório de 1965, pulou de uma leitura europeia para uma afro-brasileira e o fez uma vez mais quando

---

[4] José Osvaldo Meira Penna para o ministro Vasco Leitão da Cunha, 5 de março de 1965, "A Lei de Parkinson e a embaixada em Lagos", ofício 63, embaixada em Lagos para o Ministério das Relações Exteriores, AHI.

[5] Entrevista com José Osvaldo Meira Penna, 11 de junho de 2006.

[6] José Osvaldo Meira Penna para o ministro Vasco Leitão da Cunha, 5 de março de 1965, "A Lei de Parkinson e a embaixada em Lagos", ofício 63, embaixada em Lagos para o Ministério das Relações Exteriores, AHI.

[7] Curtin, "The White Man's Grave", 94.

eu o entrevistei quarenta anos mais tarde, enfatizando que as dificuldades não poderiam ser atribuídas ao clima. Ao lado da referência ao "túmulo do homem branco", Meira Penna pôde caracterizar nas mesmas páginas a maldição na linguagem do espiritismo afro-brasileiro e até mesmo afirmar seu domínio dessa linguagem ao dar ênfase à semântica étnica africana sobre as origens da palavra *urucubaca*, deliberando se o termo pertencia à família linguística bantu ou ioruba.

Meira Penna captou um elemento básico da identidade nacional brasileira: que a etnicidade e a raça são imaginadas como características compartilhadas pela coletividade. Esse pluralismo significa que as identidades raciais e étnicas eram intercambiáveis. O embaixador brasileiro podia simultaneamente interpretar a morte de Tavares através das lentes europeias do "fardo do homem branco" e das lentes "afro-brasileiras do jújú". Os brasileiros que viajaram para a Nigéria nos anos que imediatamente se seguiram à independência eram predominantemente brancos e com frequência abraçavam a cultura afro-brasileira muito mais do que Meira Penna tinha feito. E, com vários graus de intensidade, todos eles partilhavam a sensação de que também eram africanos, independentemente da cor da pele, porque eram brasileiros.

Este capítulo traça os primeiros encontros brasileiros com a Nigéria independente, focalizando as experiências de Zora Seljan, Antonio Olinto, Alberto da Costa e Silva, Osvaldo Meira Penna e Adhemar Ferreira da Silva, todos eles designados para Lagos entre 1961 e 1983. A função desses brasileiros em Lagos seria apresentar o Brasil como uma democracia racial parcialmente africana e culturalmente semelhante à Nigéria. A documentação que produziram enquanto representavam o Brasil, suas interpretações da conexão entre o Brasil e a África Ocidental e suas narrativas sobre a ida para a Nigéria caracterizam o projeto estatal para representar o Brasil como uma democracia racial. As fontes também revelam uma rede de crenças pessoais sobre a identidade racial brasileira: as observações dos diplomatas mostram tanto uma aceitação de democracia racial quanto um reconhecimento das desigualdades raciais do Brasil.

Esses diplomatas reconciliaram a aparente contradição entre seus valores raciais e a compreensão das estruturas de desigualdade porque acreditavam que todos os brasileiros, independentemente da origem social, compartilhavam uma herança africana. Em outras palavras, sem ignorar a realidade da discriminação no Brasil, acreditavam que a presença negra e a africana impregnavam a cultura brasileira. Escrevendo sobre sua geração intelectual, o antropólogo Roger Bastide observou: "Era como se o Brasil, na esteira dos movimentos literários 'modernistas' que tinham buscado descobrir a originalidade brasileira e cortar o cordão umbilical europeu, subitamente se conscientizasse do valor dos traços culturais que tinham vindo da África."[8]

As opiniões dos diplomatas brasileiros em Lagos sobre identidade foram perfeitamente expressas em uma peça de propaganda brasileira publicada em um jornal da Costa do Marfim em 1972 que declarava que o Brasil era *"un pays d'africains de toutes les couleurs"*,[9] um país de africanos de todas as cores. A exceção para esse discurso na Nigéria vinha de Adhemar Ferreira, o único brasileiro negro nomeado para Lagos (como a exceção para esse discurso em Gana tinha vindo do embaixador brasileiro negro Raymundo Souza Dantas). Medalhista olímpico, Ferreira foi recebido como herói e modelo para os nigerianos. Como havia ocorrido no caso de Souza Dantas em Gana, estar na Nigéria fazia com que Ferreira se sentisse brasileiro, e não africano. A noção de que todos os brasileiros eram africanos não era uma construção relacionada apenas com o Brasil e a África. Os brasileiros tinham argumentos semelhantes sobre os portugueses ou, como mostra Jeffrey Lesser, sobre os japoneses: as construções de semelhança foram aplicadas em momentos e lugares diferentes.[10] Não é nenhuma surpresa que os aspectos da identidade brasileira relacionados com a África tivessem sido utilizados por diplomatas e intelectuais brasileiros na Nigéria. Mas essa construção, naquele contexto, nos faz ter uma maior compreensão dos valores nascidos da ideia de que o Brasil era uma democracia racial.

Equilibrando a democracia racial e a desigualdade

Quando a Nigéria se tornou independente em outubro de 1960, Alberto da Costa e Silva estava presente nas cerimônias comemorativas como auxiliar do embaixador brasileiro em Lisboa, Francisco Negrão de Lima, que foi enviado pelo Ministério das Relações Exteriores para representar o Brasil. Sabendo do interesse de Costa e Silva pela África, Negrão de Lima levou-o consigo. Costa e Silva voltou à Nigéria como embaixador de 1979 a 1983 e foi embaixador em Portugal de 1986 a 1990. O mais prolífico historiador

---
[8] Citado em Dantas, *Vovô nagô e papai branco*, 150.
[9] "Un pays d'africains de toutes les couleurs", *Fraternité Matin*, 23 de outubro de 1972, 9.
[10] Lesser, *A Discontented Diaspora*.

brasileiro da África, Costa e Silva, explica em *Um rio chamado Atlântico* que "a história da África é importante para nós, brasileiros, porque ajuda a explicar-nos".[11] Quando o entrevistei em 2004, perguntei como tinha desenvolvido seu interesse pelo continente africano. Respondeu que tudo começou quando tinha dezesseis anos e leu *Casa-grande e senzala*, de Gilberto Freyre, e *Africanos no Brasil*, de Nina Rodrigues. Durante a entrevista, insistiu enfaticamente: "Nós somos o negro!" Descrevia-se como freyriano porque, a seu ver, o sociólogo tinha ajudado os brasileiros a compreender que "o negro não é algo externo ao país, não era um problema, o negro éramos nós! O negro estava embutido em nós, não só pelo processo de miscigenação, mas como [Freyre] revela (…) os aspectos civilizatórios que o negro teve no Brasil (…) nós somos descendentes de portugueses, índios e negros! E negros numa proporção muito maior que as outras duas."[12]

Na opinião de Costa e Silva, "o impacto do livro de Gilberto Freyre e as discussões que provocou mostravam que o Brasil não era uma democracia racial. Não era, mas, a partir de então, passou a querer ser. Ser uma democracia racial passou a ser uma das grandes aspirações nacionais." Costa e Silva enfatizava ainda a existência de um legado de desigualdade cujas raízes estavam na escravidão: "A escravidão acostumara o branco a não dialogar com o negro, a desrespeitar o trabalho que fazia. O erro maior, cujas consequências sofremos até hoje, foi a marginalização econômica e social do negro." Seu argumento era que o Brasil tinha uma dívida em virtude da escravidão e suas consequências. O débito não seria com a África, mas "com os descendentes dos que foram trazidos à força para o Brasil e que, ao longo de um exílio perverso e humilhante, se tornaram dolorosamente brasileiros. Nosso débito, portanto, é com parte de nós mesmos".[13]

Antonio Olinto descreveu sentimentos semelhantes quando retornou da Nigéria e publicou *Brasileiros na África* (1964), um relato dos descendentes dos escravos brasileiros e das experiências que ele e sua esposa Zora tiveram durante seus dois anos na embaixada brasileira em Lagos. Olinto, que se descrevia como estando "dentro da cultura negra", terminou o livro com um apêndice intitulado "Preconceito racial", no qual escreveu: "Quando, neste livro, falo em preconceito racial, afirmo que tal coisa não existe no Brasil. É preciso que se explique o sentido exato dessa minha afirmação."

---

[11] Costa e Silva, *Um rio chamado Atlântico*, 240.
[12] Entrevista com Alberto da Costa e Silva, 17 de junho de 2004.
[13] Costa e Silva, *Das mãos do oleiro*, 45, 85, 180.

Ele salta dessa declaração aparentemente sem ambiguidade para uma discussão sutil de desigualdade racial:

> O brasileiro não conhece preconceito racial nem admite segregação. Será isto verdade? De modo geral sim. Tendo, porém, herdado muito do espírito paternalista do português — o que é uma vantagem no trato comum com pessoas de qualquer raça —, não deixou de conservar também um pouco do sentimento do pai e do superior em relação aos que considera menos bem-colocados na escala social — o que é uma desvantagem na hora de admitir que todos sejam real e efetivamente iguais. Isto acontece principalmente na classe média brasileira, saída da antiga sociedade rural. Se não temos preconceito de raça *per se*, revelamos uma consciência social que nem sempre inclui a aceitação total do homem de cor. A verdade é que o negro brasileiro partiu do nada. Em 13 de maio de 1888, houve a abolição. Ótimo. E o que mais? Nada mais (...) Foi o negro se marginalizando, a ponto de só como exceção conseguir ascender a posto de destaque em nossa sociedade do século XX. Isto é um erro que exclui das atividades maiores do Brasil mais de 20 milhões de pessoas. Ao lado de muitas reformas que a década de 1960 vem aqui preconizando, há que reformar também nosso modo de enfrentar o problema do brasileiro de cor. A Lei Afonso Arinos é boa, mas não basta. Precisamos eliminar as causas que tornaram necessária a lei.[14]

A discussão de Olinto sobre preconceito racial se baseia na premissa de que o Brasil era implicitamente diferente dos Estados Unidos: a desigualdade racial brasileira era simplesmente um atraso que seria superado com o tempo, enquanto a segregação parecia parte da essência dos Estados Unidos.

Zora Seljan também escreveu um livro sobre suas experiências em Lagos que captaram a contradição entre os valores de democracia racial e sua vivência com a falta de integração socioeconômica entre as raças no Brasil. O título do livro, *No Brasil, ainda tem gente da minha cor?*, foi inspirado em uma pergunta feita por Romana da Conceição, uma mulher negra nascida no Brasil cuja família tinha se estabelecido novamente em Lagos. Segundo Olinto, Romana fez essa pergunta porque na embaixada "só tinha brancos". No entanto, no livro, Zora expressou seu orgulho daquilo que chamou de "nossa política antirracista, da nossa capacidade de confraternização e solidariedade".[15]

---

[14] Olinto, *Brasileiros na África*, 259.
[15] Seljan, *No Brasil, ainda tem gente da minha cor*, 26; entrevista com Antonio Olinto, 26 de maio de 2006.

Não cheguei a ver qualquer explicação pelo fato de Antonio Carlos Tavares ter sido descrito em um jornal nigeriano como "o amante da raça africana", embora ele tenha servido ao embaixador anticolonialista Álvaro Lins em Portugal. O título caracterizou a abordagem diplomática do Brasil com relação à África e a atitude de muitos dos diplomatas brasileiros brancos que aceitaram postos no crescente número de embaixadas brasileiras na África Ocidental. A Nigéria era um lugar onde os brasileiros iam temporariamente e obtinham uma nova perspectiva sobre o Brasil, especificamente sobre a mistura racial brasileira, a ideia de democracia racial e a sensação de um legado africano compartilhado por todos os brasileiros. Além disso, na presença de comunidades etnicamente brasileiras na Nigéria e em outras partes do oeste africano, essas pessoas encontraram a prova de que o Brasil era africano e de que a África era brasileira.

Brasileiros na Nigéria: "em casa"

Antonio Olinto e Zora Seljan desembarcaram em Lagos em junho de 1962 carregando passaportes diplomáticos e dezesseis caixotes de livros e quadros de artistas brasileiros.[16] Foram os primeiros membros da nova missão diplomática a chegar, e se hospedaram no Federal Palace Hotel, que iria abrigar a embaixada brasileira durante seus primeiros seis meses, e discaram o número de telefone que Pierre Verger lhes tinha dado. Romana da Conceição atendeu. Nascida em Pernambuco em 1892, ela era neta de uma ioruba vendida como escrava por seu tio e mandada para o Brasil. Romana mudou-se para a Nigéria em 1900 com a mãe e a avó no navio famosamente descrito por Nina Rodrigues em *Os africanos no Brasil*. Ainda falava português, e Verger disse ao casal que ela era "uma entusiasta das coisas brasileiras. De modo que vocês lá com ela vão lidar."[17]

Na noite em que chegaram, Olinto e Zora ouviram uma confusão na porta do hotel. Um dos funcionários pediu que descessem até a recepção. Romana da Conceição estava na frente do hotel com um grupo de agudás da comunidade brasileira em Lagos. Tinham vindo celebrar a chegada de Olinto e Zora executando uma dança que ainda lhes era familiar: o bumba meu boi, agora realizado por pessoas que muitas vezes já não sabiam o significado das palavras portuguesas ou as tinham traduzido para outros idiomas. Descendentes de brasileiros por toda a África Ocidental dançaram

---
[16] Olinto, op. cit., 271.
[17] Entrevista com Antonio Olinto, 26 de maio de 2006.

o bumba meu boi para diplomatas brasileiros visitantes como um meio de fazê-los se sentir em casa. Antonio Olinto e Zora Seljan tinham viajado para a África e foram recebidos pelo Brasil. Mais, estavam sendo recebidos pelo Brasil folclórico que eles, como outros intelectuais e artistas modernistas, celebravam como a essência genuína do verde e amarelo.

Romana da Conceição passou a ser a madrinha da missão diplomática e foi o símbolo vivo dos laços entre os dois países, um papel que ela abraçou com entusiasmo.[18] Entre outras coisas, designava membros da comunidade agudá para funções na embaixada e assegurava-se de que os brasileiros iriam comparecer à missa católica dos agudás. Foi Conceição que deu sentido à morte de Antonio Carlos Tavares, descrevendo-a como uma *consumição*: Tavares havia sido consumido pela Nigéria. Aos setenta anos, Conceição também recebia uma pequena pensão que Zora Seljan lhe dava do próprio salário como leitora. Quando Zora deixou a Nigéria, o embaixador Meira Penna continuou a pagar o estipêndio, embora reclamasse ao Itamaraty que o governo brasileiro não deveria estar pagando pensões na Nigéria.[19]

Antonio Carlos Tavares chegou logo depois de Olinto e Zora e começou a organizar a nova embaixada, preparando-a para a vinda do primeiro embaixador, Luiz de Souza Bandeira. Estabelecer uma missão diplomática na Nigéria recém-independente foi uma tarefa difícil. A oferta de casas e espaços para escritórios era insuficiente para as novas legações e outros trabalhadores estrangeiros e nigerianos atraídos para a nova capital. A residência do embaixador era um quarto de hotel no Federal Palace Hotel até a morte de Souza Bandeira; depois disso, os gerentes do estabelecimento pediram que os brasileiros saíssem.[20] Como a missão só foi organizada no segundo semestre de 1962, a embaixada realizou poucas iniciativas culturais ou diplomáticas. Em setembro, Tavares teve uma reunião com o ministro das Relações Exteriores da Nigéria, Jaja Wachuku, e disse-lhe que o Brasil e a Nigéria "compartilham inúmeros problemas comuns aos países tropicais subdesenvolvidos e estão unidos por laços étnicos e culturais".[21]

Terminados os preparativos iniciais e com a chegada de Souza Bandeira, a embaixada brasileira estava pronta para iniciar seus trabalhos em 1963.

---

[18] Olinto, op. cit., 207.
[19] Entrevista com José Osvaldo Meira Penna, 11 de julho de 2006.
[20] "Mudança de residência da embaixada", 13 de fevereiro de 1963, telegrama 31, embaixada em Lagos para o Ministério das Relações Exteriores, AHI.
[21] "Visita ao ministro dos negócios estrangeiros", 3 de setembro de 1962, ofício 1, embaixada em Lagos para o Ministério das Relações Exteriores, AHI.

Para Zora e Olinto, o novo ano evidenciou o potencial do Brasil na Nigéria até a entrada do edifício onde eles e diplomatas de vários outros países moravam. Romana da Conceição organizou um grupo de agudás para dançar o bumba meu boi na frente do edifício, atraindo os moradores para a rua. Zora recorda: "Os nossos vizinhos diplomatas ficaram admiradíssimos com o prestígio do Brasil. Uma embaixada tão nova, que não tem ainda nem embaixador, já atrai uma multidão destas, coisa que nenhuma outra nação conseguiu até hoje. Ouvindo este comentário, sorri e pensei: é o resultado da nossa política antirracista, da nossa capacidade de confraternização e solidariedade."[22]

A agenda da embaixada cobria um amplo espectro de atividades comerciais, políticas e culturais. O único ato oficial de Souza Bandeira antes de sua morte foi um encontro com o ministro das Relações Exteriores nigeriano para sugerir a criação de uma associação internacional de exportadores de cacau, produzindo em larga escala nos dois países. Embora a paixão de Olinto fosse a cultura, ele compreendeu as circunstâncias políticas e econômicas da África Ocidental pós-independência, e os primeiros capítulos de *Brasileiros na África* fazem um levantamento detalhado dos acontecimentos no continente, na atualidade, publicados no Brasil à época. Olinto explicou: "Para o Brasil, de vocação atlântico-tropical por excelência, a exata compreensão do que ocorre na África é de máxima importância. Nenhum outro país pode, como o nosso, entender os acertos e desajustes da nova África."[23] Mas a morte de Souza Bandeira no começo do ano, seguida do suicídio de Tavares, descarrilou essa agenda. Não havia praticamente qualquer intercâmbio comercial entre a Nigéria e o Brasil. O principal produto de exportação brasileiro eram botijões para propano, que tinham de ser mandados por mar para a Alemanha para então serem transferidos e embarcados para Lagos.[24] De 1962 a 1972, o Brasil exportou para a Nigéria apenas 221 mil dólares em mercadorias.[25]

Restaram o interesse de Zora e Olinto pelos laços culturais e o esforço oficial para apresentar o Brasil como uma democracia racial, algo que a embaixada começou a fazer aproveitando uma oportunidade de comparar

---

[22] Seljan, *No Brasil, ainda tem gente da minha cor?*, 26.
[23] Olinto, op. cit., 55.
[24] "Programa de trabalho da Secretaria-Geral adjunta para a África e Oriente próximo", 1º de março de 1968, ofício 35, embaixada em Lagos para o Ministério das Relações Exteriores, AHI.
[25] Banco do Brasil, Carteira de Comércio Exterior, CACEX: Séries estatísticas, 1974. Rio de Janeiro: Carteira de Comércio Exterior, 1974. 30-33.

— favoravelmente — as relações raciais brasileiras com as dos Estados Unidos. Em janeiro de 1963, um jornal de Lagos publicou um artigo sobre a decisão de James Meredith, o primeiro aluno negro a se matricular na Universidade de Mississippi, de abandonar os estudos em virtude da pressão racial que tinha de enfrentar. O editorial do jornal publicou também um *press release* brasileiro anunciando que "os vizinhos brasileiros ficaram tão inspirados que ofereceram ao Bom Jim uma bolsa para estudar em um ambiente mais amigável e conducente". No fim, James Meredith, que não falava português, voltou para a universidade, mas, segundo o relatório da embaixada, no editorial "o Brasil é colocado numa posição extremamente simpática perante a opinião pública nigeriana".[26]

Ao mesmo tempo, Zora e Olinto combinaram o interesse em descobrir vestígios culturais brasileiros na África Ocidental com a tarefa de promover o Brasil acentuando os laços étnicos compartilhados pelos dois países. Em janeiro, por recomendação de Verger, viajaram para Porto Novo, Benin (então Daomé), para assistir ao festival religioso de Nosso Senhor do Bonfim, originário da Bahia. Olinto enviou ao Itamaraty um relatório sobre a viagem, encantado com o número de pessoas com sobrenomes brasileiros, inclusive a esposa do presidente (Rego). Sua descrição do festival comparava-o "a um verdadeiro bumba meu boi brasileiro, de que participaram centenas de pessoas entoando canções em português (...) As figuras do boi, do cavalo, da ema e do gigante, tradicionais nesses cortejos do Nordeste brasileiro, [que] são mantidos no Daomé".[27] Em Porto Novo, o escritor sentiu que "o Brasil continua existindo na África, no milagre de uma cultura que se recusou a morrer".[28]

Durante o ano e meio que passaram em Lagos, Olinto e Zora viajaram com frequência pelo oeste da Nigéria e Benin, buscando fontes da influência africana no Brasil e centros de assentamento brasileiros. Para Olinto, essa paisagem parecia familiar. Em *Brasileiros na África* ele declara: "A presença do Brasil na África, sentia-se, com o tempo, cada vez mais forte. Paisagens e gentes se tornavam para mim, naquela costa, familiares. Ganhava facilidade ao entrar na africanidade das coisas (...) Nada do que era africano me

---

[26] "Good Jim Quits", *Daily Times*, 10 de janeiro de 1963. "Remessa de recortes de jornal: James Meredith", 10 de janeiro de 1963, ofício 6, embaixada em Lagos para o Ministério das Relações Exteriores AHI.
[27] "Influência da cultura brasileira no Daomé", 28 de janeiro de 1963, ofício 18, embaixada em Lagos para o Ministério das Relações Exteriores, AHI.
[28] Olinto, op. cit., 192.

parecia estranho porque traços da influência brasileira apareciam nas menores coisas. E me espantava sempre de não estar no Rio. Porque a verdade é que estava em casa. E esta certeza de pertencer ao ambiente me assaltava (...) ao longo desse território hoje dividido entre o Daomé e a Nigéria. A velha arquitetura colonial brasileira me acompanhava nas estradas." Tanto em sua correspondência diplomática quanto em seus escritos posteriores, Olinto tornou a falar de que, como brasileiro, sentia-se perfeitamente em casa na África Ocidental. Ele conta, por exemplo, que, em uma viagem de carro que fez com Romana da Conceição, um menino nigeriano gritou "oyimbô" (homem branco) para ele. Romana respondeu: "oyimbô, não, agudá, como eu." Esse encontro inspirou Olinto à seguinte reflexão: "É natural que o europeu seja recebido com reservas em determinados lugares de hábitos mais exclusivamente nigerianos. A compreensão de costumes diferentes não chega a ser um apanágio do 'homo europeus' comum. No caso do brasileiro, porém, tudo muda de figura (...) O 'agudá', ou brasileiro, qualquer que seja sua cor, está mais próximo do nigeriano em geral e do africano descendente de brasileiros em particular."[29]

O trabalho de Zora e Olinto de promover uma identidade compartilhada entre o Brasil e a Nigéria culminou com a exposição "Arte Brasileira Contemporânea", organizada por Zora em Lagos, em maio de 1963, baseada na coleção que os dois tinham trazido do Brasil na bagagem. Realizada durante duas semanas no museu nigeriano da capital, incluía 104 pinturas e gravuras de artistas brasileiros.[30] A mostra apresentava os laços do Brasil com a Nigéria e projetava uma imagem do "tratamento humano recebido pelos africanos no Brasil".[31] O tema "democracia racial" estava implícito no trabalho que Zora descreveu como uma demonstração da "formação étnica do Brasil e sua democracia espiritual".[32] O ministro do Trabalho da Nigéria, J.M. Johnson, um agudá, inaugurou a exposição fazendo uso dos mesmos temas e dizendo que "a tremenda boa vontade que a Nigéria tem com relação ao Brasil foi resultado do bom tratamento que os nigerianos receberam durante seu serviço no país (...) Apesar da crueldade da era da escravidão, os nigerianos submetidos a ela voltaram para casa sem nenhum

---

[29] Ibid., 180, 189.
[30] Zora Seljan, "Brazilian Artists", *Lagos This Week*, 19-25 de maio de 1963, 8.
[31] "Exposição de artistas brasileiros contemporâneos", 3 de junho de 1963, ofício 99, embaixada em Lagos para o Ministério das Relações Exteriores, AHI.
[32] Zora Seljan, "Brazilian Artists", *Lagos This Week*, 19-25 de maio de 1963; "Exposição de artistas brasileiros contemporâneos", 3 de junho de 1963, ofício 99, embaixada em Lagos para o Ministério das Relações Exteriores, AHI.

sentimento de amargura com relação ao Brasil. Pelo contrário, eles o consideraram seu primeiro lar e fariam qualquer coisa para defendê-lo".[33] Zora e Johnson usaram a ideia de democracia racial com base em uma escravidão benigna como espaço discursivo para promover as conexões entre o Brasil e a Nigéria.

Zora voltou às ideias que tinha expressado quase uma década antes e às quais Olinto ainda se referia após sua morte. Em entrevistas e artigos, ela explicou: "Como no passado os artistas e poetas romanos que seguiram a tradição grega mostravam a força de Júpiter, a graça de Vênus ou a sabedoria de Palas Atenas, hoje os artistas brasileiros, inspirados pelas tradições nigerianas, cantam em louvor de Xangô e expressam em suas telas a majestade de sua figura com o machado duplo."[34] Enquanto Olinto descrevia a Nigéria como a Roma do Brasil, Zora ia ainda mais longe, sugerindo que o Brasil era a nova Roma, e a Nigéria, sua inspiração grega.

A mostra teve uma repercussão positiva na imprensa, dando ênfase principalmente aos comentários de Johnson. No entanto, uma opinião discordante foi apresentada por um colunista do *Sunday Times* de Lagos, que questionou a caracterização benigna de Johnson da escravidão brasileira. Em sua crítica "Cultura: brasileiros tiraram isso de nós", o colunista analisou "o caráter interessante" de Olinto: "Seu escritório e sua casa estão decorados com nossas esculturas e nossos tecidos feitos à mão são exibidos de uma maneira que salta à vista. O chão tanto do escritório quanto da casa está coberto com tapetes de ráfia. Bem, e como foi que a cultura nigeriana penetrou no Brasil? Tudo ocorreu durante o comércio de escravos que despovoou a África."[35]

Se a ideia de uma cultura brasileiro-nigeriana compartilhada podia provocar ressentimento, havia um tipo de presença brasileira que podia ser vista sem qualquer crítica na Nigéria: o futebol. O time do Vasco da Gama, do

---

[33] "Brazilian Arts Exhibition Opened", *Independent*, 25 de maio-1 de junho de 1963; "Exposição de artistas brasileiros contemporâneos", 3 de junho de 1963, ofício 99, embaixada em Lagos para o Ministério das Relações Exteriores, AHI.

[34] "Brazilian Arts Exhibition Opened", *Independent*, 25 de maio-1 de junho de 1963; Zora Seljan, "Brazilian Artists", *Lagos This Week*, 19-25 de maio de 1963; "Exposição de artistas brasileiros contemporâneos", 3 de junho de 1963, ofício 99, embaixada em Lagos para o Ministério das Relações Exteriores, AHI.

[35] John Rover, "Culture: Brazilians Took This from Us", *Sunday Times*, 5 de maio de 1963; ofício 78, Antônio Tavares to Hermes Lima, 3 de junho de 1963; "Exposição de artistas brasileiros contemporâneos", 3 de junho de 1963, ofício 78, embaixada em Lagos para o Ministério das Relações Exteriores, AHI.

Rio de Janeiro, chegou a Lagos no dia da abertura da exposição, e os jogadores a visitaram. O time estava em uma viagem pela África Ocidental, fazendo jogos amistosos em Gana, na Nigéria e na Costa do Marfim. Em um relatório ao Itamaraty, Antonio Carlos Tavares disse que o fato de o time "ser composto de atletas de várias origens raciais causou uma excelente impressão e deu uma demonstração clara da harmonia entre os vários grupos étnicos que compõem a população brasileira".[36] Após um jantar organizado pela Associação de Descendentes de Brasileiros, dois jornais de Lagos publicaram fotos dos jogadores tocando instrumentos de percussão. A manchete era "At Home" (Em casa) e a legenda da foto dizia: "Os jogadores do Vasco da Gama não são de jeito nenhum principiantes com relação aos bongos e à música africana. Estavam 'em casa' em uma festa em sua homenagem oferecida pela comunidade brasileira em Lagos."[37]

A presença do Vasco em Lagos era uma notícia importante. Depois da vitória vascaína de 6 a 0 sobre a seleção nigeriana, um jornal escreveu sobre o "massacre no futebol": "Esses artistas brasileiros ganharam o coração de todos os fãs ontem no estádio e mostraram aos nossos jogadores como se deve jogar futebol." Outro colunista escreveu: "Mandem-me para a Inglaterra e vou querer voltar. Mandem-me para a Suécia e ainda vou adorar voltar para casa, mas mandem-me para o Brasil e ficarei lá para sempre. Não porque vá esquecer meu país, mas porque vou adorar ver outras demonstrações de futebol semelhante a dos jogadores brasileiros e do tipo demonstrado pelo time do Vasco da Gama."[38]

A cobertura dos jornais em Lagos sobre a viagem do time à África Ocidental foi mais extensa que qualquer outra cobertura do Brasil, inclusive a relacionada com a exposição de arte tão cuidadosamente divulgada. E apesar de uma única referência ao time estar se sentindo "em casa" em Lagos, os jornais nigerianos estavam muito mais interessados na questão esportiva da visita do que em suas implicações étnicas e raciais. O entusiasmo pelo futebol brasileiro levou a Federação Nigeriana de Futebol a contratar o

---

[36] "Visita do Clube de Regatas Vasco da Gama", 3 de junho de 1963, ofício 101, embaixada em Lagos para o Ministério das Relações Exteriores, AHI.
[37] At Home, *Daily Times*, 24 de maio de 1963; "Vasco Can Be licked", *West African Pilot*, 24 de maio de 1963; "Visita do clube de regatas Vasco da Gama", 3 de junho de 1963, ofício 101, embaixada em Lagos para o Ministério das Relações Exteriores, AHI.
[38] "Soccer Massacre: 'Green Eagles' Beaten 6-0", *Sunday Times*, 26 de maio de 1963; Babington Bakre, "'Green Eagles' Thrashed 6-0: It's Slaughter at KGV Stadium", *Sunday Express*, 26 de maio de 1963; "Visita do Clube de Regatas Vasco da Gama", 3 de junho de 1963, ofício 101, embaixada em Lagos para o Ministério das Relações Exteriores, AHI.

brasileiro Jorge Penna como técnico da seleção nigeriana na véspera da visita do time, assim como o Conselho Esportivo Nacional de Gana, em 1967, contratou o técnico Carlos Alberto Parreira.[39] Na visita do Vasco, Olinto viu "um quadro de futebol com jogadores brancos e negros, o que, para o africano em geral, é coisa digna de elogios", e "quadros brasileiros que exibiam sinais de africanidade".[40] Os nigerianos viram o futebol.

No entanto, os vários meses de promoção do Brasil tinham começado a surtir efeito. No dia 7 de setembro, dia da independência, vários jornais publicaram perfis do Brasil. Um artigo de Ebenezer Curtis, publicado tanto no *Morning Post* quanto no *West African Pilot,* parece ter sido extraído dos materiais promocionais do Itamaraty. Foi Curtis que se referiu a Tavares como "amante da raça africana".[41] Em uma linguagem que lembra a de Freyre, Curtis escreveu: "O Brasil é um exemplo sólido de uma civilização moderna que se estabeleceu com sucesso no coração dos trópicos com um sistema democrático de governo em que as pessoas e raças das origens étnicas mais variadas moram e trabalham em paz para construir uma grande nação."[42] Outro artigo, intitulado "Os laços do Brasil com a Nigéria", tinha um toque de Olinto e Zora: "A amizade brasileiro-nigeriana é um sentimento antigo e forte (…) As mitologias vindas da Nigéria ajudaram na formação da mentalidade brasileira e artistas, autores e acadêmicos brasileiros acreditam que as tradições nigeriano-brasileiras são a fonte de inspiração mais séria e mais original para sua obra e pesquisas."[43]

Essas reportagens foram interrompidas pelas notícias da morte de Tavares na semana seguinte. O que aconteceu com Tavares? O investigador do Itamaraty concluiu que ele tinha se suicidado quando percebeu que não teria tempo de esconder seu desvio de recursos públicos antes da chegada do novo embaixador. Traumatizado pela morte do embaixador Souza Bandeira, tinha se casado com uma funcionária da Swissair que morava em Lagos. Gastava dinheiro prodigamente para dar a ela status de esposa de um

---

[39] "Oferecimento de contrato para técnico brasileiro de futebol", 21 de maio de 1963, telegrama 43, Ministério das Relações Exteriores para embaixada em Lagos, AHI; "Pedido de treinador de futebol", 16 de outubro de 1967, telegrama 22, Ministério das Relações Exteriores para embaixada em Lagos, AHI.
[40] Olinto, op. cit., 120.
[41] Ebenezer Curtis, "Tribute to Carlos Tavares", *Morning Post*, 20 de setembro de 1963, 11, BL.
[42] Ebenezer Curtis, "Brazil Celebrates Her 141st Anniversary", *Morning Post*, 7 de setembro de 1963, BL.
[43] "Brazil's Links with Nigeria", *Lagos This Week*, 1-7 de setembro de 1963, "Recortes de jornal sobre o Brasil", 8 de novembro de 1963, ofício 190, embaixada em Lagos para o Ministério das Relações Exteriores, AHI.

chefe de missão, usando dinheiro da embaixada. Acreditava, erroneamente, que teria tempo o bastante para reabastecer as contas, já que duvidava que o Itamaraty fosse capaz de encontrar com rapidez um substituto para o embaixador falecido ou que o Ministério das Relações Exteriores nigeriano iria agir rapidamente quando o novo embaixador brasileiro fosse nomeado. Quando essas suposições demonstraram ser falsas, ele se desesperou. Tavares apostou sua vida na perspectiva de que as relações entre o Brasil e a Nigéria estavam estagnadas.[44]

Após a morte de Tavares, Olinto e Seljan foram passar férias no Brasil, e a embaixada ficou praticamente inativa. Com as mortes do embaixador em fevereiro e a do encarregado de negócios em setembro, a administração ficou a cargo de uma série de diplomatas enviados do Brasil por períodos breves. Uma brasileira, Vera Sauer, foi, por um tempo muito curto, a primeira mulher à frente de uma missão diplomática na África.[45] Outro brasileiro, Paulo Rio Branco Nabuco de Gouvêa, descendente do estadista e abolicionista Joaquim Nabuco e do barão do Rio Branco — o ministro das Relações Exteriores que, na virada do século, foi considerado o pai da moderna diplomacia brasileira —, foi enviado no final do ano e permaneceu como encarregado de negócios até ser hospitalizado em Portugal em virtude de úlceras abertas. Voltou como embaixador para a Nigéria em 1971.[46]

A morte de Tavares gerou mais cobertura pró-Brasil na imprensa. A maioria dos jornais publicou obituários descrevendo o diplomata como "amigo" ou até mesmo "amante" de africanos e afro-brasileiros.[47] Um obituário de Arthur Omorodion declarou: "Já no Brasil ele tinha defendido a causa dos afro-brasileiros, inclusive a extraordinária comunidade ioruba no estado da Bahia."[48] Seis semanas mais tarde, outro artigo de Omorodion sobre o "relacionamento afro-brasileiro" descreveu o Brasil como "a civilização europeia de maior sucesso nos trópicos (...) Tanto um lar para os descendentes dos

---

[44] Embaixada do Brasil em Lagos para o Ministério das Relações Exteriores, "Falecimento do secretário A.C. de Souza Tavares: Remessa de relatório", Ofício secreto 165, 25 de outubro de 1963, AHI.

[45] "First-Ever Lady Envoy", *Daily Times*, 17 de janeiro de 1964. "Recortes de jornais com notícias sobre o Brasil", 24 de janeiro de 1964, ofício 23, embaixada em Lagos para o Ministério das Relações Exteriores, AHI.

[46] Meira Penna para o Itamaraty, 8 de fevereiro de 1965, "Estado de saúde do conselheiro Paulo Rio Branco Nabuco de Gouvêa", telegrama 16, embaixada em Lagos para o Ministério das Relações Exteriores, AHI; entrevista com Antonio Olinto, 26 de maio de 2006; "Remessa de credenciais", 26 de agosto de 1971, telegrama 45, Ministério das Relações Exteriores para embaixada em Lagos, AHI.

[47] Ebenezer Curtis, "Tribute to Carlos Tavares", *Morning Post*, 20 de setembro de 1963, 11, BL.

[48] Arthur Omorodion, "The Late Mr. A.C. de Souza Tavares", *Daily Telegraph*, 10 de outubro de 1963, 3, BL.

conquistadores portugueses e espanhóis (...) quanto do negro afro-americano cuja origem remonta ao trabalho escravo das fazendas de açúcar e de café no Brasil do século XV e XVI. Eles formam um elemento distinto nessa sociedade multirracial pacífica, um exemplo clássico de coexistência pacífica".[49]

Omorodion sugeriu que os afro-brasileiros queriam voltar para a África, ou pelo menos visitá-la, como os agudás tinham feito. Como evidência desse desejo o empresário afirmou que "o calipso muito popular no Caribe 'I want to come back home to Africa' é ouvido com tanta frequência nas ruas do Rio de Janeiro, na Bahia e em São Paulo quanto em Trinidad e nas Bahamas. Nisso reside o fascínio de uma era: a era africana." A fonte da informação de Omorodion não é conhecida. Quase todas as reportagens sobre as relações raciais brasileiras ou os obituários de Tavares pareciam se basear em detalhes semelhantes que aparentemente foram fornecidos por funcionários da embaixada. A referência ao calipso foi a única exceção. É difícil imaginar o calipso de Lord Kitchener, "Africa, my Home", ecoando nas ruas das cidades brasileiras, captando desejos afro-brasileiros em inglês. Pelo contrário, o musicólogo Ray Funk explica que calipsos como esse eram normalmente difundidos pela BBC na África Ocidental, "onde estavam se mostrando extremamente populares", principalmente em virtude de suas mensagens sobre descolonização.[50] A afirmação sobre o Brasil, na verdade, era sobre Lagos, onde o calipso era popular e havia uma comunidade de descendentes de brasileiros que tinha realmente "voltado para casa".

Se os brasileiros usavam a África para imaginar o Brasil, Omorodion usava o Brasil para imaginar a Nigéria. Ele caracterizou o Brasil por meio da música popular na África Ocidental, e seu discurso, como os calipsos populares à época, era sobre independência. Ele atribuía a Tavares a ideia de que "africanos, seja no Brasil, no Caribe, na América ou na África, devem projetar a personalidade africana e o espírito de fraternidade". Omorodion explicou que os agudás eram um exemplo daquela fraternidade e de sua importância para o processo de independência, já que "foram os primeiros descendentes desses iorubas que reacenderam a chama do nacionalismo no começo das décadas de 1920 e 1930". Assim como a África servia como um guia para entender o Brasil, este era então um meio para discutir a independência africana.[51]

---

[49] Arthur Omorodion, "Afro-Brazilian Relationship", *West African Pilot*, 25 de outubro de 1963, BL.
[50] Funk, "In the Battle for Emergent Independence: Calypsos of Decolonization", http://anthurium.miami.edu/volume_3/issue_2/funk-inthebattle.htm.
[51] Arthur Omorodion, "Afro-Brazilian Relationship", *West African Pilot*, 25 de outubro de 1963, BL.

Brasileiro como eu

À época da morte de Tavares, Zora Seljan e Antonio Olinto estavam de férias no Rio e decidiram que era hora de deixar a Nigéria. No decorrer do ano que passaram em Lagos, tinham montado a exposição *Artistas contemporâneos brasileiros*. Tinham viajado para locais religiosos indicados por Verger, em busca das raízes africanas do candomblé. E tinham explorado o fenômeno das comunidades de descendentes dos escravos brasileiros que tinham voltado para a África Ocidental. Tinham coletado material que lhes permitiria escrever sobre as conexões do Brasil com a África por uma vida inteira. E tinham também testemunhado as crises que desestabilizaram a embaixada e percebido a ironia da presença diplomática brasileira na África: embora a embaixada e seus funcionários buscassem sempre oportunidades para caracterizar o Brasil como uma democracia racial cuja cultura e população foram profundamente moldadas pelos povos africanos (e principalmente os iorubas), todos os membros da embaixada eram brancos, fazendo-nos lembrar da pergunta que Zora tinha usado como título de seu livro: *No Brasil, ainda tem gente da minha cor?*

Olinto recordava que ele e Zora tinham se preocupado com isso a ponto de chegarem a sugerir o nome do possível substituto de Olinto como adido cultural. Eles defendiam que brasileiros negros fossem mandados para a África como diplomatas: "Sem brigar com o governo, que não ia brigar, mas aproveitar os negros não só na África; mandasse para a Europa adidos culturais ou então [para] trabalhar na embaixada. E não tem aí, não está cheio de intelectual negro? Tá... Uma luta pra de fato... E não fizeram isso, não é? Não têm feito. O Jânio Quadros, que era louco, escolheu o Raymundo, né? (...) Mas ele foi um pouco humilhado também pelo Itamaraty. Se eles humilham os brancos que estão por baixo, imagina um cara embaixador que é negro. Humilham."[52] Olinto explicou que o livro de Zora tinha a intenção de provocar o governo brasileiro para que essa situação mudasse: "É preciso ter um negro na embaixada. É um absurdo que não tenha um."[53]

Olinto procurou ter um encontro com Jango para recomendar seu sucessor como adido cultural em Lagos. Quem Olinto recomendaria?

---
[52] Entrevista com Antonio Olinto, 26 de maio de 2006. Quadros nomeia o jornalista e auxiliar da presidência, negro, Raymundo Souza Dantas embaixador em Gana em 1961.
[53] Entrevista com Antonio Olinto, 14 de junho de 2006.

Fiquei pensando: quem é que vou escolher? Aí lembrei. Adhemar Ferreira da Silva, tricampeão olímpico, advogado, formou-se em advocacia, inteligente, negro. Então era um negro que podia ser adido cultural. Estava dentro da capacidade dele. Eu fui a Brasília, procurei um amigo meu que trabalhava na imprensa do Palácio e disse: "Olha, se eu for dar essa ideia ao Itamaraty vai ser difícil conseguir. O Itamaraty vai perguntar muito e tal. Isso só pode sair com ordem do presidente. Quero falar com o presidente. Assim num canto, ele está saindo para não sei onde, você segura aí..." Levei três dias, indo todo dia lá. No terceiro dia, ele disse "hoje, sim, ele vai sair. Até já disse a ele que tem um escritor". Então, ele passou num corredor, fui lá e disse a ele: "Presidente, o senhor pode fazer uma coisa maravilhosa. Nomear o primeiro diplomata brasileiro negro." Ele disse: "Como?" "Sou adido cultural." Eu tinha sido adido por conta de Tancredo Neves, antes dele, né, que era primeiro-ministro. E vou deixar o cargo, já estou há três anos. E sugiro ao senhor nomear um negro que já tenho o nome dele. É Adhemar Ferreira da Silva. Ele disse: "É, mas... Ótima ideia." "Não só é tricampeão como advogado formado. Fala inglês, já conversei com ele em inglês." Ele disse: "É uma boa ideia." Nomeou.[54]

O fato de Olinto ter estado no posto havia um ano e não três, de pedir ao presidente que nomeasse o segundo e não o primeiro diplomata negro, e que Adhemar Ferreira realmente ter obtido um diploma de direito, mas em 1968, após voltar da Nigéria, são caracterizações errôneas que sublinham a natureza da construção da memória. Elas colocam ênfase na história de Olinto. E as ênfases dão forma à reconstrução que Olinto faz do episódio para acentuar a hostilidade burocrática do Ministério das Relações Exteriores com relação à integração racial, bem como a importância de um ato individual que, nesse caso, seguiu o roteiro tradicional brasileiro para pedidos às autoridades em suas antessalas.

Olinto já tinha falado com Ferreira sobre a ideia, que contrapôs, de que as autoridades "não vão aceitar". Em seu relato, Olinto acentuou essas palavras, dando-lhes um tom fatalista e resignado. Ele se lembra de ter respondido: "Está bem, concordo com você. Se me dissesse isso eu também diria que não vão aceitar. Mas vou tentar falar com o próprio presidente. Quando a gente quer fazer uma coisa faz. Você aceita?" Ele disse: "Claro."[55] Olinto e Zora voltaram para Lagos por outros três meses e fizeram os preparativos

---
[54] Ibid.
[55] Ibid.

necessários para a chegada de Ferreira em fevereiro de 1964. Ficariam uma semana depois da chegada do novo adido e apresentam-no a seus contatos em Lagos, principalmente na comunidade agudá.

Adhemar Ferreira da Silva ganhou o salto triplo nos Jogos Olímpicos em Helsinki e Melbourne em 1952 e 1956, tornando-se o primeiro brasileiro a ganhar múltiplas medalhas olímpicas. Ele estabeleceu recordes de longa duração e parece ter sido o primeiro atleta a fazer uma volta olímpica. Um linguista competente, aprendeu sozinho algumas frases em finlandês antes da competição em Helsinki, atraindo o carinho dos fãs que torciam em suas corridas. Desempenhou o papel da Morte na peça de Vinicius de Moraes *Orfeu da Conceição* e no filme *Orfeu Negro*. Com duas medalhas de ouro olímpicas e um papel em um filme vencedor do Oscar, Adhemar Ferreira era de longe o homem mais condecorado do Brasil. Viajou para Lagos com a esposa e dois filhos. Sua filha, Adyel Silva, tinha seis anos à época. Ela lembra que o pai via sua estada em Lagos como uma oportunidade de ensinar os filhos sobre o mundo e de lhes dar oportunidades que não teriam no Brasil.[56]

Adhemar Ferreira foi aclamado na imprensa nigeriana como um exemplo a ser seguido pelos atletas nigerianos. Os jornais publicaram mais de doze artigos sobre suas conquistas esportivas com manchetes como "Campeão olímpico vira diplomata".[57] Ele assistia a competições atléticas e às vezes até competia, tornando-se o centro das atenções.[58] Em um relatório para o Itamaraty, ele conta que, quando foi assistir ao campeonato de atletismo da polícia nigeriana, sua presença foi anunciada nos alto-falantes imediatamente após anúncio da chegada do presidente Azikiwe. E este, que também tinha sido atleta na juventude, fez um sinal para que ele ficasse a seu lado e lhe disse: "Senhor da Silva, seja bem-vindo. Eu também estava presente àquela tarde no estádio de Helsinki, quando o senhor maravilhou a multidão com seus saltos. Espero que com sua presença entre nós a Nigéria venha a ter também o seu Silva."[59]

---

[56] Entrevista com Adyel Silva, 4 de julho de 2008.
[57] "Olympic Champ Turns Diplomat", *Morning Post*, 5 de março de 1964. "Recortes de jornais com notícias sobre o Brasil", 17 de março de 1964, ofício 62, embaixada em Lagos para o Ministério das Relações Exteriores, AHI.
[58] "Da-Silva Showing Them How", *Morning Post*, 27 de abril de 1964. "Recortes de jornais com notícias sobre o Brasil", 6 de maio de 1964, ofício 95, embaixada em Lagos para o Ministério das Relações Exteriores, AHI.
[59] "Relatório anual do adido cultural em Lagos", 19 de março de 1965, ofício 68, embaixada em Lagos para o Ministério das Relações Exteriores, AHI.

Figura 9 Adhemar Ferreira na *Masquerade Eyo* em Lagos. Foto por cortesia de Adyel Silva.

Figura 10 Adhemar Ferreira, ao centro, na Nigéria. Foto por cortesia de Adyel Silva.

Após a partida de Olinto, Adhemar enfrentou sérios problemas de adaptação na posição de adido cultural. Velhos agudás nascidos no Brasil começaram a procurá-lo buscando a manutenção das pensões que Zora lhes tinha dado do próprio bolso. Ele não tinha nenhum conhecimento dessas pensões e nenhum orçamento que pudesse cobrir seu custo. Adhemar descobriu também que, apesar da paixão de Olinto e Zora pelas raízes do candomblé, os descendentes de brasileiros em Lagos eram contrários ao espiritismo. Romana da Conceição lhe disse: "Não sei e nem quero saber dessas coisas. Isso é para gente atrasada, gente do mato." Na verdade, Adhemar logo percebeu que sua principal função teria de ser educacional. Estudantes, jornalistas e outros que entravam em contato com ele mostravam total ignorância sobre o Brasil. Entre os pontos que enfatizou, Adhemar explicou que "embora no Brasil, tal como na Nigéria, exista o fenômeno sincretista, 95% da nossa população, professam a religião católica".[60] Sua abordagem no papel de adido cultural era fundamentalmente diferente da de Olinto, descobrindo, então, uma Nigéria muito diferente daquela do escritor. Sem enfatizar as semelhanças culturais entre os dois lados do Atlântico, Adhemar, ao contrário, buscou educar a população sobre o Brasil, dando palestras e conferências de imprensa, falando sobre geografia, cultura, música, comércio e indústria. Tocava música brasileira em seu violão, levava discos de música popular brasileira para os eventos e conseguia que a estação de rádio local incluísse segmentos com música brasileira.[61]

Dois meses antes da chegada de Adhemar Ferreira em Lagos, no fim de fevereiro de 1964, o novo embaixador brasileiro, José Osvaldo Meira Penna havia chegado. Em seus primeiros dias no posto, Meira Penna realizou uma cerimônia na embaixada em que o bispo católico de Lagos abençoou uma imagem negra da Virgem Maria. Um jornal de Lagos publicou uma fotografia do bispo e de Meira Penna de pé ao lado da imagem, com a legenda "Nossa Senhora do Brasil, a única Madona de cor no mundo que é a padroeira oficial de um país, teve sua imagem trazida para a Nigéria e venerada na Embaixada do Brasil em Lagos".[62] Pouco tempo depois,

---
[60] Id.
[61] "Relatório sobre a divulgação de música brasileira no exterior", 20 de agosto de 1964, ofício 150, embaixada em Lagos para o Ministério das Relações Exteriores, AHI.
[62] "Our Lady of Brazil", *West African Pilot*, 7 de janeiro de 1964, "Recortes de jornais com notícias sobre o Brasil", 24 de janeiro de 1964, ofício 23, embaixada em Lagos para o Ministério das Relações Exteriores, AHI.

Meira Penna viajou com Olinto e Zora para Benin, encontrando Verger para assistir a um último festival de Bonfim e bumba meu boi antes de Olinto e Zora voltarem para o Brasil.

Durante a cerimônia de apresentação de Meira Penna, diante do presidente Azikiwe, o embaixador e o presidente se envolveram em um ritual público previamente preparado que discutia as semelhanças entre os dois países, observando a influência cultural da Nigéria sobre o Brasil e vice-versa. Os comentários de Meira Penna obedeciam às instruções do Itamaraty sobre a maneira adequada de descrever o país: uma potência em desenvolvimento e uma democracia racial. Ao lado do presidente Azikiwe, o embaixador dedicou aquele agradecimento à mão de obra africana: "O Brasil é uma experiência do estabelecimento bem-sucedido de uma civilização industrial moderna nos trópicos." Observou também que o Brasil tinha se tornado o país com a segunda maior população de descendentes africanos à exceção da Nigéria e que, "se não fosse pelo suor e pela labuta dos africanos, com certeza os primeiros colonizadores do Brasil nunca teriam conseguido enfrentar as terríveis condições de um ambiente hostil". Sem mencionar a escravidão, ele transferiu o sofrimento dos africanos no sistema escravagista para uma luta compartilhada para "vencer os determinismos geográficos". Essa tarefa foi levada a cabo em uma "sociedade patriarcal" em que "os laços entre as duas raças não se baseavam na servidão, e sim no respeito e na afeição. Isso, na verdade, foi a fonte da democracia racial da qual estamos tão merecidamente orgulhosos."[63] O presidente fez eco a Meira Penna, elogiando a "atitude sã do Brasil no que diz respeito aos problemas raciais". O jornal *West African Pilot* deu destaque à cerimônia e sua manchete citava o presidente Azikiwe proclamando o Brasil "um laboratório de cooperação inter-racial".[64]

Para Meira Penna e Ferreira, a própria embaixada era um laboratório de cooperação inter-racial. Ferreira foi o primeiro brasileiro negro com quem o embaixador trabalhou de perto. Quando o entrevistei, Meira Penna lembrou uma viagem de carro que ele e Ferreira tinham feito pelo oeste da Nigéria:

---

[63] Meira Penna para o ministro das Relações Exteriores Araújo Castro, 15 de janeiro de 1964, "Entrega de credenciais", ofício 12, embaixada em Lagos para o Ministério das Relações Exteriores, AHI.

[64] Ibid., "Brazil 'a Laboratory of Inter-Racial Cooperation', Envoy Told", *West African Pilot*, 14 de janeiro de 1964, ofício 12, embaixada em Lagos para o Ministério das Relações Exteriores, AHI.

Figura 11 Adhemar Ferreira com o embaixador José Oswaldo Meira Penna e Dorothy Meira Penna. Foto por cortesia de Adyel Silva.

Nunca tinha tido a experiência de conviver assim com mais intimidade com um negro, sabe? No Brasil era muita diferença ainda e depois... Mas depois de três, quatro ou cinco dias, de repente notei o seguinte, que as reações que nós tínhamos, que ele e eu tínhamos, eram exatamente as mesmas. Em relação ao pessoal local... Quer dizer, eu me sentia brasileiro como ele, com uma reação de brasileiro. E ele não tinha nada de comum com o africano a não ser o fato de que era preto, de raça... A pele era preta mas as nossas reações eram reações de brasileiros. E a gente achava graça e fazia comentários sobre as coisas que aconteciam. E ele era muito alegre. E (...) nos divertimos com isso e fiquei... desde essa época fiquei muito o que se poderia chamar culturalista. E acho que o grande fator é a cultura fazer a identidade de um povo; é a cultura e não a raça... Éramos brasileiros, me sentia como um brasileiro, não com um africano.[65]

---

[65] Entrevista com José Osvaldo Meira Penna, 11 de junho de 2006.

Meira Penna relatou essa viagem ao Itamaraty, enfatizando que Adhemar Ferreira tinha sido "boa companhia" e destacando o benefício simbólico da presença de Ferreira na apresentação da democracia racial do Brasil: "Além de representar um exemplo vivo da importância do elemento africano na etnia brasileira, o sr. Ferreira da Silva granjeou enorme simpatia com seu 'charme' pessoal e seu violão, graças ao qual puderam os nossos hóspedes comprovar imediatamente, pela música, a realidade do que afirmávamos quanto à intimidade das relações culturais entre o Brasil e a Iorubalândia."[66] Embora Meira Penna tivesse observado sua "grande ajuda nesse trabalho de relações públicas e divulgação de coisas brasileiras", ele dava ênfase ao talento musical de Ferreira e à cor de sua pele como suas contribuições principais para a representação do Brasil na Nigéria.

Havia uma diferença entre o que Meira Penna proclamava oficialmente e aquilo em que acreditava pessoalmente. Em suas comunicações com o Itamaraty, o diplomata deixava claro que repetia a retórica sobre o papel natural do Brasil na África Ocidental com base em afinidades culturais apenas porque era parte de seu trabalho. Partidário do golpe de 1964, rejeitava as interpretações mais radicais de raça e de política expressas pelos movimentos de libertação da África e pela promoção que o Itamaraty fazia do Brasil no continente. Quando sentia que os instrumentos que lhe tinham dado para representar a democracia racial do Brasil eram inconsistentes ou contraditórios, chegava a discutir com o Itamaraty.

A mensagem contraditória foi personificada pela chegada do ator brasileiro Antonio Pitanga, que é negro. Pitanga viajou para a África Ocidental em 1964 em uma visita organizada pela Divisão Cultural do Itamaraty, trazendo cópias do filme *Ganga Zumba*, no qual desempenhava o papel de Zumbi dos Palmares, que lutou contra os colonizadores portugueses. Quando entrevistei Pitanga sobre sua viagem para a África, ele chegou a meu apartamento sob uma forte tempestade, sentou-se e, com uma franqueza pouco comum, declarou-se "uma pessoa comprometida com a problemática racial brasileira. E levo essa problemática racial brasileira para o cinema. Participo de alguns filmes do chamado Cinema Novo que vêm com a temática negra."[67] Após o golpe de 1964, Pitanga temeu ser preso por causa de seus filmes. Encontrou-se, então, com o chefe da Divisão Cultural do Itamaraty, um fã do Cinema Novo que tinha promovido os filmes de

---

[66] José Osvaldo Meira Penna, "Visita oficial à região ocidental da Nigéria", 26 de maio de 1964, ofício 106, embaixada em Lagos para o Ministério das Relações Exteriores, AHI.
[67] Entrevista com Antonio Pitanga, 30 de maio de 2008.

Pitanga no exterior, a quem pediu ajuda para deixar o país. O chefe da Divisão Cultural conseguiu que ele fosse enviado a um festival de cinema em Beirute para apresentar alguns de seus filmes e dali seguisse para a África Ocidental. A viagem de Pitanga era um tipo de exílio, só que patrocinado por aliados no governo. Além disso, a Divisão Cultural do Itamaraty entendia, lembra Pitanga, que "eu não tinha ido lá para a África com a missão de vender o mito racial, o mito da democracia racial. Tinha ido como uma pessoa engajada no movimento negro, apresentando a minha, a nossa, visão da questão negra, diferente do Itamaraty."

Pitanga atravessou a África Ocidental carregando rolos de *Ganga Zumba*, que ele exibia tanto para o público em geral quanto para os líderes surgidos com os movimentos africanos de independência, transmitindo uma visão da luta que os brasileiros negros compartilhavam. Como ele explicou: "Fui criando com esse trabalho, da cinematografia brasileira, uma relação de informação desse outro país negro chamado Brasil, através dessas três obras (...) tinha o apoio das embaixadas brasileiras para fazer as apresentações; foi para o poder constituinte naquela época que apresentei o trabalho, o projeto, os filmes e a discussão." *Ganga Zumba* explorava a luta do líder do quilombo dos Palmares no Nordeste do Brasil no século XVII. No filme, o herói Ganga Zumba luta contra os portugueses e eventualmente é derrotado. Em uma das cenas mais tensas, um traidor de Palmares é assassinado. Pitanga lembra que projetou o filme em Gana, para um público que incluía Kwame Nkrumah e, "Nkrumah, ele deu um pulo. Ele se levanta, e grita 'É isto aí. O negro que traiu tem que morrer!'".[68]

Quando Pitanga chegou com seu filme a Lagos, deparou-se com a objeção de Meira Penna. Ao contrário dos diplomatas de outras embaixadas, que ajudaram Pitanga a organizar as exibições, fazer entrevistas com a imprensa e promover os filmes, o embaixador tentou impedir que os filmes fossem exibidos e reclamou com o Itamaraty. Ele enviou um telegrama ao Ministério das Relações Exteriores dizendo que tinha passado o filme em uma reunião privada com um libanês, dono da maior cadeia de cinemas na Nigéria, e ambos tinham chegado à conclusão de que o filme não deveria ser exibido. Meira Penna relatou a preocupação do empresário de que provavelmente o filme não seria permitido pelos censores do governo, "não somente em virtude das cenas de violência, mas pelo seu conteúdo ideológico". O próprio Meira Penna achava que o filme não apresentava uma

---

[68] Ibid.

imagem do Brasil que fosse "condizente com os interesses de nossa política nesta parte do mundo".[69]

Meira Penna escreveu para o chanceler, reclamando que o filme contradizia aquilo que, a seu ver, era o discurso oficial sobre a sociedade brasileira. Seu relatório começou com uma história do estudo da raça no Brasil, explicando que "todos os estudiosos do problema do africano no Brasil, desde Nina Rodrigues, passando por Arthur Ramos, Hehl Neiva e Gilberto Freyre, insistiram em construir o Brasil como o caso mais admirável de convivência e harmonia de raças de que há exemplo no mundo".[70] Esses estudiosos se esforçaram para destacar que até a escravidão colonial era muito mais benigna no Brasil do que em outras partes da América, e isso foi a base para a promoção da imagem do Brasil, "certa ou errada, verdadeira ou ilusória". Meira Penna continuou dizendo que a ideia de que o Brasil estava livre de preconceitos raciais representava "um princípio essencial" da propaganda brasileira no exterior, extensivamente empregado pela Divisão Cultural do Itamaraty. "Que o Brasil é uma 'democracia racial', eis o que é sempre repetido, em qualquer oportunidade, pelos nossos representantes no exterior." Meira Penna seguia as instruções do Itamaraty de enfatizar esse ponto quando apresentou suas credenciais ao presidente da Nigéria.

O embaixador se disse perplexo pelo fato de "a primeira obra de nossa arte cinematográfica apresentada na Nigéria [ser] um filme que parece deliberadamente criado para desmentir todos esses princípios" de democracia racial. Achando as cenas de violência particularmente desagradáveis, ele se perguntou como é que um público nigeriano, cujo "nível cultural médio é geralmente baixo", poderia desassociar a resistência à escravidão portuguesa em Palmares das guerras de libertação na África: "A intenção da fita é obscura: é como se estivéssemos assistindo à rebelião de Angola, à guerra civil no Congo; o filme parece destinado à instrução dos guerrilheiros zulus da África do Sul ou quiçá tenha sido encomendado pelos senhores Nkrumah ou Ben-Bella. As cabeças decapitadas que rolam pelo chão, os presos fustigados até a morte, os corações arrancados à faca, os estupros e assassinatos de tocaia, a luta sem quartel entre branco e negro. Não sei mesmo se, no sentido sugerido pelo filme, é uma realidade até na África... De qualquer forma, é anacrônico, nada tem a ver com o Brasil, e, como

---

[69] "Viagem de ator brasileiro com apresentação de filmes. 'Ganga Zumba'", 13 de novembro de 1964, ofício 188, embaixada em Lagos para o Ministério das Relações Exteriores, AHI.
[70] Ibid.

tema para servir à propaganda do Brasil na África, francamente com ele não posso concordar."[71]

Ganga Zumba era um filme sobre a resistência negra à dominação branca. Apesar das objeções de Meira Penna, esses sentimentos poderiam ter ecoado em públicos africanos e refletia a solidariedade brasileira com as lutas pela libertação. Esse foi o impacto que Pitanga observou: "Acho que eles tinham, com os filmes brasileiros, primeiro a oportunidade de ver uma coisa inédita. Porque naquela época você tinha toda uma colonização americana, e o que se passava eram os filmes de Sidney Poitier ou de Harry Belafonte. Menos de Harry Belafonte, porque ele tinha uma política muito declarada, diferente de Sidney Poitier (...) Então acho que o entusiasmo, a aceitação, deles pelo cinema ali apresentado, cinema de luta, ideológico... Então tinha muito a ver com a luta deles. Não estava ensinando nada para eles. Mas alguma coisa brilhava nos seus olhos, e sentiam um prazer muito grande em ver um irmão negro baiano — brasileiro estar à frente de um projeto, trabalhando e mostrando para eles. Então a satisfação deles era muito grande. Eu não estava ensinando nada para eles. Mas estava mostrando uma história, uma estratégia, do meu país, em relação à cultura, ao comportamento, negro."[72]

E Pitanga declarou: "Meira Penna era totalmente racista." Foi contra a viagem do ator e sua mensagem, além de impedir a apresentação pública de *Ganga Zumba*. Mas Adhemar Ferreira discretamente deu um jeito de solapar a oposição de Meira Penna. Pitanga lembra que, quando chegou a Lagos, Ferreira chamou-o a um canto e disse-lhe que ia ter dificuldades com o embaixador. Sugeriu que Pitanga não reagisse à hostilidade de Meira Penna, enquanto ele, Ferreira, ia tentar "criar através de amigos, de pessoas importantes, estratégicas, do governo nigeriano em Lagos, a necessidade de assistir ao filme, de me receber".[73] Na surdina, Ferreira organizou exibições do filme para autoridades políticas nigerianas, bem como entrevistas com a imprensa. Pitanga se apresentou em público várias vezes. O *Sunday Post* nigeriano descreveu-o como "tomando de assalto" Lagos com a história de um "produto de uma família humilde que tinha conseguido encontrar uma carreira e fazer um enorme sucesso com ela", acrescentando que ele iria inspirar outros a "lances inesperados e semelhantes de alcance mundial".[74] O *Morning Post* descreveu *Ganga Zumba*

---

[71] Ibid.
[72] Entrevista com Antonio Pitanga, 30 de maio de 2008.
[73] Ibid.
[74] "Antonio's Thriller!", *Sunday Post*, 22 de novembro de 1964; "Apresentação de filme brasileiro

como "surpreendente (...) [descrevendo] com um toque muito humano a história de escravos tirados de alguns países negros e como eram tratados por seus senhores brancos (os europeus) nas plantações de açúcar. A brutalidade com que os brancos tratavam os negros e como esses eram privados de seus direitos e de sua liberdade de associação são retratados de forma penetrante pelo filme." A reportagem era ilustrada pela fotografia de uma cena de *Ganga Zumba* que mostrava Pitanga, segurando um facão e lutando com um homem branco. O ator brasileiro lembra que sua experiência em Lagos foi diferente da que teve em outras embaixadas brasileiras. Em outros países, os diplomatas brasileiros colaboraram com seu projeto. Em Lagos, ele se deparou tanto com a oposição do embaixador quanto com o apoio de um "irmão".

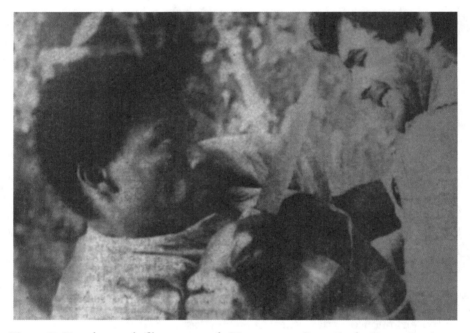

Figura 12 Foto da cena do filme mostrando Pitanga como *Ganga Zumba*. Fonte: Arquivo histórico do Itamaraty.

A oposição de Meira Penna demonstrou tanto a mudança do clima político no Brasil — do impulso nacionalista-populista na direção da África de 1961 a 1964 ao regime militar de pós-1964 — quanto a brecha que separava

em Lagos: Viagem do ator Antônio Luiz Sampaio", 26 de novembro de 1964, ofício 202, embaixada em Lagos para o Ministério das Relações Exteriores, AHI.

o novo regime da cultura política africana. Revelando suas simpatias políticas, Meira Penna declarou que "entre os objetivos do movimento revolucionário ocorrido no Brasil em abril passado está o de trazer de volta à administração pública a virtude do bom senso".[75] Nesse mesmo tom, ele recomendou a retirada do filme e a redução da estadia de Antonio Pitanga na África com a justificativa de que o ator não falava nem inglês nem francês e que "já se encontra o sr. Sampaio Pitanga em dificuldades financeiras". Tais dificuldades foram exacerbadas por Meira Penna, que atrasou o pagamento de quinhentos dólares que Pitanga deveria receber em cada uma das embaixadas. Em conclusão, diz Meira Penna: "É difícil determinar qual das duas eventualidades seria a mais desastrosa, o sucesso ou o insucesso dessa turnê."[76]

No fim de seu mandato na Nigéria, Meira Penna enviou um relatório que esboçava as dificuldades pelas quais a embaixada brasileira tinha passado e questionava o objetivo de relações diplomáticas na África, especificando que a sensação de grandeza nacional e de afinidade histórica não era justificativa para os sacrifícios que ele e seu ministério tinham feito. Sua "existência burocrática" seria justificada? O custo para manter a embaixada era de 125 mil dólares em 1964, e Meira Penna sugeriu que esse dinheiro era um desperdício. O título do relatório era "A lei de Parkinson e a embaixada em Lagos" referindo-se ao conceito segundo o qual "o trabalho aumenta em proporção ao tempo disponível para sua conclusão". Em outras palavras, disse ele, 90% do trabalho da embaixada consistiam de questões administrativas rotineiras, tais como a organização de enterros, a busca de bagagens perdidas, resolução de problemas elétricos, mecânicos e de telefonia, fim do caos do sistema de arquivamento, funcionamento do telex, solução de casos de comunicações truncadas causadas pelo chamado *"pidgin English"* e pelo *"français petit-nègre"* (ou seja, pessoas que não falavam bem o inglês e o francês) e luta contra a teimosia, a impertinência, a letargia, a usura e a corrupção. Perguntou ele: "Para que uma máquina trituradora, quando os papéis já chegam triturados pelas mãos sujas que os trouxeram do correio ou da papelaria?"[77]

---

[75] "Viagem de ator brasileiro com apresentação de filmes. 'Ganga Zumba'", 13 de novembro de 1964, ofício 188, embaixada em Lagos para o Ministério das Relações Exteriores, AHI.

[76] Entrevista com Antonio Pitanga, 30 de maio de 2008. "Viagem de ator brasileiro com apresentação de filmes. 'Ganga Zumba'", 13 de novembro de 1964, ofício 188, embaixada em Lagos para o Ministério das Relações Exteriores, AHI.

[77] "A lei de Parkinson e a embaixada em Lagos", 5 de março de 1965, ofício 63, embaixada em Lagos para o Ministério das Relações Exteriores, AHI.

Por que o Brasil estava na África? As reflexões de Meira Penna sugeriam que as embaixadas em Lagos, Dacar e Acra tinham sido criadas pelo "pleno entusiasmo demagógico da era janista". As instruções que tinha recebido do Itamaraty visavam à solidificação da presença brasileira na África Ocidental porque as duas regiões estavam "ligadas por laços históricos tão antigos quanto nossa vida colonial. É um fato que, nos séculos XVII e XVIII, o Atlântico Sul quase foi um lago lusitano". Mencionou também os postos comerciais que os portugueses tinham criado há séculos, dos quais "partiram os antepassados de um dos mais importantes elementos de nossa população ou nossa raça 'cósmica'". E também a existência dos agudás, que mantinham fortes laços afetivos com o Brasil.[78]

Se a expectativa de Meira Penna era que o Itamaraty desse melhores condições aos diplomatas que trabalhavam em Lagos, o que ocorreu foi exatamente o oposto. O golpe de 1964 deu fim à Política Externa Independente. O regime militar virou as costas para a África e intensificou as relações com Portugal justamente no momento em que as guerras contra o domínio português em Angola, Moçambique e na Guiné-Bissau passavam a ser uma das preocupações que unia os países africanos independentes. A última coisa que parecia apropriada na África da década de 1960 era a ideia de que o Atlântico era um "lago lusitano".

Após o golpe, estudantes em Lagos protestaram contra a detenção de jornalistas chineses no Brasil. O *Daily Times* de Lagos condenou também a prisão de nacionalistas luso-africanos que tinham aberto um escritório no Rio de Janeiro. Meira Penna respondeu com uma carta ao editor declarando que "nenhuma pessoa de nacionalidade africana no Brasil (...) foi submetida a qualquer tipo de ação por parte das autoridades brasileiras (...) Posso chamar a sua atenção para o fato de o presente governo brasileiro ter sido legalmente eleito pelo Congresso brasileiro após uma rebelião popular que libertou o país de uma ideologia totalitária?"[79] Na verdade, nacionalistas angolanos e moçambicanos tinham sido presos no Rio de Janeiro e questionados tanto pelo serviço de inteligência da Marinha (CENIMAR) quanto por membros da PIDE portuguesa.[80]

Meira Penna deixou Lagos em 1965. Adhemar Ferreira da Silva em 1967. A embaixada ficou sem embaixador e sem adido cultural durante

---
[78] Ibid.
[79] "Acontecimentos políticos no Brasil: Repercussões na Nigéria", 12 de maio de 1964, ofício 99, embaixada em Lagos para o Ministério das Relações Exteriores, AHI.
[80] Entrevista com José Maria Pereira, 27 de maio de 2006.

anos, pois Meira Penna só veio a ser substituído em 1971. Dez anos após a abertura da embaixada, as conexões entre o Brasil e a Nigéria tinham na verdade piorado. Os primeiros agudás que tinham nascido no Brasil já haviam morrido. A embaixada brasileira estava quase em hibernação. Em 1968, o encarregado de negócios em Lagos escreveu que "a Embaixada do Brasil em Lagos tem carecido, há tempo, de funcionários brasileiros categorizados". E sugeriu também que os diplomatas tinham, "à guisa do afro-brasileirismo (…) sem malícia ou premeditação, criado um pensamento errôneo a respeito de nosso país (…) dissertando somente sobre a semelhança folclórica entre os dois países (Bumba meu boi, acarajé, feijão etc.). Foi totalmente esquecida a grande cultura que o Brasil herdou da Europa. Cabe ainda, portanto, à embaixada quebrar esse conceito de que o Brasil é apenas de descendência africana."[81]

Os brasileiros levaram para a Nigéria a imagem de uma sociedade miscigenada em que o tratamento pacífico que os brancos davam aos negros era um sinal da boa vontade do Brasil para com a Nigéria. Alguns mensageiros, como Olinto e Zora, tinham uma profunda convicção de que os dois países estavam ligados por uma cultura comum e que compreender a Nigéria era uma precondição para entender o Brasil. Outros, como Meira Penna, deixavam claro que essa imagem era apenas uma obrigação profissional. Em um caso, um adido brasileiro designado para mandar uma mensagem de Natal pela rádio nigeriana levou a conexão entre Brasil e África a um extremo que chegou a ser ridículo. O adido em questão começou seu discurso com a mensagem conveniente sobre a harmonia racial brasileira, proclamando que "muitos de nós somos de descendência portuguesa, outros têm sangue africano, ou alemão, ou italiano ou japonês, enquanto milhões de outros brasileiros são produto do casamento misto e da feliz coexistência — graças a Deus que temos isso — de pessoas de origens diferentes". Continuando, ele descreveu tradições regionais natalinas no Brasil: "O povo da Bahia se orgulha de seu acarajé, que é nossa maneira de dizer *jê akara*, o antigo e bom prato ioruba. E na minha própria província de Pernambuco (…) uma mesa de Natal só é uma mesa de Natal se incluir um doce chamado pé de moleque, que quer dizer *pé de negro*. E que é simplesmente delicioso."[82]

---

[81] "Programa de trabalho da secretaria geral adjunta para a África e Oriente próximo", 1º de março de 1968, ofício 35, embaixada em Lagos para o Ministério das Relações Exteriores, AHI.
[82] "O Brasil na rádio nigeriana: Programa de Natal", 5 de janeiro de 1966, ofício 6, embaixada em Lagos para o Ministério das Relações Exteriores, AHI.

Outros foram mais sofisticados em sua apresentação das conexões entre as nações. Mas essas mensagens não repercutiam. As autoridades nigerianas repetiam-nas para os próprios brasileiros em ambientes de roteiros preestabelecidos, como a apresentação de credenciais ou a inauguração da exposição de arte brasileira. Dois jornalistas nigerianos, Ebenezer Curtis e Arthur Omorodion, foram um pouco mais longe. Mas, se olharmos apenas para as fontes brasileiras, teremos uma visão distorcida da influência naquele país. Os jornais nigerianos nos fazem focalizar a imagem de outra forma: o Brasil estava quase totalmente ausente das visões de mundo dos nigerianos. De um modo geral, a leitura dos jornais locais nos deixa a impressão de que o sistema de relações raciais do Brasil, fosse qual fosse, basicamente não significava nada para nigerianos mais preocupados com questões nacionais, com as relações com os países vizinhos e com o processo de descolonização. Para Ferreira, era bastante óbvio que o Brasil não se encaixava nessa equação. Tocando seu violão e seus discos e dando palestras por toda a Nigéria durante três anos, ele buscou transmitir pelo menos uma compreensão rudimentar do Brasil em um ambiente em que "é desnecessário dizer que nosso país é inteiramente desconhecido".[83] Durante a primeira década de laços diplomáticos entre o Brasil e as nações da África Ocidental, as duas margens do Atlântico podem ter parecido tentadoramente próximas, mas, na verdade, elas continuavam a estar quase que impossivelmente distantes.

---

[83] Adhemar Ferreira da Silva, "Relatório de viagem", 3 de janeiro de 1966, ofício 1, embaixada em Lagos para o Ministério das Relações Exteriores, AHI.

4
Guerra em Angola, crise no Brasil

Em março de 1961, Ciro Freitas Vale, a face venerável do Brasil nas Nações Unidas, escreveu para seu ministro das Relações Exteriores, Afonso Arinos, a fim de expressar sua frustração pela decisão do governo de se abster na votação que iria condenar o colonialismo português quando da eclosão da guerra em Angola. Freitas Vale tinha chefiado a delegação brasileira nas reuniões organizadoras das Nações Unidas em 1945 e, desde então, tinha estado cinco vezes à frente das delegações brasileiras na ONU. Naquele momento, sua queixa era que, ao defender Portugal, o governo brasileiro estaria deixando de cumprir seu compromisso com a descolonização:

> Todos sabem, nas Nações Unidas, que 1) Portugal usa trabalho forçado em Angola, divide angolenses em cidadãos de primeira e segunda classe ("assimilados" e "não assimilados") e pratica discriminação racial contra negros angolenses, que constituem 97% da população. Todos sabem, igualmente, que, 2) depois de cinco séculos de administração portuguesa, 99% da população negra de Angola é analfabeta. Todos sabem, por último, que 3) ocorrem em Angola violações dos direitos humanos e das liberdades individuais. Portugal nega tais fatos, mas se recusa a permitir a apuração da veracidade dos mesmos. 4) Que invocar o compromisso bilateral com Portugal para justificar o voto brasileiro seria admitir que o Brasil se comprometeu a apoiar a política portuguesa no caso específico de Angola, o que é desastroso para nossa situação nas Nações Unidas. 5) Finalmente, que a abstenção do Brasil representaria sacrifício inútil de nosso prestígio, porquanto não só o projeto será maciçamente aprovado, mas ainda a desagregação do império português na África parece irresistível e se processará em ritmo acelerado.[1]

Freitas Vale rejeitou "a teoria portuguesa, segundo a qual suas colônias constituem 'províncias ultramarinas'" afirmando que tal teoria era "uma

---
[1] Citado em Arinos Filho, *Diplomacia independente*, 204.

ficção jurídica, pois em verdade elas constituem — pela sua formação física e cultural, e regime social — colônias típicas".[2] O apelo de Freitas não deu resultado. O Brasil tornou-se um dos poucos defensores públicos do colonialismo português nas Nações Unidas, solapando as próprias relações com os países africanos recentemente independentes.

Isso era uma reversão surpreendente da Política Externa Independente de Jânio Quadros que, no começo de seu governo, tinha procurado dar fim ao apoio do Brasil ao colonialismo português, mas acabou desistindo dessa meta devido às pressões de Portugal. Entre 1961 e 1964, seu sucessor, João Goulart, também tentou romper com Portugal, mas, no final, seu governo também capitulou diante da pressão portuguesa. Este capítulo examina a resposta brasileira à eclosão das guerras de independência na África portuguesa em 1961, principalmente em Angola, e explora o conflito político gerado por essa posição. Essa história tem três ingredientes: a maneira de interpretar o Brasil e sua mistura racial como um legado dos portugueses de Gilberto Freyre; a influência da comunidade étnica e imigrante portuguesa; e a eficiência imbatível do corpo diplomático português, que conseguiu paralisar a oposição não só do Brasil, mas também dos Estados Unidos. O conflito se desenvolveu tanto no cenário turbulento da política brasileira que culminou no golpe de 1964 quanto nas Nações Unidas, onde diplomatas brasileiros, como Freitas Vale, observavam a credibilidade de seu país com as novas nações africanas e asiáticas se erodir, enquanto o Brasil cedia à influência de Portugal. Como Afonso Arinos, Freitas Vale tinha abandonado seu antissemitismo de outros tempos (como embaixador na Alemanha no fim da década de 1930 tinha impedido a imigração de judeus para o Brasil), e agora via a democracia racial brasileira como a característica que definia seu papel internacional — uma característica que estava sendo minada pelo apoio do Brasil a Portugal.[3]

A delegação brasileira na ONU apresentava o país como uma democracia racialmente mista que tinha a responsabilidade de apoiar a descolonização. No entanto, não conseguia agir de acordo com esse princípio no único assunto que realmente importava: Portugal. Essa incapacidade demonstra a força assimétrica nas questões nacionais que tinham os brasileiros que assumiam uma etnicidade portuguesa em contraste com aqueles que afirmavam que suas origens eram africanas. As resoluções apresentadas na ONU pelos países africanos não deixavam espaço para qualquer ambiguidade, e a reação do Brasil a essas

---

[2] Ibid., 202.
[3] Lesser, *Welcoming the Undesirables*, 133.

resoluções expôs as contradições e divisões na sociedade brasileira. Os brasileiros que queriam estabelecer laços com a África, como Afonso Arinos e José Honório Rodrigues, reconheciam a necessidade de parar de apoiar Portugal e eram frustrados tanto pelo poder da comunidade étnica portuguesa no Brasil de bloquear qualquer oposição quanto pela eficiência do próprio governo português em mobilizar essa comunidade para influenciar a política brasileira.

As Nações Unidas e a guerra em Angola

Alunos na Casa dos Estudantes do Império, na década de 1950, Fernando Mourão e José Maria Pereira estavam presentes na origem dos movimentos clandestinos pela independência das colônias portuguesas. Em 1961, esses movimentos transformaram-se em rebeliões armadas. A primeira ocorreu em Luanda, dia 4 de fevereiro de 1961. Após uma onda de prisões de nacionalistas e radicais em Angola, o Movimento Popular para a Libertação de Angola (MPLA) invadiu o presídio para libertar os prisioneiros políticos. A invasão foi acompanhada, em 15 de março, por uma série de ataques a assentamentos portugueses e postos administrativos na fronteira angolana com o Zaire, ao norte do país, levada a cabo pela União de Povos Angolanos (UPA). Os colonos portugueses reagiram com ataques aos assentamentos angolanos e contra supostos nacionalistas. Cada lado acusava o outro de massacres indiscriminados.[4] Os ataques não eram coordenados: o MPLA e a UPA (que passaria a ser a Frente Nacional de Libertação de Angola, FLNA) eram rivais até a independência e, depois dela, continuaram lutando entre si. O nome dado ao aeroporto de Luanda, 4 de Fevereiro, reflete o resultado dessa luta.

Durante os 14 anos seguintes, o MPLA, a FLNA e a União Nacional pela Independência Total de Angola (UNITA) lutaram contra o domínio português e muitas vezes entre si. O MPLA tornou-se um movimento marxista liderado por Agostinho Neto. Sua base de apoio era a maior e mais inter-racial, abrangendo desde os moradores dos musseques (favelas) de Luanda locais até intelectuais, além de muitos dos administradores da colônia nascidos no país, tanto negros quanto brancos. A FLNA, chefiada por Holden Roberto, era um movimento predominantemente da etnia bakongo que se concentrava no norte de Angola, ao longo da fronteira com o Zaire. A UNITA, chefiada por Jonas Savimbi, era um movimento predominantemente da etnia ovimbundo que se separou da FLNA nos meados da década de 1960 e tinha sua base de apoio no platô central angolano.

---
[4] Costa Pinto, *O fim do império português*, 41.

Como Angola era a maior colônia de Portugal, com a economia mais importante e o assentamento colonial branco mais significativo, sua guerra dominou a reação internacional. Pouco depois da rebelião no país, as guerras de independência tiveram início também nas outras colônias africanas de Portugal. Sob a liderança de Amílcar Cabral, o Partido Africano para a Independência de Guiné-Bissau e de Cabo Verde (PAIGC) começou sua rebelião armada em 1962 e a Frente para a Libertação de Moçambique (FRELIMO) começou a se insurgir em 1964.[5] A reação do governo de Salazar foi aumentar o recrutamento militar e obrigar as forças armadas a lutarem simultaneamente em frentes múltiplas em Guiné-Bissau, Angola e Moçambique.

Os nacionalistas que lutavam contra o domínio português tinham o apoio total das nações africanas independentes (à exceção da África do Sul e da Rodésia, cujos governos de minoria branca ficaram a favor de Portugal). A partir de 1961, até a derrocada da ditadura portuguesa em 1974, os países africanos mantiveram pressão constante nas Nações Unidas contra o colonialismo português, tendo como base a defesa do direito de autodeterminação contido na Carta das Nações Unidas e as resoluções a favor da descolonização, principalmente a Resolução 1.514 da ONU, aprovada em 1960. Os delegados africanos nas Nações Unidas submetiam moções condenando Portugal, criavam comissões para averiguar fatos sobre as guerras coloniais e impunham sanções econômicas ao país. Essas resoluções recebiam o apoio das nações africanas e asiáticas recém-independentes, da maior parte da América Latina e do bloco soviético. Por sua vez, Portugal podia bloquear os votos contrários dos Estados Unidos e muitas vezes ganhava o apoio de outras potências coloniais europeias, especialmente a Espanha, a França e a Grã-Bretanha.

Essas resoluções eram um campo minado para o governo brasileiro. Para o Brasil, não havia melhor maneira de estabelecer relações com os países africanos do que emprestar sua influência diplomática e moral à sua causa internacional única e unificadora. Ainda assim, embora alguns diplomatas brasileiros e líderes políticos não perdessem a oportunidade de emitir chamados gerais a favor de descolonização, eram barrados nas votações por Portugal. Com a única exceção de um voto a favor da Resolução 1.742 da ONU, em janeiro de 1962, que "reafirmava o direito do povo angolano à autodeterminação e à independência [e] desaprovava as medidas repressivas e a negação de direitos humanos e liberdades fundamentais ao povo

---

[5] Ibid., 43-44.

angolano", o Brasil se abstinha ou votava contra as resoluções pressionando contra o colonialismo português.[6]

A explicação para esse único voto do Brasil a favor da independência angolana, como também a explicação para seu longo recorde de abstenções com relação ao colonialismo português, não tem muito a ver com o debate nas Nações Unidas. Ao contrário, reside na política doméstica brasileira e na profundidade da ligação étnica que alguns brasileiros influentes sentiam com relação a Portugal. Nos anos após sua experiência como ministro das Relações Exteriores, Arinos lembra que "a diplomacia salazarista, mais sagaz, mais firme e menos vacilante do que a nossa, leva de arrastão o Brasil, ora explorando o sentimentalismo de parte das nossas elites, ora envolvendo alguns políticos e intelectuais por meio de viagens e honrarias, ora influindo em certa imprensa, através do poder econômico, principalmente no Rio de Janeiro".[7]

Os Estados Unidos, o Brasil e a luta de Portugal para continuar na África

Entre 1961 e 1964, os governos de Jânio e Jango se curvaram sob a pressão de Portugal. A criatividade e a intensidade com que o regime português lidava com o Brasil podiam também ser vistas na maneira igualmente eficiente com que lidava com o apoio dos Estados Unidos à descolonização. No começo da década de 1960, os Estados Unidos mantinham uma posição ambígua aos olhos dos líderes africanos emergentes. O governo do presidente Eisenhower não tinha mostrado interesse pela descolonização e se abstinha nas resoluções da ONU. Diplomatas africanos removidos para Washington se defontravam diretamente com a segregação racial. Jornais africanos como *The Spark*, do partido de Nkrumah, faziam reportagens sobre a luta por direitos nos Estados Unidos. Ainda assim, de alguma forma, os Estados Unidos mantinham uma posição favorável com relação aos países africanos independentes: não mostravam cumplicidade com o colonialismo e tinham uma ascendência política, econômica e tecnológica sobre o mundo ocidental. Como Langston Hughes e Thurgood Marshall, Nkrumah de Gana e Azikiwe da Nigéria tinham se formado na Universidade Lincoln na Filadélfia. Se a segregação lembrava o colonialismo, a luta pelos direitos civis evocava as lutas africanas pela independência.

O presidente Kennedy cultivava relações com países africanos e apoiava as moções das Nações Unidas a favor da descolonização. Em consequência da

---
[6] Rodrigues, *Brazil and Africa*, 371.
[7] Arinos de Melo Franco, *Planalto*, 194.

rebelião em Angola, a delegação dos Estados Unidos nas Nações Unidas votou a favor da Resolução 1.603, condenando o colonialismo português e exigindo uma investigação da rebelião.[8] No decorrer de 1961, os Estados Unidos também apoiaram outras resoluções que insistiam para que Portugal libertasse suas colônias (tabela abaixo). O regime de Salazar neutralizava a pressão do governo norte-americano ameaçando revogar o contrato de locação de uma base aérea nos Açores. O aeroporto tinha sido usado pelas forças armadas americanas durante a crise do Muro de Berlim em agosto de 1961. Dali em diante, o governo português exigiu uma renovação anual do contrato para uso da base aérea, como alavanca para a política norte-americana em relação à descolonização. O subsecretário de Estado, Chester Bowles, declarou que "seria impensável modificar uma política eficiente em um continente-chave para satisfazer as visões do século XVIII do governo de Lisboa".[9] Ele estava errado. A base aérea foi considerada essencial para a estratégia militar dos Estados Unidos, e Salazar silenciou um voto potencialmente decisivo contra suas colônias. John Kenneth Galbraith, embaixador dos Estados Unidos na Índia durante a anexação de Goa, achou lamentável que a política externa norte-americana tenha dado meia-volta por "uns poucos quilômetros de asfalto no Atlântico".[10]

VOTOS DO BRASIL E DOS ESTADOS UNIDOS NA ASSEMBLEIA GERAL
SOBRE A QUESTÃO DO COLONIALISMO PORTUGUÊS[11]

DATA	RESOLUÇÃO	TÍTULO	BR	EUA	SIM	NÃO	ABSTENÇÃO NULO	
12/14/60	1.514 (XV)	Autodeterminação	S	A	89	0	9	S
12/15/60	1.542 (XV)	Informação de Portugal	N	A	68	6	16	S
4/20/61	1.603 (XV)	Angola	A	S	73	2	9	S
12/19/61	1.699 (XVI)	Informação de Portugal	S	S	90	3	2	S
12/19/61	A/L 381 (XVI)	Emenda Res 1.699	S	S	16	56	22	N

[8] Rodrigues, *Salazar-Kennedy*, 89-96.
[9] Noer, *Cold War and Black Liberation*, 89.
[10] Rodrigues, op. cit., 145.
[11] *Nations on Record: United Nations General Assembly Roll-Call Votes (1946-1973)*. Lynn Schopen, Hanna Newcombe, Chris Young and James Wert (org.), Oakville-Dundas: Canadian Peace Research Institute, 1975.

Data	Resolução	Título	BR	EUA	Sim	Não	Abstenção Nulo	
1/30/62	1.742 (XVI)	Angola-Autodeterminação	S	S	99	2	1	S
1/30/62	1.807 (XVII)	Territórios portugueses	A	N	82	7	13	S
12/18/62	1.819 (XVII)	Supressão portuguesa	A	N	57	14	18	S
12/3/63	1.913 (XVIII)	Autodeterminação terr. portugueses	A	A	91	2	11	S
12/21/65	2.107 (XX)	Territórios portugueses	N	N	66	26	15	S
12/12/66	2.184 (XXI)	Territórios portugueses	N	N	70	13	22	S
11/17/67	2.270 (XXII)	Territórios portugueses	A	N	82	7	21	S
11/29/68	2.395 (XXIII)	Territórios portugueses	N	A	86	3	15	S
11/21/69	2.507 (XXIV)	Territórios portugueses	A	N	97	2	18	S
12/14/70	2.707 (XXV)	Territórios portugueses	N	N	96	6	16	S
12/6/71	2.784 (XXVI)	Territórios portugueses	N	N	92	6	6	S
12/10/71	2.795 (XXVI)	Territórios portugueses	Abstenção	N	105	8	5	S
11/14/72	2.918 (XXVII)	Territórios portugueses	N	N	103	6	8	S
11/2/73	3.061 (XXVIII)	Guiné-Bissau	A	N	94	7	30	S
12/12/73	3.113 (XXVIII)	Territórios portugueses	N	N	105	8	16	S

Em janeiro de 1962, a delegação dos Estados Unidos na ONU votou a favor da Resolução 1.742, que reafirmava o "direito inalienável do povo angolano à autodeterminação e à independência", e condenou "as medidas repressivas e a ação armada contra o povo de Angola".[12] Seria a última vez que os Estados Unidos votariam contra o colonialismo português nas Nações Unidas. Ainda assim, os líderes do movimento negro nos Estados Unidos viam a descolonização africana como análoga à sua

---

[12] "1.742 (XVI): The Situation in Angola", Assembleia Geral da ONU, 16ª sessão, *Resolutions Adopted without Reference to a Committee*, 67, http://daccessdds.un.org/doc/RESOLUTION/GEN/NR0/167/95/IMG/NR016795.pdf?OpenElement (acessado em: 5 de março de 2008).

própria luta e se organizaram para pressionar Kennedy para que voltasse a apoiar a descolonização. Esta foi a pauta da Conferência Harriman em novembro de 1962: criar uma voz unificada entre os líderes dos direitos civis para pressionar o presidente sobre a descolonização. A conferência recebeu os líderes mais notáveis do movimento: Martin Luther King Jr., A. Philip Randolph, Whitney Young, Dorothy Height, James Farmer e Roy Wilkins.

Os Ministérios dos Negócios Estrangeiros e Colonial portugueses observavam o movimento pelos direitos civis — que, segundo eles, era "ferozmente antiportuguês" — e se esforçavam para neutralizar sua influência sobre a política governamental norte-americana. Chegaram à conclusão de que os líderes afro-americanos eram comunistas que queriam apenas a supremacia negra na África. Se não fosse isso, não deveriam ter simpatia pela missão civilizadora de Portugal e pela cultura de harmonia racial portuguesa? As autoridades portuguesas achavam que a posição afro-americana era ilógica, embora explicável: eles "transferiam" seu sofrimento para um ressentimento de outras "nações brancas". Um diplomata português escreveu: "Pedem a 'libertação' de Angola e Moçambique quando na verdade o que pretendem é que os portugueses 'entreguem' estas áreas aos dirigentes negros (seus 'colegas' de cor...) — quando é por demais evidente que não existem naquelas áreas dirigentes capazes, e as massas não possuem competência e capacidade para se governarem por si." Os afro-americanos apoiavam a supremacia negra, "mesmo que daí resulte um retrocesso na civilização".[13]

As autoridades portuguesas responderam a essa ameaça pagando cem mil dólares a uma firma de relações públicas em Richmond, Virginia, para que desenvolvesse uma campanha publicitária a favor de Portugal. A campanha incluía pagamentos para influenciar a cobertura dos jornais a fim de "alterar os meios de informação americanos quanto aos possíveis efeitos na política interna do movimento em prol da independência da África, lançado pelos líderes negros americanos na Conferência realizada no mês passado em Harriman, em Nova York".[14] As autoridades também contrataram uma firma afro-americana de relações públicas em Nova York que

---

[13] Carta do diretor geral dos negócios políticos e da administração interna do Gabinete dos Negócios Políticos do Ministério do Ultramar, 11 de março de 1963, SR 024, Estados Unidos da América, 1959/JUL/23-1967/MAR/09, H.5.1.1 MU/GM/GNP/024, AHU.

[14] Id., 22 de janeiro de 1963, SR 024, Estados Unidos da América, 1959/JUL/23-1967/MAR/09, H.5.1.1 MU/GM/GNP/024, AHU.

"pagava para que escritores, editores e editoras de uma série de publicações negras (...) [e] suplementos especiais nos jornais negros visitassem Angola, e até dava emprego a parentes de alguns editores negros em seu escritório de Nova York".[15]

Para lidar com a pressão dos afro-americanos, as autoridades portuguesas exploraram a lógica da Guerra Fria e da resistência branca à integração racial. Como parte da campanha propagandista, o *Shreveport Journal*, de Louisiana, publicou um editorial intitulado "os EUA apoiam conspiração vermelha na África" sugerindo que o governo norte-americano promovia "igualdade racial internamente e ao mesmo tempo estimulava a dominação negra na África (...) A derrocada do governo português em Angola e em outras partes da África é o objetivo primordial da Rússia soviética e da China vermelha. Seus propagandistas atacam os portugueses sem cessar. O motivo por trás do ódio comunista é óbvio. O governo do primeiro-ministro Salazar em Portugal é fortemente anticomunista. Além disso, Portugal é membro da OTAN e há muito tem boas relações com os Estados Unidos e com o Ocidente".[16]

Outro editorial saiu no *News and Courier* de Charleston, Carolina do Sul. Com a manchete "The Pan-African Peril", o perigo pan-africano, o editorial avisava que a conferência Harriman "ameaça a segurança dos Estados Unidos no Continente Negro".[17] O artigo questionava o patriotismo dos líderes dos movimentos pelos direitos civis: sua reunião era "uma avaliação da opinião do negro americano com relação ao movimento de esquerda pan-africano. Leitores atentos da imprensa negra sabem que os elos com os povos africanos estão sendo no momento enfatizados em detrimento das responsabilidades da cidadania norte-americana". O editorial sugeria que King e outros tinham ligações com países socialistas, como Argélia e Cuba, e exigia uma investigação das contribuições estrangeiras para o "*lobby* africano" — uma exigência irônica, já que o próprio editorial era propaganda paga do exterior. O editorial comparava os líderes do movimento pelos direitos civis com selvagens, declarando que a conferência Harriman estava

---

[15] Noer, op. cit., 74-75.
[16] "U.S. Backing Red Plot in Africa", *Shreveport Journal*, 21 de novembro de 1962, SR 024, Estados Unidos da América, 23/07/1959-9/03/1967, H.5.1.1 MU/GM/GNP/024, AHU; Carta do diretor geral dos Negócios Políticos e da administração interna do Gabinete dos Negócios Políticos do Ministério do Ultramar, 22 de janeiro de 1963, SR 024, Estados Unidos da América, 23/07/1959-9/03/1967, H.5.1.1 MU/GM/GNP/024, AHU.
[17] "The Pan-African Peril", *News and Courier*, 23 de novembro de 1962, SR 024, Estados Unidos da América, 23/07/1959-9/03/1967, H.5.1.1 MU/GM/GNP/024, AHU.

"tomando a forma de uma lança para ser atirada nos interesses da segurança americana na África".[18]

Um diplomata português achou uma ironia o fato de seu país se apresentar como defensor dos direitos humanos para os negros em suas colônias e, ao mesmo tempo, estabelecer uma aliança com segregacionistas no sul dos Estados Unidos. A seu ver, as "massas negras" nos Estados Unidos eram responsáveis por esse paradoxo porque sentiam "agitação" com a visão dos novos delegados da África que agora participavam nas Nações Unidas "em plano de igualdade — senão mesmo de superioridade — com as grandes potências de raça branca". Pelo mesmo motivo, os segregacionistas do Sul tinham adotado Portugal como um aliado natural, uma "multiplicação de paradoxos" com relação à política do país nos Estados Unidos. Em consequência, o diplomata previnia que a imprensa portuguesa deveria ter cuidado em suas reportagens sobre a luta pelos direitos civis nos Estados Unidos, porque "os sentimentos antiamericanos (brancos) assim exteriorizados só podem antagonizar os círculos influentes de quem depende da definição da política, e também não são apreciados pelos negros americanos, para quem a atitude de simpatia porduguesa [sic] passa completamente despercebida".[19]

O conflito sobre a política americana com relação a Angola e aos Açores ilustra as restrições e as oportunidades criadas pela mistura da política racial americana com as preocupações com a Guerra Fria. Sem estar sujeitos a uma opinião pública independente e rejeitando as vozes dos nacionalistas africanos como "estrangeiras", as autoridades portuguesas não estavam limitadas pelas restrições de coerência ideológica e podiam se movimentar pela paisagem surreal dos valores raciais no mundo Atlântico, pedindo emprestado a retórica da democracia racial ao mesmo tempo que estabeleciam alianças com extremistas racistas nos Estados Unidos.

As autoridades portuguesas eram ágeis quando se tratava de manipular as políticas externas norte-americanas e brasileiras, e ajustavam suas campanhas para refletir as diretrizes internas de cada país. Enquanto, no começo da década de 1960, o regime de Salazar tinha como alvo os líderes afro-americanos, o Brasil não tinha um movimento negro organizado que pudesse questionar e influenciar a política externa com relação à África. Com efeito, o ministro das Relações Exteriores, Afonso Arinos, explicou

---

[18] Thomas Noer, "Segregationists and White Rule", *Window on Freedom*, ed. Plummer, 142.
[19] Memorando sem assinatura recebido dia 31 de agosto de 1963, SR 024, Estados Unidos da América, 23/07/1959-9/03/1967, H.5.1.1 MU/GM/GNP/024, AHU.

que um de seus objetivos ao desenvolver relações com os países africanos era "o espertamento do interesse e do apoio das grandes massas brasileiras de sangue mestiço em relação à política externa do governo".[20] Em vez disso, os portugueses mobilizaram uma comunidade de imigrantes extensa, organizada e fiel, que se concentrava no Rio e em São Paulo, apelando para o imaginário da descendência de portugueses.

A Política Externa Independente e Portugal

Será que o governo brasileiro poderia ter escolhido um caminho diferente daquele imposto por Portugal aos Estados Unidos e defendido por Gilberto Freyre? Jânio Quadros tentou. Ao nomear Afonso Arinos como chanceler, suas instruções iniciais eram que "o Brasil não se ligará à política colonialista de Portugal na África".[21] Quando a guerra eclodiu nos primeiros meses de 1961, Jânio pediu a Arinos que se encontrasse com Salazar e explicasse que o Brasil não iria apoiar Portugal na ONU, concluindo que a reunião satisfaria as expectativas do Tratado de Amizade e Consulta. Arinos viajou para Lisboa de Dacar, onde tinha assistido às cerimônias de independência do Senegal.

No encontro, o chanceler brasileiro incentivou Salazar a aceitar a descolonização, enquanto o político português pressionou Arinos para que apoiasse Portugal. Duas memórias descrevem esse encontro. Arinos publicou a sua em 1968, pouco depois de deixar a política, desencantado com o tom autoritário da Constituição de 1967, promulgada pelo regime militar. Lembrando-se de seu encontro, o chanceler se descreveu como um observador que tentava avaliar o ditador:

> Eu o olhava curioso, como escritor — embora me sentisse nos antípodas das suas opiniões, como político. Não podia deixar de perguntar a mim mesmo, enquanto o ouvia discorrer com moderação e clareza sobre tantos problemas da vida internacional: aprovaria aquele ancião composto e lúcido as brutalidades da PIDE, as misérias do Tarrafal? Ou seria, ele também, uma peça dessa monstruosa engrenagem das ditaduras do século XX, máquina que escapa ao domínio dos maquinistas e que funciona pelo próprio movimento adquirido, em obediência a obscuros desígnios, ou — o que é terrivelmente possível — sem desígnio nenhum?

---
[20] Afonso Arinos, *Planalto*, 143.
[21] Id., 145.

Para Arinos não haveria possibilidade de que os dois concordassem, pois Salazar "defendia o Portugal do passado e eu, o Brasil do futuro".[22] Vasco Leitão da Cunha, o primeiro chanceler do regime militar brasileiro, conta o que teria sido a suposta reação de Salazar ao encontro. Segundo Leitão da Cunha, Salazar comentou mais tarde: "Esteve cá um rapazinho, muito inteligente, que falou muito, me convencendo da política certeira do governo brasileiro. Mas acho, em conclusão, que o Brasil precisava ser governado daqui do terreiro do paço."[23] Arinos e Salazar atribuíram seu mútuo desprezo à idade: o velho ditador, que tinha 71 anos, *versus* o "rapazinho" inteligente com 56 anos. E as duas lembranças passaram pelo filtro da ditadura brasileira: Arinos escrevendo contra o regime militar no poder e Leitão da Cunha condenando a política externa anterior à ditadura como sendo imatura.

Voltando a Lisboa, Arinos e Jânio prepararam a minuta de uma declaração presidencial: "[o Brasil] se reserva o direito de acompanhar o desenvolvimento da situação africana com a liberdade de ação que corresponde à sua firme política de anticolonialismo, antidiscriminação e francamente favorável à autodeterminação de todos os povos capazes de aspirar à independência."[24] Arinos instruiu Freitas Vale autorizando-o "a votar a favor das propostas afro-asiáticas sobre Angola". O embaixador brasileiro em Lisboa, Negrão de Lima, soube da decisão pelo ministro das Relações Exteriores português, Marcelo Mathias. Enviou, então, um telegrama a Jânio Quadros em que relata o pedido de Mathias para que o Brasil se abstivesse, já que "a resistência do governo português não tem outro objetivo senão resguardar esses sagrados interesses, baseados na história, e de fundar em Angola uma civilização luso-africana que permita a convivência de todos, e não a exclusividade, com o sacrifício total da parte portuguesa da população angolense".[25]

Mário Gibson Barboza lembra a conversa que se seguiu entre o embaixador português, Rocheta, e Afonso Arinos, no Rio de Janeiro, após uma reunião do embaixador com Jânio em Brasília. Rocheta disse a Arinos que Jânio tinha mudado de ideia e que o Brasil iria votar a favor de Portugal. Segundo as memórias de Gibson, Arinos respondeu: "Não posso admitir que o senhor me diga uma coisa dessas. Sou ministro, e é inconcebível que o presidente mude uma decisão dessas sem me informar diretamente." Rocheta sugeriu que Arinos ligasse para o presidente e, no

---
[22] Ibid., 148.
[23] Leitão da Cunha, *Diplomacia em alto-mar*, 230.
[24] Arinos Filho, *Diplomacia independente*, 211.
[25] Ibid., 212.

telefonema, Jânio confirmou a mudança no voto, dizendo que tinha até chorado quando Rocheta descreveu a difícil posição que o Brasil estava criando para Portugal.[26]

Pesquisando os fatos em Angola

Salazar ignorou o pedido das Nações Unidas para enviar observadores para Angola. Em vez disso, como um sinal de sua confiança no embaixador Negrão de Lima, convidou-o a viajar pela colônia portuguesa. Negrão de Lima foi a Angola em maio de 1961, acompanhado de Alberto da Costa e Silva e de um professor brasileiro da Universidade de Coimbra, Thiers Martins Moreira (tio de Antonio Carlos Tavares).[27] O embaixador percebeu que iriam lhe mostrar uma versão palatável da colônia. As autoridades queriam que ele se hospedasse em Luanda ou nas vizinhanças. Embora ele tivesse insistido que deveriam permitir que visse outras partes do país, inclusive as áreas de combate no norte, não o deixaram visitar as áreas de mineração de diamantes, conhecidas pelas terríveis condições de trabalho. Costa e Silva lembrou como o embaixador dividiu sua comitiva. Para que o recém-chegado cônsul brasileiro, Frederico Carlos Carnaúba, não antagonizasse as autoridades coloniais, Negrão de Lima mantinha-o a seu lado, participando apenas de eventos com roteiros predeterminados. Mas a Costa e Silva e Martins Moreira o embaixador disse: "Não vou poder ver nada porque para onde vou tem criancinhas com bandeirinhas de Portugal e bandeirinhas do Brasil me acenando."[28] E pediu que eles se separassem quando possível da delegação e vissem o que podiam encontrar.

Negrão de Lima e os outros brasileiros pisaram em um terreno onde eram constantemente vigiados pela PIDE e onde quase todos os eventos já estavam programados. A PIDE, que espionava sem trégua qualquer um que, a seu ver, ameaçava o regime de Salazar e seus domínios, foi extinta pela revolução de 1974 e, hoje, seus arquivos estão abertos ao público. Entre eles, está a pasta de relatórios dos monitores da delegação de Negrão de Lima. Esses documentos cobrem os rumores que circulavam em Luanda, os eventos de que participou a delegação brasileira, os períodos em que os

---
[26] Gibson Barboza, op. cit., 343-44.
[27] Embaixada brasileira em Lagos para o Ministério das Relações Exteriores, "Falecimento do secretário A.C. de Souza Tavares: Remessa de relatório", Ofício secreto 165, 25 de outubro de 1963, AHI.
[28] Entrevista com Alberto da Costa e Silva, 17 de julho de 2004.

brasileiros eram vigiados nos hotéis e várias outras informações coletadas pela rede de informantes que rodeavam os brasileiros.

A delegação voou para Nova Lisboa, cidade próxima a Luanda, que as autoridades portuguesas tinham planejado para ser a futura capital. Era uma parada natural, já que a arquitetura e o plano-mestre da cidade davam a impressão de que o regime colonial era moderno e progressista. Ao descer do avião, Negrão de Lima foi "entusiasticamente saudado (...) por cerca de 4 mil europeus e por mais de 1.500 indígenas (sic)". Após o almoço no palácio do governador da província, a delegação foi levada a uma aldeia próxima. O relatório da PIDE sobre a visita ilustra a encenação que as autoridades portuguesas impunham às populações africanas. Os visitantes foram saudados por "5 mil nativos que formavam duas alas e empunhavam bandeirinhas brasileiras e portuguesas dando vivas ao Brasil e a Portugal. Falaram depois quatro oradores, dois brancos e dois pretos. Todos eles fizeram alusões à amizade luso-brasileira, afirmando também que Angola era terra portuguesa, onde não há distinção de raças ou de cores." Negrão de Lima respondeu: "Parece-me que não saí do Brasil, pois reconheço que vejo aqui um povo, e não raças." O evento terminou com "o Hino Nacional cantado por todos os negros e brancos. Antes, houvera um beberete na residência do chefe do posto, onde se viam os pretos de permeio com brancos."[29]

No dia seguinte, os brasileiros visitaram uma mina de ferro, e Negrão de Lima foi recebido por um engenheiro português e "por cerca de 1.500 operários pretos que formavam duas alas, cada um empunhando suas ferramentas de trabalho. Deram vivas ao Brasil e a Portugal, saudaram o visitante e cantaram o Hino Nacional". Durante o almoço, "o orfeão privativo das minas, constituído só por pretos, entoou algumas canções, terminando com o Hino Nacional", que a delegação já devia estar cansada de ouvir. No fim do jantar no palácio do governador naquela mesma noite, Negrão de Lima foi chamado até a varanda, onde uma multidão de estudantes o saudou. Além de colocar-lhe um boné na cabeça, os jovens puseram o embaixador sobre os ombros e alegremente o carregaram pelos jardins do palácio. Negrão de Lima agradeceu e declarou que "se lembrava do seu Brasil, onde não havia distinção de cores nem de raças".[30]

---

[29] Manuel Brás, chefe do posto da PIDE em Nova Lisboa, "Visita do senhor embaixador do Brasil, dr. Negrão de Lima, a esta cidade nos dias 29 e 30 do mês findo", 3 de junho de 1961, IDE/DGS, Del A Dinf 11.32.D/4u.i. 1862, ANTT.
[30] Ibid.

Em uma recepção no palácio do governador no primeiro dia, Negrão de Lima foi abordado por Ernesto Lara Filho, jornalista e poeta angolano, branco, que entrou "sem ter sido convidado".³¹ Antes de ser expulso da festa, chegou perto do embaixador e lhe entregou alguns jornais. Lara foi o mensageiro entre os brasileiros e os membros da oposição em Angola. A PIDE o localizou em várias das reuniões com Costa e Silva e Martins e gravou uma conversa em que declarou a Martins que ele "lutava por uma Angola livre, maior e melhor", ao que Martins respondeu: "Esta árvore não é digna dos frutos que cria", referindo-se a Portugal. Os agentes da PIDE também alertaram seus superiores a respeito de Costa e Silva, "que precisava ser vigiado, porque era antiportuguês. De fato, nas poucas conversas que teve, disse ser adepto de Jânio Quadros e deixou transparecer suas tendências socialistas". Qualquer contato com a delegação despertava a suspeita da PIDE. Depois de um advogado passar duas horas falando apenas com Costa e Silva em uma sala durante uma recepção, a PIDE o descreveu como "uma pessoa altamente conceituada no meio e até agora insuspeita politicamente".³²

De Nova Lisboa a delegação viajou para Sá Bandeira, no sudoeste de Angola, seguindo dali pelo litoral até Lobito. Em Sá Bandeira, Negrão de Lima teve um encontro com "elementos oposicionistas" na presença do governador da província. Disseram ser membros da oposição que tinham mudado de opinião e novamente ficado leais ao governo. Negrão de Lima ouviu pacientemente as confissões roteirizadas de apoio a Portugal para liberar Costa e Silva e Martins, para que pudessem buscar membros verdadeiros da oposição. Mas até mesmo esses novos oposicionistas se revelaram um novo truque: um agente da PIDE relatou que "estes contatos foram propositados a fim de impedirem que aqueles senhores estabelecessem outros, com elementos oposicionistas perigosos, que pudessem favorecer a intenção do doutor Costa e Silva, que se manifestou durante a sua estadia aqui como elemento perigoso e muito conhecedor dos problemas africanos e deixou transparecer que apoia em absoluto a independência de Angola". Estranhamente, o agente da PIDE também relatou que "o próprio embaixador, logo que desembarcou do avião que o trouxe aqui,

---
[31] "Eu gostava de ser negro: Eu sou sincero", *Picada de Marimbondo* [1961], citado em Gérard (org.), *European Language Writing in Sub-Saharan Africa*, 301.
[32] Manuel Brás, chefe do posto da PIDE em Nova Lisboa, "Visita do senhor embaixador do Brasil, dr. Negrão de Lima, a esta cidade nos dias 29 e 30 do mês findo", 3 de junho de 1961, IDE/DGS, Del A D inf 11.32.D/4u.i. 1862, ANTT.

manifestou a necessidade de controlar aqueles, especialmente o doutor Costa e Silva".[33]

Em Benguela, embora o comissário municipal e chefe da polícia tivesse como objetivo "controlar os possíveis contatos de elementos da 'Oposição'", esse controle foi menos eficiente que em Sá Bandeira.[34] Em uma exposição de arquitetura brasileira moderna, Martins Moreira conheceu um engenheiro civil que, falando em voz alta o bastante para ser ouvido pelos agentes, o convidou para visitar alguns projetos de construção. Martins e o engenheiro saíram da exposição e andaram pela cidade por uma hora conversando e sendo seguidos, mas sem ser ouvidos. Dali seguiram para o almoço oficial e foram levados para o aeroporto para a viagem de volta a Luanda.

Em suas memórias, um dos líderes do movimento nacionalista em Benguela lembra o encontro que teve com a delegação brasileira. Sócrates Dáskalos relata que houve uma redução da presença militar e policial das autoridades portuguesas na véspera da visita de Negrão de Lima. Ainda assim, segundo ele, era impossível chegar perto da delegação sem ser rodeado por agentes à paisana. Dáskalos conseguiu organizar um encontro com Costa e Silva, de quem lembra como muito bem-informado sobre os movimentos nacionalistas africanos. Dáskalos escreveu que Costa e Silva o encorajou para que sua organização se juntasse ao MPLA e para que deixasse Angola antes da repressão, o que ele não conseguiu fazer a tempo. Os encontros de Dáskalos foram observados e gravados pela PIDE do começo ao fim.[35] Quando os brasileiros partiram, Dáskalos acompanhou a delegação até o aeroporto e foi detido pela PIDE.[36]

No fim da viagem, quando a delegação brasileira embarcava no avião para voltar a Lisboa, alguém confidenciou que todas as pessoas com quem os brasileiros tinham conversado informalmente tinham sido presas. Como lembra Costa e Silva, "nos regimes totalitários, há um correio subterrâneo que corre com muita facilidade", portanto todo o mundo sabia disso.[37] Em seu regresso a Portugal, Negrão de Lima pediu pessoalmente a Salazar que garantisse a liberdade dos detidos. Segundo Costa e Silva, todos foram

---

[33] Celestino Alexandre Pires, chefe da PIDE de Sá Bandeira, 5 de junho de 1961, "Brasil", PIDE/DGS, Del A Dinf 11.32.D/4u.i. 1862, ANTT.

[34] Carlos Casaca Velez, chefe da PIDE em Lobito, "Visita do excelentíssimo embaixador do Brasil em Lisboa a Lobito e Benguela", 6 de junho de 1961. "Brasil", PIDE/DGS, Del A Dinf 11.32.D/4u.i. 1862, ANTT.

[35] Ibid.

[36] Dáskalos, *Um testemunho para a história de Angola*, 88-89.

[37] Entrevista com Alberto da Costa e Silva, 17 de julho de 2004.

liberados, embora quase todos tivessem sido tirados de Angola e enviados a Lisboa. Dáskalos estava entre eles. Passou três meses preso, na maior parte do tempo isolado, antes de ser solto, em liberdade condicional, em Lisboa.[38]

Embora o cônsul brasileiro Carnaúba tivesse ficado longe das figuras da oposição durante a visita de Negrão de Lima, a PIDE em Angola considerou-o como inimigo de Portugal e colocou-o sob vigilância. Seu arquivo na PIDE o descreve como "embora cauteloso, quando se julga na presença de partidários da emancipação de Angola, abre-se e revela claramente a sua antipatia pelo atual regime político português". Um dos arquivos sobre ele alcança o tom paranoico comum aos registros da PIDE, declarando que ele era um "democrata-socialista" que tinha sido enviado a Angola como parte de uma conspiração para desvirtuar o país. Como evidência disso, o agente da PIDE descreveu a reação de Carnaúba quando observou um grupo de jovens brancos empurrando o carro do cônsul norte-americano para que caísse na baía de Luanda, presumivelmente protestando contra um voto nas Nações Unidas. Dizem que seu comentário foi: "E querem estes *pitos* ser considerados como civilizadores, quando deviam ser governados pelos pretos para que os educassem. Isto é próprio de selvagens e só dos portugueses poderia sair."[39]

As autoridades portuguesas fizeram com que Carnaúba fosse removido, sendo substituído por Sérgio Corrêa do Lago, o diplomata que tinha se recusado a mudar da residência da embaixada em Gana para cedê-la a Souza Dantas. Corrêa do Lago também ficou sob a observação da PIDE, que historiava seu comportamento cada vez mais errático, alimentado pelo excesso de bebida. Seu mandato terminou ab-ruptamente quando o ministro das Relações Exteriores português informou a seu correlato brasileiro que Corrêa do Lago tinha sido internado em uma clínica para cardíacos, com o que foi descrito publicamente como um problema médico. Bêbado, ele brigou com a esposa, deu-lhe um tiro e depois saiu correndo pelas ruas de Luanda, atirando para o alto como um louco.[40]

No final, o que a missão de Negrão de Lima descobriu? Descobriu, em primeira mão, até que ponto os portugueses iriam para defender suas

---

[38] Dáskalos, op. cit., 95.
[39] Subdirector da PIDE Luanda, "Informação muito secreta: posição assumida por certos sectores brasileiros em relação à política ultramarina de Portugal", 18 de maio de 1963, "Brasil", PIDE/DGS, Del A Dinf 11.32.D/4u.i. 1862, ANTT.
[40] Embaixada brasileira em Lisboa para o Ministério das Relações Exteriores, "Conduta do cônsul do Brasil em Luanda", telegrama 157, 26 de agosto de 1962, AHI.

colônias. E o relatório de Negrão de Lima sobre a missão deu ênfase ao custo que Portugal e a colônia já estavam pagando pela guerra. Ele previu, no entanto, que "a luta seria muito prolongada". Sua esperança era que os portugueses iriam finalmente compreender a futilidade da batalha e dar autonomia à população branca e mestiça e à população negra assimilada — a que ele chamava de parte "não racial" de Angola — evitando o controle pela população negra majoritária, que não tinha qualquer conexão linguística ou cultural com os portugueses. Negrão de Lima concluiu que o melhor que o Brasil poderia fazer era "estabelecer um diálogo amistoso com Portugal", na esperança de que isso desse tempo a seus líderes para aceitar a mudança e que, no futuro, Angola viesse a ser "um país semelhante ao Brasil, com uma maioria de negros, é verdade, mas no qual reine a mesma harmonia entre os homens de todas as origens (...) e no qual a palavra raça nada signifique de deprimente ou de perigoso".[41]

Um acordo com Portugal?

Como tinha feito com os Estados Unidos, o regime português conseguiu paralisar a oposição brasileira. Jânio vacilava entre o apoio à descolonização e abstenções cuidadosas nas Nações Unidas, frustrando tanto os partidários da descolonização, como Arinos e Freitas Vale, e aqueles que apoiavam Portugal, como Negrão de Lima. Enquanto isso, a tensão na embaixada em Lisboa continuava, não só em virtude da política brasileira, mas também pela fila interminável de dissidentes que buscavam asilo. No entanto, as autoridades portuguesas protelavam sua libertação. Entre 1961 e 1963, moraram constantemente na embaixada brasileira pessoas em busca de asilo e, em um determinado momento, chegou a 12 o número dos que ali se instalaram à espera de poderem partir. Alguns deles, depois de quase dois anos aguardando, desistiram e simplesmente abandonaram a ideia de asilo.[42]

Em julho de 1961, em virtude de uma desavença com Jânio sobre a política portuguesa, Negrão de Lima pediu demissão.[43] Jânio recusou. Em vez disso, foi Jânio quem saiu um mês depois. O novo governo, organizado em

---

[41] Francisco Negrão de Lima para Afonso Arinos de Melo Franco, "Angola", ofício 226, 20 de junho de 1961, AHI.

[42] Carta ao embaixador Francisco Negrão de Lima, 15 de abril de 1963, Arquivo Negrão de Lima, NL ad po 1960.08.26; José Paulo Silva Graça para Negrão de Lima, 20 de novembro de 1963, Arquivo Negrão de Lima, NL ad po 1960.08.26, FGV/CPDOC.

[43] Francisco Negrão de Lima para Jânio Quadros, 14 de julho de 1961, Arquivo Negrão de Lima, NL ad po 1960.08.26, FGV/CPDOC.

setembro de 1961 com Jango como presidente e com seus poderes transferidos para um gabinete parlamentar chefiado pelo primeiro-ministro Tancredo Neves, tentou continuar a política externa que tinha sido implementada sem muita consistência por Jânio. No processo do acordo parlamentar que criou o novo governo, Afonso Arinos foi substituído por Francisco Clementino San Tiago Dantas. Dantas foi ministro das Relações Exteriores por menos de um ano (de setembro de 1961 a junho de 1962) e, nos dois anos restantes da presidência de Jango, quatro outros ocuparam o posto, inclusive Arinos uma vez mais, por quatro meses. Embora esses ministros sucessivos continuassem a política externa introduzida por Jânio em 1961, a instabilidade política impedia a implementação consistente da política externa. A rotatividade criou um vácuo de liderança no próprio Itamaraty, que encorajou tanto os lusófilos quanto os defensores da descolonização, que cada vez mais agiam por conta própria.

Entre os sucessivos chanceleres, San Tiago Dantas foi o que teve a visão mais clara com relação à política externa e foi também o único que presenciou um clima suficientemente estável para a implementação de políticas. À medida que se aproximava a 16ª Sessão da Assembleia Geral das Nações Unidas, Dantas teve um encontro com o embaixador português, João Bataglia Ramos, para dizer-lhe que "francamente a atitude do Brasil na questão de Angola não poderia continuar a ser 'abstenção' (...) O Brasil era a favor do grande movimento pela independência dos povos da África." Ramos respondeu: "Obtemperei que o caso português era um caso único. Nossa nação (...) formara-se à base do consentimento dos povos que viviam felizes num convívio tipicamente português multirracial como no Brasil e que nós convictamente considerávamos a solução entre o racismo preto e o racismo branco. Não havia em nossos territórios nem discriminação, nem exploração, nem coação. Até que Angola começou a ser invadida por homens, armas e ideias, tudo do estrangeiro. Havia ali a paz portuguesa do tipo lusotropical a que se refere Gilberto Freyre." A resposta de Dantas foi que o Brasil tinha de satisfazer às expectativas dos novos países e "abster-se no caso português decepcionaria esses países".[44]

Por que Dantas queria satisfazer a tais expectativas? Na opinião de Ramos, o novo governo brasileiro tinha esperança de ocupar uma "posição de liderança no campo internacional que não poderia alcançar sem o apoio do

---

[44] Embaixador Ramos para o Ministério das Relações Exteriores, 21 de setembro de 1961, PROC 922 PAA 283: Diversos, MNE.

grupo afro-asiático". Ainda assim, Ramos escreveu: "Pressinto ser fraca sua posição pessoal dentro do Governo."[45] Na verdade, o governo inteiro era muito frágil para desafiar Portugal de forma firme, a não ser por seu voto a favor da Resolução 1.742 da ONU em 1962. A medida, que teve o apoio tanto do Brasil quanto dos Estados Unidos, pedia a Portugal que preparasse Angola para a independência. Desanimado, Negrão de Lima pediu sua transferência para outro país, porque disse estar "se sentindo constrangido em Portugal, em face da declarada política exterior do Brasil, contrária ao regime colonial português".[46] O diplomata também aproveitou a oportunidade para tentar negociar um acordo entre Brasil e Portugal e, ao fazê-lo, desenvolveu um arcabouço para tentar resolver o impasse colonial que, embora viesse a ser uma estratégia duradoura para o governo brasileiro, nunca teve sucesso.

Em agosto de 1962, Negrão de Lima buscou negociar uma posição que fosse compartilhada pelo Brasil e por Portugal. Para isso, reuniu-se com o presidente João Goulart, com o primeiro-ministro Tancredo Neves e com o chanceler San Tiago Dantas. Todos concordaram que "era do interesse do Brasil que Angola e Moçambique se 'mantivessem portugueses'". Negrão de Lima levou esse gesto de apoio ao ministro das Relações Exteriores português, Franco Nogueira, questionando-o por quanto tempo Portugal aguentaria arcar com os custos militares e políticos de suas guerras na África. Negrão de Lima sugeriu que o gesto brasileiro poderia ajudar a formar a base de uma comunidade luso-brasileira que manteria as colônias efetivamente ligadas a Portugal. Sua ideia era conseguir que o governo português concordasse com um cronograma prolongado para a concessão de autonomia a seus territórios africanos. Se o regime português concordasse com isso, o governo brasileiro votaria com Portugal nas Nações Unidas. Além disso, Negrão de Lima insinuou que o Brasil poderia convencer o governo norte-americano a concordar com esse arranjo, o que garantiria a Portugal "um longo período de descanso, durante o qual seriam bloqueados ou pelo menos muito atenuados os ataques afro-asiáticos".[47]

Franco Nogueira rejeitou a ideia de cronograma e desprezou a oferta de apoio dos Estados Unidos. Quando Negrão de Lima sugeriu que o governo brasileiro tinha de responder ao apoio da população à descolonização,

---

[45] Ibid.
[46] Atitude do dr. Francisco Negrão de Lima, embaixador em Lisboa, 18 de maio de 1962, PROC 922 PAA 283: Diversos, MNE.
[47] Memorando da conversa entre Franco Nogueira e Negrão de Lima, 22 de agosto de 1962, PROC 922 PAA 283: Diversos, MNE.

Nogueira retrucou que era responsabilidade do governo brasileiro orientar a opinião pública e "esvaziar" esse sentimento. Por mais uma década, os diplomatas brasileiros iriam continuar tentando negociar com o governo português um cronograma para a independência, mas sempre recebendo as mesmas rejeições truculentas dos portugueses. No primeiro caso, as negociações de Nogueira foram facilitadas pela lusofilia de Negrão de Lima. A conversa terminou com sua promessa de "defender a nossa causa com todo o vigor".[48]

Defendendo Portugal no Brasil

Gilberto Freyre discursou nas comemorações da comunidade portuguesa em 10 de junho de 1962. Em épocas diferentes, esse dia nacional português foi chamado de "Dia da Raça" ou "Dia de Portugal" e, naquele momento, para invocar sua grandiosidade colonial em uma era de crise, de "Dia de Camões". O grupo declaradamente salazarista da "colônia" étnica portuguesa reunido por sua organização principal, a Federação de Associações Portuguesas, convidou Freyre para falar no Real Gabinete. Seu discurso foi amplamente divulgado — a fonte citada aqui é uma publicação do Ministério do Ultramar português. Em 1968, enquanto as guerras na África chegavam a seu ápice, o Ministério do Ultramar reimprimiu o discurso em uma publicação acadêmica própria chamada *Portugal na África: Jornal de Cultura Missionária*, que tinha na capa uma caravela portuguesa com cruzes maltesas em vermelho vibrante em suas velas, com uma paisagem costeira (presume-se, africana) no horizonte. A publicação ilustrava as ficções "cruzadistas" da grandeza da era de ouro que sustentava a ditadura e seu império em decadência.

Embora discursando em uma biblioteca solene, Freyre superou o tom acadêmico que tinha adotado em Portugal e fez um discurso fortemente político. Lamentou a anexação de Goa pela Índia, proclamando que "ferida portuguesa é dor brasileira".[49] Repetiu também as expressões que normalmente usava quando falava sobre Portugal, descrevendo-se como um observador sociocientífico imparcial. Freyre argumentou que os ataques à presença portuguesa na África eram provocados pela União Soviética, um argumento fácil de defender, já que Portugal tinha conseguido silenciar as pressões americanas para a descolonização. Por meio desse estratagema, Freyre argumentou que aqueles que apoiavam a independência de Angola

---

[48] Ibid.
[49] Freyre, "Brasil na face das Áfricas Negras e Mestiças", 56.

estavam involuntariamente apoiando a expansão do comunismo, e que os nacionalistas angolanos eram, na verdade, estrangeiros.

Nessa ocasião, Gilberto Freyre usou, aparentemente pela primeira vez, a expressão "democracia racial", declarando: "Meus agradecimentos a quantos, pela sua presença, participam este ano, no Rio de Janeiro, da comemoração do Dia de Camões, vindo ouvir a palavra de quem (...) tanto se opõe à mística da 'negritude' como ao mito da 'branquitude': dois extremos sectários que encontrariam a já brasileiríssima prática da democracia racial através da mestiçagem: uma prática que nos impõe deveres de particular solidariedade com outros povos mestiços. Sobretudo com os do Oriente e os das Áfricas Portuguesas. Principalmente com os das Áfricas negras e mestiças marcadas pela presença lusitana."[50] Até então, Freyre tinha sempre usado os termos "democracia étnica" e "democracia social", que significavam a mesma coisa, mas eram mais compatíveis com uma interpretação culturalista dos povos. Como se considerava um pioneiro dessa abordagem, normalmente evitava o uso da palavra "raça". Mas, quando falava entusiasticamente sobre Portugal na África, o sociólogo usava uma linguagem mais direta e política.

Desde o início da década de 1950, os estudiosos das relações raciais brasileiras tinham se distanciado das teses de Freyre e cada vez mais reconheciam a desigualdade racial. Da mesma forma, os estudiosos do império português tinham cada vez mais se concentrado em sua natureza como um sistema de exploração. Charles Boxer, o mais conhecido historiador especializado na história da expansão ultramarina de Portugal, publicou uma série de palestras em 1963, refutando a propaganda salazarista segundo a qual os portugueses "nunca tinham sugerido a menor ideia de superioridade ou discriminação racial". Boxer enfatizou que, pelo contrário, os portugueses justificavam a escravidão com a crença de que o africano era "indiscutivelmente um ser inferior ao homem branco".[51] Referindo-se a Freyre, Boxer declarou: "É suficientemente claro que o preconceito e a tensão raciais existiam no Brasil colonial em um nível muito maior do que aquele que algumas autoridades modernas (...) estão dispostas a aceitar. No Brasil, como na Ásia portuguesa e na África portuguesa (...) o negro livre e o mulato de pele escura tinham muito pouca ou nenhuma esperança de ascensão na escala social, fossem quais fossem suas habilidades e qualificações. Uma ou duas

---

[50] Ibid.
[51] Boxer, *Race Relations in the Portuguese Colonial Empire*, 1, 40.

exceções apenas confirmam essa regra geral."[52] Boxer não sugeriu que os portugueses eram especialmente racistas. Em vez disso, gentilmente sugeriu que "os portugueses não eram nem anjos nem diabos; eram seres humanos e agiam como tais; seu comportamento variava muito de acordo com a época, o lugar e as circunstâncias".[53]

Freyre reagiu em sua coluna jornalística. Como funcionário do serviço de inteligência britânico na Ásia e, mais tarde, prisioneiro dos japoneses na Segunda Guerra Mundial, Boxer tinha aprendido português e holandês, línguas que lhe serviram mais tarde em pesquisas de arquivos sobre a história da expansão portuguesa.[54] Freyre disse que Boxer "confunde, talvez, explosões, entre os portugueses situados no Oriente e na África, de preconceito de raça — explosões que ninguém que conheça a história da expansão lusitana nos trópicos ousará negar — com a predominância desse preconceito". E acrescentou que Boxer escrevia por inveja e um desejo de ver o império português também se desintegrar.[55]

Os discursos e as colunas de Gilberto Freyre eram parte de uma campanha política mais abrangente em nome do colonialismo português. A organização da comunidade portuguesa e seus aliados exerceram grande pressão sobre os governos de Jânio e de Jango, influência aumentada pelo interesse que políticos — desde Juscelino até membros das assembleias estaduais — tinham em cultivar seu apoio político. Juscelino, por exemplo, comentou em Lisboa: "Quando eu era presidente, nunca diferenciava política externa brasileira e portuguesa (...) As distinções entre o Brasil e Portugal irão eventualmente desaparecer." De volta ao Brasil, quando questionaram Juscelino sobre o que parecia ser uma capitulação da política externa brasileira diante de Portugal, ele respondeu que, quando falou, tinha "se sentido mais como Oliveira e menos como Kubitschek", invocando seu segundo sobrenome, como fazia com frequência para afirmar sua etnicidade portuguesa; mas acrescentou: "Não somos portugueses por escolha, mas porque somos um produto do gênio criativo de Portugal".[56]

---

[52] Gilberto Freyre, "'Minorias africanas' no Brasil?", *Correio da Manhã*, 2 de abril de 1941. Artigos de jornal de Gilberto Freyre, AJ-2, 1941-1944, FGF.
[53] Boxer, *Race Relations in the Portuguese Colonial Empire*, 120,122.
[54] Alden, "Charles R. Boxer", 945.
[55] Gilberto Freyre, "Mais sobre o caso do major Boxer", *O Cruzeiro*, 23 de janeiro de 1965. Artigos de jornal de Gilberto Freyre, AJ-13, 1963-1964, FGF.
[56] Rodrigues, *Brazil and Africa*, 332.

Após o fim de seu mandato como presidente, Juscelino se alinhou ainda mais a Portugal, esforçando-se para construir uma base política para a campanha presidencial de 1965. Isso significava cultivar a colônia étnica portuguesa no Rio e também manter relações com as autoridades portuguesas. Em 1963, por exemplo, ele se encontrou em Paris com o ministro dos Negócios Estrangeiros português, Marcello Mathias, e disse-lhe que iria "procurar através de seus amigos pessoais e políticos evitar que o Brasil tome posição contra nós" nas Nações Unidas. Mathias apreciou a posição de Juscelino, mas respondeu em tom pressagioso que "a partir do dia em que este deixar de reconhecer e proclamar que em Angola nós estamos realizando a tradicional política portuguesa da não discriminação racial em que foi forjado o Brasil, expor-se-á ele próprio a que dentro de algum tempo surja uma campanha internacional de origem comunista apoiada na atual atmosfera de ódios raciais tendente a abrir no Brasil idêntico problema". E preveniu que "não será difícil alegar-se que o poder político e econômico se encontra no Brasil concentrado numa minoria branca ou pseudobranca, sem real equilíbrio com a população negra, indígena ou misturada que constitui a grande massa demográfica do Brasil".[57]

A influência de Portugal sobre os membros do Congresso era ainda maior. O governo português oferecia viagens e homenagens, e a colônia étnica portuguesa concedia votos. No ambiente político atomizado do Brasil no final da década de 1950 e começo da de 1960, era fácil para os diplomatas portugueses encontrarem e cortejarem políticos que lhes dessem apoio. Esses políticos eram agraciados com viagens a Portugal ou suas colônias e, em troca, defendiam o colonialismo português no Brasil. A estratégia lembra uma que o jornalista Elio Gaspari discute em sua história da ditadura militar brasileira. Ele cita o livro *Steal This Book*, de Abbie Hoffman, que ensinou a seus leitores como conseguir viagens gratuitas: "Alguns países têm arranjos especiais para convidar escritores, jornalistas e artistas para viagens grátis. O Brasil e a Argentina sem qualquer dúvida. Escreva ou ligue para a embaixada do país que você quer visitar. É melhor se você conseguir algum papel timbrado de alguma publicação ou de algum órgão da imprensa."[58]

Era fácil para um legislador brasileiro conseguir uma viagem para Portugal ou para as praias de Moçambique. O líder da Câmara Ranieri Mazzili

---

[57] Marcelo Mathias para o Ministério Colonial, 27 de junho de 1963. Proc. 922 PAA 283: Diversos, MNE.
[58] Citado em Gaspari, *A ditadura escancarada*, 296.

(que ocupou a presidência brevemente após o golpe de 1964) agradeceu ao embaixador Ramos pela "iniciativa tomada por Portugal de convidar parlamentares brasileiros para visitar seus territórios".[59] José Honório Rodrigues comentou a respeito dos membros do Congresso brasileiro que "visitaram o ditador Salazar em Lisboa para expressar sua solidariedade na questão angolana e apoio para a comunidade luso-brasileira. Indiscretos, e sempre com a mesma velha história de 'sermos descendentes dos portugueses', eles censuraram o governo brasileiro no exterior."[60]

Enquanto alguns políticos da direita, como Arinos, apoiavam a descolonização portuguesa, muitos consideravam os movimentos de independência na África portuguesa uma subversão esquerdista e uma ameaça ao modo de vida luso-brasileiro, fazendo dos problemas portugueses uma questão política interna. Inimigos de Jango acusaram o seu governo de estar infiltrado de comunistas, o que era evidenciado pelo "anticolonialismo do Itamaraty, [o] que é contra Portugal, e se esquece do colonialismo que tem seus vértices em Moscou e em Pequim".[61] Plínio Salgado, que tinha estado à frente do Partido Integralista fascista no Brasil na década de 1930 e foi exilado para Portugal após uma malograda tentativa de golpe contra Vargas, era deputado federal no Brasil no final da década de 1950 e começo da de 1960 e fazia parte da coalizão dos defensores de Portugal. Uma de suas declarações foi: "De Angola, todas as informações vindas para o Brasil não correspondem à realidade. Angola é uma província onde pretos e brancos confraternizam com iguais direitos."[62]

O principal defensor do colonialismo português no Congresso brasileiro, Eurípides Cardoso de Menezes, fazia longos discursos defendendo Portugal, que depois eram publicados, assim como as palestras de Freyre, pelas autoridades portuguesas. A embaixada portuguesa fornecia dados e relatos para Menezes montar suas defesas.[63] A retórica do deputado era um guia para os defensores de Portugal. Ele argumentava "não haver nas províncias

---

[59] Ramos para o Ministério dos Negócios Estrangeiros português, 12 de junho de 1963, PROC 922 PAA 282, Pasta 1963-1966, "Atitude de vários países relativamente à política e administração ultramarina portuguesa", MNE.
[60] Rodrigues, *Brazil and Africa*, 318.
[61] Campos Alves, Consulado em São Paulo, para o Ministério dos Negócios Estrangeiros português, 27 de junho de 1962, PROC 922 PAA 282, Pasta 1961-1962, "Atitude dos vários países relativamente à política e administração ultramarina portuguesa", MNE.
[62] "Entrevista com o chefe do Integralismo, dr. Plínio Salgado", *A Crítica*, 26 de junho de 1961, PROC 922 PAA 283: Diversos, MNE.
[63] Ramos para o Ministério dos Negócios Estrangeiros português, 2 de outubro de 1961, "Palestras e entrevistas do deputado prof. Eurípides Cardoso de Meneses sobre o Ultramar português", PROC 922 PAA 283: Diversos, MNE.

ultramarinas nem escravagismo nem discriminação racial e que toda propaganda contrária era fruto do colonialismo bolchevista, e que Portugal estava criando uma instituição, na base do amor, como observa o mestre Gilberto Freyre, de uma sociedade local multirracial", ao contrário dos países africanos independentes como Gana e Senegal, que eram baseados no "racismo negro". Menezes enfatizava que os negros tinham sorte de fazer parte do mundo português: "Tanto o preto brasileiro como o preto angolano se orgulham da cultura lusa, que os assimilou e que eles assimilaram (...) É conosco, com os lusíadas do Brasil, da Europa, da Ásia, da África e das ilhas oceânicas, que o mundo terá de aprender praticamente a grande lição de fraternidade, de democracia racial, de respeito à pessoa humana, independentemente da variedade de cultura, de língua ou de raça (...) enquanto nos Estados Unidos se acumulam os ódios raciais."[64] As autoridades portuguesas recompensaram Menezes enviando-o em uma viagem de um mês para Macau, Goa, Angola e Moçambique.[65]

Figura 13 José Maria Pereira e Afonso Arinos de Melo Franco. Foto por cortesia de José Maria Pereira.

[64] Ramos para o Ministério dos Negócios Estrangeiros português, 6 de outubro de 1961, "Palestras e entrevistas do deputado prof. Eurípides Cardoso de Meneses sobre o Ultramar português", PROC 922 PAA 283: Diversos, MNE.
[65] Coelho Lopes para o Ministério dos Negócios Estrangeiros português, 6 de outubro de 1961, "Palestras e entrevistas do deputado prof. Eurípides Cardoso de Meneses sobre o Ultramar português", PROC 922 PAA 283: Diversos, MNE.

No Rio de Janeiro e em São Paulo, a influência política de Portugal era ainda mais forte em virtude do peso político e financeiro organizado da colônia portuguesa. As eleições estatais de 1962 demonstraram bem essa influência, já que mobilizaram ainda mais uma comunidade étnica que já estava em pé de guerra em virtude dos desafios ao império português. O jornalista Carlos Lacerda tinha uma posição ambígua com relação a Portugal até o momento em que teve de buscar o apoio da colônia portuguesa durante sua campanha para governador da Guanabara. Então mudou rapidamente de opinião, e isso se refletiu no tom editorial de seu jornal, *Tribuna da Imprensa*, que assumiu uma defesa causticante de Portugal. José Maria Pereira lembra que "Lacerda era lusófilo pela sua campanha (...) e testa a eficácia da ação política de uma comunidade portuguesa que movimenta dinheiro. Movimenta milhõezinhos".[66] Da mesma forma, o candidato a governador de São Paulo, Adhemar de Barros, criticou o apoio do Brasil às medidas de descolonização nas Nações Unidas, chamando-o de interferência nas questões internas de Portugal.[67] Como os dois políticos eram nomes conhecidos e aspiravam à presidência em 1965, o apoio a Portugal era não só benéfico para obter votos nas eleições estaduais, mas também um desafio a Jânio e a Jango que contribuía para fortalecer sua importância nacional.

Assim como havia uma grande quantidade de políticos e diplomatas "amigos de Portugal", havia entre eles um número menos expressivo e talvez menor de pessoas que consideravam o império português arcaico e à beira de um colapso. O comentário do economista Roberto Campos, por exemplo, quando foi nomeado embaixador nos Estados Unidos por João Goulart em 1961, foi: "Se os nossos amigos portugueses, em vez da luta perdida em terreno movediço, formulassem um calendário de libertação, talvez possibilitassem uma transição com menos sangue e menos ódio."[68] Os diplomatas portugueses tomaram nota dessas críticas, assim como faziam com os discursos de seus aliados. Em 1961, o embaixador português em Atenas encontrou-se com o embaixador brasileiro na Grécia e com Mário Guimarães, o novo embaixador designado para a Índia, a caminho de seu novo posto. O embaixador português sondou Guimarães sobre a tomada de Goa pela Índia. Guimarães "explodiu" e declarou

---

[66] Entrevista com José Maria Nunes Pereira, 27 de maio de 2006.
[67] "Atitude favorável a Portugal no caso de Angola, do ex-candidato à presidência da República, dr. Adhemar de Barros", PROC 922 PAA 283: Diversos, MNE.
[68] "Atitude de Roberto de Oliveira Campos, indigitado embaixador do Brasil nos Estados Unidos", PROC 922 PAA 283: Diversos, MNE.

que "já era tempo de o colonialismo ter acabado". O embaixador português retrucou que o colonialismo português tinha como base a miscigenação e "a criação de sociedades multirraciais como o Brasil". Guimarães retorquiu que essa "não era razão suficiente para impedir a separação".[69]

As crises políticas de Portugal e do Brasil

João Goulart nunca desfrutou de uma base política suficientemente forte para sustentar uma política externa coerente com relação à descolonização portuguesa, principalmente em virtude do apoio organizado a Portugal no Brasil que se estendia desde a embaixada portuguesa, passando pelas organizações étnicas, um bloco considerável a favor de Portugal no Congresso, até os lusófilos dentro do próprio Itamaraty. A fragilidade de Jango ficou plenamente clara em março de 1963, quando as primeiras cópias de sua mensagem presidencial anual ao Congresso incluíam uma frase que dizia: "Temos reconhecido e continuaremos a reconhecer o direito à independência de todos os povos coloniais (...) inclusive de Angola e demais territórios ultramarinos de Portugal, bem como do sudoeste africano [Namíbia]."[70] A primeira impressão, com várias dezenas de cópias, continha esse tipo de linguagem e foi imediatamente desmentida pelo governo. A segunda, com 30 mil cópias, omitia a parte que começava com "inclusive de Angola".[71]

Na opinião de José Honório Rodrigues, a declaração original de apoio à independência angolana tinha sido escrita por auxiliares do presidente, e a retratação foi atribuída à hesitação do "fraco" chanceler Hermes Lima agindo sob a influência do embaixador Negrão de Lima, que estava no Brasil à época.[72] Com efeito, Negrão de Lima procurou o embaixador português Ramos, cuja versão da visita é: "Fui procurado pelo embaixador Negrão de Lima, que vinha muito contrariado com a questão da mensagem. O ministro [Hermes Lira], também muito indignado, procurava corrigir a situação (...). Negrão de Lima logo sugeriu ao ministro que providenciasse que o *Diário Oficial* e o *Diário do Congresso* publicassem o texto correto, o que o ministro mais tarde confirmou ter-se conseguido."[73] Negrão de Lima afirmou

---

[69] Telegrama da embaixada portuguesa no Rio de Janeiro para o Ministério dos Negócios Estrangeiros, 12 de outubro de 1961, PROC 922 PAA 282: Diversos, MNE.
[70] Embaixador João de Deus Bataglia Ramos para o Ministério dos Negócios Estrangeiros português, 18 de março de 1963, PROC 922 PAA 282: Goulart, MNE.
[71] Goulart, *Mensagem ao Congresso Nacional*, 161.
[72] Rodrigues, *Brazil and Africa*, 334.
[73] Ramos para o Ministério dos Negócios Estrangeiros português, 17 de março de 1963, PROC

que a linguagem da primeira impressão era "manobra de um grupo muito esquerdista atualmente existente no Itamaraty" e recusou-se a voltar para seu posto como embaixador em Lisboa até que o governo brasileiro formalmente desautorizasse a declaração.[74]

O Itamaraty desmentiu publicamente a declaração e garantiu ao embaixador Ramos que havia sido um engano. O chefe de gabinete do Itamaraty, Henrique Vale, disse a Ramos que "do projeto que fora submetido ao presidente, de fato constavam essas alusões, mas para que o presidente as riscasse de seu próprio punho e que tanto ele como o ministro Hermes Lima tinham ficado muito contrariados quando verificaram que por lapso elas haviam subsistido no texto enviado ao Congresso". Ramos disse a Vale que o erro era "ofensivo" e exigiu uma explicação pública. Vale deu seu consentimento para que o governo português pudesse "dar toda publicidade à diligência".[75]

O episódio ilustra a capacidade do governo português de paralisar a política brasileira e de exigir reparação até de autoridades governamentais brasileiras do primeiro escalão. Mostra também a influência dos lusófilos no próprio governo brasileiro, bem como a fragilidade de Jango. Mas o episódio teve consequências mais amplas: a desautorização por parte de autoridades brasileiras, como Negrão de Lima, tinha como base a sugestão de que a linguagem tinha sido um ardil de sabotadores esquerdistas. Isso foi utilizado pelos oponentes de Jango, que viram o ocorrido como uma prova da acusação feita pelo embaixador Lincoln Gordon, dos Estados Unidos, de que o governo de Jango estava "infiltrado por elementos comunistas".[76] Pouco tempo depois, Negrão de Lima pediu demissão como embaixador para administrar a campanha presidencial de Juscelino Kubitschek para a eleição de 1965, e um dos últimos legados de seu mandato foi demonstrar que Jango já não tinha autoridade política para desafiar o colonialismo português. O ano que ainda restava a Jango como presidente não testemunhou qualquer ação por parte das autoridades brasileiras sobre Portugal a não ser duas abstenções em votos nas Nações Unidas.

---

922 PAA 282, Pasta 1963-1964, "Atitude do Brasil quanto ao problema de Angola", MNE.
[74] Ramos para o Ministério dos Negócios Estrangeiros português, 18 de março de 1963, PROC 922 PAA 282, Pasta 1963-1964, "Atitude do Brasil quanto ao problema de Angola", MNE.
[75] id., 16 de março de 1963, PROC 922 PAA 282, Pasta 1963-1964, "Atitude do Brasil quanto ao problema de Angola", MNE.
[76] Id., 18 de março de 1963, PROC 922 PAA 282, Pasta 1963-1964, "Atitude do Brasil quanto ao problema de Angola", MNE.

Quando os militares tomaram o poder, em abril de 1964, os novos líderes do Brasil reafirmaram seu alinhamento com os Estados Unidos e com Portugal e uma frente "ocidental" contra o comunismo. Em virtude do marasmo da política externa brasileira nos anos anteriores, essa aproximação com Portugal foi uma mudança muito pequena em termos reais. Mas o regime militar abandonou o projeto diplomático africano que tinha germinado nos governos precedentes. A ideologia do novo regime ficou bem clara nos comentários de Manuel Pio Correia, chefe de gabinete do Itamaraty nos primeiros anos após o golpe. Pio Correia disse ao embaixador português que "podiam contar com ele". Correia era um defensor do governo branco na Rodésia, que tinha recentemente declarado sua independência da Grã-Bretanha a fim de preservar o governo da minoria branca, e comentou que "havia uma certa compreensão para com o movimento de independência da Rodésia, aliás idêntico ao da independência brasileira".[77]

Em suas memórias, Pio Correia lembra-se com saudades de sua viagem a Moçambique colonial, que ele comparou com aquilo que, a seu ver, eram os fracassos do país após a independência: "Já, segundo os jornais estrangeiros, surgia ali a 'guerra da libertação nacional'. Atravessando o país desde a fronteira sul-africana até Lourenço Marques, não vi nenhum sinal disso: campos bem-cuidados, gente, preta e branca, sorridente e afável. Em Lourenço Marques — hoje desonrada com o vil epíteto de Maputo e transformada em uma subfavela esquálida —, encontrei uma cidade alegre, próspera, limpa, com excelente comércio e animada vida noturna — em processo de assimilação racial inteligente e avançada."[78] No Brasil, nos anos que se seguiram ao golpe, líderes políticos e diplomatas sonharam com as fantasias coloniais portuguesas.

---

[77] Ramos para o Ministério dos Negócios Estrangeiros português, 12 de fevereiro de 1966, PROC 922, PAA 282 Castelo Branco, MNE.
[78] Pio Correia, *O mundo em que vivi*, 683.

5
Latinidade ou fraternidade? Senegal, Portugal e o regime militar brasileiro

Figura 14 Léopold Senghor, chegando ao aeroporto de Congonhas em São Paulo, dia 24 de setembro de 1964. *Última Hora/Folhapress*.

Em setembro de 1964, seis meses após o golpe militar no Brasil, Léopold Senghor, presidente do Senegal, caminhou na pista da base da Aeronáutica no aeroporto do Galeão, no Rio de Janeiro. Senghor foi o primeiro chefe de Estado a vir ao Brasil depois do golpe. Na semana que se seguiu, o presidente africano visitaria, além do Rio, Brasília, São Paulo e Salvador, em uma missão cujo objetivo era questionar o apoio do Brasil ao colonialismo português. Com a oposição política interna expulsa ou exilada e as alianças com Portugal e os Estados Unidos renovadas, era pouco provável que o regime militar brasileiro fosse enfrentar qualquer resistência a um alinhamento com Portugal. Essa aliança poderia até chegar ao extremo da criação de um pacto anticomunista em defesa do Atlântico Sul, unindo Portugal, África do Sul, Argentina e Brasil. Senghor era um desafio inesperado.

O objetivo do presidente senegalês era convencer o Brasil a se tornar um intermediário entre Portugal e os movimentos para a independência em suas colônias, usando a potencial influência brasileira sobre Portugal para conseguir aquilo que os Estados Unidos e os países africanos não tinham conseguido e estimular a autonomia negociada dos territórios sob domínio português. O governo senegalês tinha um interesse direto em pôr fim ao domínio português, porque o país fazia fronteira com a Guiné portuguesa, onde a luta anticolonial era intensa. Em virtude dessa proximidade, o país recebia milhares de refugiados e sofria continuamente incursões pela fronteira e bombardeio de cidades próximas pelas forças armadas portuguesas. A conclusão a que chegou o governo senegalês foi que a melhor opção para enfrentar um regime europeu com exércitos equipados com armamentos da Otan era utilizar a influência brasileira, promovendo a ideia de uma "comunidade afro-luso-brasileira" semelhante à Commonwealth britânica ou ao relacionamento entre a França e suas antigas colônias africanas.

O novo regime militar brasileiro adotou a "fraternidade" com Portugal, e Senghor chegou ao Rio de Janeiro disposto a propor uma alternativa, a "latinidade" — um espírito universal de valores latinos que, segundo ele, a África francesa compartilhava com o Brasil, com Portugal e com a África portuguesa. Latinidade era uma adaptação de *negritude*, o movimento de afirmação política e cultural negra que Senghor aplicava como meio de persuasão moral para convencer os brasileiros, com esperança de conseguir afastá-los do colonialismo português. No espírito da latinidade, sugeriu ele, o Brasil poderia criar as condições para se tornar o líder natural de um mundo de língua portuguesa de nações independentes, mas repletas de valores lusitanos.

O governo de Senghor se esforçou para inverter a retórica de democracia racial e de lusotropicalismo. Este capítulo faz um esboço do projeto senegalês, que incluiu desde os apelos morais e sentimentais de Senghor até uma constante pressão política. O projeto incluía também a utilização das políticas brasileiras com relação à África, tais como o programa de intercâmbio de estudantes, para treinar quadros para a eventual independência da Guiné-Bissau, e o oferecimento de apoio logístico aos nacionalistas luso-africanos no Rio, tanto quando operavam abertamente antes de 1964 quanto depois do golpe, quando foram reunidos. A política senegalesa misturava elogios ao Brasil e a seu sistema de relações raciais com críticas que atacavam exatamente as mesmas coisas, mostrando um conhecimento muito aguçado das formas de explorar as inseguranças brasileiras. Senghor empregava a maneira freyriana de ver o Brasil e o mundo e, por isso, foi elogiado por Freyre, embora o sociólogo tivesse condenado o movimento *negritude* por considerá-lo antibrasileiro.

A política senegalesa para com o Brasil começou a ser formulada em 1963, quando Léopold Senghor designou seu sobrinho, Henri Senghor, para ser embaixador senegalês no país. Henri Senghor buscou apoio político no Brasil para a descolonização portuguesa e estimulou a consciência e a mobilização políticas entre os negros brasileiros. Anani Dzidzienyo sugere que "a chegada de diplomatas africanos no Brasil, seja ou não em virtude de um esforço consciente por parte deles, teve um impacto significativo no contexto das relações raciais tradicionais brasileiras e na posição dos afro-brasileiros que dele fazem parte".[1] Para o embaixador Senghor isso certamente foi um esforço consciente.

José Maria Pereira e o exilado angolano José Manuel Gonçalves lembram o ativismo da embaixada senegalesa no Rio de Janeiro sob a missão do embaixador Henri Senghor. Para Gonçalves, Gana tinha feito valer seus direitos como primeiro líder a favor da descolonização total da África e a primeira embaixada brasileira no continente tinha sido naquele país, mas "Gana nunca aproveitou muito isso para fazer pressão em cima do Brasil". Senghor, ao contrário, foi o primeiro a desenvolver "uma espécie de liderança, de falar em nome dos países de língua portuguesa".[2] Pereira lembra-se também do apoio logístico que o embaixador trouxe para o círculo de ativistas em defesa da descolonização portuguesa que atuavam no Rio de Janeiro, assistência que incluiu a permissão para que usassem a embaixada para suas reuniões e para fazer chamadas internacionais, bem como a organização de proteção física dos ataques perpetrados pelos portugueses defensores do colonialismo.[3]

As autoridades senegalesas elaboraram um sistema que permitia aos estudantes das colônias portuguesas viajarem com passaportes senegaleses para o Brasil, preenchendo a cota estabelecida para bolsas de estudos do Senegal. Entre eles, o estudante de direito Fidelis Cabral, da Guiné portuguesa, que se tornou o representante do Partido Africano para a Independência da Guiné e de Cabo Verde (PAIGC) no Rio. Seus estudos fizeram dele um dos poucos advogados qualificados em seu país após a independência de Portugal e, por isso, foi o primeiro ministro da Justiça da

---

[1] Dzidzienyo, "The African Connection and the Afro-Brazilian Condition", 136.
[2] Entrevista com José Manuel Gonçalves, 14 de junho de 2008.
[3] Entrevista com José Maria Pereira, 22 de maio de 2008.

Guiné-Bissau, contribuindo para a elaboração do projeto da constituição. Outro desses estudantes veio a ser ministro da Educação do Cabo Verde.[4] Cândido Mendes, que ajudou a desenvolver o programa de intercâmbio durante o governo de Jânio, lembra-se de ter percebido que os estudantes da África portuguesa que vinham para o Brasil eram, em sua maioria, ativistas pela independência e, com isso, o intercâmbio significava "estar trazendo uma semente subversiva para o Brasil".[5] Todos eles estavam sob vigilância portuguesa, que enviava relatórios sobre sua militância.[6] Mas assim como eram observados pelos portugueses, também eram observados pelos senegaleses.[7]

Ativismo africano no Brasil

Dois estudantes brasileiros, Fernando Mourão e José Maria Pereira, voltaram de Portugal como ativistas comprometidos com a liberação da África portuguesa. Em São Paulo, Mourão ajudou a criar o Movimento Afro-Brasileiro de Libertação de Angola (MABLA) quando trabalhava como repórter para o *Estado de S. Paulo*, um dos jornais mais abertamente contrário ao colonialismo português. No Rio, José Maria Pereira tornou-se um ativista em tempo integral pela descolonização. Ele organizou os estudantes e pressionou a União Nacional dos Estudantes (UNE) — que já era antissalazarista — para que abraçasse a causa.

Quando os nacionalistas luso-africanos começaram a chegar ao Rio, o apartamento de Pereira logo passou a ser a sede do MPLA e do PAIGC no Brasil. Em 1962, José Lima de Azevedo, um membro do MPLA exilado em Gana, veio ao Brasil com o objetivo de organizar a presença do MPLA e mudou-se para a casa de Pereira. O mesmo ocorreu com José Manuel Gonçalves e Fidelis Cabral.[8] O grupo incluía também um informante da PIDE que tinha sido uma das pessoas a procurarem asilo na Embaixada do Brasil em Lisboa. (Ao contrário de outros asilados, que passavam um ano esperando permissão para sair do país, esse informante teve permissão imediata

---

[4] Entrevista com Waldir Freitas de Oliveira, 2 de agosto de 2006.
[5] Entrevista com Cândido Mendes, 24 de novembro de 2006.
[6] "Relatório Geral", Ministério dos Negócios Estrangeiros para o diretor-geral da PIDE 12 de junho de 1962. "Movimento Afro-Brasileiro de Libertação de Angola: MABLA", PIDE/DGS, SC/SR 435/61/ui. 3054, ANTT.
[7] Entrevista com José Manuel Gonçalves, 14 de junho de 2008; Entrevista com José Maria Pereira, 27 de maio de 2006.
[8] "Relatório Geral", 12 de junho de 1962, Movimento Afro-Brasileiro de Libertação de Angola, MABLA-PIDE/DGS, SC/SR 435/61/ui. 3054, ANTT.

da PIDE e do Ministério dos Negócios Estrangeiros português para partir, um fato que estranhamente não despertou a suspeita das autoridades brasileiras.)[9] Pereira lembra que todos eles sabiam quem era o informante: "Ele se fazia passar pela oposição, mas pela incoerência no seu modo de falar e também um pouco por aquele espírito conspiratório que tínhamos (...) era considerado como um homem da PIDE."[10] Pereira tinha razão, e os arquivos da PIDE em Lisboa guardam os relatórios do informante sobre os ativistas nacionalistas no Rio. Ele rastreava os militantes que chegavam à cidade e relatava o apoio de aliados como o antigo embaixador Álvaro Lins, que lhes prestava apoio jurídico.[11] Por outro lado, a Embaixada do Senegal fornecia apoio logístico e chegou a hospedar Fidelis Cabral. Segundo Pereira, a ajuda chegou a conseguir proteção física contra os imigrantes portugueses salazaristas mobilizando os defensores da Palestina na comunidade do Oriente Médio no Rio de Janeiro (a embaixada senegalesa funcionava como um canal de comunicação entre essa comunidade e o escritório do movimento palestino Al-Fatah em Dacar.) Pereira lembra que "nosso MPLA aqui tinha problema com os portugueses, de pancadaria".[12]

Enquanto isso, em São Paulo, o MABLA formou amplas alianças entre os imigrantes e exilados portugueses antissalazaristas — que publicavam um jornal chamado *Portugal Democrático* —, estudantes universitários e sindicalistas. Além disso buscavam também contatos fora da esquerda. Como lembra Mourão: "O que precisávamos era do apoio do Brasil, não da esquerda ou da direita, ou de quem quer que seja." Ele comparava essa abordagem à do "grupo do Rio [que], certo ou errado, não o julgo, se aproximou da esquerda brasileira".[13] Ainda assim, os membros do MABLA se envolviam em colisões diretas com salazaristas que eram denunciados pelo jornal da comunidade portuguesa anti-Salazar, *Portugal Democrático*, além de serem observados pela embaixada portuguesa e pelos informantes da PIDE. Em novembro de 1961, por exemplo, o time angolano de hóquei em patins visitou São Paulo e jogou um amistoso na maior arena coberta da cidade, o ginásio Ibirapuera. O pequeno público incluía várias dezenas de estudantes universitários relacionados com o MABLA desfraldando bandeiras com

---

[9] Embaixada brasileira em Lisboa para o Ministério das Relações Exteriores, "Asilo político: Duarte Vilhena Coutinho Ferreri Feio Gusmão", ofício 293, 5 de julho de 1960, AHI.
[10] Entrevista com José Maria Pereira, 27 de maio de 2006.
[11] "Relatório Geral", 12 de junho de 1962, Movimento Afro-Brasileiro de Libertação de Angola, MABLA-PIDE/DGS, SC/SR 435/61/ui. 3054, ANTT.
[12] Entrevista com José Maria Pereira, 27 de maio de 2006.
[13] Entrevista com Fernando Mourão, 16 de agosto de 2006.

frases como "abaixo o colonialismo" e "independência para Angola". Ocorreu, então, uma briga entre os membros do MABLA e os partidários de Salazar. O *Portugal Democrático* deu à sua reportagem sobre o assunto o título de "Fascismo sobre patins".[14]

O MABLA não estava tão infiltrado quanto o grupo do Rio, embora um informante da PIDE estivesse presente em suas reuniões públicas e repassasse as informações sobre as discussões relacionadas com o futuro de Portugal e suas colônias. O informante sempre observava se os oradores eram brasileiros, portugueses ou angolanos, brancos ou negros. Certa vez o informante relatou uma viagem ao Rio que José Manuel Gonçalves fez, na qual, prevendo o futuro, declarou que, após a descolonização, "só restavam dois caminhos a Portugal: desaparecer do mapa, pois não teria mais onde roubar, ou tornar-se República Socialista". (Após 1974, Portugal realmente se tornou socialista.) O informante continuou descrevendo que "o negro Paulo Matoso, por sua vez, declarou-se surpreso com a atitude neutra do Brasil perante o problema angolano na ONU". E a seguir observou que, quando perguntaram a Matoso o que ele pensava das relações raciais no Brasil, ele "declarou-se satisfeito no Brasil, onde não há discriminação racial, pelo menos entre as classes progressistas". Algumas partes do relatório chamam a atenção. Em uma, Matoso ofereceu uma declaração qualificada sobre as relações raciais brasileiras. Perguntei a José Manuel Gonçalves sobre isso e ele explicou que, entre os militantes angolanos no Brasil, havia um entendimento de que sua luta era relativa a Angola e não ao Brasil e que deveriam evitar críticas às relações raciais brasileiras. O relatório mostra a preocupação do informante com a mobilização potencialmente voltada para as questões raciais da oposição a Portugal no Brasil, semelhante à que estava ocorrendo nos Estados Unidos. O informante relatou a presença de "cerca de trinta estudantes, entre os quais dois negros".[15]

Além de sua rede de informantes, a PIDE mantinha uma presença mais direta no Brasil, principalmente no Rio. Suas ações foram citadas pela primeira vez em um editorial de *O Estado de S. Paulo* em apoio ao sequestro, em janeiro de 1961, do transatlântico *Santa Maria*.[16] No Brasil, a PIDE dependia

---

[14] "Fascismo sobre patins", *Portugal Democrático*, novembro 1961, 2, Movimento Afro-Brasileiro de Libertação de Angola, MABLA-PIDE/DGS, SC/SR 435/61/ui. 3054, ANTT.

[15] "Conferência proferida pelos dois estudantes angolanos Paulo Matoso e José Manuel Gonçalves, refugiados no Brasil. Local: Associação dos Universitários de Santo André", Movimento Afro-Brasileiro de Libertação de Angola, MABLA-PIDE/DGS, SC/SR 435/61/ui. 3054, ANTT.

[16] Arinos de Melo Franco, *Planalto*, 69.

daquilo que Mourão caracterizava como "os corruptos das polícias". Mourão continuou: "Acabamos por descobrir o seguinte: o governo brasileiro desconhecia essa porra toda. Isso era uma coisa paralela. Então, foi muito difícil até o governo brasileiro segurar essa brincadeira. Porque eram atividades paralelas da polícia portuguesa, com policiais brasileiros."[17] Há evidência dessa rede já em 1960, antes da eclosão da guerra em Angola, quando os diretores da PIDE em Lisboa se correspondiam sobre a visita de um detetive brasileiro do DOPS a Portugal como hóspede da embaixada portuguesa no Rio. O detetive foi descrito como um "colaborador ativo (...) neutralizando ou combatendo todas as dificuldades que ali têm surgido provocadas pelo ex-general Delgado".[18] Após o golpe de 1964, a colaboração passou a ser mais formal, com os agentes do DOPS e da PIDE trocando documentos. Em 1973, um pacote de cartas para o *Portugal Democrático* foi interceptado pelo DOPS e enviado para a PIDE. Na ocasião, agente da PIDE acusou o recebimento do material com uma nota cordial reiterando "o espírito de colaboração e amizade que nos une" e terminando com a frase "disponha incondicionalmente do amigo que lhe abraça e aguarda sua visita no 'velho continente'".[19]

Como resultado do golpe militar, a presença sombria dos agentes da PIDE veio à tona à medida que o DOPS e os serviços militares de inteligência lançaram uma rede para deter suspeitos radicais. José Maria Pereira foi preso duas vezes. A primeira vez, ele acredita, foi em virtude de suas conexões com a União Nacional de Estudantes (UNE), sendo liberado após três dias. Pouco tempo depois foi preso outra vez, em uma varredura que prendeu todos os ativistas nacionalistas africanos no Rio de Janeiro. Dessa vez o DOPS repassou-os para o Centro de Informação da Marinha (CENIMAR), serviço de inteligência da Marinha. Pereira lembra que foi entrevistado tanto por agentes do CENIMAR quanto por agentes da PIDE portuguesa e que os nacionalistas africanos foram ameaçados de serem deportados para Portugal.

Durante a prisão de Pereira, dois agentes fizeram uma busca em seu apartamento na presença de sua esposa angolana, Filomena Pereira. Ele lembra que um deles era um oficial da Marinha brasileira que apresentou seu companheiro como agente da PIDE. Filomena Pereira levou o caso à imprensa, e o jornal *Última Hora* publicou um relato sobre a prisão do

---

[17] Entrevista com Fernando Mourão, 16 de agosto de 2006.
[18] "Informação", 11 de outubro de 1960, "Polícia brasileira", PIDE/DGS, SC Cl (2) 565 u.i. 7023.
[19] Carta de Silvio da Costa Mortágua, inspetor da DGS, para Alcides Cintra Bueno Filho, DOPS. São Paulo, 30 de janeiro de 1973, "Polícia brasileira", PIDE/DGS, SC Cl (2) 565 u.i. 7023.

ativista e a busca em seu apartamento. O embaixador Henri Senghor pressionou as autoridades brasileiras, e o presidente senegalês enviou uma carta ao embaixador brasileiro em Dacar, Francisco Chermont Lisboa, exigindo que os nacionalistas fossem libertados e mencionando nominalmente Fidelis Cabral.[20] Cabral foi libertado após dois dias de detenção e exilou-se no Senegal. Outros ficaram presos por mais um mês, e, durante esse tempo, o governo senegalês manteve uma pressão constante para a libertação deles.

Além da pressão diplomática direta, os diplomatas senegaleses e os exilados portugueses organizaram uma campanha na imprensa em apoio aos nacionalistas presos, inclusive um artigo que foi publicado no *Le Monde*. Embora a fonte da reportagem tenha sido identificada como o escritório do MPLA em Paris, sua colocação em um jornal francês e seu tom eram ambos compatíveis com a campanha do governo senegalês para a libertação dos ativistas. O artigo, que considerou as prisões como parte da renovação do apoio do Brasil ao colonialismo português, ameaçava a imagem do regime militar na Europa. Depois de o embaixador Chermont Lisboa ter levado a questão sobre o artigo no *Le Monde* ao Itamaraty, o chanceler brasileiro, Leitão da Cunha, entrou em contato com o DOPS no Rio e em São Paulo solicitando que os nacionalistas que ainda restavam fossem libertados e enviados para o Senegal. Poucos dias após a publicação do artigo, Leitão da Cunha mandou um telegrama para Chermont Lisboa confirmando que seu pedido havia sido atendido, explicando que eles "foram efetivamente presos como suspeitos de atividades subversivas e de acordo com as leis brasileiras em vigor sobre segurança nacional (...) Não houve por parte do governo intenção de entregá-los às autoridades portuguesas, tendo em vista tratar-se de assunto da competência exclusiva do governo brasileiro".[21]

Os detentos foram soltos, e os angolanos e guineanos, exilados. Libertado, Pereira sentiu-se como "um peixe na água", atuando como ativista sob uma ditadura; ele recorda que sua experiência fugindo da PIDE em Portugal tinha-o preparado para operar às margens de um Estado policial e sobre isso, ele diz: "Fiquei logo [como] distribuidor dos panfletos da UNE toda."[22]

---

[20] Embaixada brasileira em Dacar para o Ministério das Relações Exteriores, "Informação sobre o senhor Fidelis Cabral, representante do PAIGC no Brasil", telegrama 10, 2 de junho de 1964, AHI.

[21] Id., "Prisão de dois nacionalistas angolenses no Brasil: Noticiário do *Le Monde*", telegrama 11, 8 de maio de 1964; Embaixada brasileira em Dacar para o Ministério das Relações Exteriores, "Política do Brasil com relação à África: prisão de nacionalistas angolanos", telegrama 16, 12 de maio de 1964; embaixada brasileira em Dacar para o Ministério das Relações Exteriores "Prisão de nacionalistas angolanos", telegrama 20, 22 de maio de 1964, AHI.

[22] Entrevista com José Maria Pereira, 27 de maio de 2006.

José Manuel Gonçalves foi um dos angolanos presos. Ele lembra que, após sua libertação, o embaixador Henri Senghor lhe deu uma carta em que pedia às autoridades que lhe concedessem livre passagem para o Chile, onde deveria esperar os documentos com os quais viajaria para o Senegal. Gonçalves descreveu a carta como "um documento de viagem que não servia para nada. Nem tinha fotografia nem nada, era um salvo-conduto que eu tinha àquela altura. [Henri Senghor] disse 'estou te encaminhando diretamente para meu tio, que é o presidente da república, para que te dê um visto válido para o Senegal'". Gonçalves viajou pela Bolívia e chegou ao Chile, onde recebeu uma notificação da embaixada francesa, representante do Senegal naquele país, dizendo que documentos tinham vindo diretamente do escritório do presidente senegalês. Gonçalves explicou: "Quando cheguei a Dacar, fui agradecer o visto, e a situação me pareceu muito preparada. Me deram um emprego num instituto universitário para eu poder continuar a estudar lá."[23]

Gonçalves considerou as prisões um erro tático do regime militar, a gota d'água no relacionamento do Senegal com o Brasil.

> Os militares rapidamente perceberam que estavam cometendo um erro. De onde veio o erro? O erro veio da luta do *lobby* português, que era o *lobby* de Lacerda. Não havia nenhum motivo para prender os angolanos. A polícia nem sabia o que fazia e tudo o mais. Era o Lacerda tentando retribuir aos portugueses o apoio que os portugueses lhe deram. E provavelmente o próprio Lacerda e o próprio DOPS do estado da Guanabara sentiam "que bom, ficam os angolanos presos dois meses, depois soltam todo mundo, e os portugueses estão pagos". Pensavam isso, porque estavam todos incomodados. Não sabiam como é que pegavam aquilo. Os Estados Unidos estavam contra. Deu campanha internacional, contra o Brasil. Sujou mais o governo militar.

As prisões deram ao governo de Senegal uma carta na manga, permitindo-lhe que pressionasse o novo regime brasileiro e forçando-o a se comprometer com o Senegal sobre a questão da África portuguesa. Para Gonçalves, "o Senegal ganhou aquela posição principal no diálogo Brasil-África. E os militares, depois de terem feito a prisão dos africanos, que foi uma estupidez, um grande erro, procuraram corrigir... E Senghor trabalhava

---

[23] Entrevista com José Manuel Gonçalves, 14 de junho de 2008.

muito a questão das colônias portuguesas."[24] Se a política externa brasileira era maleável à influência portuguesa, demonstrou ser também maleável à senegalesa.

Depois do golpe: "Somos por Portugal"

O primeiro chanceler da ditadura brasileira, o diplomata de carreira Vasco Leitão da Cunha, acreditava que a política anterior com relação a Portugal estava errada: "Acho que era exagerada. Era muito hostil aos que se consideravam nossos amigos. Não devíamos afligir o aflito."[25] Embora Leitão da Cunha se esforçasse para proteger o corpo diplomático das ondas de inquéritos militares e policiais que averiguavam a infiltração de elementos subversivos no governo, ele concordou com uma investigação da polícia militar para apurar a subversão potencial entre os oponentes do colonialismo português. Quatro diplomatas foram cassados, inclusive Antônio Houaiss, que foi destituído por ter feito comentários hostis a Portugal quando estava servindo nas Nações Unidas, em 1961. Durante uma audiência de um comitê especial, Houaiss tinha criticado o fato de Portugal não ter fornecido informações sobre suas colônias, como exigido pela Resolução 1.514.[26] Para Houaiss, as polêmicas não eram novidade. Seu protesto contra o diretor da escola comercial onde estudava em 1935 contribuiu para a demissão de Anísio Teixeira, diretor progressista do sistema educacional do Rio de Janeiro.[27]

José Clemente Baena Soares lembra que Houaiss tinha sido parte de um núcleo de diplomatas no Itamaraty que estava voltado para as relações com a África e eram favoráveis à descolonização portuguesa.[28] Segundo Vasco Leitão da Cunha, "eram todos uns loucos". O embaixador declarou que não podia entender por que diplomatas brasileiros com sobrenomes portugueses fariam esse tipo de coisa: "O que a gente não compreende é essa coisa com Portugal. O Houaiss, eu ainda compreendo, não era português, tem um nome oriental. Mas Otávio Dias Carneiro é um nome português!" Houaiss foi acusado de subversão. Leitão da Cunha escreveu, com certa satisfação, que, no final da sentença condenatória, o coronel que supervisionava

---

[24] Ibid.
[25] Leitão da Cunha, *Diplomacia em alto-mar*, 231.
[26] Ramos para o Ministério dos Negócios Estrangeiros português, 5 de dezembro de 1961, PROC 922 PAA 283: Atitude do Brasil, MNE.
[27] Dávila, *Diploma de brancura*, 347.
[28] Entrevista com João Clemente Baena Soares, 30 de junho de 2006.

a audiência humilhava Houaiss e outros três diplomatas; exigindo aos cassados: "'Agora, dê um viva ao Brasil!' E eles deram."[29]

Enquanto isso, o presidente Castelo Branco enviou o governador da Guanabara, Carlos Lacerda, à França e a Portugal para explicar o significado da "Revolução de 1964" para as relações externas do Brasil. À época, Lacerda era visto como o possível candidato dos militares às eleições presidenciais de 1965, que ainda não havia sido cancelada pelo novo governo. Essa expectativa estava tão disseminada que os registros da visita de Lacerda a Lisboa foram catalogados sob o título "Visitas presidenciais" no arquivo do Ministério do Ultramar. O principal jornal de Lisboa, *Diário de Notícias*, entrevistou Lacerda em Paris na véspera de sua chegada a Portugal. A manchete citava Lacerda: "Nós somos por Portugal." Embaixo havia uma fotografia do presidente de Portugal Américo Thomaz colocando medalhas no peito de veteranos das guerras na África, "os que escreveram a sangue e fogo uma nova epopeia da raça lusíada". Ao lado da foto e do artigo, a entrevista de Lacerda: "Mais importante, porém, do que a minha é a posição do governo brasileiro. Somos por Portugal. Por seus direitos, por sua dignidade, por sua presença no mundo que os portugueses ampliaram e, com sua contribuição, civilizaram."[30]

Ao chegar ao aeroporto de Lisboa, Lacerda foi recebido como herói. Passageiros e funcionários se dividiram, formando um corredor para o governador. Quando ele passou entre eles, "um grupo de gentis raparigas, como é costume dizer-se, garridamente vestidas à minhota e de outras maneiras", jogaram pétalas de rosa sobre o governador. Lacerda disse à imprensa e à multidão: "Trago desta vez já não apenas a amizade constante e fiel de um brasileiro, mas a palavra do presidente Castelo Branco, que deseja transmitir ao vosso governo e ao vosso povo, uma palavra de compreensão, de leal fraternidade e de constante identificação." O povo ali reunido aplaudia e gritava "Viva Lacerda" e "Lacerda 65".[31]

Lacerda teve um encontro de duas horas com Salazar, duração que a imprensa portuguesa atribuiu à importância da reunião. Em seguida, os dois tiveram uma conferência de imprensa, em que comemoraram a

---

[29] Leitão da Cunha, *Diplomacia em alto-mar*, 276-278.
[30] "Nós somos por Portugal", *Diário de Notícias*, 12 de junho de 1964, "Visita de Carlos Lacerda: visitas presidenciais", SR 110, Recortes de imprensa 1964 JUN MU/GM/GNP/110/Mc. 1, AHU.
[31] "Chegou ontem a Lisboa, o governador do estado brasileiro da Guanabara que ontem mesmo foi recebido pelo chefe do estado", *Primeiro de Janeiro*, 13 de junho de 1964, "Visita de Carlos Lacerda: visitas presidenciais", SR 110, Recortes de imprensa 1964 JUN MU/GM/GNP/110/Mc. 1, AHU.

"ressurreição" do Brasil com a Revolução de 1964, graças à qual o país agora poderia "cumprir seu dever para com Portugal".[32] Lacerda fez uma declaração na televisão e no rádio, transmitida simultaneamente em Portugal e no Brasil, na qual condenou Jânio e Jango por sua "renegação do Brasil" e "o abandono da posição a que ele voltou e que lhe competia ao lado de Portugal — em face das ameaças que se desferiram contra os territórios do Ultramar português". E proclamou: "Aprovo tudo o que se destine a manter íntegra a nação portuguesa", condenando as Nações Unidas que, segundo ele, tinham um "diktat": "a Ásia para os amarelos, a África para os negros, a Europa para os brancos e a América dividida para negros e brancos — o que legitima a qualquer brasileiro esta pergunta: 'E nós, os mestiços?'" "Mas", declarou Lacerda, "o Brasil tem orgulho da sua mestiçagem, da sua total isenção do preconceito rácico — um dos mais nobres legados que herdou de Portugal".[33] O cancelamento das eleições de 1965 fizeram de Lacerda um oponente do regime militar. Mas, nos primeiros dias que se seguiram à "Revolução de 1964", ele foi seu defensor, seu mensageiro e seu pretenso herdeiro.

A abordagem do regime com relação a Portugal e suas colônias foi exemplificada nas instruções confidenciais que Carlos Silvestre de Ouro Preto recebeu do chanceler Juracy Magalhães quando foi designado embaixador brasileiro em Portugal em 1966. Magalhães elogiou-o por "servir também à causa da aproximação luso-brasileira, causa que devemos defender e impulsionar não apenas como um imperativo de ação diplomática, mas também em função de sua vinculação tradicional à consciência coletiva e histórica do nosso país".[34] Era política brasileira "reconhecer publicamente o que devemos aos nossos maiores portugueses: e, bem já o acentuou o senhor presidente da república, a convicção, na alma popular, de que somos uma nação integrada na consciência lusíada e na cultura latina e ocidental dos portugueses, é hoje doutrina pacificamente abraçada pelos nomes mais imparciais da historiografia e da sociologia brasileiras", referindo-se a Freyre.

---

[32] "Demorou mais de duas horas o encontro de Carlos Lacerda com o prof. Oliveira Salazar", *Diário da Manhã*, 16 de junho de 1964.

[33] "O sr. Carlos Lacerda, falando na TV e pela rádio, explicou a gênese da Revolução brasileira e disse aprovar tudo o que se destine a manter íntegra a nação portuguesa", *O Século*, 14 de junho de 1964, "Visita de Carlos Lacerda: visitas presidenciais", SR 110, Recortes de imprensa 1964 JUN MU/GM/GNP/110/Mc. 1, AHU.

[34] Ministério das Relações Exteriores brasileiro para Carlos Silvestre de Ouro Preto, ofício secreto, 3 de junho de 1966, AHI.

Com relação às colônias, as instruções de Ouro Preto eram claras: "Desprezadas certas diferenças de tempo, lugar e condições peculiares menos relevantes, corresponderia de algum modo a uma condenação da obra portuguesa no Brasil qualquer dúvida que pudéssemos alimentar em relação à atual obra portuguesa no Ultramar."[35] Agindo de acordo com essas instruções, o embaixador visitou Angola e relatou que "o momento não poderia ser mais propício para o aceleramento da penetração comercial e difusão cultural do Brasil no Ultramar português". Ouro Preto concluiu que a situação da segurança estava sob controle, com a ajuda da intensificação das relações entre Portugal, África do Sul e Rodésia, e que a população local não era desenvolvida o suficiente para desafiar o domínio português. A restauração da hegemonia portuguesa estava abrindo caminho para "novas e vastas oportunidades" para o comércio brasileiro.[36]

Senghor no Brasil

Senghor tinha procurado um convite para visitar o Brasil no começo de 1962, quando Jango era presidente e o governo brasileiro apoiava oficialmente a descolonização.[37] A viagem foi postergada porque Jango estava preocupado com as crises internas. Finalmente, à insistência do governo senegalês, a visita de Senghor foi marcada para setembro de 1964.[38] Em junho, depois de a questão dos nacionalistas detidos ter sido resolvida, o regime militar confirmou as datas da visita oficial de Senghor. Durante seis dias, a partir de 19 de setembro de 1964, Senghor viajou para Recife, Rio de Janeiro, Salvador, Brasília e São Paulo. Reuniu-se com Castelo Branco e Lacerda. Ouviu pacientemente longos discursos sobre as virtudes do sistema de relações raciais do Brasil e fez declarações cutucando as ideias brasileiras sobre a África portuguesa. Os líderes brasileiros davam sinais de sua solidariedade com Portugal, e Senghor queria manter a posição do Brasil ambígua.

No dia de sua chegada, Senghor foi recebido na base aérea do Galeão, no Rio de Janeiro, pelo ministro das Relações Exteriores, Leitão da Cunha,

---

[35] Ibid.
[36] Embaixada brasileira em Lisboa para o Ministério das Relações Exteriores, "Comunidade luso-brasileira: Penetração comercial e cultural do Brasil no Ultramar", telegrama secreto 210, 12 de junho de 1967, AHI.
[37] Ministério das Relações Exteriores brasileiro para a embaixada em Dacar, "Visita do presidente da república do Senegal ao Brasil", telegrama 11, 4 de abril de 1962, AHI.
[38] Embaixada brasileira em Dacar para o Ministério das Relações Exteriores "Visita ao Brasil: presidente Senghor, do Senegal", telegrama 6, 2 de março de 1964.

e uma guarda de honra de soldados da força aérea. O fato de a guarda de honra ser composta apenas por negros foi motivo de críticas na imprensa e obrigou o comandante da base a fazer uma declaração: "Aqui no Galeão, como em toda a FAB, não temos problemas raciais. Todos são tratados em igualdade de condições; a mesma guarda foi formada, no mesmo dia, à tarde, para receber o presidente Castelo Branco, que descia de helicóptero de Petrópolis e embarcava para Brasília. Nossa discriminação é contra os agentes subversivos que tudo fazem para desmoralizar as autoridades constituídas."[39] A declaração foi um aviso contra críticas públicas às Forças Armadas.

A guarda de honra negra foi um dos muitos gestos dos anfitriões para apresentar a Senghor uma imagem de relações raciais pacíficas. Esses discursos e ações muitas vezes acabavam se mostrando declarações paternalistas, como a declaração feita pelo presidente do Supremo Tribunal que orgulhosamente proclamou que "foram, sem dúvida, o esforço e o intenso labor dos elementos radicais africanos, coadjuvados pela iniciativa e orientação dos antigos barões e senhores de engenhos e dos coronéis, que acentuaram a crescente tomada de posição na vastíssima região agrária (...) Onde quer que fosse, a constância dessa atividade fazia avultar a obra humilde, mas segura e progressiva, dos numerosos elementos de cor. Somos, desde o berço, os seus irmãos embalados pela canção dolente, servindo-nos de sua ajuda protetora, amiga, fiel e enterniçada. Exultamos (...) [a] igualdade de tratamento e da ausência de discriminação racial, traços de nossa vivência interna, bem sensíveis ao longo do extenso território nacional (...) O trabalho liberta o negro que entretém com a doce plangência de seus cantos, o ritmo e o colorido telúrico das danças características ao lado do espírito místico e do sentimento de solidariedade tão propagado e objetivo que elimina no solo africano o fenômeno do desemprego e da mendicância".[40] Esse tipo de comentário foi uma constante durante a visita de Senghor. Como lideranças negras eram totalmente inimagináveis no Brasil, Senghor foi tratado não como um líder comum, mas excepcional.

---

[39] "Senghor homenageia no Rio o soldado desconhecido e recebe título em Salvador", *O Globo*, 22 de setembro de 1964, 14.
[40] "Ribeiro da Costa a Senghor, V. Ex.ª é um ser de exceção a quem me enobrece conhecer", *O Globo*, 26 de setembro de 1964, 6.

Figura 15 Léopold Senghor reunindo-se com Humberto Castelo Branco, Brasília, 23 de setembro de 1964. *Última Hora/Folhapress*.

De sua parte, Senghor aproveitou tanto as oportunidades privadas quanto as públicas para defender a descolonização. Reuniu-se várias vezes com o presidente Castelo Branco e com Carlos Lacerda, testando seu potencial para influenciar o Brasil a adotar uma posição mais neutra ou, melhor ainda, a desempenhar o papel de mediador entre os movimentos nacionalistas e o governo português. O presidente do Senegal combinava essa pressão privada com diplomacia pública, projetando uma visão do Brasil como líder de uma "comunidade afro-luso-brasileira" de nações independentes. Sua primeira oportunidade pública surgiu em seu primeiro dia no Brasil durante um banquete realizado por Lacerda. Este falou primeiro, prevenindo que "o Brasil não deve confundir o surgimento necessário e alvissareiro das novas nações africanas com a ruptura forçada, imposta de fora para dentro, de Angola e Moçambique, com a cultura afro-luso-brasileira, multirracial, útil e até indispensável". Em resposta, Senghor exortou os brasileiros para que "suprimissem o que há de anacrônico e de propriamente exótico na jovem África". Contrariando o argumento de Portugal, que afirmava continuar na África para defender a cultura lusotropical, Senghor sugeriu que o Brasil era exemplo de uma colônia que tinha obtido sua independência sem perder sua cultura.[41]

---

[41] "Senghor prega união luso-afro-brasileira", *O Globo*, 21 de setembro de 1964, 1.

Na recepção realizada pelo presidente Castelo Branco, Senghor desenvolveu o tema da comunidade afro-luso-brasileira oferecendo o Senegal como um exemplo daquilo que estava por vir na África portuguesa, elogiando o Brasil como um modelo de integração racial: "[Como o Brasil] nós levamos avante uma experiência, multirracial e multirreligiosa, que nos ajudará, assim o esperamos, a levar a nossa modesta contribuição para a civilização universal." Em resposta, Castelo Branco declarou que o Brasil buscou uma solução pacífica para o colonialismo, mas advertiu contra "a troca de submissões", insinuando que os movimentos independentes na África portuguesa eram inspirados pelo comunismo.[42]

Embora Senghor importunasse os líderes do Brasil diretamente, sua visita também abriu espaço para os defensores da descolonização portuguesa. *O Estado de S. Paulo* publicou um editorial intitulado "Carregando sobre os ombros a esperança do mundo", em que definia o significado da visita de Senghor: "A sua confiança na missão brasileira deve inspirar os líderes revolucionários do Brasil, que é o Brasil antigo, o Brasil verdadeiro, a prosseguirem em seu caminho e, sobretudo, a dinamizar a nossa política externa (...) Pois o Brasil, no dizer do presidente Senghor, 'carrega já sobre largos ombros as esperanças deste mundo, especialmente da África'. E com a 'delicadeza', que é um traço da sua alma sensível e que tanto admira do espírito brasileiro, o presidente do Senegal sugeriu, como início do missionarismo brasileiro, os bons serviços que nosso governo poderia oferecer pela sua mediação a fim de ajudar a resolver o difícil problema das colônias portuguesas." [43] Quando viajava pelo Brasil, Senghor foi recebido por líderes negros que expressaram seu apoio pela descolonização. No Rio de Janeiro, assistiu à missa da fraternidade religiosa negra do Rosário, cujos líderes o saudaram como representante dos africanos "que lutam pela autodeterminação, pois nenhum colonialismo, por mais paternalista que seja, se identifica com a democracia do mundo livre".[44] Encontrou-se também com membros da comunidade portuguesa que eram a favor da descolonização. E, em sua última noite no Brasil, realizou um debate literário e político até altas horas da noite no apartamento de Antonio Olinto e Zora Seljan, após ter assistido à inauguração da "Escola Municipal Senghor" nos subúrbios do Rio.[45]

---

[42] "A herança da latinidade é o mais precioso laço a unir Brasil e Senegal", *O Globo*, 23 de setembro de 1964, 6.
[43] "Carregando sobre os ombros a esperança do mundo", *O Estado de S. Paulo*, 25 de setembro de 1964, 3.
[44] "Senghor fará palestra hoje", *O Estado de S. Paulo*, 26 de setembro de 1964, 36.
[45] "Senghor seguiu para Trinidad", *O Estado de S. Paulo*, 29 de setembro de 1964, 1.

A visita de Senghor contrabalançou a guinada do regime militar na direção de Portugal. Uma única visita não poderia mudar a política brasileira, mas realmente deu novo ânimo aos defensores da descolonização. Após sua partida, seu sobrinho continuou a pressão. Mas, como os nacionalistas luso-africanos tinham sido todos expulsos do Brasil no decorrer de 1964, Henri Senghor voltou-se para a mobilização dos negros brasileiros. José Maria Pereira lembra que a postura do embaixador "era mais voltada para a negritude" e que, já no início de 1966, o embaixador começou a organizar reuniões na embaixada com profissionais, artistas e ativistas negros, bem como com alguns brancos interessados na África, como Antonio Olinto. Por meio desses encontros, Senghor esperava criar uma Sociedade Brasileira para a Cultura Africana, semelhante à organização negra do mesmo nome com sede em Paris, que publicava o *Presénce Africaine*. Como lembrou Pereira, passados alguns meses, ainda não tinha sido possível formar a organização.[46] Ainda assim, Senghor presidente e Senghor embaixador continuaram a encontrar meios para pressionar o Brasil.

O Festival de Arte Negra

Em junho de 1966, o governo do Senegal realizou o primeiro Festival Pan-Africano de Artes e Cultura (FESTAC), um evento com duração de uma semana que celebrava a cultura negra na África e nas Américas. Convidado a enviar uma delegação, o Itamaraty criou uma comissão para selecionar artistas e obras que representassem o Brasil, demonstrassem as raízes culturais africanas do Brasil e a integração da cultura africana e dos negros na sociedade. A delegação brasileira, composta de 43 pessoas, incluía cantores, pintores, escultores, capoeiristas, um *chef* afro-baiano e parte da escola de samba da Mangueira, do Rio de Janeiro. O grupo também incluiu Cândido Mendes, Raymundo Souza Dantas, Waldir Freitas, o sociólogo Edison Carneiro, o prefeito de Salvador e Clarival do Prado Valladares, curador de museu que à época estava organizando o museu Afro-brasileiro de Salvador. Uma escultura de Agnaldo dos Santos ganhou o prêmio do festival para artes plásticas.[47]

---

[46] Entrevista com José Maria Pereira, 22 de maio de 2008.
[47] Ministério das Relações Exteriores brasileiro para a embaixada em Dacar, "Festival de artes negras", telegrama 67, 10 de setembro de 1965, AHI; "Autorização de saque, I festival mundial de artes negras em Dacar", telegramas 25 e 26, 28 de fevereiro de 1966, AHI; Id., telegrama 28, 1º de março de 1966, AHI; Ibid., telegrama 32, 4 de março de 1966, AHI; Ibid., telegrama 48, 17 de março de 1966, AHI.

Henri Senghor viu na participação do Brasil no festival uma oportunidade para estimular o ativismo negro no país. O comitê organizador brasileiro incluía Freitas, Souza Dantas, Carneiro, Valladares e o embaixador Senghor, que criticou sua composição, exigindo que fosse formado apenas por negros (o único membro negro era Souza Dantas). Freitas lembra que ele e os outros brasileiros — inclusive Souza Dantas — se opuseram a isso, o que provocou uma disputa em que, Henri Senghor disse a Raymundo Souza Dantas: "Você é um negro degenerado." Segundo Freitas, "Souza Dantas se levantou e foi com o dedo na cara dele: 'Me respeite, não sou um negro brasileiro. Sou um brasileiro negro'", indicando que sua identidade brasileira era mais significativa que sua cor e defendendo a ideia de que o comitê deveria ser formado por brasileiros de qualquer cor.[48]

Senghor continuou a resistir, levando o Itamaraty a enviar um telegrama ao embaixador brasileiro em Dacar, Francisco Chermont Lisboa, queixando-se do antagonismo do embaixador senegalês e avisando que Senghor poderia tentar impedir que parte da delegação brasileira desempenhasse seu papel. A mensagem enviada a Lisboa tinha aquele tom característico usado para repreender crianças e afirmava que Senghor "tem-se portado de maneira indiscreta nas diversas sessões da Comissão Nacional do Festival de Dacar, tentando forçar a inclusão de nomes rejeitados por todos os demais membros da Comissão. Sua Excelência, com uma agressividade e uma suficiência que só se perdoam pela inexperiência e relativa mocidade (...) opôs-se com veemência à seleção (...) de artistas que pudessem mostrar a integração dos valores culturais africanos na cultura do Brasil, em favor de outros elementos que procuram criar aqui um africanismo pretensamente puro, sem levar em conta o sincretismo ocorrido nos quatro séculos de nossa história".[49]

A crise entre o Itamaraty e Senghor ilustra a fenda que existia entre *negritude* e a ideia de democracia racial. No Brasil, era inadmissível insinuar que povos e culturas africanos eram menos que indissoluvelmente misturados com o resto da sociedade brasileira. Não poderia haver alguma coisa como uma "comissão negra brasileira". Souza Dantas não era um *"negro* brasileiro", e sim um *"brasileiro* negro", e o evento em Dacar era um palco para projetar uma brasilidade à qual a possessão de qualidades africanas era inerente. Em contraste, a negritude era um movimento de afirmação da cultura, povos e

---

[48] Entrevista com Waldir Freitas de Oliveira, 2 de agosto de 2006.
[49] Ministério das Relações Exteriores brasileiro para a embaixada em Dacar, "I Festival de artes negras, Dacar", telegrama 41, 26 de janeiro de 1966, AHI.

sociedades *negras*. A negritude poderia ter aliados brancos, mas existia especificamente para libertar o que fosse negro de sua subordinação ao que fosse branco. Henri Senghor buscava dar ímpeto a ela no Brasil e tentou usar o festival, organizado por seu governo em Dacar, para dar uma plataforma aos negros brasileiros, cuja militância ecoava a do movimento negritude. Mas ele não pôde obrigar à comissão organizadora brasileira a enviar artistas que dessem ênfase a esse movimento e não à miscigenação.

Ainda assim, Senghor foi capaz de dar voz aos ativistas negros brasileiros conseguindo organizar a publicação de uma "Carta a Dacar" escrita por Abdias do Nascimento em nome do Teatro Experimental Negro (TEN). A carta foi publicada em *L'Unité Africaine*, uma publicação semanal do partido de Léopold Senghor. *L'Unité* reproduziu a carta em segmentos semanais, o que fez com que a crítica se mantivesse por quase um mês. Durante a maior parte de maio de 1966, os leitores de *L'Unité* viram um ataque sistemático feito pelos negros brasileiros à ideia de democracia racial, à delegação brasileira no festival e ao próprio Itamaraty. Abdias do Nascimento tinha sido um militante contra a discriminação racial no Brasil desde a década de 1930. Seu ativismo político e artístico tinha como objetivo a mobilização dos negros, ecoando o movimento da negritude.[50]

No decorrer de uma vida de militância, a abordagem de Nascimento da ideia de democracia racial evoluiu. Na década de 1940, ele a tratava como um ideal que podia ser alavancado para combater a discriminação racial. Seu jornal, *Quilombo*, tinha uma coluna regular intitulada "Democracia racial" que incluía ensaios de colaboradores externos, como Gilberto Freyre e Roger Bastide. Mas, em 1966, Nascimento já se tinha tornado um dos críticos mais categóricos da democracia racial, que ele passou a ver como um "mito".[51] Esse foi o tom que Nascimento deu à "Carta a Dacar", que também dava vazão às frustrações de Henri Senghor com a comissão brasileira do festival. O TEN de Nascimento era um dos grupos que Senghor lutou para que fosse incluído na delegação brasileira. Embora seu esforço tivesse sido em vão, ele deu a Nascimento o instrumento para criticar a natureza da delegação e descrever o sistema de valores que reproduzia a discriminação racial no Brasil.

Em *L'Unité*, Nascimento escreveu que, após a abolição, aos negros no Brasil "não tinham sido concedidos os direitos básicos de cidadania" e que

---
[50] Macedo, Abdias do Nascimento, 76-77.
[51] Guimarães, "Racial Democracy", 127, 129.

os brancos mantinham um sistema de valores que impedia os negros de afirmar sua negritude. No lugar de uma consciência racial clara, os negros brasileiros eram forçados a aceitar um sistema de valores que "mantinha o negro em seu lugar, deixando para ele apenas as saídas do samba e do futebol. Os negros que contestavam o sistema eram silenciados pela acusação de ser 'um negro racista'".[52] A composição da delegação brasileira evidenciava o projeto das elites brasileiras de "embranquecer" os negros brasileiros, obrigando-os a "integrarem-se" cultural e socialmente em uma sociedade que os limitava a papéis subordinados e restringia a expressão da negritude cultural e política ao tipo afirmado pela descolonização na África e pela luta pelos direitos civis nos Estados Unidos. Nesse sentido, os representantes enviados a Dacar, e a exclusão do grupo TEN da delegação, eram produtos de um Ministério das Relações Exteriores que "tinha uma má atitude com relação aos negros". A presença brasileira no festival só "colabora com a manutenção de uma democracia racial imoral. Ela ridiculariza a negritude".[53]

O embaixador Francisco Chermont Lisboa considerou a carta "um violento ataque ao que os seus autores acham ser as causas da situação social do negro no Brasil, querendo fazer crer a estrangeiros que existe efetivamente discriminação racial no Brasil, e, em particular, no Ministério das Relações Exteriores, cujos funcionários acusa de serem imbuídos de ideias racistas". Lisboa escreveu para o chanceler Juracy Magalhães dizendo que a carta tinha recebido atenção generalizada porque tinha sido publicada no *L'Unité*. Lisboa punha a culpa em Henri Senghor: "A carta aberta está bem-redigida, em francês correto, exprimindo ideias de *negritude* que são muito invocadas aqui. Assim, sem querer fazer julgamento temerário, pergunto-me se a Embaixada do Senegal aí não teria colaborado na sua redação, ou, pelo menos, a dirigido para publicação." E continuou: "Causa-me espécie que o Teatro Experimental do Negro tenha encontrado tão fácil acolhimento em órgão do partido governamental deste país."[54] Embora Henri Senghor não pudesse desafiar a predominância da ideia de democracia racial que existia no Ministério das Relações Exteriores brasileiro, ele pôde, no entanto, facilitar

---

[52] "Du théâtre expérimental noir de Rio de Janeiro au Festival Mondial des Arts Nègres", *L'Unité Africaine*, 5 de maio de 1966, 7.

[53] "Du théâtre expérimental noir de Rio de Janeiro au Festival Mondial des Arts Nègres", *L'Unité Africaine*, 12 de maio de 1966, 12.

[54] Francisco Chermont de Lisboa para Juracy Magalhães, "Carta aberta do Teatro Experimental do Negro atacando a organização social brasileira", ofício secreto 110, 27 de maio de 1966, AHI.

a tarefa para aqueles, como Abdias do Nascimento, que podiam atacar esse imaginário como pessoas externas à diplomacia.

O Itamaraty gastou prodigamente para manter a delegação e transportar feijão e quiabo por avião para a preparação de "pratos tradicionais" afro-brasileiros.[55] Uma escultura brasileira ganhou um prêmio importante. Oficialmente, o Brasil "miscigenado" prevaleceu sobre a negritude. Mas Senghor, ao facilitar a publicação da carta de Abdias do Nascimento, levou a melhor. Poucos meses após o festival, um telegrama para Lisboa deixou claro quanto o experimento tinha custado ao Itamaraty. Algumas discussões começaram em Dacar sobre a possibilidade de um segundo festival a ser realizado em outro país, mas o que Lisboa ouviu foi que o Itamaraty "julga contraindicada a realização no Brasil do próximo Festival de Artes Negras, pelas grandes despesas que acarretaria e pelas implicações políticas pouco desejáveis que certamente adviriam da não concordância dos países da ala da 'negritude' a eventuais convites aos representantes da chamada 'África portuguesa'; certames desse tipo propiciam ainda substrato demagógico".[56]

A viagem do esquadrão

Se o governo Castelo Branco, que subiu ao poder em 1964, já apoiava Portugal, o regime de seu sucessor, general Artur da Costa e Silva (1967-69) o fez ainda mais. Quando viajava pela Europa antes de tomar posse, Costa e Silva afirmou que "no seu Governo o Brasil sustentará na ONU em todas as oportunidades a posição de Portugal". Embora planejados um ano antes, os comentários de Costa e Silva foram seguidos pela viagem de um esquadrão naval brasileiro de dois cruzadores e dois contratorpedeiros para Angola, onde participaram de manobras conjuntas com a Marinha portuguesa. O fato de um esquadrão naval brasileiro realizar exercícios com os portugueses no litoral de uma colônia então mergulhada na guerra era um sinal fortíssimo do apoio do Brasil ao colonialismo. Tanto os comentários de Costa e Silva quanto os exercícios navais mobilizaram a oposição veemente dos governos do Senegal e de outros países africanos.

No Rio, os embaixadores da Argélia, de Gana e do Senegal e o encarregado de negócios da República Árabe Unida pediram uma reunião com

---

[55] Ministério das Relações Exteriores brasileiro para a embaixada em Dacar, "I Festival de artes negras, Dacar", telegrama 36, 13 de abril de 1966, AHI.
[56] Ministério das Relações Exteriores brasileiro para a embaixada em Dacar, "Festival de Arte Negra", telegrama sem número, 17 de janeiro de 1967, AHI.

o chefe de gabinete do Itamaraty, Pio Correia, para protestar contra os comentários de Costa e Silva, a próxima viagem do esquadrão e os rumores de investimentos brasileiros em Angola e Moçambique. Correia, há muito aliado de Portugal, não deu importância a essas preocupações. Respondeu que os movimentos pela independência em Angola não eram "legítimos" e acrescentou que a própria experiência brasileira ao se tornar independente mostrava os benefícios de "um amadurecimento gradativo que conduz[isse] os territórios da África portuguesa à situação de poderem decidir um dia validamente sobre os próprios destinos". Frustrados com o resultado das reuniões, os embaixadores senegalês e ganense lançaram uma declaração à imprensa reafirmando suas preocupações. O chanceler Juracy Magalhães os censurou por publicarem suas críticas, que chamou de "prova de sua inexperiência".[57] *O Globo* corroborou a crítica do ministro, chamando os embaixadores de "péssimos diplomatas" e censurando sua "inexperiência".[58] O *Jornal do Brasil*, por sua vez, declarou que os embaixadores tinham dado "uma demonstração de imaturidade e total desrespeito às normas diplomáticas".[59]

A influência de Portugal era aceita e até mesmo encorajada por seus aliados no Ministério das Relações Exteriores brasileiro. Mas quando diplomatas africanos questionavam os militares brasileiros por atuar em parceria com as forças portuguesas de combate em Angola, eles se deparavam com uma reccepção diferente. Os embaixadores encontraram um aliado em Rubem Braga, escritor que havia sido embaixador de Jânio na Tunísia (e primeiro marido de Zora Seljan). Braga escreveu, em sua coluna no *Diário de Notícias*, sobre a viagem do esquadrão: "Não haveria maneira mais perfeita de desgostar e afrontar jovens nações mal libertadas da exploração colonial" e sugeriu que "na volta navios de guerra brasileiros escoltem a réplica de um navio negreiro para tornar mais impressiva nossa solidariedade ao colonialismo luso". Braga ridicularizou o *press release* da Marinha, que afirmava que a visita "fortalecerá a amizade luso-brasileira". E observou que "nunca essa amizade foi tão abundantemente favorecida, jurada, discursada, brindada, tratada, acordada e protocolada".[60]

---
[57] Embaixada portuguesa no Rio de Janeiro para o Ministério dos Negócios Estrangeiros, 4 de fevereiro de 1967, Proc 922, PAA 282, Costa e Silva, MNE.
[58] Ministério das Relações Exteriores brasileiro para embaixadas em Acra, Dacar e Lagos, "Comunicado conjunto de embaixadores de países africanos", telegrama 5, 12 de janeiro de 1967, AHI.
[59] Embaixada portuguesa no Rio de Janeiro para o Ministério dos Negócios Estrangeiros, 11 de janeiro de 1967, Proc 922, PAA 282, incidente, MNE.
[60] Rubem Braga, "Feliz 1967", *Diário de Notícias*, 28 de dezembro de 1966; Embaixada portuguesa

Como a maioria das embaixadas brasileiras fazia mensalmente, em fevereiro de 1967, a de Lisboa submeteu seu "relatório político mensal". Esse memorando começou com uma linguagem incomumente alegre: "No mês de fevereiro, as relações luso-brasileiras viveram um dos momentos mais altos do novo e auspicioso período, inaugurado pela diplomacia da Revolução de março de 1964." O grande momento foi a visita a Luanda do esquadrão naval brasileiro. O documento não deixava lugar para dúvidas: "Foi uma visita que teve um caráter político na medida em que demonstrou claramente a adesão do Brasil à concepção portuguesa de que Angola é uma província ultramarina, isto é, uma parte integral de seu território multicontinental. Ela sugeriu também o tácito apoio brasileiro à política do governo português e à luta irrestrita contra os terroristas que lutavam pela independência em Angola."[61]

Com o esquadrão atracado em Luanda, os oficiais, a tripulação e 2 mil fuzileiros navais ocuparam-se com atos simbólicos, tais como paradas e visitas a monumentos em homenagem a figuras coloniais importantes compartilhadas pelas histórias do Brasil e de Angola, como o governador colonial português do Rio de Janeiro, Salvador de Sá, que, em 1648, liderou a frota que recapturou a colônia da Holanda. O governador-geral de Angola recebeu uma medalha do presidente do Brasil, os comandantes dos navios brasileiros receberam louvores e os marinheiros medalhões comemorativos.[62] O embaixador Ouro Preto viajou de Lisboa para Angola para receber a força naval. Durante tudo isso, as autoridades portuguesas tiveram o cuidado de garantir que "das reuniões de caráter social deveriam participar negros ou mulatos que exerçam cargos de responsabilidade e profissões liberais ou tenham boa posição social", para assegurar que a imagem da democracia multirracial portuguesa estava bem visível.[63] Elas estavam decididas a evitar o tipo de imagem que o chefe de uma delegação de atletas brasileiros levou de Moçambique em 1959. Ele declarou: "É simplesmente repugnante o racismo dos portugueses contra os pretos da colônia de Portugal na África", e explicou que "ali há separação de brancos e pretos nas coisas mais comuns, tais como nas paradas de ônibus,

---

no Rio de Janeiro para o Ministério dos Negócios Estrangeiros, 11 de janeiro de 1967, Proc 922, PAA 282, incidente, MNE.
[61] Embaixada brasileira em Lisboa para o Ministério das Relações Exteriores, "Relatório político mensal: Fevereiro de 1967", ofício 229, 17 de março de 1967.
[62] Ministério dos Negócios Estrangeiros português para a embaixada no Rio de Janeiro, 30 de março de 1967, Proc 922, PAA 282, 1967, MNE.
[63] Embaixada portuguesa no Rio de Janeiro para o Ministério dos Negócios Estrangeiros, 18 de janeiro de 1967, 336.63, PEA 155, Processo Geral, MNE.

que têm para brancos e para pretos, nos bancos dos jardins, nos cinemas, nos restaurantes, e em muita coisa mais. Resultado: pretos têm ódio mortal de brancos".[64]

Em 1967, no entanto, o comandante do esquadrão brasileiro proclamou em Luanda: "Estamos profundamente chocados que uma guerra está sendo travada entre Portugal e seus territórios ultramarinos (...) Estamos interessados em tudo que ocorre em Angola (...) Faremos tudo o que pudermos por Portugal, que é vítima de uma grande injustiça." O almirante português deu as boas-vindas aos brasileiros, declarando: "Uma poderosa força naval luso-brasileira garantiria para nossos países uma posição indisputável no oceano Atlântico central e sul, permitindo que o chamássemos de *'mare nostrum.'*"[65] Transmissões de rádio de ondas curtas, que podiam ser ouvidas na maior parte da África, divulgavam a presença da frota como evidência do "apoio político e militar do governo do Brasil à presença de Portugal na África". As transmissões estimularam uma resposta dos representantes dos movimentos nacionalistas, que afirmaram que "as manobras militares que a frota brasileira efetua (...) teriam por objetivo intimidar os patriotas angolenses e demonstram a cumplicidade do governo brasileiro com a política colonial portuguesa".[66]

Embora os embaixadores do Senegal, de Gana e da Nigéria não pudessem parar o esquadrão, seus protestos fizeram do evento um para-raios tanto no Brasil quanto na África. A imprensa a favor de Portugal os atacava, mas suas declarações tiveram repercussão nos jornais antiportugueses *Diário de Notícias* e *Última Hora*. Esses comentários ressoavam também pela África. No sul da África, o *Times of Zambia* citou os embaixadores: "Se um intercâmbio de opiniões com um país amigo sobre questões que afetam nossos interesses vitais constituem interferência nos negócios internos (...) então toda a base do sistema internacional e do direito internacional desmoronaria."[67] Na Nigéria, a revista *West Africa* refletiu sobre "a falta de imaginação por parte

---

[64] "Racismo na colônia de Portugal na África", *Diário Popular* (São Paulo), 13 de abril de 1959.

[65] "Brazil Looks at (Portuguese) Africa", *Africa Confidential*, Embaixada brasileira em Lagos para o Ministério das Relações Exteriores, "O Brasil e a África portuguesa: comentário da imprensa", ofício 77, 18 de abril de 1967, AHI.

[66] Embaixada brasileira em Dacar para o Ministério das Relações Exteriores "Visita de força-tarefa da Marinha brasileira a Luanda: Comentário na imprensa senegalesa", telegrama 17, 14 de fevereiro de 1967, AHI.

[67] "Diplomats Angered by Newspaper Criticism", *Times of Zâmbia*. Consulado português em Salisbury para o Ministério dos Negócios Estrangeiros, 27 de janeiro de 1967, Proc 922, PAA 282, Incidente, MNE.

de um governo de um país que diz ser um exemplo no estabelecimento da harmonia racial". A revista criticou também o uso do termo "inexperientes" para rotular os embaixadores e concluiu: "Os diplomatas africanos podem ter errado ao enviarem um comunicado conjunto aos jornais. Mas o homem que concebeu essa visita naval está vivendo em outro século."[68]

Talvez a visita naval brasileira a Luanda tenha sido, como Juracy Magalhães descreveu, um dos pontos altos de seu mandato como ministro das Relações Exteriores, mas foi também o máximo do apoio brasileiro ao colonialismo português. Apesar dos convites insistentes do governo português, manobras em comum não vieram a se repetir. Os exercícios navais conjuntos no litoral do Nordeste brasileiro, já planejados para 1968, foram cancelados, em parte para dissipar o rumor crescente de que o Tratado de Amizade e Consulta de 1953 incluía acordos secretos para que o Brasil viesse em auxílio de Portugal na África. Em 1969, a Marinha portuguesa convidou seus aliados para participar de operações conjuntas no litoral da Guiné portuguesa, onde ocorria a luta mais intensa, e o convite foi, uma vez mais, recusado.

Em 1969, o chanceler Mário Gibson Barboza procurou evitar os custos diplomáticos de outro exercício naval com os portugueses utilizando a lógica de contenção do comunismo da Guerra Fria para dissuadir o presidente Emílio Médici (1969-74). Gibson supôs que as manobras (com as quais a Marinha brasileira já tinha concordado) gerariam uma reação tão negativa entre os países africanos que lutavam contra o racismo e o colonialismo que eles poderiam responder cedendo bases navais à União Soviética.[69] Os exercícios foram cancelados.

A unidade diplomática africana contra o colonialismo português elevou o custo dos laços brasileiros com Portugal. Tendo à frente Henri Senghor, o pequeno corpo diplomático africano baseado no Rio de Janeiro deixou bem claro qual seria o preço a se pagar. Embora nos anos seguintes o governo brasileiro fosse mais cuidadoso com relação ao peso simbólico de sua relação com Portugal, o dado havia sido lançado e o governo brasileiro tinha passado a ser visto pelos países africanos como partidário de Portugal. Durante a década que se seguiu ao golpe militar, um rumor circulou livremente na África e no Brasil de que o governo brasileiro estaria envolvido em negociações secretas com Portugal, África do Sul

---

[68] Embaixada brasileira em Lagos para o Ministério das Relações Exteriores, "O Brasil e a política portuguesa na África", ofício 36, 28 de janeiro de 1967, AHI.
[69] Gibson Barboza para Médici, 22 de janeiro de 1974, AAS mre rb 1974.05.23, CPDOC/FGV.

e Argentina para criar uma aliança militar anticomunista no Atlântico Sul, semelhante à Otan. Embora as autoridades sul-africanas e portuguesas tenham realmente levantado essa hipótese ocasionalmente com seus aliados brasileiros e argentinos, pessoalmente não encontrei nenhuma evidência de que o governo brasileiro ou o argentino sequer consideraram essa possibilidade. Letícia Pinheiro sugere que escritores brasileiros discutiram a ideia, mas que ela nunca se transformou em uma política, enquanto Andrew Hurrell observa que o interesse da Marinha argentina por essa aliança nunca se espalhou para o resto do governo.[70] Ainda assim, as ações brasileiras e as reações africanas tinham criado um clima em que possibilidades desse tipo pareciam plausíveis.

O tom das autoridades públicas com relação à África e às relações raciais durante os primeiros anos da ditadura no Brasil foi captado em um romance popular de Jorge Amado em 1969. Em *Tenda dos milagres*, um editor de jornal e um professor universitário em Salvador debatem como homenagear um sábio e etnógrafo amador mulato que tinha escrito livros celebrando a mistura racial brasileira. O professor propôs a realização de um seminário que compararia as relações raciais brasileiras favoravelmente com as dos Estados Unidos e as da África do Sul:

> Pode resultar num acontecimento magno para a cultura brasileira — o primeiro debate sistemático e científico a propósito do problema racial, mais em evidência e candente do que nunca, explodindo em conflito por todas as partes, especialmente nos Estados Unidos, onde o Poder Negro é um fator novo e sério, agravando-se na África do Sul, onde parece ter se fixado a herança do nazismo.[71]

O professor sugeriu que "se o Brasil contribuiu com qualquer coisa realmente significativa para a civilização mundial, foi com a miscigenação — esse é nosso presente para a casa do tesouro da humanidade".[72]

O editor, politicamente sagaz, viu os riscos dessa abordagem e advertiu que a conferência era uma má ideia na "situação atual" (referindo-se à ditadura). O professor insistiu: "O momento, ao contrário, é o mais indicado: quando as lutas raciais atingem a condição de guerra civil nos Estados

---

[70] Pinheiro, "Ao vencedor, as batatas", 89; Hurrell, "The Politics of South Atlantic Security", 181-82.
[71] Jorge Amado, *Tenda dos milagres*. São Paulo: Companhia das Letras, 2008.
[72] Jorge Amado, op. cit.

Unidos, quando os novos países da África começam a desempenhar importante papel na política mundial."[73] O editor lembrou ao professor o "compromisso" do Brasil com os Estados Unidos e as relações comerciais mais intensas com a África do Sul, inclusive os voos comerciais a serem brevemente inaugurados entre Rio de Janeiro e Joanesburgo. Ele propôs uma alternativa: um concurso de ensaios, e o prêmio seria uma viagem a Portugal com todos os gastos pagos. Não é de surpreender que os livros de Jorge Amado fossem banidos em Portugal e em suas colônias, colocando-os em uma extensa lista de textos banidos que incluía desde os escritos de Antonio Gramsci até qualquer coisa sobre ioga.[74]

A ditadura brasileira descobriu que o alinhamento com Portugal estava ficando cada vez mais caro. Em março de 1967, o embaixador português almoçou com José Sette Câmara, embaixador do Brasil nas Nações Unidas de 1964 a 1968 e depois editor-chefe do *Jornal do Brasil*. Câmara disse que embora o governo brasileiro fosse continuar a fazer tudo que pudesse para ajudar Portugal, o custo dessa ajuda estava aumentando. Em novembro de 1966, por exemplo, o Brasil foi eleito para ocupar um assento rotativo no Conselho de Segurança das Nações Unidas, mas "se a eleição se tivesse realizado depois da ida da esquadra a Angola, não tem a menor dúvida de que o Brasil não teria entrado". A resposta do embaixador português foi uma pergunta concisa, indagando "se o interesse em ganhar lugares nos órgãos da ONU será maior para o Brasil do que a conservação das províncias portuguesas como entidades lusíadas".[75] A questão foi retorquida pelo chanceler Juracy Magalhães. Quando lhe disseram que o Brasil tinha perdido um voto para um lugar em uma comissão da Unesco em virtude da reação de delegados afro-asiáticos ao apoio que o Brasil dava a Portugal, Magalhães respondeu que "valia mais fazer o que devia ser feito que um lugar na Unesco".[76]

A partir do começo da década de 1960, o governo senegalês aproveitou-se do interesse do Brasil pela África para perseguir sua meta de completar a descolonização africana e, em particular, de libertar o território vizinho da Guiné portuguesa. Consciente da suscetibilidade das autoridades brasileiras com respeito à identidade racial, primeiro o presidente Léopold Senghor e o

---

[73] Ibid.
[74] SR 100/Publicações proibidas em Portugal, 1963/AGO/14-1966/DEZ/27, Y.7 MU/GM/GNP/100, Pt. 1, AHU.
[75] Embaixada portuguesa no Rio de Janeiro para o Ministério dos Negócios Estrangeiros, telegrama, 31 de março de 1967, Proc 922, PAA 282, Costa e Silva, MNE.
[76] Ministério dos Negócios Estrangeiros português para a delegação nas Nações Unidas, 10 de janeiro de 1967, Proc 922, PAA 282, Incidente, MNE.

embaixador Henri Senghor elogiaram a mistura racial do Brasil e elaboraram uma crítica de sua ideia de democracia racial. O Senegal foi a primeira de um número crescente de nações africanas que expressaram sua hostilidade às tentativas permanentes de Portugal de dominar grandes partes do continente.

A política senegalesa com relação ao Brasil muitas vezes se deparava tanto com o paternalismo pedante de brasileiros brancos sobre a nobreza das relações raciais do país quanto com as sugestões frequentes de que países "jovens" como Senegal tinham políticas externas "imaturas", ao contrário de Portugal, "maduro" e "mais velho" (a velhice simbolizada pelo idoso ditador Salazar). Mas o que o ministro Magalhães e *O Globo* criticaram como sendo imaturo era na verdade um exercício de diplomacia ativista que tinha a intenção de refrear a aceitação instintiva de Portugal por parte do regime militar e manter a porta aberta no Brasil para políticas alternativas. O regime brasileiro iria finalmente seguir essas políticas na década de 1970, sob a administração do ministro das Relações Exteriores, Mário Gibson Barboza. Gibson iria continuar a achar que Léopold Senghor era o líder africano "mais influente".[77] Juntos, os dois tentariam mediar a negociação de um fim para as guerras coloniais portuguesas.

---

[77] Entrevista com Mário Gibson Barboza, 18 de abril de 2006.

6

A viagem de Gibson Barboza: "o Brasil [re]descobre a África"

"O Brasil [re]descobre a África" foi o título de um memorando enviado em 1972 pelo embaixador norte-americano no Brasil, William Rountree, para o Departamento de Estado de seu país, descrevendo a visita de um mês feita pelo chanceler Mário Gibson Barboza a nove países da África Ocidental. Segundo Rountree, "o Brasil, que se vê tanto como uma potência mundial emergente quanto como um líder do Terceiro Mundo, quer fortalecer seus laços com a África. Em particular, os brasileiros tentaram demonstrar, com algum sucesso, que seus laços culturais especiais com Portugal não deviam prejudicar indevidamente as relações econômicas e políticas com a África negra".[1] Rountree compreendeu a essência da abertura diplomática em relação à África que Gibson Barboza começou cuidadosamente a organizar no começo de 1971, e que culminou com sua visita àquele continente. A viagem de Gibson Barboza e a nova diplomacia com relação ao continente africano eram parte de uma estratégia mais ampla para romper a lealdade a Portugal que tinha se consolidado no governo militar, ao mesmo tempo que utilizava as conexões raciais e culturais do Brasil com a África para construir parcerias econômicas e mercados de exportação que iriam sustentar o milagre econômico.

Como chanceler, Gibson Barboza usufruiu de uma continuidade política e uma autonomia que tinham escapado a Afonso Arinos e a San Tiago Dantas quando tentaram uma diplomacia semelhante no começo da década de 1960. E, ao contrário dos ministros das Relações Exteriores dos primeiros anos do regime militar, Gibson Barboza não só estava mais disposto a libertar o Itamaraty dos compromissos ideológicos e sentimentais dos militares, cujo anticomunismo e lusofilia fez deles instrumentos fáceis para os portugueses, como também foi mais capaz de fazê-lo. Finalmente, Gibson Barboza lutou contra a influência de Portugal em um momento em que

---
[1] Embaixada dos Estados Unidos em Brasília para o Departamento de Estado, "Brazil Discovers Africa", 28 de dezembro de 1972, Pol. 7 Braz, xr Pol, Afr-Braz, box 2131, NARA.

aquele país lutava sob o peso de guerras coloniais intermináveis travadas por um regime que parecia estar cada dia mais perdido no tempo. Mas, essencialmente, ele ainda teve de enfrentar os mesmos obstáculos que seus predecessores não tinham conseguido vencer.

Em suas memórias, Gibson Barboza explicou a visão que tinha desse desafio, observando que sua tentativa de desenvolver uma nova relação com a África significou, inevitavelmente, uma renegociação do relacionamento do Brasil com Portugal:

> Ao assumir a pasta das Relações Exteriores, defrontei-me imediatamente com o grave obstáculo do problema do colonialismo português. Em exposição de motivos ao presidente Médici, em dezembro de 1971, propus formalmente essa nova linha de política externa. Dizia na apresentação: "País atlântico, o Brasil tenderá, num futuro que se aproxima com rapidez, a ter crescentes interesses e responsabilidades no outro lado do oceano que banha nossas costas. Conviria por isso que, desde já, procurássemos aumentar, dentro de nossas possibilidades e recursos, a presença brasileira naquela parte da África que chamaremos de atlântica. Os países que a formam não são apenas nossos corribeirinhos. Deles proveio a esmagadora maioria do contingente negro de nossa formação (...) [e] vieram instituições e costumes que se impuseram como algumas das matrizes de nosso comportamento social. Com essa região mantivemos, durante o Império, intenso e permanente contato, de que ainda sobram reminiscências, nos simples bairros brasileiros de Acra, de Lagos e de toda a costa do Daomé e do Togo, bem como nas famílias que conservam nomes de origem portuguesa e reclamam com orgulho a condição de descendentes de brasileiros. Com esses países é que sustentamos a maior parte de nosso diálogo nas iniciativas internacionais para a estabilização dos preços dos produtos primários. São eles os nossos principais competidores nos mercados de produtos tropicais.
>
> (...)
>
> Essa oportunidade nos permitia expor nossos pontos de vista sobre os grandes temas internacionais e contribuiria para reduzir, se não anular, por melhor compreensão de nossas razões, o clima de desconfiança que se criou na África em relação ao Brasil, e que poderá tornar-se em frieza ou disfarçada hostilidade, em virtude das posições que tradicionalmente assumimos

diante do problema dos territórios portugueses. Estou bem consciente dos riscos que assumiremos com minha visita a esses países africanos, pois receberemos frontalmente as queixas de cada um deles contra o Brasil. Creio, porém, que melhor será o debate franco e aberto sobre o delicado tema do que o silêncio, peado de ameaças, que hoje se pode sentir. O presidente Médici aprovou, sem qualquer modificação, essa nova linha de política externa, e autorizou minha visita aos países africanos mencionados.[2]

Médici autorizou a viagem, que simbolizou os dois meios que o governo brasileiro utilizou para relacionar-se com os países africanos na década de 1970. Primeiro Gibson justificou o fortalecimento dessas relações invocando a mistura racial brasileira, a proximidade cultural do país com a África e, segundo, um entendimento cada vez mais refinado das condições locais nos países africanos. Essa compreensão foi gerada por um ano intenso e sem precedentes de planejamento de viagens pelos funcionários do Itamaraty. Se os diplomatas brasileiros ainda dependessem de uma conexão sentimental com a África, eles também dependiam cada vez mais do conhecimento local. Como no caso da maioria dos diplomatas que precederam ou sucederam Gibson Barboza na África, a ideia da mistura democrática racial e cultural do Brasil criava uma sensação de familiaridade em suas estadas e de confiança na missão brasileira naqueles países. Essa construção foi mais significativa para os diplomatas brasileiros do que para seus anfitriões africanos, que compreendiam o desejo dos brasileiros de expressar sua africanidade, usando isso para questioná-los ou para encorajá-los. Quando Gibson Barboza chegou a Lagos, o presidente Yakubu Gowon o recebeu de braços abertos e com um efusivo *"Welcome home!"*. O comentário impressionou tanto o chanceler que ele o colocou em suas memórias e o repetiu em nossas entrevistas trinta anos mais tarde. A frase chegou a ressoar nos saguões do Ministério dos Negócios Estrangeiros português, que espionava as comunicações brasileiras durante a viagem e se irritou com o entusiasmo de Gibson Barboza com o comentário.[3]

Gibson Barboza

Encontrei-me com Mário Gibson Barboza pela primeira vez em 2003, em seu apartamento na orla da praia, no Rio de Janeiro. Com uma vista do Atlântico

---

[2] Gibson Barboza para Médici, "Ação diplomática brasileira na África atlântica", memorando secreto 16 de dezembro de 1971, AAS mre rb 1974.10.00, CPDOC/FGV; Gibson Barboza, op. cit., 346-48.
[3] Embaixada portuguesa em Brasília para o Ministério dos Negócios Estrangeiros, 17 de novembro de 1972, Proc 922, PAA 284, pt. 2, MNE.

Sul, que Gibson considerava como a fronteira que o Brasil compartilhava com a África, o apartamento tinha uma decoração moderna salpicada com arte e objetos africanos que lhe tinham sido presenteados durante sua visita em 1972. Em nossa primeira conversa, Gibson Barboza se empenhou em detalhar uma mediação de identidade que é uma parte familiar deste livro. Pediu-me que o chamasse de Gibson e falou de seu avô materno, que tinha vindo da Escócia. Mencionou uma afinidade com o ator Sean Connery, a cujo porte, é preciso admitir, o de Gibson se assemelha (um diplomata norte-americano descreveu-o como "um estadista suave, que exala competência e confiança").[4] Mas da mesma maneira que apresentou uma identidade escocesa quando nos vimos pela primeira vez (evitando a identidade portuguesa igualmente plausível em Mário e Barboza), também falou novamente em nossas entrevistas e em suas memórias de sua identidade africana, levada em sua viagem, dando um destaque especial à expressão *"Welcome home!"* do presidente nigeriano.[5]

Quando lhe perguntei como tinha se interessado pela África, sua resposta estabeleceu uma conexão com as artérias centrais deste livro. Como estudante de direito em Pernambuco na década de 1930, ele frequentava reuniões de intelectuais na casa de Gilberto Freyre que lembra como sendo "verdadeiras aulas de sociologia" em que o "africanismo" do Brasil era discutido. Ele e outros estudantes que iam a essas reuniões saíam depois para fazer pesquisa para *Sobrados e mucambos* (1938). Gibson também participou do primeiro Congresso Afro-Brasileiro, organizado por Freyre em 1934. Aliás, o diplomata manteve uma amizade com Freyre por toda a vida e dependeu dela na preparação de sua visita à África. Tendo começado a carreira de diplomata durante a Segunda Guerra Mundial, Gibson foi enviado para os Estados Unidos, onde se impressionou com a segregação racial: "Havia desigualdade social no Brasil, mas não havia a discriminação racial que encontrei nos Estados Unidos, eu sabia disso." Como sinal da influência de Freyre, ele explicou que o Brasil não tinha esses problemas porque "nossa formação luso-católica, diria eu, é diferente da formação calvinista dos Estados Unidos". Mas existiam limites para a influência do sociólogo sobre seu pensamento: "A visão romântica que ele apresenta da escravidão no Brasil não corresponde à realidade (...) Correspondia mais ao sentimento dele que à realidade." Em 1960, Gibson voltou aos Estados Unidos, trabalhando para Cyro Freitas Vale nas Nações

---

[4] Consulado dos Estados Unidos em Recife para o Departamento de Estado, "Minister of Foreign Relations Speaks on Brazil's Foreign Policy", 14 de janeiro de 1973, Pol. 1 Braz, RG 59, box 2129, NARA.

[5] Entrevista com Mário Gibson Barboza, 5 de agosto de 2003; Gibson Barboza, op. cit., 398.

Unidas. A percepção de como a demografia da ONU tinha mudado quando as dezesseis nações africanas recém-independentes ocuparam assentos foi um momento decisivo para Gibson, pois lhe deu a sensação de que o Brasil era parte de um mundo em mudança.[6] Quando lhe perguntei sobre seu papel na formulação da política brasileira para com a África, ele respondeu:

> Apenas quando me vi com poder suficiente para imprimir uma linha de política externa, imediatamente me voltei para uma aproximação maior entre o Brasil e a África. Talvez por toda essa minha formação, na faculdade de direito, com Gilberto Freyre, depois, meus seis anos, jovem, na embaixada em Washington. O sentimento de repulsa que sempre senti dentro de mim muito forte, contra a discriminação. Tudo isso me aproximou muito da África. Sempre achei, continuo a achar, que o Brasil tem uma grande dívida com a África. Que na verdade fomos colonizados pelo braço do africano escravo (…) e temos tantos laços que nos unem aos africanos. O Brasil não é um país africano, é um *melting pot*, como nos Estados Unidos. Mas uma das vertentes importantes da formação brasileira é africana. Até mesmo pela proximidade geográfica. Me ocorreu chamar a África de nossa fronteira do leste (…) O oceano, a meu ver, nos une. É um meio de comunicação (…) A maioria do povo brasileiro pratica uma mistura de cristianismo com ritos africanos (…) Isso tudo me chamou sempre a atenção.[7]

A abertura de Gibson Barboza à África foi consequência da presidência mais repressiva da ditadura, a de Emílio Garrastazu Médici, de 1969 a 1974. A estabilidade política que se instaurou quando a facção dos oficiais que apoiava Médici consolidou seu poder, além da crescente rescisão das liberdades civis e da repressão violenta da dissidência no Brasil, produziu um clima no qual a política externa podia ser conduzida com maior coerência do que a que tinha existido por mais de uma década. Entre 1961 e 1964, a posição de Ministro das Relações Exteriores mudou de mãos seis vezes. Entre o golpe e o governo Médici, três chanceleres ocuparam o posto, cada um servindo pouco menos de dois anos.

Em contraste, Gibson Barboza foi ministro das Relações Exteriores por todo um mandato presidencial, dando início a uma era de continuidade sem antecedentes na formulação da política externa brasileira. Seu

---
[6] Entrevista com Mário Gibson Barboza, 5 de agosto de 2003.
[7] Ibid.

sucessor, Antonio Azeredo da Silveira, tinha sido chefe de gabinete de Gibson por algum tempo e serviu durante todo o mandato do presidente general Ernesto Geisel (1974-79). Silveira foi sucedido por seu próprio chefe de gabinete, Ramiro Saraiva Guerreiro, que serviu durante a presidência do general João Baptista Figueiredo (1979-85). Todos três chanceleres eram diplomatas profissionais, ao contrário da maioria de seus predecessores. A experiência diplomática de Gibson Barboza ajudou-o a superar as divisões internas que há muito estavam evidentes. O estilo de governar de Médici, que dava autonomia considerável a seus ministros, também deu espaço a Gibson. Segundo ele, o saldo foi que "dos quatro anos e três meses em que fui ministro, pelo menos um terço da minha atividade foi dedicada a esses problemas africanos: a entrada do Brasil na África e a tentativa de convencer o governo português a tomar uma diretiva de dar independência a suas colônias".[8]

O MILAGRE ECONÔMICO BRASILEIRO

O contexto que deu forma à abertura de Gibson Barboza com relação à África foi o "milagre econômico", um período de crescimento econômico extraordinário que coincidiu com a presidência de Médici. Entre 1969 e 1974, o Produto Interno Bruto brasileiro cresceu a uma taxa anual de 11%, impulsionado por uma combinação de industrialização rápida, expansão da demanda interna entre a classe média que crescia e se concentrava nas cidades do sudeste do Brasil e uma onda de exportações. Já em 1972, a exportação de produtos manufaturados do Brasil tinha superado o valor de suas exportações agrícolas e de minerais; entre 1967 e 1977, a capacidade de carga da Marinha mercante brasileira aumentou cinco vezes.[9] Parecia que o Brasil estava dando um salto para o mundo desenvolvido. O embaixador norte-americano Rountree observou: "Os brasileiros estão extremamente orgulhosos de seu alto índice de crescimento econômico e creem que, como líderes do Terceiro Mundo, podem ajudar outros a seguir o caminho por onde eles passaram."[10] Durante a viagem à África, Gibson Barboza firmou acordos para cooperação técnica na agricultura, no desenvolvimento de mercados comerciais, na engenharia de infraestrutura, em habitação e em educação.

---

[8] Ibid.
[9] Hurrell, "The Politics of South Atlantic Security", 184-85.
[10] Embaixada dos Estados Unidos em Brasília para o Departamento de Estado, "Brazil Discovers Africa", 28 de dezembro de 1972, Pol. 7 Braz, xr Pol, Afr-Braz, box 2131, NARA.

Portugal e seus partidários no Brasil tentaram considerar o milagre econômico como algo que tivesse transformado o Brasil na locomotiva econômica da "comunidade luso-brasileira". As autoridades portuguesas reverteram a antiga prática de manter o comércio brasileiro fora de Angola e de Moçambique, estimulando as trocas comerciais do Brasil com as colônias para associar suas justificativas de colonialismo à lógica do milagre. *Província de Angola*, um jornal de Luanda, publicava reportagens frequentes sobre o crescimento econômico brasileiro e as possibilidades de ligar a economia do Brasil à de Angola, com manchetes que diziam coisas como "O Brasil será o Japão da década de 1970" e "As atenções do mundo voltadas para o Brasil".[11] Gibson Barboza, por sua vez, via o milagre como um motivo para romper a lealdade a Portugal, que já tinha começado a prejudicar as necessidades econômicas brasileiras. A África parecia um mercado potencialmente rico para a exportação dos tipos de bens de consumo industriais que o Brasil agora estava produzindo para seu mercado interno.

Os anos do milagre econômico foram também os de maior repressão política. Gibson Barboza teve que lidar com uma onda de sequestros de diplomatas estrangeiros organizados por grupos revolucionários para conseguir uma brecha na mídia fortemente censurada e garantir a libertação de prisioneiros políticos. O embaixador dos Estados Unidos em 1969, os embaixadores da Suíça e da Alemanha, bem como o cônsul do Japão em São Paulo, foram sequestrados por movimentos revolucionários. Gibson Barboza foi contra o ataque policial de surpresa nos locais em que os embaixadores poderiam estar mantidos, argumentando que a segurança de diplomatas estrangeiros era a responsabilidade primordial do governo. Ao mesmo tempo, o clima de repressão chegou a alcançar a viagem de Gibson à África. A Aeronáutica brasileira, que forneceu o avião que levou a delegação do ministro, recusou-se a deixar embarcar um repórter de *O Estado de S. Paulo*, alegando que ele e sua esposa estavam envolvidos em "atividades subversivas" pelas quais ambos já tinham sido presos.[12]

A tensão violenta entre repressão e subversão mudou a paisagem da política externa brasileira, principalmente com relação a Portugal. Até o fim de 1970, o ministro das Relações Exteriores brasileiro e as embaixadas

---

[11] "O Brasil será o Japão da década de 70", *Província de Angola*, 6 de abril de 1972, 16; "As atenções do mundo voltadas para o Brasil", *Província de Angola*, 13 de junho de 1972, 1; "Portugal pode possibilitar ao Brasil talvez o maior mercado do mundo", *Província de Angola*, 17 de junho de 1972, 11.
[12] Consulado português em São Paulo para o Ministério dos Negócios Estrangeiros, 31 de outubro de 1972, PAA 922, Proc 284, pt. 1, MNE.

estrangeiras no Brasil continuaram no Rio de Janeiro, embora um novo e notável palácio ministerial tivesse sido construído em Brasília e os locais para as embaixadas já tivessem sido planejados. Diplomatas brasileiros e estrangeiros rejeitavam o modernismo planejado e estéril de Brasília, que não estava à altura do movimento, dos restaurantes, das livrarias, da vida noturna e das praias do Rio. Os diplomatas brasileiros justificavam a manutenção do Itamaraty no Rio porque era ali que estavam as embaixadas estrangeiras e as embaixadas justificavam sua permanência porque era ali que estava o Itamaraty. Gibson Barboza decidiu mudar o Ministério das Relações Exteriores e as embaixadas para Brasília, que, afinal de contas, era a capital do país. Para vencer a resistência, ele enfatizou a onda de sequestros, informando às embaixadas que o serviço de segurança que os protegeria de futuros sequestros iria se mudar para Brasília no final de 1970 e sugerindo que os diplomatas fossem junto.[13]

Figura 16. Palácio do Itamaraty. Brasília. Foto do autor.

A partir de 1971, Brasília funcionou como a capital diplomática do Brasil. A mudança contribuiu para enfraquecer o controle do *lobby* português sobre a política externa. Apesar disso, Brasília tinha a marca da visão de mundo lusófila de Juscelino, que ficava evidente na distribuição dos locais das embaixadas. Três tinham sido colocadas imediatamente ao redor do Ministério das Relações Exteriores: a dos Estados Unidos, a de Portugal e a da Nunciatura

---

[13] Entrevista com Mário Gibson Barboza, 5 de agosto de 2003.

Papal. O Itamaraty e a embaixada portuguesa eram ligados pela praça Portugal, com sua estátua modernista do Infante d. Henrique, o Navegador.

A ESTRATÉGIA DE GIBSON

A estratégia de Gibson Barboza era continuar o rumo estabelecido por seus predecessores, ou seja, intensificar as "relações luso-brasileiras" e, ao mesmo tempo, cultivar novamente as relações com a África Ocidental que tinham arrefecido desde o entusiasmo inicial da era Jânio Quadros. Então, aproveitando-se das relações bilaterais com Portugal e multilaterais com a África Ocidental, o chanceler tentaria mediar as duas facções. Para isso, dependia da premissa de que Portugal já não podia suster os custos sociais e econômicos de guerras permanentes pela África e em breve teria de reconhecer a inevitável independência de suas colônias. No momento em que isso ficasse evidente para os portugueses, Gibson já teria situado o Brasil na posição certa para desempenhar o papel de agente neutro.

Ironicamente, o forte relacionamento entre Brasil e Portugal tornava o primeiro mais relevante para os países africanos. A confiança que existia entre os governos brasileiro e português passou a ser uma qualidade da qual os países da África Ocidental iriam tentar se aproveitar. Se o Brasil pudesse usar o relacionamento com Portugal para facilitar a descolonização, poderia recuperar a confiança africana que tinha sido estremecida por anos de negligência diplomática. Após a visita de Gibson Barboza, Rountree explicou: "Havia indicações de que os dois lados acreditavam que o Brasil tinha um papel a desempenhar como intermediário entre Portugal e a África negra. Os africanos insistiram firmemente para que o Brasil usasse seu relacionamento especial com Portugal para convencê-lo a aceitar a independência gradativa de seus territórios africanos." [14]

Gibson Barboza executou a estratégia em três estágios. Em primeiro lugar, realizou uma série de atos diplomáticos com grande repercussão que culminou com as festividades do aniversário de 150 anos da independência do Brasil em 1972, compartilhadas pelos dois países; a repatriação dos restos mortais do imperador Pedro I, o monarca português que proclamou a independência do Brasil em 1822; e a assinatura de um acordo que concedia aos portugueses no Brasil e aos brasileiros em Portugal praticamente os mesmos direitos como cidadãos plenos. Enquanto tudo isso ocorria, Gibson

---

[14] Embaixada dos Estados Unidos em Brasília para o Departamento de Estado, "Brazil Discovers Africa", 28 de dezembro de 1972, Pol. 7 Braz, xr Pol, Afr-Braz, box 2131, NARA.

evitava ao máximo mostrar apoio ao colonialismo português. Em segundo lugar, o chanceler realizou uma visita cuidadosamente orquestrada a nove países da África Ocidental, assinando acordos comerciais e culturais, escutando as frustrações que os líderes africanos sentiam com relação a Portugal e ao Brasil e procurando reintroduzir o país como um parceiro culturalmente próximo. Em terceiro, propôs ao primeiro-ministro, Marcelo Caetano, e ao chanceler, Rui Patrício, de Portugal, que o Brasil fosse o mediador das negociações com os países africanos.

Gibson manteve o tom de "aproximação luso-brasileira" que vinha sendo usado desde os primeiros anos do regime militar, respondendo positivamente aos contatos cada vez mais frequentes que os líderes portugueses tentavam estabelecer com o Brasil. O primeiro-ministro Marcelo Caetano visitou o Brasil em 1969 e em 1972. Nas duas ocasiões foi aclamado em comemorações públicas pela colônia portuguesa no Rio, que lhe jogava serpentinas nos desfiles. O presidente Américo Thomaz participou das comemorações dos 150 anos da independência e trouxe os restos mortais de Pedro I para o Brasil. O ministro dos Negócios Estrangeiros, Rui Patrício, visitou o país várias vezes. E o presidente Médici — e o próprio Gibson — foram a Portugal também em diversas ocasiões.

Apenas uma vez Gibson Barboza fez um gesto público de apoio à posição portuguesa. No final da visita de Rui Patrício ao Brasil, em setembro de 1971, o ministro português publicou uma declaração conjunta com Gibson em que decidiam por um "total repúdio à ação terrorista que se manifesta nos diversos continentes, condenando-a como um retrocesso na civilização dos povos e na vida internacional e um crime de lesa-humanidade".[15] O clima repressivo da ditadura com Médici contribuiu para fazer com que fosse politicamente viável para Gibson buscar uma abertura com a África, mas também fez com que fosse difícil diferenciar entre dois regimes autoritários e de direita envolvidos na repressão violenta de movimentos de resistência armada.

Apesar do apoio que o Brasil dava a Portugal nas Nações Unidas, Gibson tentou, individualmente, despertar seus aliados portugueses para a inutilidade de seus esforços. Quando visitou Lisboa em 1970, disse ao ministro dos Negócios Estrangeiros, Rui Patrício, e ao primeiro-ministro Caetano que "apesar dos votos nas Nações Unidas, com os quais evitava constranger um

---

[15] Gibson Barboza e Rui Patrício, "Declaração Conjunta", 10 de setembro de 1971, AAS mre rb 1964.05.23, CPDOC/FGV.

país irmão — não aceitava serem os territórios ultramarinos portugueses províncias de um Estado unitário". Ainda assim, as relações com Portugal continuavam tão próximas quanto antes, em parte estimuladas pelo desespero do regime português, que fazia qualquer tipo de concessão para preservar o apoio do Brasil. O primeiro soberano do Brasil independente, Pedro I, abdicou e voltou para Portugal, onde governou como Pedro IV. Embora há muito tempo os governos brasileiros viessem pedindo que os restos mortais do fundador da nação fossem repatriados, as autoridades portuguesas se recusavam a fazê-lo. Mas nesse momento os restos eram entregues em uma exibição coreografada de fraternidade luso-brasileira. O presidente de Portugal, almirante Américo Thomaz, e sua comitiva, vestidos de luto, acompanharam os restos a bordo de um transatlântico de Lisboa até o Rio de Janeiro, naquilo que o *Financial Times* chamou de "uma das viagens mais estranhas realizadas por um chefe de Estado moderno". Thomaz viajou por várias cidades brasileiras para exibir os restos mortais do monarca, como tinha feito a seleção vencedora da Copa do Mundo em 1970 com a taça. Finalmente, em 22 de abril de 1972, 150 anos depois da travessia do rio Ipiranga em que d. Pedro erguera sua espada e proclamara "Independência ou morte!", seus restos mortais foram enterrados em um monumento no próprio local, em uma cerimônia televisionada para todo o país e chefiada pelos presidentes Thomaz e Médici. O *Financial Times* avaliou o significado da "viagem simbólica" como "um passo à frente nas relações luso-brasileiras, que poderiam ter um peso importante para o dilema africano de Lisboa".[16]

A obstrução portuguesa

Já no fim de 1971, o embaixador Fragoso, de Portugal, compreendeu que Gibson Barboza estava preparando um novo avanço diplomático na direção da África que poderia culminar em uma ruptura do apoio brasileiro ao colonialismo. Em particular, o diplomata português ficou ciente dos esforços de brasileiros em preparar a opinião pública para a mudança em sua política externa, e ensaiou uma resposta ao chanceler português, Rui Patrício. Fragoso concluiu que, embora tivesse evitado enviar políticos brasileiros às colônias em virtude dos altos custos, levando em conta principalmente o papel enfraquecido do Congresso sob o governo militar, acreditava que as viagens deveriam ser retomadas como parte de um

---
[16] "A Symbolic Journey", *Financial Times*, 21 de abril de 1972, Proc 922, PAA 282, cx. 282, MNE.

plano para reforçar a opinião política contra Gibson Barboza.[17] Sua ideia era mobilizar amigos na imprensa, convencendo-os de que "nossa batalha tem que continuar no domínio da informação geral". Sua sugestão foi colocar adidos militares adicionais no Brasil para desenvolver as Forças Armadas e estabelecer conexões entre os empresários e as colônias por meio de incentivos econômicos. Finalmente, sugeriu "uma política de condecorações, em que, se pudéssemos ser um pouco mais liberais, certamente colheríamos alguns frutos sem dispêndio".[18] Esses eram os mesmos instrumentos que tinham funcionado tão bem na paralisação da política externa brasileira na década de 1960.

Mas as autoridades portuguesas também tentaram uma tática nova para bloquear Gibson Barboza: procuraram autoridades de poder equivalente no governo brasileiro com quem pudessem negociar acordos separados. Essas transações seriam altamente favoráveis ao Brasil, mas a custo de atrelar o país aos últimos e violentos dias do colonialismo português. O governo português abordou o ministro da Fazenda, Antônio Delfim Netto, com a proposta de abrir Angola e Moçambique para as exportações brasileiras, com isenção de tarifas. Delfim Netto tinha sido considerado o criador do milagre econômico brasileiro, e isso fazia com que fosse o ministro mais forte do governo Médici. Acesso a mercados coloniais cativos seria uma maneira fácil de melhorar a balança comercial do Brasil e estimular o desenvolvimento. As autoridades portuguesas atraíram de forma semelhante o presidente da Petrobras, general Ernesto Geisel, com a oferta de dar acesso aos campos de petróleo angolanos. A maior parte do petróleo brasileiro era importada, e a Petrobras lutava para satisfazer a crescente demanda de energia da economia. Angola seria uma fonte próxima e abundante de petróleo. No mesmo momento, os militares do alto escalão formaram uma coalizão ao redor de Geisel apoiando-o como sucessor de Médici em 1974. As ofertas foram feitas às duas pessoas no Brasil, além do presidente, que poderiam ofuscar os objetivos de Gibson Barboza.

O chanceler foi então forçado a enfrentar Delfim e Geisel. Não foi difícil persuadir Geisel de que o custo político da abertura do mercado de exportação era muito alto.[19] O confronto com Delfim Netto foi mais difícil, porque ele não só percebia as vantagens econômicas da exportação de mercadorias

---

[17] Embaixada portuguesa no Rio de Janeiro para o Ministério dos Negócios Estrangeiros, 31 de janeiro de 1972, Proc 922, PAA 282, Brasil Geral, MNE.
[18] Id., 9 de outubro de 1971, Proc 922, PAA 292, MNE.
[19] Gibson Barboza, op. cit., 355.

para Angola e Moçambique, como também a oportunidade que isso lhe daria para ampliar sua influência sobre o Itamaraty. À medida que Delfim Netto buscava esses mercados nos primeiros meses de 1972, o embaixador Fragoso previu com convicção o pedido de demissão de Gibson Barboza. Escreveu, então, para seu ministro dos Negócios Estrangeiros, Rui Patrício, especulando sobre os possíveis sucessores para Gibson e falando sobre a garantia dada por Delfim Netto de que o Brasil iria levar a cabo a abertura econômica com Angola e Moçambique.[20]

Segundo Gibson Barboza, Delfim Netto "achava que nossa política devia ser de ligação com Portugal para a exploração colonial conjunta da África. E eu sustentava a teoria, que se mostrou correta, de que isso era uma loucura absoluta". Para o então embaixador, Delfim Netto só via os benefícios econômicos do relacionamento a curto prazo. "A posição dele era puramente econômica, porque Portugal oferecia vantagens, entrepostos de comércio na África, de nos associarmos com a exploração de petróleo em Angola." Mas Gibson Barboza percebia as últimas consequências daquele relacionamento. Era "para nos atrair, naquele momento, para a guerra na África". E explicou: "atrás das vantagens de dimensão comercial iam as armas também."[21] Gibson reagiu à intromissão de Delfim Netto oferecendo sua demissão. Com o pedido na mesa de Médici, o chanceler explicou os custos de fazer negócios nas colônias portuguesas. O presidente interrompeu as negociações de Delfim Netto com Portugal.

Assim como Gibson foi capaz de enfrentar as ofertas de Portugal a Geisel e a Delfim Netto, confrontou também a imprensa que era a favor de Portugal. Com a experiência que tivera sob Arinos e Dantas, Gibson sabia a capacidade da embaixada portuguesa e o *lobby* de Portugal de interferir na elaboração da política externa brasileira. Em suas memórias, lembra-se de ter decidido não usar um novo instrumento a seu favor: poderia ter feito uso das leis de segurança nacional para censurar as matérias na imprensa, mas sentiu que se fizesse isso estaria envenenando o relacionamento do Itamaraty com os jornalistas e solapando a cobertura de sua própria viagem à África. Em vez disso, convocou uma reunião com o embaixador Fragoso e exigiu que desse fim à campanha contra ele na imprensa. Segundo Gibson, o confronto chegou a ponto de uma ameaça de expulsão de Fragoso e de remoção do embaixador brasileiro em Portugal: "Conversa extremamente

---

[20] Embaixada portuguesa no Rio de Janeiro para o Ministério dos Negócios Estrangeiros, 13 de março de 1972, Proc 922, PAA 282, Relações Econômicas, MNE.
[21] Entrevista com Mário Gibson Barboza, Rio de Janeiro, 5 de agosto de 2003.

dura e desagradável. Mas o fato é que a campanha de imprensa cessou por completo daí em diante."[22]

Como demonstração do efeito que a conversa com Gibson tinha tido, pouco tempo depois Fragoso escreveu para o chanceler português Rui Patrício expressando sua preocupação de que um aliado de Portugal no Congresso brasileiro tinha organizado no futuro próximo a viagem de um oficial reformado português que iria falar ao Congresso, à Academia Nacional de Inteligência, aos chefes do Estado-Maior do Exército, da Marinha e da Aeronáutica, às sedes do Terceiro e Quarto Exércitos e a várias universidades. Os temas seriam "Guerra subversiva na África" e "Interesses comuns do Brasil e de Portugal na luta antissubversiva".[23] Achando que já era tarde demais para cancelar a viagem, o embaixador Fragoso procurou minimizar o impacto, pedindo que Rui Patrício interviesse para evitar que o oficial discutisse o Brasil, falasse à imprensa ou fizesse as visitas às universidades. Observou Fragoso: "sabe-se como o chanceler está sensível a tudo que possa parecer nossa ingerência contrária a sua política africana."[24]

A EMBAIXADA VOADORA

No decorrer de 1971 e 1972, os diplomatas brasileiros Paulo Tarso Flecha de Lima, André Teixeira Mesquita e Rubens Ricupero viajaram diversas vezes para a África Ocidental a fim de preparar o terreno para a visita de Gibson. Enquanto isso, Alberto da Costa e Silva, cuja experiência na África datava das cerimônias da independência do Senegal e da viagem investigativa de Negrão de Lima a Angola em 1961, trabalhava no gabinete do chanceler, preparando o esboço para os acordos comerciais, culturais e técnicos que seriam assinados durante a visita. Lá organizavam também o itinerário e avaliavam as necessidades que o chanceler teria durante o mês em que a viagem ocorreria. Compreendiam que as condições das embaixadas brasileiras na África Ocidental eram precárias demais para que essas pudessem fornecer muito apoio logístico. Pelo contrário, seu plano era que a viagem desse apoio às embaixadas. O ministro da Aeronáutica emprestou ao Ministério das Relações Exteriores o antigo avião presidencial, um Vickers Viscount. O avião tinha assentos para passageiros, um pequeno escritório e uma cabine com

---

[22] Gibson Barboza, op. cit., 352.
[23] Embaixada portuguesa no Rio de Janeiro para o Ministério dos Negócios Estrangeiros, 31 de janeiro de 1972, Proc 922, PAA 282, Brasil Geral, MNE.
[24] Id., 26 de julho de 1972, Proc 922, PAA 282, Brasil Geral, MNE.

uma cama. Na verdade, o Viscount funcionava como uma embaixada voadora totalmente autossuficiente que levava tudo o que seria necessário para a viagem, de equipamentos de comunicação a presentes. O avião oferecia também um benefício simbólico. Como Gibson disse a Médici, "a presença do avião militar brasileiro contribuiu também poderosamente para reforçar uma das primeiras intenções da viagem: a de mostrar nossa bandeira, afirmando o interesse brasileiro pelo continente africano".[25]

Viscount tinha lugar suficiente para a delegação brasileira e para um grupo de jornalistas que iria cobrir o progresso de Gibson Barboza. Além disso, no caminho, iria reabastecer as embaixadas com equipamentos básicos de escritório que lhes faltavam, como máquinas de escrever e máquinas de telex.[26] Um segundo Viscount da Aeronáutica fez duas viagens para entregar 76 caixas de uísque e de cachaça, além de latas com canapés e refrigerantes para serem servidos nas recepções oferecidas pela delegação brasileira.[27] A comitiva era composta por 35 pessoas: Gibson Barboza, onze diplomatas, seis repórteres, quatro funcionários de escritório, dez oficiais da Aeronáutica e membros da tripulação e três membros de uma "Comissão Mista" que iria organizar a participação do Brasil no Festival de Artes e Cultura Africanas (FESTAC) que seria realizado em Lagos.[28]

A Comissão da FESTAC incluía o único negro da delegação, o psiquiatra baiano George Alakija. Alakija foi nomeado presidente da comissão quando o ministro das Relações Exteriores da Nigéria, Enahoro, disse claramente a Gibson que o chefe da delegação não poderia ser branco. O diretor da Divisão Cultural do Itamaraty, Rubens Ricupero, lembra que Enahoro disse a Gibson: "Olha, ministro, o senhor não vai interpretar mal, nós todos respeitamos, ouvimos isso que vocês dizem, que o fato de haver poucos pretos aqui é mais um problema social, quer dizer, em posições eminentes, do que racial, mas nós queremos convidar o Brasil como vice-presidente, mas fazemos questão que seja um brasileiro preto, porque se não for, nós não vamos acreditar."[29] O sucessor de Gibson Barboza, Azeredo da Silveira, explicou ao presidente Geisel o papel de Alakija: "Não se trata, portanto,

---

[25] Gibson Barboza para Médici, "Exposição de motivos ao presidente da república: Ação diplomática brasileira na África atlântica", memorando secreto, 29 de dezembro de 1972, AHI.
[26] Entrevista com Rubens Ricupero, 26 de julho de 2006.
[27] Embaixada brasileira em Dacar para o Ministério das Relações Exteriores, "Visita do ministro de Estado", 4 de outubro de 1972, AHI.
[28] Id., "Visita do ministro de Estado", 26 de setembro de 1972, AHI.
[29] Embaixada brasileira em Senegal para o Ministério das Relações Exteriores, "Visita do ministro de Estado", 26 de setembro de 1972, AHI.

de um especialista em assuntos afro-brasileiros, mas sim de uma figura de proa capaz de aparecer aos africanos como exemplo vivo dos vínculos que sempre existiram entre o Brasil e a Nigéria."[30]

Waldir Freitas publicou um comentário no jornal *A Tarde*, de Salvador, com uma reflexão sobre os preparativos da viagem de Gibson Barboza, comparando-os, favoravelmente, com o "fracasso" da diplomacia no começo da década de 1960. Desde que Jânio Quadros tinha aberto as primeiras embaixadas, "a presença brasileira na África se manteve, mas já sem contar com qualquer tipo de apoio concreto, movimentando-se mais no campo das ideologias e dos pronunciamentos políticos que no dos fatos. Enquanto as nossas embaixadas africanas vegetavam sem qualquer capacidade maior de ação, malprovidas e sem condições reais de trabalho." Em contraste, "agora parece que amadurecemos". Freitas escreveu que "a volta do Brasil à África, neste instante, não possui, felizmente, o tom de aventura daquela outra ensaiada nos anos 1960. Desta vez, tudo foi muito bem-planejado. Durante cerca de um ano, uma numerosa equipe de diplomatas cuidou dos mínimos detalhes. A contribuição de muitos especialistas em assuntos africanos, entre os quais me incluo, foi solicitada. Nada foi poupado".[31] Freitas se deu conta da mudança da abordagem do Itamaraty com relação à política africana. Um pequeno detalhe fez a diferença: centralizando a elaboração e a execução de políticas no próprio Ministério das Relações Exteriores, agora em Brasília, e sensibilizando todas as bases no Brasil que representavam interesses na África, o Itamaraty venceu as rivalidades regionais e o ressentimento entre o Rio de Janeiro e Salvador e diminuiu a indevida influência da colônia étnica portuguesa na elaboração da política externa.

Entre os membros da imprensa estava Luiz Barbosa, repórter do *Jornal do Brasil*, jornal a favor de Portugal. Antes da viagem os funcionários do Itamaraty já tinham se esforçado para aproximar Barbosa de uma leitura mais precisa da abertura diplomática com a África. Nas palavras do embaixador Fragoso, Barbosa tinha sido "especialmente doutrinado para fazer parte da equipe de imprensa que acompanhou o chanceler em sua viagem à África".[32] No fim da viagem, escrevendo de Dacar, Luiz Barbosa

---

[30] Gibson Barboza, op. cit., 406; entrevista com Rubens Ricupero, 26 de julho de 2006. "Festival de Artes Negras e Africanas, janeiro e fevereiro de 1977", 7 de outubro de 1976, EG pr 1974.03.18, f-1980, CPDOC/FGV.

[31] Waldir Freitas de Oliveira, "Brasil e África: A viagem do ministro", *A Tarde*, 17 de novembro de 1972, consulado português em Salvador para o Ministério dos Negócios Estrangeiros, 28 de novembro de 1972, Proc 922, PAA 284, pt. 3, MNE.

[32] Embaixada portuguesa em Brasília para o Ministério dos Negócios Estrangeiros, 4 de

descreveu o Brasil como "uma espécie de irmão bem-sucedido na luta contra o subdesenvolvimento". Segundo seu texto, "os dirigentes políticos desses jovens países não parecem perder de vista o seu interesse por uma solidariedade integral do Brasil na questão das colônias". Refletiu também sobre a resistência física de Gibson Barboza: "Um teste rigoroso de capacidade física e disciplina mental. O sr. Gibson Barboza passou a média (quase exata) de três dias em cada um dos nove países. Às viagens aéreas, ao calor dos aeroportos (na base do verão carioca), aos estudos de documentos a bordo, seguiam-se as solenidades — encadeadas impiedosamente em programas compactos: reuniões de trabalho, visitas, coquetéis, jantares formais, entrevistas à imprensa. Havia necessidade de ser inteligente, bem-articulado, coerente e objetivo em todas as suas conversas, e tudo isso se expressando em língua estrangeira."[33]

Luiz Barbosa descreveu também a crescente impaciência dos países africanos com o colonialismo português, apresentando aquilo que, a seu ver, eram as duas opções de Portugal: negociar com a África independente sobre suas colônias ou envolver-se em uma guerra continental. Uma mudança na situação colonial de Portugal era iminente e inevitável. Um diplomata português em Brasília enviou um relatório a seu ministério dizendo que Barbosa "refletia os pontos de vista do Itamaraty que, via imprensa, visa criar um clima propício para a interferência no assunto ou o endurecimento futuro da posição em face de nossos problemas".[34]

Um mês na África Ocidental

Gibson Barboza chegou a Abidjã, na Costa do Marfim, dia 25 de outubro, dando início a uma viagem que o levaria a Gana, Togo, Benin, Zaire, Gabão, República dos Camarões, Nigéria e Senegal. A escolha desses países e a ordem da visita tinham a intenção de transmitir mensagens para três públicos distintos. Gibson queria definir o Brasil diante dos líderes africanos; apresentar a África como sendo significativa para o público e militares brasileiros; e indicar às autoridades portuguesas que uma mudança era necessária. Rubens Ricupero lembra que "era o desejo do chanceler Gibson Barboza ter alguma

---

dezembro de 1972, Proc 922, PEA 284, pt. 3, MNE.
[33] "Brasil, um irmão bem-sucedido", *Jornal do Brasil*, 22 de novembro de 1972, embaixada portuguesa em Brasília para o Ministério dos Negócios Estrangeiros, 24 de novembro de 1972, Proc 922, PAA 284, pt. 3, MNE.
[34] Embaixada portuguesa em Brasília para o Ministério dos Negócios Estrangeiros, 4 de dezembro de 1972, MNE.

influência na questão das colônias portuguesas, que então ainda estavam em guerra de libertação. Ele evitou confrontar o problema diretamente porque o clima no Brasil não era propício para isso. Era o governo do presidente Médici que, como se sabe, marca talvez o ponto mais alto da ditadura, no sentido de ser ditadura mais estrita, mais repressiva".[35]

O chanceler foi recebido com honras de chefe de Estado. Os jornais locais cobriram a visita extensamente, com frequência na primeira página. Ao descrever para o presidente Médici a natureza de sua recepção, Gibson Barboza comentou que "a importância política do Brasil para os países africanos aumenta, mesmo, em função das nossas relações especiais com Portugal. O Brasil não se apresenta, na África, como se apresentariam o México, a Argentina ou a Austrália, como um voto a mais a ganhar nas Nações Unidas, mas como um país que, em função de sua amizade com Portugal, poderá vir a atuar, de forma pacificadora, no momento da grande crise".[36]

O embaixador começou a viagem pela Costa do Marfim porque considerava o presidente Felix Houphouët-Boigny um político moderado e tinha a esperança de começar com um tom positivo que iria ser estendido às demais visitas. A viagem terminaria no Senegal, e nesse ínterim a delegação iria ziguezaguear pela África Ocidental, escolhendo seu destino de acordo com a atitude com que cada país lidava com Portugal e procurando evitar a pressão sucessiva por parte de várias nações.[37] Houphouët-Boigny daria um tom de boas-vindas com o qual Gibson poderia se preparar para a pressão mais estridente sobre descolonização que viria dos outros países durante a visita.

Na véspera da chegada do chanceler, o jornal marfinense *Fraternité Matin* publicou duas reportagens sobre o Brasil preparadas pelo Itamaraty. Uma delas, *"Un pays d'africains de toutes les couleurs"*, descrevia o Brasil como um cadinho em que as características africanas eram compartilhadas por alemães, judeus, poloneses, japoneses, italianos e outros mais. A publicação também apresentava o Brasil como uma potência industrial emergente e um parceiro para a África. A segunda matéria falava sobre futebol, o assunto que os africanos mais associavam ao Brasil.[38] Um pouco antes da chegada de Gibson Barboza à Costa do Marfim e a outros países, cinco documentários

---

[35] Entrevista com Rubens Ricupero, 26 de julho de 2006.
[36] Gibson Barboza para Médici, "Exposição de motivos ao presidente da república: Ação diplomática brasileira na África atlântica", memorando secreto, 29 de dezembro de 1972, AHI.
[37] Gibson Barboza, op. cit., 400.
[38] *Fraternité Matin*, 22 de outubro de 1972, 9; 23 de outubro de 1972, 9.

televisivos e vários programas de rádio gravados sobre o Brasil foram transmitidos localmente.[39]

Houphouët-Boigny organizou três dias de comemorações em Abidjã e em sua cidade natal, Yamoussoukro. Viajando entre as duas cidades, a delegação brasileira foi parada pelas multidões nas ruas das cidades que gritavam *"Vive le Brésil!"*.[40] O presidente marfinense organizou um jantar oficial seguido de música e de um show que apresentava uma dança semelhante ao frevo do Nordeste brasileiro, algo que Gibson tinha aprendido quando criança. Alberto da Costa e Silva pediu permissão a Gibson para juntar-se aos dançarinos, e o resto da delegação não demorou para acompanhá-lo.[41] A visita foi o assunto principal da primeira página do *Fraternité Matin*, que chegou a mostrar membros da delegação brasileira dançando em um grande círculo de marfinenses, com a legenda *"Quel beau tableau, cette image fraternelle d'Ivoriens et de Brésiliens dansant, serrés les uns contre les autres, la main dans la main, au son de la fanfarre. Le 'samba' brésilien avait gagné le coeur des Ivoriens et 'l'Agbassa' celui des Brésiliens."*[42] Segundo Gibson, o clima estabelecido pela confraternização dos marfinenses e dos brasileiros fez com que "as notícias de nossa viagem repercutissem no continente, através dos 'tambores da selva': saíam nos jornais de todos os países africanos e eram assunto de telefonemas entre seus governos. Naquela primeira escala, acumulei forças para as dificuldades que sabia ter de enfrentar em Gana".[43]

O regime militar ganense adotou uma atitude extremamente crítica contra Portugal na Organização da Unidade Africana (OUA), algo que Gibson Barboza considerou um eco do pan-africanismo de Nkrumah. O relato que Gibson faz em suas memórias de sua primeira reunião em Gana mostra como a percepção que ele tinha da africanidade brasileira lhe dava confiança suficiente diante do que prometia ser uma reação particularmente hostil aos laços do Brasil com Portugal.

Ao chegar a Acra o chanceler foi recebido pelo ministro das Relações Exteriores ganês, Nathan Aferi. Gibson descreveu seu comportamento formal, que o assemelhava a uma figura imperial britânica: "Andando com a postura dos

---

[39] Gibson Barboza para Médici, "Exposição de motivos ao presidente da república: Ação diplomática brasileira na África atlântica", memorando secreto, 29 de dezembro de 1972, AHI.
[40] Gibson Barboza, op. cit., 402.
[41] Costa e Silva, *O vício da África e outros vícios*, 404.
[42] *Fraternité Matin*, 30 de outubro de 1972, 1. "Que bela cena essa imagem fraterna dos marfinenses e brasileiros dançando, juntos, de mãos dadas, ao som da fanfarra. O samba brasileiro ganhara o coração dos marfinenses e o agbassa, o dos brasileiros" (em tradução livre, N.E.).
[43] Gibson Barboza, op. cit., 405.

militares britânicos, o tronco ereto e ligeiramente inclinado para a frente, um bastão sob o braço (...) cortesia fina, mas não efusiva, falando com forte acento de Oxford." Aferi levou a delegação brasileira diretamente para um almoço em um saguão à beira do mar. Ao entrar, passaram por uma estátua de Xangô, fazendo Gibson sentir-se "em casa". O almoço era um bufê de comidas que, segundo o ministro Aferi, os brasileiros não iriam conhecer e provavelmente achariam estranhas. Gibson Barboza reagiu ao que encarou como um desafio:

Percebi tratar-se do primeiro teste, entre vários a que seria submetido. Ali chegava eu, branco, com uma delegação de brancos (somente o médico brasileiro que nos acompanhava era negro), a proclamar que no Brasil não havia discriminação racial e que nos orgulhávamos de nossas raízes africanas. "Vamos desmascarar essa gente", deve ter pensado ele.

— Tenho muita satisfação em descobrir uma nova forma de culinária — respondi. Aproximei-me e vi que as panelas de barro sobre a mesa continham coisas que me eram familiares, desde a infância em Pernambuco, assim como nas visitas à Bahia: tudo boiando numa espessa camada de azeite de dendê. Pensei: bom, até gosto de vatapá, caruru etc., mas este dendê em abundância, para quem está acabando de chegar de uma viagem em visita de trabalho e vai engajar-se em outra certamente mais difícil... Paciência e coragem! Vamos jogar o jogo deles. Após ajudar-me a servir-me abundantemente, Aferi conduziu-me até a mesa principal e disse-me, com um ar indisfarçavelmente sarcástico:

— Talvez tenha muita pimenta para o senhor.
Provei, e realmente estava bastante apimentado. Mas eu não podia me render. Resolvi enfrentar o desafio e passar ao ataque.
— O que o senhor está achando? — perguntou-me.
— Não estou gostando, na verdade.
— Ah, eu sabia que o senhor não aguentaria essa pimenta.
— Não, não é isso. É que não tem pimenta suficiente. No meu país, come-se isto com muito mais pimenta.
— Não é verdade.
— É.
Disse ele, então, em voz alta:

— O ministro acha que este prato não tem pimenta suficiente. — Provou.
— Mas está muito apimentado.
— Não para mim. O senhor quer fazer o favor de mandar trazer mais pimenta? — "Tudo pelo Brasil", pensei. Coloquei os óculos escuros, porque sabia que ia chorar. Trouxeram a pimenta e ele próprio a serviu abundantemente, sem piedade. Comecei a lacrimejar, mas ele não via, abrigado que eu estava atrás dos óculos escuros. Fingia que estava meio resfriado para enxugar os olhos.
— Que tal?
— Agora está bom. — Nessa hora ele falou, em inglês, em voz alta para sua equipe:
— O ministro gosta de pimenta. Este é o meu homem! — Deu-me pancadinhas nas costas e ficou mais cordial.
— Realmente é um dos nossos. Ele come pimenta e come as nossas comidas. — Ao que respondi:
— Isto é normal para mim. Todo dia, em casa, só como isso.[44]

Após o almoço, Aferi fez um brinde e Gibson Barboza aproveitou a oportunidade para dar o troco. O ministro ganês verteu um pouquinho de champanhe no cinzeiro à sua frente, em uma versão da oferta tradicional aos antepassados. Em vez de devolver o gesto com um brinde próprio, Gibson declarou estar "profundamente decepcionado" com a atitude de Aferi, e disse: "Temos guardado, melhor do que os senhores, as tradições deste país." E explicou, então, que essas influências tinham sido preservadas em sua verdadeira forma no Brasil, mesmo que tivessem sido perdidas em Gana. "Não é aos ancestrais que se bebe, e sim a Xangô." Ficando em pé, Gibson levou sua taça de champanhe para um canto da sala, jogou um pouco no chão e disse: "A Xangô!"[45] O embaixador conta que Aferi também se levantou, declarou que era uma pena que suas tradições tivessem se perdido assim e ordenou a seu chefe de protocolo que a partir daquele momento o brinde fosse feito da maneira antiga.

Segundo o relato de Gibson, Aferi desafiou a africanidade do chanceler brasileiro, que reagiu com uma aceitação exagerada e confessadamente falsa da comida apimentada que estava ali para testar sua autenticidade. E, levando o desafio um passo à frente, apresentou os brasileiros como sendo mais fiéis às tradições africanas que seus anfitriões ganenses. A dinâmica do evento foi exagerada pelo relato de Gibson Barboza, que descreveu Aferi

---
[44] Ibid., 406-8.
[45] Ibid., 409.

como britânico e a si mesmo como "em casa" com Xangô. Seu relato está estruturado na forma clássica das historietas que demonstram a habilidade dos narradores de usarem seu jeitinho para inverter uma situação difícil. Mas a anedota indica também como Gibson investiu na africanidade para vencer o próprio nervosismo com relação à hostilidade que ele esperava por parte dos líderes ganenses em virtude das políticas brasileiras.

Depois do almoço, veio o verdadeiro desafio. Em seu escritório, Aferi acusou o Brasil de fornecer armas, de manter campos de detenção para os dissidentes da Guiné portuguesa e de negociar um tratado de defesa com Portugal e África do Sul. Gibson refutou todas as acusações que Aferi admitiu serem provocações feitas para avaliar até que ponto ia realmente a relação do Brasil com Portugal.[46] A imprensa ganense manteve o tom desafiador de seu ministro. No final da visita brasileira, o *Ghanaian Times* publicou um editorial argumentando que "brasileiros e africanos têm muito a ganhar com a cooperação entre eles. É um fato que o Brasil é mais um país de produtos manufaturados que um produtor de produtos primários e, com conexões mais próximas com a África, pode contar com um mercado mais amplo para tais produtos. Mas, em troca disso, os africanos exigiriam o apoio da grande influência do Brasil em nossa luta para livrar o continente do colonialismo português [e] do *apartheid* sul-africano".[47]

O *Daily Graphic*, de Acra, foi ainda mais hostil, criticando as relações raciais no Brasil e seus laços com Portugal. Quando os brasileiros chegaram à Costa do Marfim, o jornal publicou um editorial que lembrava os leitores que um dos primeiros atos do regime detentor do poder desde 1964 tinha sido a prisão de nacionalistas africanos. Declarava o editorial: "Para ser sincero, desde 1964 o relacionamento entre Brasil e Portugal é tal que podemos ser perdoados por suspeitar que a cooperação brasileira com a África poderia ser mal usada como um meio de suavizar a luta da África contra Portugal."[48] Examinando o "racismo no mundo", outro artigo explicava que "só o dinheiro pode fazer com que um negro brasileiro suba na vida, e mesmo assim ele é apenas tolerado! A expectativa é que todos os negros brasileiros que são ACEITOS socialmente casem-se com uma mulher branca para que nas próximas gerações a linhagem negra desapareça! Pelé parece estar seguindo esse exemplo. A África não deve ficar fascinada (...) com a ideia de

---
[46] Ibid.
[47] "An Example of Mutual Co-operation", *Ghanaian Times*, 3 de novembro de 1972, 2.
[48] "Brazil and Africa", *Daily Graphic*, 31 de outubro de 1972, 2.

ter novos amigos brasileiros (portugueses) a ponto de esquecer como seus amigos e parentes estão sendo tratados".[49]

A dimensão da desconfiança que Gana tinha do Brasil era evidente nas repetidas provocações feitas pública e particularmente sobre as relações raciais do país. Embora Gibson Barboza possa ter achado que tinha levado vantagem no caso da comida, o ministro Aferi deve ter se divertido com o sofrimento pelo qual fez o chanceler brasileiro passar para provar sua africanidade. Rubens Ricupero lembra que a delegação considerou as reuniões em Gana extremamente bem-sucedidas, porque a expectativa era de que o governo ganense seria particularmente hostil. Embora Aferi os tenha desafiado, a delegação brasileira e os companheiros ganenses assinaram uma série de acordos e a declaração conjunta que Rubens Ricupero considerou "branda". A delegação brasileira comemorou quando voltou ao hotel, mas Ricupero se absteve. O chanceler percebeu isso e interpelou-o. Ricupero lamentou aquilo que viu como uma oportunidade perdida: "Acho que essa declaração é anódina, não significa nada e não avança a nossa causa aqui. Nós deveríamos ser um pouco mais incisivos, isso mostraria que nós estamos dispostos a desempenhar um papel, ainda que tenhamos que ser prudentes. Do jeito que fizemos, dá a impressão de que não queremos nenhum compromisso; é um excesso de prudência... Eu compreendo que para ser *broker* nós não podemos criticar duramente Portugal, mas também não podemos agir de uma maneira que o tema desapareça; o tema tem de estar presente."[50]

Ricupero lembra que Gibson Barboza o levou para almoçar a fim de explicar as pressões sofridas por ele por parte dos militares — em virtude da ideologia da Guerra Fria de "defesa do Ocidente" que tinha sido explorada por Portugal —, dos jornais e de outros aliados de Portugal. O ministro queria proceder com cuidado. Ricupero discordava, sugerindo que as declarações conjuntas poderiam ser "uma espécie de balão de ensaio, para ver até onde se podia ir na linguagem". Quando o entrevistei em 2006, Ricupero expressou ainda maior desconforto com o tom brasileiro, pelo qual ele tinha sido parcialmente responsável em seu papel como chefe da Divisão Cultural do Itamaraty: "Eu, como tinha essa posição crítica, a mantive. Achei, naquela época, que o pecado dessa visita foi que ela dependeu demais dos elementos simbólicos; os elementos como o apelo ao passado, à história, à etnia, aos

---

[49] "Racism in the World", *Daily Graphic*, 21 de novembro de 1972, 5.
[50] Entrevista com Rubens Ricupero, 26 de julho de 2006.

brasileiros que voltaram e criaram comunidades na costa da África. Tudo isso era verdade, e é até hoje, mas era ambivalente, porque tudo isso era ligado à escravidão. Então, não era propriamente um passado glorioso, em que o papel do Brasil tivesse sido positivo, tanto que em alguns países isso causava uma reação de certo desconforto. Não era em todos eles que a lembrança daquela continuidade cultural despertava um eco simpático; sobretudo países, por exemplo, que tinham uma atitude de se modernizar, de se ocidentalizar. Não achavam muita graça naquele discurso brasileiro do candomblé, aquelas coisas; porque, para eles, aquilo era uma espécie de passado."[51] A delegação de Gibson Barboza continuou por Benin, Togo, Zaire, Gabão, República dos Camarões, Nigéria e Senegal. A visita a Togo e a Benin tinha sido planejada para depois de Gana especificamente porque esses países estavam embebidos com aquele tom cultural que incomodava Ricupero. Ambos tinham pouco peso político ou potencial para o comércio com o Brasil, mas contavam com grandes comunidades de descendentes de brasileiros.

Em Togo e Benin, o chanceler compartilhou a experiência de brasileiros como Antonio Olinto, achando a paisagem semelhante ao litoral pernambucano e à cidade colonial de Olinda, onde tinha crescido. Teve encontros com agudás, inclusive com um clã chamado "Barbosa". Durante o jantar oficial em Togo, músicos e dançarinos apresentaram o bumba meu boi e os auxiliares do ministro juntaram-se a eles para dançar. O embaixador francês no Togo, sentado ao lado de Gibson, disse-lhe: "Vocês, brasileiros, são imbatíveis aqui na África. O meu primeiro-ministro, Georges Pompidou, virá ao Togo, além de outros países da África, no próximo mês, e estou preparando a visita com todo o esmero. Mas isso não podemos fazer, não podemos dançar com eles, não sabemos como fazê-lo. Os brasileiros têm um traço africano em sua formação; é impossível competir nisso com vocês."[52] Era nessa dicotomia que os diplomatas brasileiros estavam competindo. O embaixador francês contrastava "seu" governo com o governo "deles", os togoleses. A delegação de Gibson Barboza tinha redesenhado essa fronteira, e se definiam como parte do "deles".

As visitas à República dos Camarões e ao Zaire tiveram como objetivo a meta brasileira de estender o limite de suas águas territoriais para duzentas milhas do litoral, um projeto compartilhado com Camarões, e a possibilidade de intercâmbio comercial com o Zaire. Todos os países

---
[51] Ibid.
[52] Gibson Barboza, op. cit., 415.

visitados questionavam o modelo das rotas aéreas comerciais do Brasil para a África: as únicas existentes conectavam o Brasil com as cidades de Joanesburgo e Luanda, ambas governadas por minorias brancas.[53] Embora Gibson tenha passado três dias em Duala, o presidente Ahidjo recusou-se a encontrá-lo. A embaixada dos Estados Unidos nos Camarões atribuiu isso "à posição do presidente com relação às possessões portuguesas na África, à luz da qual o relacionamento do Brasil com Portugal pode ser visto de maneira desfavorável".[54]

A visita à Nigéria combinou a hostilidade demonstrada pelas autoridades ganenses e a cordialidade de Togo, Benin e Costa do Marfim. Gibson Barboza foi recebido pelo presidente Gowon, que se reuniu com ele por mais de uma hora, em vez dos quinze minutos planejados. A delegação visitou o bairro brasileiro em Lagos e conheceu alguns agudás. Em suas memórias, Gibson descreveu como ficou constrangido pela maneira como os agudás idosos fizeram fila para pedir sua "benção, papá". Ele viu nisso um vestígio da submissão dos escravos aos senhores. O ministro, à medida que cada um deles se curvava e dizia a mesma coisa, afirmou ter se sentido "embaraçado, vi-me estranhamente a deixar-me beijar a mão e a dizer 'Deus te abençoe, meu filho'".[55]

Uma das ações que o Itamaraty tinha planejado para a viagem era o restabelecimento da navegação direta entre o Brasil e a África ocidental pela Marinha mercante, o Lloide Brasileiro. O Lloide tinha desenvolvido algumas rotas à época do governo Jânio Quadros, mas elas tinham se tornado inativas. O Itamaraty agora buscava uma vez mais "romper o círculo vicioso da inexistência de comércio pela inexistência de transportes e da inexistência de transportes pela ausência de comércio". A chegada do primeiro navio de carga do Lloide foi planejada para coincidir com a visita do chanceler. A embarcação carregava 1,5 milhão de dólares em mercadorias, desde geladeiras até chuveiros elétricos.[56]

---

[53] Gibson Barboza para Médici, "Exposição de motivos ao presidente da república: Ação diplomática brasileira na África atlântica", memorando secreto, 29 de dezembro de 1972, AHI.
[54] Embaixada dos Estados Unidos em Douala para o Departamento de Estado, "Visit of Brazilian Foreign Minister to Cameroon, novembro 11-15", 21 de novembro de 1972, Pol. 7 Braz, xr Pol, Afr-Braz, box 2131, NARA.
[55] Gibson Barboza, op. cit., 431-32.
[56] Gibson Barboza para Médici, "Exposição de motivos ao presidente da república: Ação diplomática brasileira na África atlântica", memorando secreto, 29 de dezembro de 1972, AHI. "De volta da África", *Veja*, 29 de novembro de 1972. Consulado português em São Paulo para o Ministério dos Negócios Estrangeiros, 29 de novembro de 1972, Proc 922, PAA 284, pt. 3, MNE.

A hostilidade da Nigéria com relação a Portugal tinha raízes mais profundas que o anticolonialismo pura e simplesmente; vinha também do apoio logístico e militar que o governo português tinha dado à região separatista de Biafra durante a guerra civil.[57] Os jornais nigerianos usaram a visita para criticar as relações brasileiras com Portugal e as relações raciais no Brasil, de forma semelhante àquela utilizada pelos jornais ganenses. O jornal *Daily Sketch*, que apoiava o governo, publicou uma crítica severa à democracia racial e descreveu o Brasil como tendo "uma política que cria a pior forma de injustiça social do mundo, e na qual os mais afetados são os negros". E acrescentou: "Desde 1964, o governo brasileiro não se preocupou em melhorar a sorte de seus negros nem dos outros pobres."[58] O artigo descrevia o interesse brasileiro em um pacto de defesa do Atlântico Sul africano. Enquanto isso, na véspera da visita, uma manchete no jornal *Daily Times*, de Lagos, perguntava: "O Brasil tem como objetivo relações comerciais com as nações negras africanas. E quanto aos laços com Lisboa?"[59] O jornal criticou a "incomparável hipocrisia" de uma abstenção brasileira numa questão de Portugal nas Nações Unidas ocorrida durante a viagem de Gibson Barboza. E avisou: "O Brasil deve compreender que, ao votar contra o reconhecimento dos movimentos de libertação na África, está seriamente comprometendo a autenticidade de seu desejo de manter contato com os países africanos. Não é fora de propósito dizer que a relação desejada com os países africanos tem como objetivo amenizar a oposição africana à política colonial de Portugal."[60]

A viagem do chanceler terminou no Senegal, "propositadamente escolhido como a última etapa da viagem" em virtude do diálogo já existente entre Léopold Senghor e o Brasil.[61] Gibson e Senghor se encontraram várias vezes e discutiram estratégias para lidar com Portugal. Senghor descreveu conversas secretas que tinha tido com o general Antonio de Spínola, o comandante militar da Guiné-Bissau, onde o PAIGC tinha ocupado a maior parte do território nacional e estava caminhando na direção de uma declaração de soberania. Spínola via o despropósito da guerra e tinha aceitado a proposta de Senghor de um cessar-fogo e uma independência negociada. Quando Spínola apresentou a ideia ao primeiro-ministro português Marcelo

---

[57] Gibson Barboza, op. cit., 432.
[58] "Jornal governista da Nigéria faz ataque ao Brasil", *O Estado de S. Paulo*, 19 de novembro de 1972. Consulado português em São Paulo para o Ministério dos Negócios Estrangeiros, 23 de novembro de 1972, Proc 922, PAA 284, pt. 3, MNE.
[59] *Daily Times*, 19 de outubro de 1972, 10.
[60] "The UN Vote on Liberation Movements", *Daily Times*, 22 de novembro de 1972, 3.
[61] Gibson Barboza, op. cit., 434.

Caetano, foi afastado do comando.[62] Senghor e Gibson tinham uma ideia semelhante sobre como prosseguir. Ricupero descreveu esse avanço: "Senghor propôs, concretamente, pela primeira vez, que o Brasil fosse um intermediário entre as colônias portuguesas e Portugal; que fosse de fato um país mediador de uma solução."[63] O chanceler brasileiro patrocinaria uma reunião entre líderes portugueses e africanos. Nesse encontro, que ocorreria em Brasília, os líderes africanos proporiam um armistício com Portugal em troca de um cessar-fogo nas colônias. Isso daria a Portugal espaço para tomar iniciativas com relação à concessão de autonomia às colônias de uma forma que preservasse os laços culturais e econômicos com aqueles países. A alternativa era uma guerra continental contra os portugueses.

O tom da cobertura jornalística da visita de Gibson Barboza não poderia ser mais diferente do que o da imprensa ganense. Os jornais nos dois países ecoavam seus líderes políticos. O jornal *Le Soleil*, de Dacar, usou a tolerância do Brasil como um exemplo da negritude e da latinidade expressa por Senghor. Em um artigo intitulado "O negro na sociedade brasileira", *Le Soleil* reconheceu mas também minimizou a desigualdade racial, argumentando que "embora haja uma distância social entre negros e brancos, ela é principalmente psicológica e baseada nas diferenças de classe. A miscigenação entre negros e brancos reduziu a distância entre os grupos e impediu a emergência da segregação, do preconceito ou da discriminação com base apenas na cor da pele."[64] O artigo era parte de uma página inteira de reportagens sobre o Brasil durante a reunião de Gibson com Senghor e foi complementado por uma matéria que relatava a experiência da seleção brasileira de futebol em uma "Copa Independência" contra Portugal como parte das comemorações dos 150 anos da independência do Brasil. O jornal questionava o que aconteceria com o futebol brasileiro depois de Pelé. Se Pelé era um símbolo negativo do "embranquecimento" na reportagem ganense, em Senegal era um símbolo positivo, mas passageiro, da africanidade brasileira contra um pano de fundo que tinha como moldura os laços com Portugal.

Uma vez mais, Senghor garantiu ao chanceler brasileiro e à população do Brasil que ele e outros líderes africanos esperavam que as colônias de Portugal continuassem a ser cultural e linguisticamente portuguesas e enfatizou, por exemplo, que seu governo fornecia professores de português

---

[62] Gibson Barboza para Médici, "Exposição de motivos ao presidente da república: Ação diplomática brasileira na África atlântica", memorando secreto, 29 de dezembro de 1972, AHI.
[63] Entrevista com Rubens Ricupero, 26 de julho de 2006.
[64] "Le noir africain dans la société brésilienne", *Le Soleil*, 20 de novembro de 1972, 2.

para trabalhar nos acampamentos para refugiados bissauenses.⁶⁵ O presidente senegalês também repassou a Gibson um telegrama do líder do PAIGC, Amílcar Cabral, que pedia o apoio do Brasil. A mensagem, que Gibson deu a Médici quando regressou ao país, explicava que os membros do PAIGC eram "continuadores daqueles que, depois do histórico Grito do Ipiranga, lutaram pela independência, estabelecendo as bases sobre as quais se criou e desenvolveu a grande Nação brasileira de nossos dias".⁶⁶ O chanceler brasileiro endossou a mensagem descrevendo Amílcar Cabral para o presidente como o líder português da independência africana mais respeitado pelos estadistas do continente.

Como era de costume, os jornais antiportugueses no Brasil, como *O Estado de S. Paulo* e o *Correio da Manhã*, deram ênfase ao desafio que a viagem de Gibson Barboza representava para o colonialismo português. O exilado português e colunista de *O Estado de S. Paulo*, Miguel Urbano Rodrigues, concluiu que "para o Brasil, a opção é clara. Apoiar na ONU o governo de Portugal, tentar encontrar justificativas para o colonialismo português, significa fechar as portas ao diálogo com a África". O *Correio da Manhã* declarou: "Se Portugal não modificar a sua política colonialista, teimando em não admitir a independência da Guiné, de Angola e de Moçambique, se defrontará com uma aguda situação de fato: um conflito armado contra numerosos países africanos." Por sua vez, a embaixada portuguesa viu um padrão de reportagens que tinha a intenção de que "se crie uma opinião favorável a qualquer definição ou mudança de atitude do Brasil em relação a Portugal".⁶⁷ A *Gazeta Mercantil*, a favor de Portugal, escreveu que a viagem tinha ocorrido no momento certo e que era parte da missão do Brasil de "alcançar seu destino de grandeza".⁶⁸

O tom das reportagens, especialmente nos jornais aliados a Portugal, era uma evidência do sucesso da viagem de Gibson Barboza, mas também o sinal de algo mais profundo. Em 1972, os aliados de Portugal já eram dominados pela apreensão quando observavam a situação entre a metrópole e suas colônias após doze anos de guerra. No início da década de 1960, foi possível

---

⁶⁵ Gibson Barboza, op. cit., 437.
⁶⁶ Gibson Barboza para Médici, "Política externa brasileira, África: Guiné-Bissau", 27 de novembro de 1972. AAS mre rb 1974.10.00, CPDOC/FGV.
⁶⁷ Embaixada portuguesa em Brasília para o Ministério dos Negócios Estrangeiros, 29 de novembro de 1972, Proc 922, PAA 284, pt. 3, MNE.
⁶⁸ "Gibson chega e despacha com Médici", *Gazeta Mercantil*, 23 de novembro de 1972. Consulado português em São Paulo para o Ministério dos Negócios Estrangeiros, 23 de novembro de 1972, Proc 922, PAA 284, pt. 3, MNE.

imaginar que a África portuguesa era diferente e a descolonização, um fenômeno passageiro. No final da mesma década ainda era possível imaginar que uma aliança entre Portugal e Brasil iria reacender o domínio do Atlântico Sul que existia no século XVI e que fazia dele "um lago lusitano". Mas, no começo dos anos 1970, já havia poucos motivos para otimismo sobre a continuação do domínio português na África. Em vez disso, os lusófilos tinham que se reconfortar com a declaração de Senghor de que "o Brasil é o herdeiro da grande tradição lusitana, daqueles homens que conquistaram o mundo para Cristo (...) Hoje são os brasileiros os legítimos herdeiros dos Lusíadas."[69]

Gibson Barboza e sua delegação não eram os únicos brasileiros viajando pela África em novembro de 1972. O cantor Roberto Carlos se apresentava em Luanda exatamente no momento em que o chanceler brasileiro digeria seu almoço apimentado.[70] Seria uma coincidência? Ou a ocorrência simultânea dos dois eventos tinha sido planejada intencionalmente para mostrar a colonialistas ansiosos com o Brasil ainda estar do lado deles? O governo português observou a viagem do chanceler brasileiro com nervosismo, e à medida que a viagem ia prosseguindo, coletava informações avidamente. O ministro dos Negócios Estrangeiros português coletava e analisava os discursos de Gibson Barboza e possivelmente examinava todas as mínimas reportagens sobre a viagem no Brasil, na África e no mundo todo. Com efeito, as fontes mais extensas disponíveis para entender a viagem são os registros do Ministério dos Negócios Estrangeiros português.

Como uma demonstração da capacidade do ministério português de observar o governo brasileiro, contando até com aliados no próprio Itamaraty para obter informações confidenciais, o encarregado de negócios na embaixada portuguesa em Brasília enviava para Lisboa cópias das comunicações internas que Gibson e sua delegação mandavam para o Itamaraty. Entre elas, estava o telegrama que descrevia o entusiasmo do chanceler brasileiro com a recepção do presidente Gowon, do qual um diplomata português escreveu: "você poderá carregar na adjetivação porque ficará ainda aquém da realidade. Realmente, relendo o primeiro parágrafo deste telegrama verifico não ter conseguido transmitir em sua profundidade e extensão a conversa de Gibson com o chefe de Estado, que o recebeu, aliás, com estas palavras textuais: '*Welcome home!*'.

---

[69] "O fim da viagem do ministro", *Jornal da Tarde*, 22 de novembro de 1972. Consulado português em São Paulo para o Ministério dos Negócios Estrangeiros, 23 de novembro de 1972, Proc 922, PAA 284, pt. 3, MNE.
[70] Anúncio "O maior ídolo da canção brasileira: Roberto Carlos — e o Conjunto R.C. 7 — no palco do Cinema Avis", *Província de Angola*, 1º de novembro de 1972, 3.

Duas vezes Gibson fez menção de se despedir e ouviu de Gowon: 'Não olhe para o relógio.'"[71] Uma semana depois o mesmo encarregado de negócios em Brasília observou que: "não há dúvida, entretanto, de que o clima no seio do Itamaraty é de euforia pelo êxito declarado da viagem e percebe-se que o chanceler e sua comitiva não foram imunes a uma sensibilização pelas pressões recebidas dos africanos com relação aos assuntos portugueses."[72] O embaixador Rountree percebeu um clima semelhante na delegação brasileira que estaria "mais do que satisfeita com os resultados gerais de sua aventura africana".[73]

Sá Machado, o novo embaixador português que chegou a Brasília no fim de novembro de 1972, sugeriu a rápida preparação de uma viagem que seria oferecida aos jornalistas que acompanhavam Gibson Barboza, e também a alguns membros do Congresso, para limitar a extensão de opiniões favoráveis que os jornais brasileiros expressavam sobre a viagem do chanceler.[74] Enquanto isso, comunicou também ao embaixador Rountree que "os portugueses estão especialmente zangados porque o Brasil parece estar servindo de instrumento para a África negra durante o ano em que comemora o aniversário de 150 anos da independência brasileira, quando o presidente português e outros visitaram o Brasil em uma demonstração de forte amizade e cooperação entre as duas nações".[75] Era o tipo de crítica que, em outras épocas, um embaixador português teria feito ao ministro das Relações Exteriores ou até ao presidente do Brasil.

Diplomacia de ponte aérea

Dois meses após sua viagem à África, Gibson Barboza teve uma reunião de quatro horas com Rui Patrício, pressionando-o para que concordasse em conversar com líderes africanos e avisando-o da possibilidade de guerra entre esses países africanos e os portugueses.[76] Rui Patrício concordou com as conversas, contanto que fossem discretas e feitas com chefes de Estado afri-

---

[71] Embaixada portuguesa em Brasília para o Ministério dos Negócios Estrangeiros, 17 de novembro de 1972, Proc 922, PAA 284, pt. 2, MNE.
[72] Embaixada portuguesa em Brasília para o Ministério dos Negócios Estrangeiros, 24 de novembro de 1972, Proc 922, PAA 284, pt. 3, MNE.
[73] Embaixada dos Estados Unidos em Brasília para o Departamento de Estado, "Brazil Discovers Africa", 28 de dezembro de 1972, Pol. 7 Braz, xr Pol, Afr-Braz, box 2131, NARA.
[74] Embaixada portuguesa em Brasília para o Ministério dos Negócios Estrangeiros, 28 de novembro de 1972, Proc 922, PAA 284, pt. 2, MNE.
[75] Embaixada dos Estados Unidos em Brasília para o Departamento de Estado, "Brazil Discovers Africa", 28 de dezembro de 1972, Pol. 7 Braz, xr Pol, Afr-Braz, box 2131, NARA.
[76] Gibson Barboza para Médici, "Política externa do Brasil na África: Territórios ultramarinos portugueses", 23 de fevereiro de 1973, AAS mre rb 1974.10.00, CPDOC/FGV.

canos e não com representantes dos movimentos anticoloniais. Gibson estava otimista: "Via-se, assim, a diplomacia brasileira não apenas, como antes, com o ônus de um contencioso que não era seu e onde não tinha palavra, mas já agora, pela primeira vez, [o Brasil se defronta] com a possibilidade de exercer certa parcela de influência para encontrar uma solução pacífica para o conflito armado que se prolonga há mais de 13 anos."[77]

No decorrer daquele ano, Gibson trabalhou com seus partidários portugueses, senegaleses e marfinenses para definir uma pauta para as conversações. Concordaram em restringir o primeiro diálogo à questão de Guiné-Bissau e em não incluir formalmente líderes dos movimentos de independência. O chanceler brasileiro viajou várias vezes a Portugal e se encontrou com líderes africanos. Mas nos últimos meses de 1973 ficou claro que Caetano estava postergando a cúpula. Diplomatas marfinenses que tinham ajudado a desenvolver uma posição moderada a favor das conversações com Portugal mudaram de ideia e avisaram a Gibson que o Brasil deveria abandonar seu papel diante daquilo que viam como má-fé de Portugal. Avisaram também que o governo brasileiro corria o risco de criar a impressão entre os países africanos de que estava ajudando os portugueses a serem evasivos, e assim solapando os ganhos da viagem de Gibson.

Figura 17 Gibson Barboza com o ministro das Relações Exteriores marfinense, Arsenne Usher Assouan, em Brasília, 7 de novembro de 1973. *Última Hora/Folha Imagem*.

---

[77] Id., 22 de janeiro de 1974, AAS mre rb 1974.05.23, CPDOC/FGV.

A possibilidade de conversações entre Portugal e os países africanos finalmente se perdeu quando Marcelo Caetano deu uma entrevista a um jornalista pró-Portugal de *O Globo*, em dezembro de 1973, declarando que Portugal não queria a mediação do Brasil para encontrar soluções para o problema português. Ele só queria "que o Brasil ajudasse Portugal a explicar aos países africanos a sua posição".[78] Ricupero lembra que essa entrevista foi acompanhada por um comentário do chanceler português Rui Patrício, que rejeitou o oferecimento de mediação: "Olha, nós vamos nos consertar às cacetadas, quem tiver o cacete mais duro é que vai predominar (...) Isso tudo é bobagem, diálogo; quem tiver o cacete mais grosso ganha."[79]

Embora a viagem de Gibson Barboza tenha sido um divisor de águas nas relações brasileiras com a África, foi apenas a primeira de várias iniciativas dificultadas pela recusa do governo português em negociar. Ricupero achava que "Portugal só queria o Brasil como base de apoio, não o aceitava como mediador, não o queria assim. Então, o julgamento que se é obrigado a fazer é de que a estratégia não funcionou, estava equivocada, como eu acredito, o que não tira outros méritos. Ela pode ter tido o mérito de ter reatado uma política que estava moribunda e de ter lançado as bases de uma mais vigorosa, mesmo na África portuguesa, que viria depois com Azeredo da Silveira. Esse mérito ela tem, mas esse, como você sabe, é um objetivo secundário; o objetivo primário não foi atingido".[80]

O FIM

A carta de Caetano e a reação de Gibson ocorreram quando o mandato dos dois estava chegando ao fim. Em vez de deixar a "impertinência" de Portugal para seu sucessor, Gibson submeteu uma carta de 45 páginas ao presidente Médici (elaborada por Alberto da Costa e Silva) apelando para que o Conselho de Segurança Nacional autorizasse uma interrupção do apoio que o Brasil dava anteriormente a Portugal. A carta fazia um esboço dos custos das relações comerciais com Portugal — examinados no contexto do desenvolvimento econômico do Brasil e de sua necessidade de fontes de energia. A desvantagem mais evidente era a vitória da Argentina ao impedir a construção pelo Brasil da barragem de Itaipu no rio Paraná, o maior projeto hidroelétrico do século XX. O governo argentino era contra a barragem em virtude

---

[78] Ibid.
[79] Entrevista com Rubens Ricupero, 26 de julho de 2008.
[80] Ibid.

das preocupações em ceder o controle do rio que corria por seu território a um país rival. (Teoricamente, a abertura da barragem poderia alagar a região agrícola mais importante da Argentina até a capital, Buenos Aires). Em 1973, a Argentina conseguiu obter uma resolução das Nações Unidas que exigia consentimento prévio para o uso de recursos hídricos compartilhados, detendo, assim, o projeto da barragem, apesar dos "empenhados e incansáveis esforços da delegação brasileira". Gibson Barboza atribuiu o êxito argentino unicamente à decisão dos países africanos de votar coletivamente a favor da Argentina "a fim de 'dar uma lição ao Brasil' por causa do seu apoio ao colonialismo português".

Para Gibson, o direito da barragem poderia ter sido ganho se o Brasil simplesmente tivesse "votado uma ou duas vezes a favor de resoluções contra o colonialismo português". O embaixador da Etiópia confiou a Gibson — que repassou a informação a Médici — que, embora o voto fosse contra os interesses nacionais de seu país, a Etiópia "decidira demonstrar ao Brasil que ele teria de começar a pagar um alto preço por não se dissociar, de vez e claramente, das posições portuguesas". Pior ainda, apesar de todos os custos com que o Brasil estava arcando por seu apoio ao colonialismo, os portugueses decidiram considerá-lo um "satélite" e esperavam fidelidade permanente. Além da repatriação dos restos mortais de um imperador, o apoio à política colonial portuguesa não tinha trazido qualquer benefício ao Brasil. Nas palavras de Gibson, o Brasil tinha "se hipotecado" a Portugal, e se aquele regime continuasse com sua intransigência, o Brasil teria de se dissociar das políticas portuguesas.

O Conselho Nacional de Segurança aprovou a nova política e redefiniu o relacionamento com Portugal como um ônus, principalmente no "setor delicado das importações de petróleo". O problema afetava aspectos cruciais da segurança nacional, inclusive a possibilidade de "uma redução no fornecimento de petróleo árabe em virtude da pressão dos países africanos". Gibson Barboza explicou:

> Os países árabes não alinhados exigiram a solidariedade irrestrita dos países da África em sua luta contra Israel, provocando o rompimento de relações entre as nações africanas e o governo de Tel-Aviv. Por solidariedade não alinhada, os países da África romperam maciçamente com Israel, mesmo quando individualmente esse rompimento lhes causava flagrante prejuízo ou rompia o excelente relacionamento que tinham com o governo

israelense (...) Todos os países do bloco não alinhado se comprometeram a ativar sua luta contra Portugal e África do Sul (...) Caso amaine a tensão no Oriente Médio ou, mesmo, caso se prolongue ou se torne crônica no nível em que atualmente se encontra, é de prever-se que os Estados africanos cobrem o apoio que deram aos árabes e solicitem aos produtores de petróleo a extensão do boicote, a que já submeteram Portugal, e países que, a seu juízo, dão apoio direto ou indireto à política do governo de Lisboa (...) Muda-se rapidamente a situação do Brasil face aos países que constituem o grosso do mundo em desenvolvimento.[81]

Na verdade, a decisão veio obrigatoriamente por uma convergência de crises internacionais: o embargo árabe do petróleo em 1973, o ressurgimento do Movimento dos Países Não Alinhados como uma força política e a influência decrescente dos Estados Unidos com o fim da Guerra do Vietnã e da presidência de Richard Nixon. Tudo isso contribuiu para gerar um clima particularmente inóspito para Portugal e seus aliados.

Médici e o Conselho de Segurança Nacional concordaram em apresentar um ultimato a Portugal: ou ele concedia a independência ou o Brasil faria "conhecer a nossa inequívoca não aceitação da política colonial portuguesa". Porém já não havia tempo para uma mudança de rumo nem por parte do governo brasileiro nem do português. A entrevista de Caetano foi publicada dia 28 de dezembro de 1973. O Conselho de Segurança Nacional reuniu-se em 15 de janeiro, logo após a reunião do Colégio Eleitoral que era usado pelos militares para eleger de forma indireta o próximo presidente. O general Geisel iria tomar posse dia 15 de março. Seu novo ministro das Relações Exteriores, Antonio Azeredo da Silveira, tentou executar a ruptura preparada por Gibson Barboza, mas em 15 de abril de 1974 o regime português foi derrubado.

---

[81] Gibson Barboza para Médici, 22 de janeiro de 1974, AAS mre rb 1974.05.23, CPDOC/FGV.

7
O Brasil e a revolução portuguesa

Em 8 de abril de 1974, Ramiro Saraiva Guerreiro desembarcou no aeroporto de Brasília, vindo de seu posto em Genebra, e foi recebido pelo novo chanceler, Antonio Azeredo da Silveira. Na viagem de carro até a cidade na companhia do ministro, Guerreiro foi informado das metas da política externa estabelecidas por Ernesto Geisel: restabelecer relações diplomáticas com a China comunista; desenvolver "uma posição mais imparcial em termos do conflito árabe-israelense", ou seja, uma posição que fosse menos orientada a Israel; e apoiar a descolonização portuguesa, "plena e positivamente, qualquer que fosse a reação do governo português ou dos seus admiradores brasileiros".[1] As metas de Geisel eram um desvio inesperado daquela ortodoxia de direita da Guerra Fria traçada pelos presidentes militares desde 1964. Silveira convidou Guerreiro para ser seu chefe de gabinete. Guerreiro aceitou.

De 1974 a 1979, Saraiva Guerreiro ajudou Silveira a elaborar uma política externa nova e muitas vezes contraditória para o Brasil. De 1979 a 1985, ele deu continuidade a essas políticas como ministro das Relações Exteriores do presidente João Baptista Figueiredo. A nova política externa foi chamada de "pragmatismo responsável". Primeiramente foi uma reação aos desafios apresentados pelo embargo árabe do petróleo em 1973 que sacudiu a economia brasileira. Entre 1968 e 1972, o Brasil importava uma média anual de 276 milhões de dólares em petróleo. O custo das importações do combustível subiu para 710 milhões em 1973 e 2,8 bilhões em 1974, alimentando um déficit de 4,5 bilhões de dólares na balança comercial.[2] Como resultado, depois de 1974, a política externa buscava expandir as relações diplomáticas com os países exportadores de petróleo e seus aliados e distanciar o Brasil dos Estados Unidos e de Israel. O pragmatismo responsável também envolvia a busca de

---
[1] Entrevista com Ramiro Saraiva Guerreiro, 22 de agosto de 2006.
[2] "Brazil", *Financial Times Survey*, 23 de setembro de 1975, citado em R.A. Tokuta, "Nigeria and Brazil: Problems and Prospects", texto apresentado na conferência "Nigeria-Angola-Brazil Axis", no Instituto Nigeriano de Negócios Internacionais, Lagos, abril de 1976, embaixada brasileira em Lagos para o Ministério das Relações Exteriores, 7 de maio de 1976, AHI.

mercados para as exportações brasileiras a fim de sustentar o ritmo do crescimento da economia obtido durante o "milagre" do início da década de 1970.

José Flávio Sombra Saraiva acredita que ações como o reconhecimento da independência de Angola sob o MPLA "operaram como um sinal" da autonomia do Brasil perante os Estados Unidos em um "jogo de força que vinculava esta questão ao projeto nuclear brasileiro, ao desenvolvimento da indústria bélica e à própria busca de autonomia energética via construção de grandes hidroelétricas". Para Sombra Saraiva, "procurava o Brasil desenvolver certos níveis de autonomia nas relações internacionais, e para isso eram necessários sinais diplomáticos desse esforço. A questão angolana garantiu muitos refletores para a diplomacia brasileira".[3]

Na África, o pragmatismo responsável significava expandir a presença do Brasil no continente. Só meses depois de se tornar ministro das Relações Exteriores é que Azeredo da Silveira obteve a aprovação do presidente Geisel para seu projeto de abrir uma série de novas embaixadas e fazer com que as existentes representassem cumulativamente um número crescente de países africanos. Em dois anos o Brasil teria uma presença diplomática na maioria da África subsaariana. A tabela abaixo mostra o plano de expansão de Azeredo da Silveira de 1974, mostrando embaixadas existentes, embaixadas a serem criadas e a expansão dos arranjos de representação cumulativa.

Embaixadas existentes	Cumulativas	Cumulativas a serem criadas
Abidjã, Costa do Marfim	—	Alto Volta Libéria Serra Leoa
Acra, Gana	Togo	—
Dacar, Senegal	Mali Mauritânia	Gâmbia Guiné
Kinshasa, Zaire	—	Burundi Congo Gabão Ruanda

---

[3] Sombra Saraiva, *O lugar da África*, 181.

Embaixadas existentes	Cumulativas	Cumulativas a serem criadas
Lagos, Nigéria	Daomé (Benin)	Níger
Nairóbi, Quênia	Uganda Tanzânia Zâmbia	Malaui I. Maurício

Embaixadas a serem criadas	Cumulativas a serem criadas
Adis-Abeba, Etiópia	Somália Sudão
Bissau, Guiné-Bissau	
Yaounde, Camarões	Chade República Centro-Africana Guiné Equatorial
Maputo, Moçambique	Botsuana Lesoto Madagáscar Suazilândia
Luanda, Angola	

Como parte da mudança da política externa, Geisel e Silveira tentaram mudar os laços do Brasil com Portugal, os quais viam como uma "hipoteca" sobre as relações internacionais do Brasil: o império do passado era um nó corredio ao redor da terra do futuro. Ainda assim, os eventos políticos se desencadearam muito mais rapidamente em Portugal que no Brasil. Em 25 de abril de 1975, oficiais do Exército português derrubaram o regime de Marcelo Caetano. Em seu lugar, um governo revolucionário cada vez mais radical foi em busca da descolonização, e o governo brasileiro inverteu o curso de décadas de acomodação diplomática, jurídica e retórica a Portugal, e procurou se distanciar do novo regime. Azeredo da Silveira e o governo brasileiro viram-se subitamente em uma situação difícil. Embora já não preocupado com as contínuas guerras portuguesas na África, o regime militar se defrontava com a criação de um Estado socialista em seu antigo aliado anticomunista e um legado na África de pouca atuação no sentido de distanciamento de Portugal durante os anos de conflito violento. Este capítulo examina como o governo brasileiro viu a nova autonomia da elaboração de políticas externas e os desafios com que se defrontou em virtude da revolução socialista em Portugal e dos regimes revolucionários marxistas na África portuguesa.

A REVOLUÇÃO PORTUGUESA

Em 4 de março de 1974, poucos dias antes da posse de Geisel como presidente, o primeiro-ministro português Marcelo Caetano fez um discurso na Assembleia Nacional portuguesa no qual, ao invocar o ideal de "uma sociedade pluricontinental e multirracial",[4] exortava seus membros a terem perseverança. Durante anos essa retórica havia estado distante da realidade violenta do conflito armado que tinha consumido as colônias africanas de Portugal e gradativamente exaurido a metrópole e suas Forças Armadas. Um estudo feito no Brasil calculou que, até então, as perdas militares portuguesas com a guerra eram 8 mil mortos e 28 mil feridos. Os custos materiais e humanos estavam sendo arcados por um país que tinha uma renda per capita anual de 637 dólares e uma taxa de analfabetismo de 30%, a mais alta na Europa Ocidental. Embora os regimes de Salazar e de Caetano tivessem conseguido reprimir a dissidência interna, tiveram menos sucesso em conter o descontentamento de Forças Armadas obrigadas a se desdobrar em muitas frentes.

Diplomatas brasileiros em Portugal percebiam a inquietação crescente. Em fevereiro de 1974, dois meses antes da revolução, o embaixador Gama e Silva escreveu a seu chanceler, Azeredo da Silveira, sobre o clima que piorava em Portugal: "Para a mocidade, a perspectiva de três a quatro anos de serviço militar, dos quais dois na África, tem sido considerada com escasso entusiasmo."[5] Gama e Silva, com bastante presciência, reconheceu a emergência de um radicalismo jovem em Portugal, apontando para o "crescente divórcio entre o país de hoje, que não sabe para onde vai, e a nação do futuro, que sabe para onde não deseja ser conduzida, que prefere a integração de Portugal na Europa supranacional do amanhã à persistência de aventuras colonizatórias (...) [Portugal] ficará talvez à mercê de uma geração que deixou de acreditar na missão africana do país". Seu sucessor, Carlos Alberto

---

[4] Cel. Eng. Qema. João Tarcizio Cartaxo Arruda, *Portugal: Evolução política* (Brasília: trabalho de estágio, 1983), 63, Arquivo Azeredo da Silveira, AAS ep 1983.05.25, CPDOC/FGV.
[5] Embaixada brasileira em Lisboa para o Ministério das Relações Exteriores, "XIII aniversário da rebelião nacionalista em Angola: Postura portuguesa com referência às Províncias Ultramarinas", ofício 70, 28 de fevereiro de 1974, AHI.

da Fontoura, comentou, poucos meses após a revolução, que "o governo deposto de sólido só possuía a máquina de repressão e o sistema de censura à imprensa".[6]

A insatisfação atingiu as camadas mais altas do Exército português. Em 1972, quando o comandante militar português em Guiné-Bissau, Antonio Spínola, tentou negociar um armistício com o PAIGC e conceder autonomia política à colônia, Caetano o exonerou do cargo. De volta a Portugal, Spínola publicou *Portugal e o futuro*, em fevereiro de 1974, defendendo um cessar-fogo em todas as colônias seguido por plebiscitos em que as populações coloniais poderiam optar pela independência. *Portugal e o futuro* era uma mistura de ideias antigas e novas. Spínola reconhecia que as guerras coloniais não poderiam ser ganhas: "Pretender ganhar uma guerra subversiva através de uma solução militar é aceitar, de antemão, a derrota", e nem mesmo os Estados Unidos tinham conseguido isso no Vietnã. Apesar disso, ele ainda conseguiu imaginar que "os africanos preferem ser portugueses" e desejam continuar ligados a Portugal em algum tipo de federação. Spínola olhava para o Brasil como um exemplo para o futuro, porque o país preservava "nossa forma de estar, de viver e de conviver em um ambiente de autêntica miscigenação racial, que Gilberto Freyre enalteceu". No entanto, ele reconhecia também que Portugal metropolitano não poderia nunca criar "futuros brasis", já que o Brasil era independente. E tampouco poderia "proclamar a pluriculturalidade e, ao mesmo tempo, atribuir aos portugueses de origem europeia o primado da aptidão para o exercício do poder".[7]

O regime de Caetano, que não queria responder à pressão de seus comandantes militares mais graduados sobre as guerras, era ainda mais indiferente às pressões do corpo de oficiais de menores patentes. A escala das guerras superava a capacidade das academias militares portuguesas de produzir oficiais, com isso os postos de capitão e lugar-tenente eram preenchidos por meio de promoções no campo de batalha e pela convocação de universitários recém-formados. Esses oficiais mais jovens tinham não só uma certa aversão ao conflito, mas também ideias radicais sobre mudanças na sociedade portuguesa. Foram eles, então, que organizaram o Movimento das Forças Armadas (MFA), comumente conhecido como "Movimento dos Capitães". Em 25 de abril de 1974, esses oficiais

---

[6] Id., "Situação política em Portugal: Análise perspectiva", ofício 252, 5 de junho de 1974, AHI.
[7] Spínola, *Portugal e o futuro*, 47, 126, 117, 125.

depuseram Caetano. O golpe ficou conhecido como Revolução dos Cravos em virtude das flores que portugueses colocavam no cano de fuzis dos rebeldes para saudá-los.

Depois de 25 de abril, a Revolução dos Cravos se desdobrou por várias linhas. O MFA escolheu o general Spínola como presidente provisório de Portugal. Embora crítico de Caetano, Spínola tinha laços muito antigos com o regime. Quando o antigo ministro do Ultramar Sarmento Rodrigues escreveu a Freyre sobre os acontecimentos em Portugal, expressou otimismo: "Os dirigentes do governo provisório (...) são em grande parte muito meus amigos — alguns até íntimos. A começar pelo presidente da república (...) Tenho-me avistado com muitos deles e eles até me têm honrado fazendo-me consultas. É boa gente e cheia de boas intenções." Ao mesmo tempo, a Revolução dos Cravos desencadeou pressões sociais e ideológicas há muito reprimidas. Na mesma carta a Freyre, Sarmento Rodrigues avisou: "É claro que tem havido alguns exageros, sobretudo de palavreado, mas isso é natural, porque, já que há liberdade de falar, todos querem meter a sua colherada. Assim como já que há liberdade de fazer manifestações em greves, cada um de nós tem logo vontade de fazer um cortejo e uma greve. Mas neste último caso é que há sérios perigos."[8] Trabalhadores e estudantes formaram organizações radicais que às vezes eram capazes de impulsionar acontecimentos nacionais. Exilados como o socialista Mário Soares voltaram ao país. O Partido Comunista português saiu da clandestinidade. Líderes do antigo regime — Marcelo Caetano, Américo Thomaz e Rui Patrício, entre outros — asilaram-se no Brasil.

As várias facções da Revolução dos Cravos concordaram em estabelecer um cessar-fogo imediato nas áreas de combate africanas, acelerar a descolonização, pôr fim à PIDE e criar um governo representativo. Mas a revolução tinha despertado um desejo profundo de mudança, principalmente entre os jovens portugueses, operários e soldados. O embaixador Fontoura refletiu sobre a velocidade da transformação de Portugal: "Tudo aconteceu tão depressa que se nos abstivéssemos de excluir as circunstâncias específicas do ambiente político local, ter-se-ia, para explicar o fenômeno, de aceitar a tese marxista da aceleração da história."[9] A revolução rapidamente transformou a política portuguesa da mais conservadora para a mais radical na Europa Ocidental.

Nos meses que se seguiram à revolução, o presidente Spínola foi obrigado pelo MFA a estabelecer um rumo para a descolonização em vez de

---

[8] Manoel Sarmento Rodrigues para Gilberto Freyre, 6 de junho de 1974, GF/CR Port., 21, FGF.
[9] Embaixada brasileira em Lisboa para o Ministério das Relações Exteriores, "Situação política em Portugal: Análise perspectiva", ofício 252, 5 de junho de 1974, AHI.

formar uma federação. Finalmente, em 27 de julho de 1974, na rede nacional de televisão e no rádio, ele anunciou o reconhecimento do "direito dos povos dos territórios ultramarinos portugueses à autodeterminação, inclusive ao imediato reconhecimento de seu direito à independência". Spínola proclamou sua certeza de que "as autoridades dos novos países honrarão o sentido de justiça decorrente de seu estatuto de nação plurirracial de expressão portuguesa", formando a "vasta comunidade espiritual e una que Gilberto Freyre chamou de 'o mundo que o português criou'".[10] Naquele momento em que o presidente de Portugal finalmente anunciava o fim do colonialismo, ele baseou a mudança na certeza tranquilizadora de que o que viesse a ocorrer iria se desenvolver na familiaridade reconfortante do ideal freyriano.

Em sua coluna jornalística, Gilberto Freyre citou a referência que Spínola lhe fizera e discutiu "os já quase novos brasis que são Guiné, Angola e Moçambique". Como esses países compartilhavam a língua portuguesa, "essa língua comum caracteriza um mundo de língua portuguesa, uno também, sem prejuízo da sua pluralidade de modos nacionais de ser, por numerosas tendências (...) Uma delas, a tendência para sermos uma democracia racial em contraste com um mundo dividido por tantos ódios de raça".[11] A ideia de que a própria língua portuguesa era um carregador de cultura que sustinha a miscigenação e a igualdade racial talvez amenizasse o impacto psicológico imediato da descolonização para portugueses ligados ao antigo regime, como Spínola. Mas Freyre e seu lusotropicalismo eram anátemas para a nova geração de líderes políticos que surgiam em Portugal depois de 1974.

Mário Soares, o primeiro ministro das Relações Exteriores do novo governo e líder do Partido Socialista português, que viria a ser primeiro-ministro duas vezes e mais tarde presidente de Portugal, explicou: "Nós temos um grande preconceito contra Gilberto Freyre." Para Soares, *O mundo que o português criou* é um livro admirável. Mas a teoria da especificação da colonização de Portugal, de certa maneira, ajudou a levar água ao moinho da política do ditador Salazar, quando este resistia à descolonização inevitável". Ainda assim, a visão de mundo de Gilberto Freyre deu sentido tanto ao colonialismo quanto à descolonização, e deu até mesmo o tom para um livro

---

[10] Fontoura para o Ministério das Relações Exteriores, "Política ultramarina de Portugal", 27 de julho de 1974, Arquivo Azeredo da Silveira, AAS mre/d 1974.04.23, CPDOC/FGV.
[11] Gilberto Freyre, "Em torno de uma mensagem do presidente Spínola", *Diário de Pernambuco*, 18 de agosto de 1974, artigos de jornal de Gilberto Freyre, AJ-18, 1972-1974, FGF.

sobre a conexão entre Brasil e Portugal escrito em conjunto por Soares, quando já havia deixado a presidência de Portugal, e Fernando Henrique Cardoso, então presidente do Brasil. No primeiro parágrafo da introdução, Soares descreve o Brasil como "original, miscigenado, convivente e aberto (...) joia e orgulho máximo do 'mundo que o português criou' — para usar o título de um livro célebre de Gilberto Freyre".[12]

Por mais freyriana que possa ter sido, a mudança de governo em Portugal foi uma surpresa e um desafio para o governo de Geisel. Embora tenha solucionado o problema de reconciliar os objetivos do Brasil na África com o sentimento de obrigação para com Portugal, ela tirou do governo de Geisel qualquer crédito pela decisão de mudar a política brasileira, sufocando o ímpeto do Itamaraty de despertar a simpatia pelo Brasil na África de um modo geral ou nas colônias portuguesas em particular. O Brasil foi o primeiro a reconhecer o governo que tomou o poder dia 15 de abril, reagindo menos de três horas depois de a notícia ter sido entregue ao Itamaraty pelo embaixador português em Brasília.[13] Mas o governo brasileiro foi igualmente rápido em se distanciar do novo regime à medida que ele ia se radicalizando.

Os regimes que tinham convergido em ideologia e simbolismo durante a década anterior agora se tornaram estranhos. Portugal parecia espiralar para o comunismo e o caos. Os mesmos esquerdistas radicais que o governo brasileiro se esforçava para reprimir internamente agora estavam governando Portugal. Será que esse radicalismo não poderia se espalhar no Brasil por meio dos novos canais de migração, recentemente alargados, que permitiam que cidadãos portugueses entrassem automaticamente no Brasil? Em contraste, para os portugueses que tinham se libertado de 41 anos de ditadura, vigilância, censura, colonialismo e guerra, o Brasil simbolizava tudo que eles tinham deixado para trás.

Em uma coincidência infeliz, pouco tempo antes da Revolução dos Cravos, Geisel nomeou como seu primeiro embaixador em Portugal o general Carlos Alberto Fontoura, que era diretor do Serviço Nacional de Inteligência (SNI). Na realidade, o presidente estava se desvencilhando de Fontoura, que havia sido um oponente poderoso de sua nomeação para a presidência. A ideia de Geisel era mandá-lo para o exterior e nomear seu aliado, o general João Baptista Figueiredo, para o delicado cargo de chefe do SNI.

---
[12] Cardoso e Soares, *O mundo em português*, 143, 9.
[13] Cervo e Magalhães, *Depois das caravelas*, 252.

Fontoura ainda não tinha chegado a Lisboa quando eclodiu a revolução. Ele passou imediatamente a ser um símbolo do autoritarismo fascista. O novo chanceler português, o socialista Mário Soares, avisou a embaixada brasileira em Lisboa sobre a possibilidade de "manifestações populares, com participação de portugueses, brasileiros e outros estrangeiros, devido à chegada do embaixador Carlos Alberto da Fontoura (...) E o governo português poderia, inclusive, com tropas do Exército, cercar a Embaixada do Brasil e impedir manifestações e atos de violência durante algum tempo, uma semana ou pouco mais, mas não teria condições de dispensar essa proteção de modo permanente (...) Seria preferível a indicação de outro embaixador, cuja vida não sofresse ameaças e cuja presença não criasse problemas para o governo português".[14] Soares fez a mensagem parecer ainda mais séria quando observou que a presença de Fontoura seria um obstáculo para as "intermediações da diplomacia brasileira para ajudar Portugal na solução do contencioso na África", ameaçando assim a meta do governo brasileiro de estar presente nas colônias portuguesas quando se tornassem independentes. Geisel respondeu bruscamente que se Portugal não aceitasse Fontoura ele não mandaria outro embaixador pelo resto de seu mandato.[15] Na resposta a Soares, Silveira usou uma linguagem mais suave, mantendo, no entanto, o sentido da mensagem de Geisel: "As relações de Portugal com a África são da competência exclusiva do governo português."[16] Soares cedeu.

Como Soares tinha advertido, os protestos eram anunciados no rádio e nos jornais. Folhetos assinados pelo "grupo autônomo do Partido Socialista" eram distribuídos por toda Lisboa e diziam: "Fora a PIDE brasileira, Fontoura Fascista Assassino. A nomeação de Carlos Fontoura — até a data diretor do SNI (PIDE brasileira) — para embaixador da ditadura brasileira constitui um atentado à segurança do povo português. Reconhecido colaborador ativo do regime fascista português, derrubado em 25 de abril, vemos nele um dos elementos com que contam as forças da reação. Acreditamos que a sua indiscutível aliança com a CIA pode criar em Portugal as condições que

---

[14] Telegrama da embaixada brasileira em Lisboa para o Ministério das Relações Exteriores. "Designação do embaixador Fontoura para Lisboa", 23 de maio de 1975, Arquivo Azeredo da Silveira, AAS mre/rb 1974.05.23, CPDOC/FGV.
[15] Gaspari, *A ditadura derrotada*, 372; Telegrama do Ministério das Relações Exteriores para a embaixada em Lisboa, "Relações Brasil-Portugal: Designação do embaixador Fontoura", 23 de maio de 1975, Arquivo Azeredo da Silveira, AAS mre/rb 1974.05.23, CPDOC/FGV.
[16] Telegrama do Ministério das Relações Exteriores para a embaixada em Lisboa, "Relações Brasil-Portugal: Designação do embaixador Fontoura", 23 de maio de 1975, Arquivo Azeredo da Silveira, AAS mre/rb 1974.05.23, CPDOC/FGV.

levaram ao desastre chileno. Todos à rua Pedro de Alcântara, segunda, 27, às 18 horas, para manifestação até a embaixada do Brasil. A CIA não para. Fontoura colaborará com o fascismo. Não queremos um novo Chile." A presença de Fontoura reagrupou os movimentos da esquerda portuguesa, antes fracionados, que agora faziam manifestações diante da embaixada brasileira. O novo embaixador reagiu como o esperado e discretamente fotografou os manifestantes, procurando identificar quais deles poderiam ser estudantes brasileiros com bolsas de estudo no exterior.[17]

Nos meses que se seguiram à chegada de Fontoura, a política portuguesa continuou a se radicalizar. Uma junta de oficiais radicais do MFA funcionava como um governo paralelo que policiava a autoridade de Spínola e contribuía para inclinar a política nacional para a esquerda. O Partido Comunista Português, que tinha sobrevivido na clandestinidade, estruturou o novo governo, enquanto movimentos de jovens ou de trabalhadores ainda mais radicais saíram às ruas. Spínola foi obrigado a renunciar após cinco meses no cargo. Refugiou-se no Brasil, onde tentou organizar uma força militar para invadir Portugal e salvá-lo do comunismo. Ele teve o apoio de pelo menos parte dos serviços de inteligência brasileiros, que lhe forneceram um passaporte falso que depois foi confiscado pelas autoridades suíças em 1975.[18]

Após a renúncia de Spínola, a política portuguesa se radicalizou. Kenneth Maxwell cita a observação da repórter Janet Kramer, da revista *New Yorker*: "Portugal hoje é um lugar onde os socialistas são chamados de fascistas, os marxistas de moderados (...) onde os conservadores classificam toda a esquerda como comunista [e] os comunistas classificam o resto da esquerda como conservadora."[19] O movimento esquerdista MFA consolidou seu poder no novo governo de Costa Gomes. Estudantes e trabalhadores criaram organizações não governamentais e programas de assistência social que combatiam o analfabetismo e implementavam outros projetos sociais e culturais. O governo expropriou grandes propriedades e nacionalizou várias empresas.

Portugal revolucionário tornou-se um asilo para centenas de exilados brasileiros, muitos dos quais tinham sido obrigados a fugir do Chile após o

---

[17] Telegrama da embaixada brasileira em Lisboa para o Ministério das Relações Exteriores, "Manifestação contra a embaixada em Lisboa", 27 de maio de 1974. Arquivo Azeredo da Silveira, AAS mre/rb 1974.05.23, CPDOC/FGV.
[18] "General Spínola: Passaporte", 18 de março de 1976, EG pr 1974.03.18, f-1712, CPDOC/FGV.
[19] Citado em Maxwell, *The Making of Portuguese Democracy*, 107.

golpe de Pinochet, mas que agora eram acolhidos por uma nova sociedade que falava português. À medida que Portugal passou a ser um refúgio para políticos e oficiais militares perseguidos, líderes oposicionistas e revolucionários exilados, também houve a presença de espiões e informantes, mantendo uma vigilância cerrada na comunidade de brasileiros que para lá foram.

A REVOLUÇÃO PORTUGUESA NO BRASIL

À medida que o governo revolucionário português se radicalizava, a agência brasileira de inteligência, SNI, e a polícia do DOPS ficavam receosos de os portugueses espalharem a subversão no Brasil. A seu ver, o governo português estava substituindo diplomatas de carreira por radicais e comunistas que iriam "atuar no processo político brasileiro" para radicalizar a colônia portuguesa e solapar o governo brasileiro.[20] Os serviços de inteligência também suspeitavam que outras entidades do governo português no Brasil, tais como escritórios de turismo, estavam se transformando em centros de subversão comunista.[21]

Empresas que operavam tanto no Brasil quanto em Portugal passaram a ser locais de contestação e extremismo. Uma das principais cadeias de supermercado de Portugal estava ligada à rede Pão de Açúcar. Funcionários da cadeia portuguesa entraram em greve e tomaram as lojas. Quando o governo lhes deu apoio e nacionalizou a empresa, o Itamaraty esforçou-se para devolver o controle à administração portuguesa do Pão de Açúcar.[22] A companhia aérea TAP também foi tomada pelos funcionários e nacionalizada. Com escritórios e operações no Brasil, a nova TAP era um risco na segurança aos olhos dos serviços de inteligência brasileiros. Além do possível risco de enviar subversivos comunistas para o país, houve um problema mais de ordem prática: a comissão dos trabalhadores da TAP ordenou a demissão do gerente da companhia aérea no Brasil, que se recusou a aceitar a legitimidade da comissão. O gerente foi demitido, para alarme do DOPS e do SNI, que observavam enquanto comunistas no exterior demitiam empresários brasileiros no Brasil.[23]

---

[20] EME, "Diplomatas portugueses na embaixada em Brasília", 3 de julho de 1975, DOPS dossiê 226: Portugal, DOPS/APERJ.
[21] SNI, "Infiltração comunista portuguesa", 14 de agosto de 1975, DOPS dossiê 226: Portugal, DOPS/APERJ.
[22] "Política de defesa de investimentos privados brasileiros", 3 de abril de 1975, EG pr 1974.03.18 f-1207, CPDOC/FGV.
[23] SNI, "Atividades de portugueses no Brasil", 9 de maio de 1975, DOPS dossiê 226: Portugal, DOPS/APERJ.

Enquanto isso, dezenas de milhares de portugueses se mudaram para o Brasil, fugindo ou da política do novo regime ou do desemprego e da confusão econômica que o país vivenciava à medida que se socializava e se descolonizava. No começo de 1975, quando o fluxo migratório para o Brasil se intensificou, o embaixador Fontoura escreveu que "a crise social provocada por desemprego em proporções desconhecidas na história recente de Portugal (210 mil pessoas, ou 7% da força de trabalho) vem sendo provocada não apenas pela recessão econômica (...) mas também pelo retorno dos portugueses do Ultramar, colonos assustados com o processo de descolonização ou soldados desmobilizados". No fim daquele mesmo ano o número de desempregados já tinha duplicado.[24]

Entre 1974 e 1976, 500 mil colonialistas voltaram a Portugal só de Angola.[25] O governo brasileiro prestou ajuda econômica, mas procurou bloquear o fluxo de refugiados. Uma força-tarefa federal os ajudava a obter documentos de identificação e carteiras de trabalho e a matricular-se nas escolas, enquanto outra procurava maneiras prudentes de usar a lei e pressionar as companhias aéreas a estancar o fluxo de expatriados. Uma sociedade assistencial, o Movimento para Ajudar Emigrantes Portugueses (Maep) foi criada em julho de 1975 por membros da colônia portuguesa para ajudar os refugiados a encontrar habitação, cuidados médicos e empregos. O antigo embaixador Negrão de Lima era um dos líderes do Maep.

É difícil determinar quantas pessoas fugiram de Portugal e das colônias para o Brasil durante a revolução e a descolonização. Como muitas delas viajaram como turistas e depois permaneceram no país, ou ficaram por alguns anos e depois voltaram para Portugal, os dados censitários não ajudam muito.[26] Ovídio Melo lembra ter emitido até 5 mil vistos familiares por mês para emigrantes para o Brasil no decorrer de 1975, quando Angola caminhava para a independência e a guerra civil.[27] Enquanto isso, dados

---

[24] Telegrama da embaixada brasileira em Portugal para o Ministério das Relações Exteriores. "Desemprego em Portugal: Emigração", telegrama 70, 1º de janeiro de 1975, AHI; Maxwell, *The Making of Portuguese Democracy*, 142.

[25] Maxwell, *The Making of Portuguese Democracy*, 142.

[26] Entre 1970 e 1980 a população de portugueses nascidos no Brasil (incluindo as colônias) caiu de 410.216 para 398.616, mas considerando que a imigração diminuiu na década de 1950, a redução da população através da taxa de mortalidade estatisticamente esconde o influxo de imigrantes portugueses para o Brasil na década de 1970. "Estrangeiros, por sexo e situação do domicílio, segundo o país de nascimento", *Censo demográfico do Brasil, VIII recenseamento geral,* 1970, 20; "Naturalizados brasileiros e estrangeiros, por sexo, segundo o país de nascimento", *Censo demográfico do Brasil,* 1980, 52.

[27] Ovídio Melo, 12 de junho de 1975, "Êxodo de portugueses de Angola", ofício 22, Representação

da Embratur, a agência estatal de turismo brasileira, mostra que o número de portugueses entrando no Brasil como turistas quase quadruplicou entre 1973 e 1975. Presumindo que o caos econômico em Portugal e nas colônias deve ter reduzido o ritmo do turismo português no ultramar, a maioria desse aumento de "turistas" consistiria de emigrantes definitivos ou temporários. Em 1972 e 1973 chegou-se a um ritmo médio de 10 mil por ano. Entre 1974 e 1976 já era de 30 mil por ano. Por essa leitura, é possível que cerca de 60 mil refugiados entraram no Brasil com vistos de turista durante a revolução portuguesa, além dos milhares que entraram com vistos de imigrante.

Enquanto os políticos brasileiros lutavam com as implicações do êxodo de Portugal e suas colônias, o representante diplomático brasileiro em Luanda durante a transição para a independência, Ovídio Melo, enfrentava os milhares de colonialistas em fuga que buscavam refúgio no Brasil. As autoridades portuguesas em Angola, que nos primeiros seis meses de 1975 tinham emitido mais de 20 mil passaportes, não dispunham mais de passaportes para emissão.[28] Ovídio Melo sofria de insônia e começou a pintar as cenas que se desdobravam ao seu redor. Ele explicou: "Cheguei a pintar um quadro de uma família preparando o caixote com a bagagem. E a velha, a mulher, gorda, portuguesa, carregando pratos, e pondo no caixote. O marido carregando coisas e pondo lá dentro. Uma afobação só. Mas em cima do caixote tinha um pretinho e um garotinho branquinho, brincando (...) Ou seja, as crianças não tinham nenhuma animosidade umas com as outras por diferença de cor, só os adultos. Mas era uma coisa impressionante, porque os caminhões com as bagagens dos portugueses, no final, iam da porta do consulado, que ficava longe do porto, até o porto. Lá estava entupido de caixotes."[29] Apesar da imagem cruel de caixotes que se espalhavam pela cidade, à medida que centenas de milhares de brancos fugiam, Ovídio continuava otimista, representando crianças em suas pinturas como imunes às tensões que rodeavam a independência angolana. Esse otimismo ambivalente era evidente também no consulado — Melo lembra que era um dos dois únicos prédios em Luanda que estavam sendo pintados ao mesmo tempo que reforços de metal estavam sendo colocados nas janelas da frente para protegê-las dos tiros frequentes.[30]

Especial em Luanda para o Ministério das Relações Exteriores, AHI.
[28] Ibid.
[29] Entrevista com Ovídio e Ivony Melo, 25 de julho de 2006.
[30] Melo, "O Reconhecimento de Angola pelo Brasil em 1975", 57.

Figura 18 Colonialistas portugueses fugindo de Angola, 1975. Imagem por cortesia de Ovídio Melo.

Quem foi para o Brasil? Para Ovídio, algumas das pessoas que procuravam visto brasileiro eram antigos membros da PIDE que poderiam ser presos se fossem para Portugal. Outros escolhiam o Brasil em virtude de seu desencanto com o sistema português do qual tinham feito parte. O segurança da noite no consulado não ia voltar para Portugal: "Vim para cá e fui posto a correr atrás de preto, a atirar em preto, matar preto (...) Com essa Revolução dos Cravos, em Portugal, perdi minha casa aqui (...) minha mulher me deixou (...) Eu passei dez, doze anos de minha vida correndo, brigando com preto, prendendo preto, vendo preto apanhar. E isso não posso esquecer. A única coisa que aprendi nesse período todo foi a dar tiro. Então, quando eu voltar para Portugal, eu vou dar tiro."[31]

Um antigo soldado português entrando no Brasil com visto de turista foi entrevistado pelo *Jornal do Brasil* depois de ter voltado para Angola como mercenário, lutando contra o MPLA durante a guerra civil que se seguiu à independência do país. Tendo dado baixa do Exército, ele morou dois anos no Rio como turista. O mercenário declarou: "Amo o Brasil (...) Mas havia o problema da massa, do dinheiro. A princípio pensei que era fácil: ainda no avião, me ofereceram emprego, uma colocação na polícia criminal. Não me agrada o trabalho como policial, ao enfrentar um bandido, um subversivo, seja lá o que for, está se enfrentando um inimigo. E não tenho paciência com o inimigo, sou muito bruto quando estou em ação. Se um dia me descontrolo e zás, arranco fora a cabeça de um preto

---

[31] Entrevista com Ovídio e Ivony Melo, 25 de julho de 2006.

daqueles, pensa nas complicações que isto ia me trazer. Se o Esquadrão da Morte, uma organização genuinamente brasileira, sofre pressões de toda ordem, pensa o que poderia acontecer com um estrangeiro como eu!"[32]

À medida que Portugal se radicalizava e que o fluxo de emigrantes portugueses para o Brasil continuava, o governo de Geisel começou a se alarmar com a possibilidade de a "subversão" se espalhar a partir do antigo aliado. Geisel formou um "Grupo de Trabalho sobre Portugal" composto por membros do Conselho de Segurança Nacional, do SNI e do Ministério das Relações Exteriores. Em seu relatório, a força-tarefa informou ao presidente que as autoridades portuguesas estavam deliberadamente explorando os acordos com o Brasil como um meio de dissipar os problemas econômicos e os relacionados aos refugiados que estavam enfrentando. Os membros do conselho observaram que as autoridades portuguesas "têm plena ciência dos efeitos práticos (...) do dispositivo legal que permite aos cidadãos portugueses em viagem de turismo desembarcar no Brasil sem visto consular. Essa faculdade já está sendo utilizada por aquelas autoridades para promoverem disfarçadamente a emigração, passando a custear a viagem como turistas dos que apenas comprovem ter parentescos ou oferta de trabalho no Brasil, geralmente mão de obra não qualificada que concorre diretamente com assalariados brasileiros em ampla faixa do mercado de trabalho".[33]

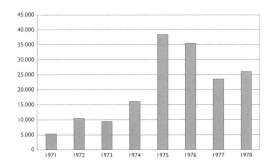

Tabela 3 Entrada de turistas de Portugal para o Brasil, 1971-79. Totais incluem turistas vindos das colônias até a respectiva independência em 1974-75. Embratur, Anuário Estatístico Embratur, Brasília, 1973-79, Tabela 1.1.10.

---

[32] Orlando Senna, "Cortar cabeças, uma profissão como as outras", *Jornal do Brasil*, AAS mre rb 1974.08.19, CPDOC/FGV.
[33] "Imigração portuguesa: Proposta de diretrizes para seu tratamento global", 25 de dezembro de 1975, EG pr 1974.03.18, f-1339, CPDOC/FGV.

Examinando o risco de a subversão se alastrar a partir de Portugal, a força-tarefa informou a Geisel sobre "o progressivo controle do poder político por parte de setores radicais das lideranças militares revolucionárias", e aventou a possibilidade de Portugal se tornar um país comunista. O grupo recomendou informalmente que se "neutralizassem" os acordos, não ratificando nada novo, cobrando os vistos de turista e elaborando um formulário para o registro de visitantes portugueses.[34] Geisel suspendeu o programa de bolsas de estudo para estudantes de Portugal. Buscando pelo menos restaurar parcialmente tal programa, Azeredo da Silveira sugeriu uma nova estrutura cujo objetivo era "reduzir ou mesmo anular os riscos de segurança", fazendo com que a embaixada brasileira em Lisboa filtrasse os candidatos e exigisse que eles se registrassem na Polícia Federal na cidade onde estavam estudando. Geisel concordou.[35]

No entanto, por maior que fosse a pressão emigratória de Portugal, ela se tornava pequena diante do êxodo de colonialistas portugueses saindo da África. Defrontando-se com a perspectiva de desemprego e caos em Portugal, muitos refugiados emigraram para o Brasil ou para a África do Sul. Geisel buscou estancar esse fluxo tanto para evitar o impacto demográfico que ele pudesse ter no Brasil quanto para evitar a impressão de que o Brasil estava se beneficiando de um possível *brain drain* de Angola. Em outubro de 1975, Silveira se reuniu com Geisel para discutir formas de bloquear a migração. O chanceler indicou as dificuldades políticas que seriam criadas pela imposição de novas restrições à concessão de vistos e propôs que o governo pudesse discretamente sugerir à Varig que deixasse de aceitar voos fretados de Angola, inclusive os que estavam cada vez mais sendo reservados pelo governo português. A Aeronáutica poderia negar direitos de aterrissagem a aviões suspeitos de levarem refugiados. Geisel registrou sua resposta na margem dos relatórios informativos: "Inteiramente de acordo. O Brasil não é um depósito."[36]

Tanto a Varig quanto a Aeronáutica brasileira concordaram comedidamente com o pedido. A Varig "espontaneamente" suspendeu até os voos

---

[34] "Informação para o senhor presidente da república, relatório do grupo de trabalho sobre Portugal" (214), 6 de agosto de 1975, AAS mre d 1974.03.26, vol. 5, CPDOC/FGV.
[35] Informação para o senhor presidente da república, "Programa de estudantes-convênio com Portugal: Número de vagas" (043), 7 de fevereiro de 1975, AAS mre d 1974.03.26, vol. 5, CPDOC/FGV.
[36] Informação para o senhor presidente da república, "Posição brasileira em relação ao problema migratório português", 2 de outubro de 1975, Arquivo Azeredo da Silveira , AAS mre/d 1974.03.26, CPDOC/FGV.

que já tinham sido planejados.[37] No decorrer dos meses seguintes, uma força-tarefa com representantes do Itamaraty, dos Ministérios da Justiça, da Agricultura e do Trabalho, e dos serviços de inteligência examinaram o desafio mais amplo da emigração portuguesa massiva para o Brasil. Sua maior preocupação era que os refugiados da África terminassem no Brasil, e por isso foram sugeridos mecanismos para bloquear a imigração. A força-tarefa propôs, por exemplo, não admitir turistas com passagens só de vinda, e também restringiu os vistos apenas a emigrantes que se candidatassem para vir ao país por meio do Comitê Intergovernamental Europeu para Migração.

A força-tarefa sugeriu também um retorno às políticas de assentamento agrícola da década de 1930, observando que "as condições ecológicas de certas zonas do norte e do centro do país são especialmente propícias a determinadas culturas, que os portugueses desenvolveram com êxito na África e que são importantes para a economia nacional, ante a crescente conveniência de se introduzirem na Amazônia recursos humanos de características socioculturais mais próximas das brasileiras do que o são outros imigrantes ali instalados desde a década de 1930".[38] Essa ideia não foi bem-recebida por Geisel. Poucos meses antes, quase mil agricultores portugueses que tinham viajado com seus equipamentos para a África do Sul tinham enviado dois emissários ao Brasil com o apoio da embaixada portuguesa. Eles entraram em contato com o Itamaraty para indagar sobre a possibilidade de obter terra e transporte para se estabelecerem no Brasil. Esse pedido foi apresentado a Geisel, que respondeu escrevendo de próprio punho no memorando: "Evite que venham tanto quanto possível. Eles devem ir para Portugal!"[39]

Exilados em Portugal

Nos meses após a Revolução dos Cravos, Portugal passou a ser um refúgio para brasileiros exilados. As bases legais para sua presença em Portugal já

---

[37] Informação para o senhor ministro de Estado, "Deslocados de Angola: Entendimentos com o Ministério da Aeronáutica e Varig", Armindo Branco Mendes Cadaxa, 7 de outubro de 1975, Arquivo Azeredo da Silveira, AAS mre/rb 1974.08.19, CPDOC/FGV.
[38] Informação para o senhor presidente da república, "Imigração portuguesa: Proposta de diretrizes para seu tratamento global", 24 de dezembro de 1975, Arquivo Azeredo da Silveira, AAS mre/d 1974.03.26, vol. 12, CPDOC/FGV.
[39] "Imigração portuguesa: Exame da possibilidade de encaminhamento para o setor agrícola", 19 de setembro de 1975, Arquivo Ernesto Geisel, EG pr 1974.03.18, folder 4 (f. 1416), CPDOC/FGV.

tinham sido preparadas pelos acordos entre Brasil e Portugal nos governos de Salazar e Caetano. Portugal era um refúgio onde os expatriados podiam viver falando português, era uma sociedade revolucionária onde poderiam expressar suas ideias abertamente e participar do processo de mudança social. Quando o ministro das Relações Exteriores, Azeredo da Silveira, viajou para lá em dezembro de 1974, um dos textos das instruções dizia: "números crescentes de brasileiros contrários ao regime de seu país ou dele banidos têm-se instalado em Portugal (...) Naturalmente, tais elementos seguem ideologias de esquerda e recebem o apoio de importantes segmentos das camadas que ocupam o poder em Portugal." O relatório deu como exemplo um professor que tinha sido expulso da Universidade Federal de Pernambuco, que agora era reitor da Universidade do Porto e que "tem recrutado professores e intelectuais brasileiros, alguns oriundos do Chile, outros da Argélia, para preencher o vácuo deixado pelo expurgo e afastamento de docentes ligados ao regime deposto".[40]

Dois revolucionários brasileiros exilados, Maria do Carmo (Lia) e Chizuo Osava (Mário Japa), seguiram uma trajetória que os levou do Portugal revolucionário até Angola recém-independente. Maria do Carmo integrou a Vanguarda Popular Revolucionária (VPR) no Rio de Janeiro, onde era conhecida pelo codinome Lia. Mário, descendente de japoneses, entrou para a VPR em São Paulo e recebeu o codinome Mário Japa. A partir de então ele usou o nome Mário Osava. Ambos foram capturados e torturados, até que a VPR negociou sua libertação e exílio em troca de dois diplomatas que o movimento tinha sequestrado: o embaixador alemão no Rio de Janeiro e o cônsul japonês em São Paulo.[41] Mário foi para o exílio em Cuba e depois para o Chile e Maria do Carmo para o Chile, onde os dois se conheceram, casaram-se e colaboraram com o regime de Salvador Allende. Depois do golpe militar de Augusto Pinochet, em 1973, os dois fugiram para o Panamá e depois para a Bélgica. Eventualmente, foram para Portugal e Angola, onde viram a oportunidade de realizar os projetos de transformação revolucionária que tinham sonhado para o Brasil.

No final de 1974, poucos meses depois da Revolução dos Cravos, Mário e Maria do Carmo viajaram para Portugal. Foram trabalhar para uma agência do governo pós-revolucionário, a Direção-Geral de Educação Permanente (DGEP), implementando o método desenvolvido por Paulo Freire

---

[40] Visita de Azeredo da Silveira a Portugal, dezembro de 1974, AAS mre rb 1974.05.23, CPDOC/FGV.
[41] Vianna, *Uma tempestade como a sua memória*; Lesser, *A Discontented Diaspora*.

para alfabetizar adultos e despertar sua consciência crítica.[42] Para o regime militar brasileiro, a pedagogia de libertação de Paulo Freire era uma exportação indesejável, embora fosse uma das mais bem-sucedidas do país. Governos revolucionários usavam o programa de alfabetização de Freire para desenvolver a consciência crítica sobre ideais sociais. O programa era especialmente popular com os regimes radicais que governaram Portugal e suas antigas colônias após Salazar. Todos eles desenvolveram projetos educacionais freirianos. Os embaixadores brasileiros nesses países observavam e enviavam relatórios sobre esses programas. Quando o DGEP implementou o método de Freire em Portugal, o embaixador Fontoura escreveu: "Tudo indica, portanto, que tal como o foi no Nordeste do Brasil, também em Portugal o 'Método Paulo Freire' será utilizado na 'conscientização' das populações do campo para a luta de classes."[43]

Encontrei-me com Maria do Carmo (Lia) e Mário Osava (Japa) em seu apartamento no Rio de Janeiro em 2006. Os dois falaram entusiasticamente sobre a criatividade pós-revolucionária que tinham vivenciado em Portugal e Angola. Mário lembra: "Quando Portugal abriu, foi uma coisa muito bonita. Era mobilização popular na rua, gente discutindo tudo, tentando fazer coisas novas. Então, para a gente, era onde estava acontecendo coisas com que a gente sonhava, que a gente queria para a vida. A gente era militante político de esquerda, progressista, querendo fazer revolução ou pelo menos melhorar a situação do povo. Aí, em Portugal tinha isso. Por isso que a gente foi para lá (...) Era uma coisa criativa. Surgiam coisas no cinema, na cultura, essas iniciativas de comunidades, cooperativas, projetos de desenvolvimento local. Era um mundo de coisas. Foi uma época feliz, porque a gente via acontecer as coisas que queria para o Brasil, que viu em parte no Chile."[44] Assim como Portugal tinha se tornado um refúgio para muitos exilados brasileiros, o país também passou a ser um centro de espionagem onde o governo brasileiro monitorava e talvez até tentava executar membros da oposição expatriados. Portugal era também um país tumultuado e politicamente instável, e um ano após sua chegada, Mário e Maria do Carmo sentiram que a janela da inovação política e da experimentação social estava se fechando. Uma série de apagões indicou, a seu ver, que a oposição conservadora estava

---
[42] Vianna, op. cit., 147.
[43] Embaixada brasileira em Lisboa para o Ministério das Relações Exteriores, "Utilização do Método Paulo Freire", telegrama 114, 14 de janeiro de 1975, AHI.
[44] Entrevista com Maria do Carmo Brito e Mário Osava, 25 de maio de 2006.

avisando à esquerda: "Não fique brincando, nós controlamos este país."[45] À medida que o Partido Socialista Português consolidava seu controle, os projetos de "trabalho político" de que Mário e Maria do Carmo participavam estavam chegando ao fim. "O processo começou a perder o fôlego e o ímpeto foi para as colônias que estavam se tornando independentes naquele ano, 1975. Fizemos alguns contatos que eram uma espécie de convite para que fôssemos para Angola."[46] Como tinham amigos no MPLA que os convidaram a colaborar com o novo governo independente, eles arrumaram as malas e foram para Angola.

Muitos outros exilados brasileiros seguiriam a rota de Mário e Maria do Carmo, indo para Portugal, que, até a anistia brasileira em 1979, era ainda um refúgio socialista de onde eles podiam desafiar o regime autoritário no Brasil. Esse papel ficou evidente nos primeiros meses depois da Revolução dos Cravos, quando os jornais nacionais portugueses começaram a publicar entrevistas com líderes da comunidade brasileira no exílio, como os antigos governadores Miguel Arraes e Leonel Brizola.

A espionagem em Portugal

O Ministério das Relações Exteriores mantinha um *bureau* de inteligência, o Centro de Informações do Exterior (CIEX), ligado ao SNI. Depois de 1974, o CIEX se infiltrou na comunidade exilada em Portugal e manteve um sistema sofisticado de coleta de informações. Um informante não perdia de vista os brasileiros residentes em Portugal e aqueles que os visitavam para reuniões, como o antigo congressista José Talarico, também exilado, que voava entre o Uruguai, a Argélia e a Europa, ajudando a organizar a oposição para formar aquilo que viria a ser o Partido Trabalhista Brasileiro (PTB).[47] Outro informante enviava relatórios em 1978 sobre a viagem de Leonel Brizola e Miguel Arraes a Portugal para "avistar-nos com Mário Soares, a quem queríamos agradecer pessoalmente em seu nome e no de milhares de brasileiros que se encontram exilados o gesto fraternal que nos manifestou ao oferecer-nos a hospitalidade da pátria mãe quando o governo do Uruguai decidiu cancelar o asilo político que nos concedera até então".[48]

---

[45] Vianna, op. cit., 148.
[46] Entrevista com Maria do Carmo Brito e Mário Osava, 25 de maio de 2006.
[47] CIEX/SEDOC, "Informe Interno 249: José Gomes Talarico", 9 de agosto de 1976, AAS mre/ag 1974.03.25, CPDOC/FGV.
[48] CIEX/SEDOC, "Viagem de Brizzola [sic] a Portugal", 23 de janeiro de 1978, AAS mre/ag 1974.03.25, CPDOC/FGV.

O CIEX também foi o encarregado de desvendar o caso de documentos que supostamente tinham vindo a público e que ordenavam o assassinato de exilados brasileiros em Portugal, além da função de refutar acusações publicadas em uma revista venezuelana de que os diretores dos serviços de inteligência brasileiro e chileno tinham concordado em trabalhar conjuntamente em suas operações. Documentos publicados pela revista *Cuestiones* aparentemente demonstravam que Jaime Contreras, chefe da Direção de Inteligência Nacional (Dina) e o general João Baptista Figueiredo, chefe do SNI e futuro sucessor de Geisel, tinham concordado em intercambiar informações e apoiar as operações mútuas contra agentes subversivos. Se verdadeira, a reportagem seria coerente com o projeto conhecido como Operação Condor, em que as agências de inteligência das ditaduras sul-americanas compartilhavam informações e colaboravam no trabalho de repressão.[49] Os documentos, que teriam vazado em Lisboa, circularam na Venezuela e chegaram aos círculos políticos e jornalísticos no Brasil. O que aparentemente demonstravam é que o SNI tinha tomado providências para que a Dina fizesse o "código 12" em dois exilados em Lisboa, o antigo almirante Cândido Aragão e o advogado Carlos Sá. "Código 12" era um assassinato feito parecer acidente.

Como essas alegações vieram à tona em 1978, quando a ditadura brasileira começava a se distender, membros dos serviços de inteligência foram obrigados a reunir-se com legisladores e jornalistas para debater a autenticidade da reportagem de *Cuestiones* e dos próprios documentos. Eles argumentaram que os documentos assinados por Figueiredo e pelo chefe da Dina, Jaime Contreras, "ferem um 'regra de ouro' da troca de informações de qualquer sistema de inteligência razoavelmente profissionalizado, pois os referidos documentos — falsos — são assinados e perfeitamente caracterizados, enquanto que a troca de correspondência entre SIs, pelo contrário, é feita de forma a ocultar cuidadosamente a identificação, seja do remetente, seja do destinatário".[50] Um general que trabalhava para o SNI "atribuiu essa manobra à CIA", oferecendo duas razões para seu argumento: o Brasil, em primeiro lugar, estava negociando um acordo com a Alemanha para a compra de reatores nucleares e de tecnologia para enriquecimento de urânio, e essa foi uma forma de os Estados Unidos

---

[49] Dinges, *The Condor Years*.
[50] Octavio Goulart para Azeredo da Silveira, "Suposta correspondência entre o SNI e a embaixada em Lisboa: Noticiário da imprensa brasileira", 8 de maio de 1978, AAS mre/ag 1974.03.25, CPDOC/FGV.

sabotarem o acordo, demonstrando que o governo brasileiro era "irresponsável"; em segundo, era uma tentativa de forçar a volta a um governo civil, pondo fim às aspirações presidenciais de Figueiredo. A pesquisa feita para este livro não nos dá informação suficiente para determinar se o governo brasileiro realmente tentou fazer o "código 12" em Aragão e Sá ou se as operações eram parte de uma conspiração da CIA contra o regime militar, ou ainda se há alguma explicação alternativa. Mas o que fica claro nesse episódio, bem como nos documentos que detalhavam a vigilância e a infiltração da comunidade exilada em Portugal, é que os climas políticos dos dois países passaram a ser radicalmente incompatíveis depois de 1974. O governo brasileiro tentava conter o novo Portugal, que, por sua vez, via o Brasil como um símbolo daquilo que ele tinha vencido. O conflito finalmente terminou em 1979 com a anistia dada pelo governo brasileiro, permitindo o retorno dos exilados.

A DESCOLONIZAÇÃO

O desafio de lutar contra governos de esquerda ultrapassou Portugal e atingiu suas antigas colônias, cujos novos governos também eram regimes marxistas revolucionários. Embora o governo brasileiro pudesse ter decidido não estabelecer relações diplomáticas com esses países, essa posição se mostrou incompatível com suas metas mais amplas na África. O governo brasileiro esperou muito tempo para romper com o colonialismo português e não teve tempo de tomar uma decisão antes de o regime de Salazar e Caetano ter sido deposto.

    O Brasil ainda seguia a liderança de Portugal no caso do reconhecimento de Guiné-Bissau, a antiga colônia portuguesa que declarou sua independência em setembro de 1974. Quando finalmente reconheceu a Guiné, outros oitenta países já o tinham feito. Em meados de 1974, José Maria Pereira viajou para lá como diretor do Centro de Estudos Africanos e Orientais (Ceao) para observar em primeira mão as condições que enfrentava a primeira colônia portuguesa a conquistar a independência. Lá encontrou-se com membros do PAIGC e um deles lhe disse: "O lusotropicalismo de Gilberto Freyre matou mais do que a G3 [rifle de assalto usado pelo Exército português]".[51] Os novos líderes de Guiné-Bissau, que estavam cientes do apoio que o Brasil dava ao colonialismo português, agora viam a lentidão do governo brasileiro para reconhecer a independência.

---

[51] Entrevista com José Maria Pereira, 23 de junho de 2009.

A seguinte colônia portuguesa a declarar independência foi Moçambique. Naquele país, o movimento marxista Frelimo tinha uma hostilidade especial pelo Brasil em virtude de seu desinteresse em apoiar o país em seus anos de luta. À medida que ia se aproximando a data da declaração da independência (julho de 1975), o Itamaraty enviou um diplomata, Ovídio Melo, para encontrar-se com o ministro das Relações Exteriores da Frelimo e oferecer ajuda ao novo governo, providenciando o reconhecimento da independência moçambicana. Marcelino dos Santos rejeitou a oferta brasileira:

> Em 1963, justamente para mostrar ao público brasileiro o drama da guerra anticolonial, a Frelimo havia aberto um escritório no Rio. Aquela representação diplomática oficiosa de um país ainda não independente correspondia, em sentido inverso, à representação diplomática formal que agora queríamos abrir num país cuja independência ainda não estava completa. Mas em 1964, com o golpe militar, o escritório da Frelimo no Rio foi varejado pela polícia e seus funcionários, presos e seviciados. Mais: foram ameaçados de expulsão para Portugal, onde iriam cair nas masmorras da PIDE. E tão desastrosa expulsão só não se consumou porque Léopold Senghor, presidente do Senegal, intercedeu junto ao Brasil, a favor da Frelimo (...) O Brasil fora colônia também (...) lutara bravamente por sua independência; tivera Tiradentes e Tomás Antônio Gonzaga, este exilado em Moçambique; é um país meio africano, por sua origem e sua cultura, e deve muito à África. Por tudo isso, Moçambique sempre havia esperado o apoio do Brasil, que, moralmente, valeria muito, perante Portugal, perante o mundo. Assim, o voto de abstenção brasileiro nunca foi bastante. Um voto do Brasil em favor de Moçambique provavelmente teria paralisado o braço armado português, poderia talvez ter permitido que Moçambique em menos tempo visse a guerra terminar e ganhasse a independência.[52]

O governo do novo Moçambique recusou-se a aceitar a presença de uma delegação brasileira nas cerimônias da independência. Recusou também a oferta de ajuda brasileira. E se recusou a estabelecer relações diplomáticas entre si. Um ano após a Revolução dos Cravos, estava claro que o governo brasileiro teria de encontrar uma forma de agir muito mais convincente para enterrar de vez sua cumplicidade passada com o colonialismo. Essa oportunidade surgiu em Angola.

---
[52] Melo, "O reconhecimento de Angola pelo Brasil em 1975", 37.

8
A REPRESENTAÇÃO ESPECIAL DO BRASIL EM ANGOLA, 1975

EM NOVEMBRO DE 1975, o regime militar do Brasil enfrentava protestos crescentes sobre a violência usada para silenciar a oposição da esquerda. Em São Paulo, o regime militar tinha acabado de torturar e matar o jornalista Vladimir Herzog. Enquanto isso, do outro lado do Atlântico, Angola alcançava de forma tumultuada a independência, pondo fim a cinco séculos de domínio português na África. Três movimentos que tinham lutado contra Portugal desde 1961 agora se envolviam em uma guerra civil que colocava facções apoiadas pelos Estados Unidos e pela África do Sul contra o movimento marxista MPLA, apoiado por Cuba e pela União Soviética. Entre as facções rivais, o MPLA afirmava ter a maior base popular e controlava a capital, Luanda. Em 11 de novembro, os portugueses finalmente desistiram da soberania sobre Angola e o MPLA afirmou ser o novo governo do país.

Em 10 de novembro daquele ano, às 20h01 em Brasília — o que seria logo depois da meia-noite em Angola —, um porta-voz do Itamaraty leu uma declaração pronunciando o reconhecimento, por parte do Brasil, do novo governo do MPLA. O regime repressivo responsável pela morte de Herzog tornou-se o único governo do mundo ocidental a reconhecer a soberania angolana sob o MPLA. Seguindo ordens do presidente Geisel, o Itamaraty esforçou-se para que o governo fosse o primeiro a reconhecer o novo país africano. Com efeito, apesar das condições que se deterioravam em Luanda enquanto os movimentos da oposição lutavam nos arredores da cidade e uma coluna de tanques sul-africanos avançava, o Brasil mantinha uma presença diplomática permanente diante do MPLA. Da perspectiva da Guerra Fria, essas ações são contraditórias: um regime autoritário que internamente reprimia de forma violenta até a oposição moderada, abertamente apoiava um movimento revolucionário marxista no ultramar. Mas o reconhecimento de Angola respondia a uma lógica diferente.

Este capítulo reconstitui a lógica que ligou o Brasil a Angola sob o MPLA. A presença brasileira no contexto da independência do país africano foi complexa. Angola tinha diferentes significados para o Brasil e o Brasil tinha significados múltiplos para Angola. Para o governo brasileiro, Angola era o portão para a África; um rápido reconhecimento de sua independência superaria o dano político advindo do apoio a Portugal, e assim poderia abrir portas diplomáticas e comerciais para outras partes do continente. O Brasil acreditava que Angola passaria a ser uma fonte de petróleo e um mercado exportador. No entanto, o governo brasileiro estava sozinho quando via a independência como um passo positivo para um futuro melhor. À medida que os diplomatas brasileiros chegavam, os colonialistas portugueses fugiam para os três países que a seu ver refletiam melhor suas experiências e sua identidade: Portugal, Brasil e África do Sul.[1]

Para os colonialistas portugueses em Angola, o Brasil simbolizava um novo começo em um mundo semelhante àquele que eles sabiam estar terminando. Para eles, o Brasil era "seguro". A polícia e os militares mantinham a ordem assim como tinham feito na Angola colonial e, também como tinham feito em Angola, uma ilusão de harmonia racial protegia o privilégio dos brancos. As conexões políticas e culturais entre os dois países eram simbolizadas pelo voo da Varig, que trazia os colonialistas portugueses para o Brasil, rota regular entre Rio de Janeiro e Joanesburgo. Assim como o significado do Brasil estava claro para aqueles que saíam, também estava claro para aqueles que ficavam. Para os angolanos na capital, Luanda, muitos dos quais membros do MPLA, o Brasil simbolizava o tipo de fascismo capitalista contra o qual eles tinham lutado em sua guerra pela independência. O principal jornal constantemente trazia reportagens sobre os abusos de direitos humanos da ditadura militar brasileira. Para aqueles que ficavam, o Brasil não era "seguro".

Havia certa simetria entre as visões do Brasil dos colonialistas que partiam e dos revolucionários vitoriosos. Para os dois grupos, o Brasil era sinônimo de capitalismo, de governo militar e da imaginação de democracia racial que era tão reconfortante para os brancos nas sociedades coloniais: a ideia de que todos compartilhavam uma identidade e que aqueles que não eram brancos estavam felizes em seu lugar. A missão diplomática brasileira que foi para Angola na véspera de sua independência tinha a intenção — por parte daqueles que a apoiavam — de romper essa simetria. No entanto,

---

[1] Hodges, *Angola*, 10.

no momento em que a África do Sul invadiu Angola em outubro, seguida por tropas cubanas que vieram ajudar o MPLA, elementos conservadores do governo brasileiro, os militares e a imprensa reagiram contra a política externa de Geisel. Apesar da nova placa na porta, o consulado brasileiro em Luanda não se transformou em embaixada. Quando Ovídio Melo foi removido, seu substituto tinha apenas o cargo de encarregado de negócios. A pressão política doméstica, a necessidade permanente de o governo militar consentir com os Estados Unidos na política externa e a aversão ao risco, característica do Itamaraty, combinaram-se para garantir que esse ato fosse a culminação da diplomacia brasileira na África e não um novo começo.

A independência angolana

Em 15 de janeiro de 1975, três facções armadas, o MPLA de Agostinho Neto, a FNLA, de Holden Roberto, e a UNITA, de Jonas Savimbi, grupos que tinham lutado contra os portugueses e entre si desde o início da década de 1960, assinaram o Acordo de Alvor, que estabelecia uma data para a independência de Portugal e um governo de transição formado por uma coalizão dos três movimentos. No entanto, os três logo começaram a brigar, fazendo com que o governo de transição fosse apenas um teatro. Em julho de 1975, a luta nas ruas fez com que o MPLA e gangues vinda dos *musseques*, as favelas de Luanda, expulsassem da cidade os outros movimentos, intensificando a luta por parte desses grupos para retomar a capital antes da independência e dando início à guerra civil em Angola.

Não só o principal jornal de Luanda relatava a transição cada vez mais violenta para a independência em Angola, mas a própria história de sua publicação refletia o crescente conflito. Por meio século, esse jornal tinha sido publicado com o nome de *A Província de Angola*, uma referência à ideia de que Portugal possuía "províncias ultramarinas" e não colônias. No início de 1975, a FNLA comprou o jornal para influenciar a opinião pública, já que o movimento fazia parte do governo de transição. A FNLA chegou a contratar como consultor um jornalista brasileiro que trabalhava para *O Globo*, Fernando Câmara Cascudo. Durante o período em que Cascudo colaborou para o jornal, eram publicados *slogans* adaptados da propaganda usada pelo regime militar brasileiro. Entre os *slogans* reciclados havia um que era originário dos Estados Unidos: "Angola, ame-a ou deixe-a!", que tinha sido reutilizado no Brasil e agora adaptado a um novo ambiente.[2]

---

[2] Melo, "O reconhecimento de Angola pelo Brasil em 1975", 46.

Quando o equilíbrio de poder em Luanda passou para o MPLA em julho, o jornal, agora com o novo nome de *Jornal de Angola*, também mudou de mãos. Os funcionários se revoltaram contra os diretores, que eram da FNLA, tomaram o jornal e denunciaram suas "tendências fascistas". Câmara Cascudo fugiu para o território da FNLA perto do Zaire, e uma semana mais tarde uma bomba destruiu o escritório do jornal. É possível que tenha sido colocada pelos portugueses que se iam, ou pelos membros da FNLA que também partiam, ou por ambos.[3] Entre os novos diretores estava Fernando Lima de Azevedo, um dos estudantes angolanos ativistas que tinha sido detido pelo regime militar brasileiro em 1964.[4]

O novo *Jornal de Angola* modificou o tom de sua cobertura sobre o Brasil, agora um símbolo daquilo contra o qual o MPLA lutava: terror e racismo de direita produzido pelo capitalismo internacional. Uma história e seu posicionamento ilustram o que o Brasil simbolizava então. Com a manchete "Esquadrão da Morte volta a atuar", o número de 14 de agosto relatou as ações de um "esquadrão da morte" que impunha castigos em uma comunidade pobre do Rio de Janeiro, torturando e matando dezenas de pessoas durante o chamado "Massacre da Semana Santa". Há uma foto de um membro da KKK ao lado da matéria com uma legenda provocativa: "Este membro da Ku-Klux-Klan deixou-se fotografar limpando uma baioneta. O grão-vizir da organização declarou ser ela que mantém a América de pé. Naturalmente, os objetivos da Ku-Klux-Klan são diversos dos do 'Esquadrão da Morte' brasileiro."[5] O significado evidente: a violência racista nos Estados Unidos e o "justiceirismo" dos esquadrões da morte que agiam com impunidade sob a ditadura brasileira eram a mesma coisa. Nem todos os angolanos acataram essa visão. Dezenas de milhares fugiram para o Brasil, produzindo outro tipo de cobertura jornalística. Em 30 de agosto, o *Jornal de Angola* publicou fotos dos caixotes e carros empilhados no porto da cidade. Os caixotes estavam marcados com seus destinos em letras garrafais: Rio de Janeiro e Santos, Brasil; e Durban, África do Sul.[6]

---

[3] Ibid.; "Comunicado do MPLA em denúncia do nosso jornal", *Jornal de Angola*, 18 de julho de 1972, 2; "Deflagrou um engenho explosivo nas instalações do nosso jornal", *Jornal de Angola*, 24 de julho de 1975, 1.

[4] Entrevista com José Manuel Gonçalves, 14 de junho de 2008; embaixada em Luanda para o Ministério das Relações Exteriores, "Solicitação de assistência a jornal angolano", telegrama 162, 25 de março de 1976, AHI.

[5] "'Esquadrão da morte' volta a actuar", *Jornal de Angola*, 14 de agosto de 1975, 10.

[6] "Angola está a ficar mais pobre", *Jornal de Angola*, 30 de agosto de 1975, 5.

Uma pessoa que tivesse ficado em Luanda, fosse ao cinema e lesse o jornal teria uma imagem clara do Brasil que esperava aqueles que fugiam. Um leitor que olhasse a foto dos caixotes destinados para o Rio e para Santos veria também um anúncio na página oposta da estreia do filme de Costa-Gavras *Estado de sítio*, sobre a repressão e a resistência no Uruguai, país sob um regime semelhante ao do Brasil. No resto do ano, o *Jornal de Angola* dava ênfase às ameaças feitas aos bispos brasileiros que falavam a favor dos direitos humanos e protestavam contra a prisão, tortura e execução de prisioneiros políticos e contra as condições das prisões para os pobres. A morte de Vladimir Herzog e as péssimas condições das cadeias eram tema de reportagens com a manchete "O Brasil tornou-se um inferno": "Nos países fascistas as prisões estão sempre cheias (…) É assim no Brasil, onde o governo de Geisel, com uma mão oferece ao povo o ópio do futebol e do samba e, com a outra, as mais horrendas sevícias. Morrer pela violência ou desaparecer está sendo, no Brasil, um fato comum."[7]

Negociando a "representação especial" brasileira

Em dezembro de 1974, de férias no Rio de Janeiro de seu posto como cônsul-geral em Londres, Ovídio Melo foi abordado por seu amigo de infância Ítalo Zappa, que à época era chefe do Departamento da África e da Ásia no Itamaraty. Zappa chamou-o para fazer parte do projeto de aproximação dos movimentos de libertação das colônias portuguesas. Zappa queria alguém em quem confiasse e com quem tivesse um relacionamento pessoal para desenvolver esses novos laços. Ele e Ovídio tinham entrado no serviço diplomático juntos e eram conhecidos pela simpatia comparativamente esquerdista, seu interesse pelos movimentos no Terceiro Mundo e orientação para a África.[8] O chefe de gabinete do Itamaraty e mais tarde chanceler, Ramiro Saraiva Guerreiro, disse de Ovídio Melo: "Dizem que é comunista, não sei se é…" E descreveu Zappa como "um homem de esquerda não comunista, ao contrário do que dizia. Mas era um tipo de esquerda francesa".[9]

Em janeiro de 1975, pouco depois da assinatura do Acordo de Alvor, Ovídio foi para a África. Na Tanzânia, ele se encontrou com o ministro das Relações Exteriores da Frelimo, Marcelino dos Santos, para propor a criação de uma representação especial do Brasil em Moçambique. Na ocasião,

---

[7] "O Brasil tornou-se um inferno", *Jornal de Angola*, 8 de novembro de 1975, 8.
[8] Gaspari, *A ditadura encurralada*, 137, 139.
[9] Entrevista com Ramiro Saraiva Guerreiro, 22 de agosto de 2006.

ofereceu ajuda brasileira ao país e pediu a Marcelino que fizesse uma lista de prioridades. Marcelino dos Santos foi lacônico em sua resposta. Sugeriu que o governo brasileiro deveria apenas oferecer a Moçambique o que enviava para o Nordeste brasileiro em épocas de seca: caminhões, alimentos, remédios. O chanceler moçambicano foi pouco receptivo porque, como disse a Ovídio mais tarde, "depois de sofrerem quatorze anos de guerra, depois de verem durante todo esse tempo o Brasil apoiando Portugal — não estavam acostumados a considerar o Brasil como um país amigo".[10]

Ovídio teve dificuldade para se reunir com o líder do MPLA, Agostinho Neto, que estava viajando pelo continente para reunir-se com seus partidários antes de voltar para Angola. Ansioso para finalmente encontrá-lo, Ovídio viajou a Nairóbi para sentar ao lado dele em um voo para Dar-es-Salaam. Nessa curta viagem, Ovídio discutiu o desejo do governo brasileiro de estabelecer a representação especial. Agostinho Neto recebeu bem a proposta. Ovídio lembra: "Impressionou-me a visão ampla e compreensiva que Agostinho Neto tinha da situação do Brasil e de Angola no mundo, da cooperação intensa que poderia haver entre os dois países irmanados pela cultura, pelas etnias e mestiçagem." Agostinho Neto receberia a representação especial, mas Ovídio não foi o primeiro representante da América Latina que ele recebeu em Dar-es-Salaam enquanto fazia o caminho de volta para Angola. Encontrou-se também com emissários cubanos, a quem solicitou treinamento e ajuda militar.

De Nairóbi, Ovídio viajou para Angola e procurou Jonas Savimbi, líder da UNITA, e Holden Roberto, líder da FNLA. Savimbi não teve nem críticas nem elogios para as antigas políticas do governo brasileiro ou para sua nova direção, mas concordou com o estabelecimento de uma representação especial. Ovídio saiu da reunião com a impressão de que "Savimbi pouco ou nada sabia do Brasil, nem jamais pensara em qualquer cooperação do Brasil com Angola". Para se encontrar com Holden Roberto, Ovídio viajou para um acampamento da FNLA em Kinshasa, no Zaire. Ele também concordou com a representação especial e "louvou sumariamente a nova política brasileira, sem dar qualquer mostra de (...) ter tido ressentimentos com nossa antiga política".[11]

Embora a Frelimo tivesse fechado as portas para o governo brasileiro, os três grupos que almejavam o controle de Angola o aceitaram. Por que

---

[10] Melo, "O reconhecimento de Angola pelo Brasil em 1975", 35.
[11] Ibid., 29, 34.

houve tal diferença em suas respostas aos oferecimentos de Ovídio? A Frelimo era um movimento consolidado que não enfrentava qualquer competição interna. O movimento podia dar as costas ao pouco que o governo brasileiro tinha a oferecer, sem prejuízos. O MPLA, no entanto, como os outros movimentos angolanos, acolheu bem a representação especial brasileira porque cada um dos movimentos estava em uma condição tão precária na competição pelo controle do país que nenhum deles se beneficiaria recusando um aliado externo potencial apenas para saldar velhas dívidas. Eles não podiam dizer não.

Representando o Brasil em Angola

Otimista, Ovídio Melo esvaziou suas malas no Hotel Trópico em Luanda, 22 de março de 1975, e, uma semana depois, foi seguido por seu auxiliar Cyro Cardoso. Começou, então, a procurar um prédio que fosse mais adequado para abrigar uma embaixada do que o antigo consulado. Ovídio encontrava-se em uma posição única como comprador em um dos maiores mercados compradores do mundo, embora no final o Ministério das Relações Exteriores brasileiro não tivesse destinado recursos para o novo edifício. Apesar de seu otimismo com relação ao futuro, Ovídio percebeu que "tudo se deteriorara a olhos vistos. O hotel [Trópico] que eu conhecera em fevereiro já não era o mesmo em março".[12] Pouco tempo depois, Ivony, esposa de Ovídio, chegou. Pressentindo a instabilidade crescente em Luanda, uma de suas primeiras iniciativas foi transformar uma das salas do consulado em despensa e começar a estocar latas e sacos de comida. Segundo Ivony, o supermercado "era uma loucura total, as pessoas só faltavam se agredir, agarrando as coisas. Já não tinha quase nada nas prateleiras. Um pânico geral". Esse mesmo supermercado pouco depois foi bombardeado. Às vezes, a violência crescente atingia o consulado diretamente. Uma noite a fachada foi metralhada. Pouco depois, explodiram os escritórios da Varig.[13]

Luanda era varrida pela violência. Colonialistas amargurados sabotavam e destruíam o que não podiam levar consigo e atacavam as instituições associadas com a independência angolana. Os angolanos se vingavam dos colonialistas. As facções rivais, e também as gangues armadas das favelas nos arredores de Luanda, lutavam entre si. O governo tripartido de transição desintegrava-se, mas Ovídio procurou manter

---
[12] Ibid., 47.
[13] Entrevista com Ovídio e Ivony Melo, 25 de julho de 2006.

uma imagem de imparcialidade, providenciando ajuda para as três facções. O governo brasileiro doou uniformes para a polícia e um avião de carga da Força Aérea brasileira levou 18 toneladas de remédios para Luanda. Segundo Ovídio, uma semana mais tarde a auxiliar do consulado brasileiro estava almoçando no Hotel Trópico quando um dos funcionários se aproximou e pediu para lhe mostrar uma coisa. Levou-a então aos quartos do andar reservado aos membros da FNLA e mostrou que estavam cheios de remédios doados pelo Brasil. O funcionário do hotel confidenciou: "Vocês foram muito gentis [mas] esse medicamento vai para Kinshasa e vai ser vendido nas farmácias de Kinshasa".[14]

A batalha de Luanda

As atividades no navio de carga brasileiro *Cabo Orange* estavam paralisadas. Com a luta de meados de julho e a instabilidade que acompanhou a captura do controle da cidade pelo MPLA, o cais parou de funcionar. O navio esperava para desembarcar seu carregamento de equipamento médico comprado pelo governo de transição. Do convés do navio, a tripulação observou a luta pelo controle da cidade e o operador de rádio chegou a escrever um samba sobre a destruição. A letra chegou às mãos de Ovídio e ele a enviou ao Ministério das Relações Exteriores. No começo de agosto, após quase um mês parado no porto, o *Cabo Orange* voltou para o Brasil sem entregar o carregamento.[15] No samba "A guerra em Angola", o operador de rádio invoca a *umbanda* para lhe dar forças para suportar a luta naquele porto que um dia tinha sido uma escala desejada:

Do navio escutamos/ A metralha disparar/ juntamente com o fuzil/
E o canhão troar/ E a noite vê-se perfeito/ Línguas de fogo voar

Na rua o quadro é triste/ Dos que estão em desabrigo/ Homens, mulheres e crianças

Que escaparam do perigo/ Com os seus pertences na cabeça/ Quem vê fica comovido

---

[14] Ibid.
[15] Ovídio Melo, 2 de agosto de 1975, "Cabo Orange", telegrama 269, representação especial em Luanda para o Ministério das Relações Exteriores, AHI.

A cidade abandonada/ Falta gás e falta pão/ E falta táxi na rua Para a locomoção/ De fartura só fuzil/ Metralhadora e canhão

O porto faz uma semana/ Que está sem operar/ O *Cabo Orange* ao largo À espera de atracar/ E nós a bordo escutando/ Do canhão o ribombar

Quem tem medo aqui não fica/ Porque o caso é bem sério/ E não vá pensar vocês/ Que eu estou com lero-lero/ Vou ficar até o fim/ Mas voltar aqui não quero

Pois não contente com a luta/ Em que destrói o irmão/ Dão uma prova cabal

(...)

De não terem civilização/ Porque comem por vingança/ Dos mortos o coração

Este fato é verdadeiro/ E a mim causa um grande mal/ Pois pensei que não houvesse/ Destas cenas *saiu* fotos/ Publicadas no jornal

Aqui na agência do *Loide*/ Chega a faltar a aragem/ Devido ao grande número

Dos que procuram passagem/ Abandonando Luanda/ Indo pra outras paragens

Não posso aqui contar tudo/ Pois é grande a agonia/ Desta Luanda que outrora

A muitos trouxe alegria/ E hoje só traz tristeza/ Com suas selvagerias.[16]

O *Cabo Orange* — em sua ociosidade com seu carregamento de provisões médicas que não seria entregue — era um exemplo do desafio brasileiro às correntes da agitação angolana. Até o nome do navio tinha um profundo significado para a missão brasileira em Angola: o Cabo Orange era um

---

[16] Ovídio Melo, 24 de julho de 1975, "Impressão de um marujo brasileiro a respeito dos conflitos em Luanda", ofício 187, representação especial em Luanda para o Ministério das Relações Exteriores, AHI.

ponto no norte do Brasil que tinha sido capturado pelos holandeses no século XVII quando estes competiam com os portugueses pelo controle do Atlântico Sul. A presença do navio em águas angolanas tinha pouco a ver com a realidade angolana de êxodo e tudo a ver com a imaginação de uma ponte natural entre o Brasil e a África através de Angola, uma ponte que um dia tinha sido mantida pelos portugueses e pelos holandeses e que agora era procurada pelos brasileiros em meio à crescente violência. A viagem quixotesca do *Cabo Orange* não foi desperdiçada. O navio evacuou duas dúzias de brasileiros residentes em Angola e também os funcionários do consulado.[17]

Durante as lutas de julho e nos meses seguintes, a FNLA constantemente lançava morteiros no reservatório de água potável nos arredores da cidade. Ovídio e Ivony dependiam da água que tinham armazenado na banheira e tratado com iodo. A comida era escassa e dependiam do açúcar, da farinha de mandioca, do arroz, do feijão e do macarrão enviados pelo Itamaraty nos voos da Varig que iam a Luanda duas vezes por semana para levar refugiados.[18] No início de agosto, o MPLA já controlava Luanda e a FNLA e a UNITA se uniram contra ele. Em 3 de agosto, os primeiros consultores militares cubanos chegaram, seguidos por centenas de outros cubanos que estabeleceram centros de treinamento para as tropas do MPLA. A FNLA recebia treinamento de consultores chineses no Zaire e tinha o apoio de tropas e armas daquele país. A UNITA e a FNLA também começaram a receber armas das Forças de Defesa Sul-Africanas (SADF, na sigla em inglês) e pouco depois começaram também a receber seus consultores. Em agosto, a SADF também ocupou áreas fronteiriças. Desde o fim de julho, após a batalha por Luanda, até o fim de agosto, o governo dos Estados Unidos direcionou mais de 25 milhões de dólares em ajuda à FNLA e à UNITA através do Zaire.[19]

Dois dias após a chegada dos primeiros cubanos, e sem saber nem dessa presença nem da ajuda crescente, mas secreta, dada à FNLA e à UNITA pelo Zaire, Ítalo Zappa visitou Luanda. Ao chegar aos escritórios da representação especial, o diplomata ficou chocado com a condição de seus funcionários, todos "muito macerados e emagrecidos", e com o cenário à volta do consulado.[20] Diante do prédio, ele testemunhou "cerca de 3 mil postulantes de

---

[17] Ovídio Melo, 1º de agosto de 1975, "Evacuação de brasileiros em Luanda", telegrama 267, representação especial em Luanda para o Ministério das Relações Exteriores, AHI.
[18] "Envio de víveres para a representação especial em Luanda", 4 de agosto de 1975, telegrama 236, do Ministério das Relações Exteriores para representação especial em Luanda, AHI.
[19] Gleijeses, *Conflicting Missions*, 255-56, 293-95.
[20] Melo, "O reconhecimento de Angola pelo Brasil em 1975", 54.

visto [que] se colocaram, em desespero, frente ao consulado a fim de exigir concessão de vistos".[21] Zappa queria que Ovídio fosse removido, mas o diplomata insistiu em ficar. Mostrando o otimismo com que eles enfrentavam as privações em 1975, Ivony Melo descreveu a condição física de todos sob uma luz mais positiva do que aquela com que Zappa os tinha visto: "Foi ótimo, porque nós todos fizemos regime, ficamos magrinhos."[22] Zappa recomendou a Silveira que a representação especial ficasse restrita aos funcionários locais. Mesmo mencionando as objeções de Ovídio e seu desejo de permanecer, ele ainda assim argumentou que a representação especial "já não serviria a nenhum objetivo, pois está claramente desboroada a situação constitucional que a justificava. Ao contrário, poderá essa permanência ser contraproducente a partir do momento em que pudesse ser interpretada como apoio a um dos dois movimentos, e não equidistância em relação aos três".[23]

Silveira apoiou Ovídio com respeito à permanência da representação especial, fez planos para uma evacuação de emergência com a Aeronáutica e a Marinha e providenciou o envio de um destacamento de seguranças para o consulado. Demonstrando sua ansiedade sobre a situação cada vez mais complexa em Angola, Silveira concluiu seu telegrama com o aviso "leia e destrua este telegrama, inclusive a fita".[24] Silveira e Zappa mantiveram a missão, mas ordenaram que Ovídio, Ivony e Cyro Cardoso fossem ao Brasil para "consultas", tanto para evitar se comprometer sobre as condições em Angola quanto para lhes dar tempo de se recuperar fisicamente. Quando Ovídio e Ivony voltaram para Angola no fim de setembro, foram no voo da Varig que ainda fazia a rota Rio-Joanesburgo-Luanda. Eles eram os únicos passageiros no trecho entre Joanesburgo e Luanda.[25]

Enquanto o casal estava no Brasil, as condições em Luanda continuavam a se deteriorar. A coleta de lixo foi interrompida e um terreno baldio diante do consulado passou a ser depósito de dejetos. Dezenas de caminhões paravam diariamente para descarregar entulho. O cheiro ficou insuportável. As árvores tinham reflexos coloridos em virtude das moscas verdes que rondavam o lixo; moscas que punham os ovos na roupa que os funcionários

---

[21] Telegrama de Ítalo Zappa para Azeredo da Silveira, 5 de agosto de 1975, AAS mre/rb 1974.08.19, CPDOC/FGV.
[22] Entrevista com Ovídio e Ivony Melo, 25 de julho de 2006.
[23] Telegrama de Ítalo Zappa para Azeredo da Silveira, 5 de agosto de 1975, AAS mre/rb 1974.08.19, CPDOC/FGV.
[24] Ibid.
[25] Entrevista com Ovídio e Ivony Melo, 25 de julho de 2006.

do consulado punham para secar, causando infecções e abscessos.[26] Gil de Ouro Preto, primeiro secretário, futuro substituto de Ovídio como encarregado de negócios, contratou aquilo que chamou de "comando africano" de crianças para jogar o lixo em um precipício na parte de trás do terreno. Eventualmente, conseguiu que a prefeitura enviasse uma máquina de terraplenagem para empurrar todo o lixo precipício abaixo. E declarou: "derrotamos a lixeira — vitória irretorquível da diplomacia brasileira em Angola. Vitória contra a preguiça, o caos, as moscas, os vermes, o fedor."[27]

O DOPS SE ENCONTRA COM O MPLA

Após ter impedido que um grupo de quarenta antigos agentes da PIDE e suas famílias fretassem um voo para o Brasil, Ovídio Melo ficou preocupado que os agentes pudessem reagir violentamente contra o consulado brasileiro ou contra o escritório da Varig. Ele solicitou ao comandante militar português em Luanda que colocasse seguranças na frente dos dois escritórios. O comandante sugeriu que a presença de seguranças portugueses faria com que os edifícios passassem a ser um alvo ainda mais atraente.[28] Por outro lado, pedir seguranças ao MPLA — que controlava a polícia da cidade — faria dos edifícios alvos da FNLA e da UNITA. Em virtude da violência que crescia rapidamente, o Itamaraty enviou três guarda-costas a quem, na entrevista, Ovídio se referiu como "agentes do DOPS", embora tivessem sido enviados pelo CIEX do Itamaraty. Tinham vindo diretamente do Chile, onde tinham sido colocados na embaixada brasileira depois do golpe de Pinochet em 1973.[29]

Os agentes de segurança fizeram um levantamento da situação do consulado e da cidade e a ordem urgente que enviaram ao Itamaraty foi um reflexo da situação precária que encontraram. O que pediram foi: "quatro metralhadoras HK MP5, com vinte carregadores para trinta tiros, além de uma 9mm com seiscentos tiros; quatro revólveres Taurus calibre 38, cano médio, 76mm, duzentos tiros para calibre 38, quatro coldres para essas

---

[26] Ibid.
[27] Gil de Ouro Preto, 5 de setembro de 1975, "Percalços da vida diplomática: A derrota da lixeira", ofício 212, representação especial em Luanda para o Ministério das Relações Exteriores, AHI.
[28] Ovídio Melo para o Ministério das Relações Exteriores, "Expulsão de membros da PIDE", telegrama secreto 116, 30 de maio de 1975, AHI.
[29] Entrevista com Ovídio e Ivony Melo, 25 de julho de 2006. Ovídio Melo para o Ministério das Relações Exteriores, "Agentes Federais", telegrama secreto 146, 12 de junho de 1975, AHI.

armas; uma escopeta calibre doze com cem cartuchos; dez granadas de mão de gás lacrimogêneo; cinco máscaras contra gases; dois *walkie-talkies*." Pediram também que as armas não tivessem marcas, para que não pudessem ser relacionadas com a polícia ou com os militares brasileiros.[30] Um agente do CIEX, Jean-Claude Guilbaud, trouxe o armamento em dois caixotes revestidos de chumbo. Ovídio lembra que Guilbaud ficou tão traumatizado com o caos em Luanda que quando tentou ir embora "ficou com um medo tão grande que quis agredir um funcionário da Varig. O homem disse que não tinha lugar para ele viajar, e ele ficou furioso, agarrou o homem pelo pescoço, querendo estrangular o cara". Ovídio lembra que quando Cyro Cardoso voltou do aeroporto aonde tinha ido levá-lo disse: "Olha, se todos esses espiões brasileiros são do tipo desse Guilbaud, vamos ter confusões incríveis no mundo." Embora os agentes tivessem trazido segurança adicional, Ivony agora tinha a preocupação extra de encontrar comida para alimentá-los. Por outro lado, sua presença significou que os funcionários do consulado agora podiam usar balas — em vez dos grãos de feijão que ela estava estocando — como fichas no pôquer que jogavam para se distrair durante as longas noites de toque de recolher.[31]

Melo emitiu novos passaportes para os agentes quando viu que tinham vindo diretamente do Chile com vistos de entrada datados de 1973. Sua preocupação era que os angolanos, principalmente o MPLA, os associassem com o desacreditado regime de Pinochet. Mas era tarde demais: a estação de rádio controlada pelo MPLA denunciou a "invasão de Angola por brasileiros (...) malfeitores", declarando que "eram os mesmos que trabalharam no Chile, a serviço da CIA".[32] A presença desse destacamento de segurança, associado com a repressão tanto no Brasil quanto no Chile, era incongruente com o clima político que se apoderava de Luanda, à medida que o MPLA consolidava o controle da cidade e começava a estabelecer o arcabouço para um governo nacional. A presença dos agentes, no entanto, foi mitigada pela disposição do governo brasileiro em permanecer em Luanda apesar do colapso do governo de transição, o êxodo dos brancos e o fechamento de outras delegações e empresas estrangeiras.

---

[30] Ovídio Melo para o Ministério das Relações Exteriores, "Agentes Federais", telegrama secreto 146, 12 de junho de 1975, AHI.
[31] Entrevista com Ovídio e Ivony Melo, 25 de julho de 2006.
[32] Ovídio Melo para o Ministério das Relações Exteriores, "Situação interna de Angola", telegrama 150, 17 de junho de 1975, AHI.

Os agentes de segurança brasileiros, lado a lado com o Estado marxista nascente, prenunciavam as repercussões que o governo iria ter de enfrentar tanto interna quanto externamente por seu apoio ao MPLA. A decisão de permanecer em Luanda, e a consequente implicação do apoio ao MPLA, pôs o governo brasileiro em uma posição pouco comum entre os governos ocidentais, dos quais alguns (Estados Unidos, França, África do Sul, Zaire e Zâmbia) estavam apoiando os inimigos do Movimento. Ao mesmo tempo, como as autoridades moçambicanas tinham expulsado o cônsul brasileiro quando o país se tornou independente, em junho de 1975, ficou ainda mais evidente como o sucesso em Angola era importante para o Brasil. O desafio apresentado por Moçambique foi colocado de forma sucinta pelo antigo cônsul, que enviou um memorando a Silveira quando a Frelimo pediu-lhe que fechasse o consulado e deixasse o país. Segundo ele, a Frelimo, "injustificadamente ou não, nutre um ressentimento contra o Brasil pelo fato de não ter recebido qualquer apoio durante os quase dez anos de luta contra o colonialismo". Dizia-se que a Frelimo tinha convidado líderes exilados do Partido Comunista Brasileiro para participar das cerimônias da independência. Um repórter brasileiro perguntou ao primeiro-ministro Joaquim Chissano sobre futuras relações com o Brasil. Ele respondeu com três perguntas: "O que havia o Brasil feito a favor dos movimentos de libertação africanos? O que havia feito a favor da Frelimo? O que estaria disposto a fazer a favor de Moçambique?"[33] Para o Ministério das Relações Exteriores brasileiro, é possível que a resposta para a última pergunta pudesse ser encontrada em Angola.

A denúncia pública dos agentes de segurança brasileiros feita pelo MPLA foi um reflexo da desconfiança que o movimento ainda tinha sobre as relações com o Brasil. Embora Agostinho Neto estivesse a favor da presença do Brasil, outros membros da liderança do MPLA compartilhavam os sentimentos da Frelimo. A liderança do MPLA discutia se convidaria ou não uma delegação brasileira para as cerimônias da independência. No fim, a difícil situação do Movimento fez com que a legitimidade que seria conferida pela presença de uma delegação brasileira fosse mais importante que os ressentimentos, e o convite foi emitido.[34]

---

[33] O.L. de Berenguer Cesar, cônsul-geral, "Relações Brasil-Moçambique: Informação para o senhor ministro de Estado", 8 de julho de 1975, Arquivo Azeredo da Silveira, AAS mre/d 1974.04.23, CPDOC/FGV.

[34] Ovídio Melo para o Ministério das Relações Exteriores, "Reconhecimento de Angola", telegrama 474, 6 de novembro de 1975, AHI.

A invasão de Angola

Em 20 de outubro, uma força militar sul-africana composta de angolanos negros e tropas brancas das SADF invadiram o sul de Angola. Sua meta era controlar cidades dominadas pelo MPLA em uma marcha a caminho de Luanda, unindo-se à UNITA e à FNLA, com o apoio do Zaire, para expulsar o MPLA antes da transferência da soberania de Portugal, o que aconteceria em 11 de novembro. No dia 3 de novembro, com o reforço de quase mil soldados sul-africanos, a força invasora estava a meio caminho de Luanda. Vencendo a oposição e colidindo com os treinadores militares cubanos, as forças SADF estavam otimistas, achando que poderiam tomar Luanda e ocupar o lugar do MPLA antes de Angola se tornar independente.[35]

Enquanto em Angola o Exército sul-africano avançava, no Brasil Geisel reunia-se com Silveira para decidir o que fazer sobre a independência angolana. Silveira propôs que o Brasil reconhecesse o governo do MPLA e apresentou um relatório escrito por Zappa que defendia que se divulgasse amplamente o reconhecimento antes de qualquer outro país. Ovídio Melo permaneceria em Luanda como emissário do governo brasileiro para as cerimônias da independência e seria depois credenciado como embaixador frente ao novo governo.[36] Sua proposta incluía um relatório preparado pelo chefe de gabinete, secretário Saraiva Guerreiro, que pesava as vantagens e desvantagens de reconhecer um governo que, para o Brasil, "não era o que desejaríamos".[37] Até Portugal mantinha distância do MPLA, e no dia 10 de novembro, anunciou sua retirada de modo vago, passando a soberania para "o povo de Angola".

Quando Geisel e Silveira se reuniram, ainda não sabiam da invasão sul-africana ou de sua luta com os instrutores cubanos em Angola. E o governo cubano ainda não tinha decidido enviar tropas para rechaçar os sul-africanos. Geisel e o governo brasileiro sabiam dos combates na região, mas não os associavam com a África do Sul. Acreditavam que as tropas eram uma força conjunta "UNITA-FNLA", embora a FNLA estivesse localizada e lutando no norte de Angola e a UNITA estivesse concentrada no planalto central. A decisão cubana de enviar tropas para combater a invasão sul-africana

---
[35] Gleijeses, *Conflicting Missions*, 301-3.
[36] "Reconhecimento do governo de Angola". Informação para o senhor presidente da república, 3 de novembro de 1975, Arquivo Azeredo da Silveira, AAS mre/d 1974.03.26, CPDOC/FGV; Saraiva Guerreiro, *Lembranças de um empregado do Itamaraty*, 189.
[37] Ramiro Saraiva Guerreiro para Azeredo da Silveira, 3 de novembro de 1975, Arquivo Azeredo da Silveira, AAS mre/d 1974.03.26, CPDOC/FGV.

passou a ser o evento decisivo da independência angolana, tanto porque os cubanos conseguiram rechaçar os sul-africanos, mantendo o MPLA no poder, como também em virtude da reação contra Cuba por parte dos países ocidentais. Na verdade, o papel de tropas cubanas ao lado de um governo apoiado pelo Brasil gerou uma reação nacional violenta contra o governo de Geisel, tendo à frente os oficiais militares do alto escalão. Quando ponderavam sobre seu curso de ação antes da independência angolana, o que Geisel e Silveira sabiam sobre a presença cubana em Angola?

Quando perguntei a Ovídio Melo se ele tinha tomado conhecimento de que havia tropas cubanas lutando em Angola na véspera da independência, ele negou. Explicou-me que os cubanos que estavam lá estavam no sul e não em Luanda.[38] Isso condiz com a explicação de Piero Gleijeses, segundo a qual os primeiros instrutores militares cubanos tinham sido enviados para as várias instalações do MPLA pelo país e os primeiros soldados tinham ido diretamente para as frentes de batalha, não só no sul, contra a África do Sul, mas também ao nordeste da capital, onde lutaram contra as tropas da FNLA e do Zaire.[39] Os documentos disponíveis do Ministério das Relações Exteriores e da presidência não fazem qualquer referência aos cubanos em Angola antes da independência. E quando, no dia 4 de novembro, o embaixador brasileiro em Washington, Araújo Castro, encontrou-se com Walter Cutler, chefe do Bureau África do Departamento de Estado, para falar sobre Angola, Cutler também não mencionou os cubanos.[40] No entanto, quando perguntaram a Geisel, em 1994, se a presença das tropas cubanas já era conhecida, ele respondeu: "Já se sabia. Mas havia outros interesses."[41]

Há uma aparente contradição entre a afirmação de Geisel e o registro documental, junto com a afirmação de Ovídio Melo de que o governo brasileiro não sabia das tropas cubanas em Angola. Essa contradição é conciliada pela lembrança de Saraiva Guerreiro: "Ovídio Melo (...) informava corretamente (...) Ele confirmou, comunicou a presença e o aumento de assessores militares soviéticos e cubanos em Luanda. Os críticos do nosso reconhecimento dizem: 'reconhecemos quando o governo estava se entregando a Cuba.' Não é bem verdade, mas enfim era evidente, eu não tinha dúvida nenhuma, de que naquela situação Cuba, a União Soviética via Cuba, se

---

[38] Entrevista com Ovídio e Ivony Melo, 25 de julho de 2006.
[39] Gleijeses, *Conflicting Missions*, 308.
[40] Embaixada brasileira em Washington para o Ministério das Relações Exteriores, telegrama 4377, 5 de novembro de 1975, Arquivo Azeredo da Silveira, AAS mre/rb 1974.08.19, CPDOC/FGV.
[41] D'Araujo e Castro (orgs.), *Ernesto Geisel*, 344.

quisesse, faria tudo o que pudesse (...) E que outra alternativa? Havia algum país ocidental que fosse apoiar militarmente esses homens que estavam ali acossados? O Brasil, que teria duplo interesse em Angola (...) iria mandar tropas e tal? Então o presidente foi dessa opinião e autorizou o reconhecimento imediatamente."[42] Por esse relato, tanto Geisel quanto Ovídio estavam certos: o governo sabia dos consultores militares cubanos, que tinham estado presentes desde agosto, mas não dos aviões levando forças de combate cubanas nem do enfrentamento dessas tropas com as forças sul-africanas. Saraiva Guerreiro também reconheceu que, na ausência de apoio ocidental para o MPLA (e um sóbrio reconhecimento de que o Brasil não possuía meios militares para fornecer tal apoio, como ele observou também em seu memorando para Geisel), o apoio cubano e soviético ao MPLA era o que melhor defenderia os interesses brasileiros em Angola.

As opções do governo brasileiro eram remover Ovídio e suspender o reconhecimento ou reconhecer o governo do MPLA. A escolha foi descartar a opção de uma retirada, certo de que isso seria tornar o Brasil "irrelevante". O governo percebeu também que as outras antigas colônias portuguesas iriam reconhecer o governo do MPLA, que tinha as Forças Armadas mais organizadas, o maior apoio popular e o maior território, sendo o mais próximo de um governo nacional que Angola poderia ter. O marxismo do MPLA foi esquecido: independentemente de sua ideologia, o governo angolano precisaria de contatos diplomáticos e comerciais com o Ocidente e isso estimularia seu relacionamento com o Brasil. Finalmente, o Itamaraty, de maneira pragmática, reconheceu que ao governo brasileiro faltavam os meios — militares ou logísticos — para mudar o equilíbrio do poder em Angola. Ao mesmo tempo, estava ciente de que o Brasil ia atuar sozinho entre os países ocidentais e que certamente haveria uma intensa reação interna.[43]

De quem foi a decisão, afinal, de reconhecer o governo do MPLA? Ao insistir em permanecer em Luanda apesar das adversidades, Ovídio Melo criou e manteve as precondições para que o governo brasileiro reconhecesse o MPLA. Embora Ítalo Zappa estivesse preocupado com a segurança de Ovídio, chegando a tentar removê-lo de volta para o Brasil, ele via a presença do diplomata como a chave não só para o futuro do país em Angola, mas também para suas relações com todo o continente africano. Guerreiro era um firme defensor do reconhecimento do governo do

[42] Entrevista com Ramiro Saraiva Guerreiro, 22 de agosto de 2006.
[43] Ramiro Saraiva Guerreiro para Azeredo da Silveira, 3 de novembro de 1975, AAS mre/d 1974.03.26, CPDOC/FGV.

MPLA, chegando a ponto de acrescentar sua opinião pessoal ao memorando que submeteu a Geisel e circulou para o Conselho de Segurança Nacional brasileiro. A mensagem de Guerreiro dava ênfase às vantagens do reconhecimento e concluía que, como "o Brasil não pretende intervir para alterar a situação de fato tanto por princípio quanto por falta de meios", o reconhecimento do governo marxista "me parece ser, nas circunstâncias, o possível, ou o de menor desgaste".[44] Saraiva Guerreiro lembra que seu memorando tinha como base a premissa de que "a independência dos territórios portugueses só pode vir sob a liderança dos comunistas", e que ele causou uma impressão particularmente positiva no Conselho de Segurança Nacional. Um membro do Conselho lhe disse: "Eles leram com muita atenção e acharam formidável o seu resuminho."[45]

Embora, segundo Saraiva Guerreiro, Silveira estivesse "preocupadíssimo com as possíveis consequências", ele também apoiou o reconhecimento. Para Silveira, o recente rompimento entre Brasil e Portugal e o lento reconhecimento de Guiné-Bissau pesavam a favor de uma ação decisiva em Angola. No entanto, uma ação política assim tão incongruente teria sido impossível sem o consentimento do presidente Geisel. Rubens Ricupero insinuou que Geisel agiu de acordo com a recomendação de Silveira:

> Minha impressão é de que a responsabilidade maior e o mérito maior é do Ovídio, que é o homem que estava lá. E acredito que em segundo lugar foi do Silveira. O Silveira foi convencido por ele. Não acredito que o Geisel, pelo que eu conheci dele, porque trabalhei também com o Silveira... Pelo que pude conhecer dele, creio que nunca teria tomado essa decisão se não fosse por uma forte persuasão do Silveira, porque ele, no fundo, ainda era um militar. Era um militar mais pragmático, que tinha sido presidente da Petrobras. Tenho impressão de que só o Ovídio não bastaria, porque o Ovídio não tinha poder para isso. Talvez, em termos de poder, você pode dizer que o mais responsável foi o Silveira, assessorado pelo Ovídio (...) Acredito que o presidente tenha tomado a decisão, mas se o ministro tivesse levado a ele sem tomar posição, duvido que tivesse tomado essa posição. Não acredito que o Silveira tenha apresentado a ele dizendo: "Olha, tanto faz a gente reconhecer o MPLA como deixar de reconhecer." E ele então tenha dito: "Não, vamos reconhecer." O Silveira na certa foi vê-lo e disse:

---

[44] Ibid.
[45] Entrevista com Ramiro Saraiva Guerreiro, 22 de agosto de 2006.

"Olha, o meu representante lá diz, por tais e tais argumentos, que nós temos que apostar no MPLA." E ele apostou.[46]

A decisão final foi tomada pelo presidente Geisel em 3 de novembro. Na semana entre a decisão e a independência, por solicitação de Silveira, Ítalo Zappa solicitou aos embaixadores brasileiros em toda a Europa, a África e as Américas que verificassem qual seria a posição dos governos dos países onde serviam com respeito ao reconhecimento do governo do MPLA. A não ser pelos países africanos mais radicais, como a Tanzânia e a República Democrática do Congo, e as outras antigas colônias portuguesas, só a Suécia parecia inclinada a reconhecer o governo do MPLA. A maioria dos países iria simplesmente esperar pelo resultado da luta em Angola. Os embaixadores também repassaram a primeira informação, da Grã-Bretanha, de que "mercenários sul-africanos" estavam lutando no sul de Angola, e da França, que o MPLA tinha recebido armas da União Soviética e que o Exército do Zaire estava fornecendo provisões e apoiando a FNLA no norte do país. Em Washington, o embaixador Araújo Castro teve um encontro com o chefe do Bureau África do Departamento de Estado, Walter Cutler, que lhe deu a impressão de que "o tempo estava se esgotando para o MPLA".[47]

Geisel e Silveira compreenderam que sua política era contrária às metas dos Estados Unidos em Angola e eram um desafio às esperanças que os Estados Unidos tinham de cooperação para vencer o MPLA. Embora não esteja claro se as autoridades brasileiras estavam cientes do apoio dos Estados Unidos à África do Sul, elas sabiam que os norte-americanos estavam apoiando a FNLA por intermédio do Zaire. Com efeito, um membro do governo americano perguntou a Geisel se o Brasil poderia enviar um contingente de "sargentos negros" para apoiar a FNLA.[48] Os Estados Unidos calcularam que "sargentos negros" brasileiros poderiam se comunicar em

---

[46] Entrevista com Rubens Ricupero, 26 de julho de 2006.
[47] Telegrama da Divisão da África para embaixadas nas Américas, na Europa e na África, "Reconhecimento de Angola", 4 de novembro de 1975; embaixada brasileira em Londres para o Ministério das Relações Exteriores, telegrama 1651, 5 de novembro de 1975. Arquivo Azeredo da Silveira, AAS mre/rb 1974.08.19, CPDOC/FGV; embaixada brasileira em Paris para o Ministério das Relações Exteriores, telegrama 983, 5 de novembro de 1975, Arquivo Azeredo da Silveira, AAS mre/rb 1974.08.19, CPDOC/FGV; embaixada brasileira em Estocolmo para o Ministério das Relações Exteriores, telegrama 375, 5 de novembro de 1975, Arquivo Azeredo da Silveira, AAS mre/rb 1974.08.19, CPDOC/FGV; embaixada brasileira em Washington para o Ministério das Relações Exteriores, telegrama 4377, 5 de novembro de 1975, Arquivo Azeredo da Silveira, AAS mre/rb 1974.08.19, CPDOC/FGV.
[48] Gaspari, *A ditadura encurralada*, 142.

português em Angola e a cor de sua pele poderia evitar que sua identidade e intenções fossem conhecidas, o que manteria a clandestinidade da intervenção norte-americana. Geisel respondeu friamente que o Exército tinha "sargentos brasileiros" e não "sargentos negros". E que, além disso, tropas brasileiras "não podiam ser usadas para fins de intervenção em assuntos internos de outros países, política que o Brasil não praticava".[49]

Em 6 de novembro, Silveira e Geisel discutiram, uma vez mais, as respostas das embaixadas sobre as intenções de outros países com relação a Angola.[50] Ainda não sabiam que já havia cubanos lutando contra os sul-africanos no país e que os primeiros voos levando tropas e provisões cubanas já tinham partido. À medida que confirmavam os planos para reconhecer o MPLA, preparavam-se também para a reação nacional e internacional. Guerreiro tinha calculado que eles podiam esperar uma "forte crítica da imprensa brasileira, que, com a continuidade da situação angolana, acabaria por acalmar-se, sem mobilizar nenhum segmento importante da opinião pública nacional".[51] Esperavam também uma reação dos oficiais mais conservadores. Para preparar esse contingente, Silveira fez um discurso na Escola de Guerra Naval no Rio de Janeiro em 10 de novembro, horas antes de anunciar o reconhecimento. Com a decisão já tomada e a declaração pronta, Silveira apresentou a política de seu governo para Angola aos oficiais dos três braços das Forças Armadas. Silveira apelou para o nacionalismo de seu público: o Brasil estava se tornando uma nação importante e não podia esquivar-se de decisões difíceis como aquela existente em Angola.[52]

O chanceler explicou também que o Brasil tinha alcançado uma posição única ao estabelecer acordos com os três movimentos no governo de transição para manter a representação especial. Reconhecendo que essa atitude tinha se complicado com o colapso do acordo da divisão do poder que deixara o MPLA em Luanda, admitiu: "É claro que teríamos preferido mil vezes que o processo de independência de Angola tivesse sido pacífico e que

---

[49] "Resumo das conversações mantidas durante os encontros entre o presidente Ernesto Geisel e o presidente Antonio Ramalho Eanes, de Portugal, no Palácio do Planalto, em 22 e 23 de maio de 1978", elaborado por Gilberto Coutinho Paranhos Velloso, Arquivo Azeredo da Silveira, AAS mre/d 1974.04.23, pasta XXXV, CPDOC/FGV.
[50] Telegrama de Azeredo da Silveira para Ramiro Saraiva Guerreiro, 6 de novembro de 1975, Arquivo Azeredo da Silveira, AAS mre/rb 1974.08.19, CPDOC/FGV.
[51] Saraiva Guerreiro, *Lembranças de um empregado do Itamaraty*, 189-90.
[52] "Conferência pronunciada por Sua Excelência o Senhor Ministro de Estado das Relações Exteriores, embaixador Antonio F. Azeredo da Silveira, na Escola de Guerra Naval", 10 de novembro de 1975, Arquivo Azeredo da Silveira, AAS mre/ag 1974.05.27, CPDOC/FGV.

o governo que viesse a se instalar no maior país de língua portuguesa na África fosse um governo democrático e a nós ligado por outras afinidades também, além dos vínculos da língua", mas "não podemos fazer a história dos outros povos nem é sabedoria chorar o inevitável". Ele ridicularizou a ideia de que o Brasil poderia se envolver em uma "aventura militar ultramarina" para impor um resultado diferente em Angola. "Não chego a compreender como possa haver seriedade em tais proposições (...) Mesmo que a intervenção estrangeira faça de Angola um Vietnã na África, não creio que o MPLA possa ser descartado como elemento fundamental (...) Romper com o MPLA, ignorando sua preponderância, na data da independência, é alienar o entendimento com um partido que, em qualquer circunstância, desempenhará sempre um papel relevante em Angola."[53]

Silveira explicou também que, economicamente, era pouco provável que Angola se tornasse um satélite soviético, mas que, ainda mais importante, seria um erro para o Brasil isolá-la — "cubanizá-la", em suas próprias palavras. "Não podemos ignorar Angola, e com razões muito melhores do que as que temos para não ignorar governos de vários matizes de vermelho." Em vez disso, "o Brasil pode ser talvez uma via para a diversificação dos contatos externos do governo MPLA — fora da Europa Oriental e de outros [países] africanos. De outra forma, Luanda ficaria mais dependente — e não só por escolha ideológica desses últimos países". O que nem Silveira nem ninguém mais na Escola de Guerra Naval sabia naquele dia era que o regime que estavam a ponto de reconhecer estava sendo escorado por tropas cubanas que travavam combate contra as colunas blindadas sul-africanas.

A independência de Angola

Dois dias antes da independência, Ovídio e Ivony Melo registraram-se no Hotel Trópico como parte das delegações internacionais que estariam presentes no dia seguinte nas festividades da independência organizadas pelo MPLA. O hotel continuava fantasmagoricamente vazio — muitos dos países africanos esperavam o resultado da luta antes de reconhecer a facção vencedora. Os cônsules dos Estados Unidos e da Grã-Bretanha já tinham deixado o país. O avião de Lisboa que trazia dignitários do Leste Europeu tinha sido desviado, supostamente em virtude do risco de aterrissar em meio ao fogo comemorativo de metralhadoras. Uma das poucas delegações que chegaram foi a de Moçambique. O ministro das Relações Exteriores, Marcelino

---

[53] Ibid.

dos Santos, que tinha recusado o oferecimento de Ovídio um ano antes, encontrou o representante brasileiro e sua esposa, Ivony, almoçando no restaurante quase totalmente vazio do hotel. Ovídio lembra: "Marcelino viu-me, veio em minha direção afavelmente, manifestou contentamento pela decisão do Brasil e informou-me que dali por diante as relações com Moçambique seriam de amizade."[54] Esse era o resultado que Silveira esperava. Quando o chefe de gabinete do Estado-Maior do Exército questionou Silveira em 1977 sobre os resultados concretos do apoio brasileiro a Angola marxista, Silveira respondeu que "tínhamos um inventário muito negativo na África e esse inventário desapareceu".[55]

Como a Varig tinha encerrado seus voos, Cyro Cardoso voltou do Brasil por Lisboa. Estava no avião dos dignitários que sobrevoou Luanda e voltou. Ovídio tinha enviado o motorista do consulado ao aeroporto, e ele voltou em pânico. Tinha ouvido tiros e visto inúmeros caminhões militares no local e presumiu que isso queria dizer que os sul-africanos tinham alcançado a cidade. Mais tarde, Ovídio soube que o avião tinha sido desviado para que os aviões cubanos que traziam tropas e equipamento de Cuba pudessem aterrissar e ser descarregados sem que ninguém percebesse. Os caminhões levavam os cubanos diretamente para a zona de batalha.[56]

No dia da Independência, Ovídio e Ivony sentaram-se no palanque quase vazio destinado aos diplomatas estrangeiros para assistir às festividades. A polícia do MPLA que mantinha a ordem no local do desfile usava os uniformes doados pelo governo brasileiro. Enquanto isso, a uns trinta quilômetros ao norte, as tropas cubanas e do MPLA lutavam contra contingentes do Exército zairense e da FNLA, enquanto tropas cubanas paravam o avanço da coluna blindada sul-africana que se aproximava do sul. Entre os poucos dignitários estrangeiros presentes no palanque com Ovídio e Ivony, estava a viúva do líder da independência de Guiné-Bissau, Amílcar Cabral. Quando ela viu que lhe tinham dado um lugar ao lado de Ivony, saiu furiosa, dizendo, em referência aos brasileiros em geral: "Odeio essa gente!"[57] Ovídio pintou a vista do palanque com seu tapete vermelho em primeiro plano. No centro do quadro, o vermelho forte dos suéteres da guarda de mulheres que

---

[54] Melo, "O reconhecimento de Angola pelo Brasil em 1975", 61
[55] "Respostas do chanceler Azeredo da Silveira às perguntas que lhe foram formuladas após sua exposição sobre política exterior aos membros do Estado-Maior das Forças Armadas", Arquivo Azeredo da Silveira, AAS mre/ag 1977.11.25, CPDOC/FGV.
[56] Melo, "O reconhecimento de Angola pelo Brasil em 1975", 66.
[57] Gaspari, *A ditadura encurralada*, 150.

passam marchando contrasta com os lenços amarelo vivo que levavam na cabeça. A multidão está apinhada nas ruas e acomodada nos telhados cinza, aplaudindo. Um único fotógrafo branco está parado no meio da rua, com a câmera voltada para o palanque. O quadro representa, além de um grande momento para Angola, o espetáculo de ser um estrangeiro solitário ali presente para testemunhá-lo, olhando para aquele momento festivo, rodeado de incertezas.

Figura 19 Primeiro desfile do Dia da Independência. Imagem por cortesia de Ovídio Melo.

Ovídio lembrou que por dois dias após a independência angolana o telex do consulado esteve silencioso. Imaginava a razão: o governo estava paralisado pela reação negativa a seu reconhecimento do regime marxista. Após a declaração pública do secretário de Estado norte-americano, Henry Kissinger, dizendo que havia tropas cubanas lutando ao lado do MPLA em Angola, o telex finalmente voltou à vida, com uma mensagem que tinha como título a pergunta: "Onde estão os cubanos?"[58] As consequências da decisão brasileira estavam a ponto de serem sentidas.

A decisão foi difícil de ser digerida por muitos, principalmente entre os militares. *O Estado de S. Paulo* dedicou quatro dias consecutivos a editoriais que criticavam a decisão, considerada um sinal da "mexicanização"

[58] Melo, "O Reconhecimento de Angola pelo Brasil em 1975", 64.

da política externa brasileira, referindo-se ao apoio que o governo mexicano geralmente dava a revolucionários radicais nas Américas como um meio de afirmar suas próprias credenciais revolucionárias.[59] De uma maneira ainda mais provocativa, o jornal sugeria que qualquer jornalista ou intelectual brasileiro que tivesse os mesmos laços com um Estado marxista que aqueles que o governo brasileiro tinha acabado de estabelecer "acabaria por ter problemas com o DOI".[60] Isso foi apenas uma semana após a morte de Herzog.

Com o aumento das críticas, Ovídio Melo recebeu instruções para se "imobilizar".[61] Embora o plano tivesse sido promover o consulado a embaixada e Ovídio a embaixador, as ordens para que isso ocorresse nunca chegaram. Em vez disso, Ovídio passou os últimos dias de 1975 esperando ser removido de seu posto à medida que vazamentos para a imprensa vindos do palácio presidencial o culpavam: "O Brasil fora induzido ao erro por informações de seu representante em Luanda."[62] Ovídio foi removido por "razões de saúde" e substituído por um encarregado de negócios, Gil de Ouro Preto. A princípio, a nomeação de Ouro Preto foi rejeitada pelo MPLA porque o confundiram com seu parente Carlos Silvestre de Ouro Preto, o embaixador brasileiro em Lisboa que tinha ido a Angola em 1967 para receber o esquadrão naval. A última missão de Ovídio para Luanda foi uma viagem em janeiro de 1976 para garantir às autoridades angolanas que o novo Ouro Preto era diferente do Ouro Preto antigo.[63]

Enquanto isso, no Brasil, alguns oficiais mais antigos estavam frustrados com aquilo que consideravam uma violação do espírito da "Revolução de 1964". O ministro do Exército, Sylvio Frota, defrontou-se com Geisel, apresentando ao presidente aquilo que tinham sido "comentários muito amargos" vindos do corpo de oficiais e declarando: "Nós não entendemos como o nosso governo revolucionário, de base anticomunista, tenha sido o primeiro a reconhecer Agostinho Neto, sustentado por tropas cubanas."[64] Em 1977, Frota tentou um golpe contra Geisel. Não tendo sucesso, foi obri-

---

[59] "Mexicanização da diplomacia", *O Estado de S. Paulo*, 12 de novembro de 1975, 3.
[60] "Dize-me com quem andas e...", *O Estado de S. Paulo*, 12 de novembro de 1975, 3.
[61] Melo, "O reconhecimento de Angola pelo Brasil em 1975", 67.
[62] Ovídio Melo para o Ministério das Relações Exteriores, "Chamado telefônico de jornalista", telegrama 586, 24 de dezembro de 1975, AHI.
[63] Ovídio Melo para o Ministério das Relações Exteriores, "Encarregatura de negócios", telegrama 595, 29 de dezembro de 1975, AHI; entrevista com Ovídio e Ivony Melo, 25 de julho de 2006.
[64] Frota, *Ideais traídos*, 190.

gado a se demitir. Dois anos depois do ato de reconhecimento, Frota ainda continuava amargurado pela decisão em Angola. Na carta que escreveu para o corpo de oficiais quando se demitiu após o malogrado golpe, citou "o reconhecimento precipitado do governo comunista de Angola" como um de seus motivos para desafiar Geisel.[65]

Brasileiros "subversivos" na Angola independente

Nos anos que se seguiram à independência, o Brasil foi um dos poucos contatos de Angola no Ocidente. Geisel e Silveira saborearam o prestígio e a importância que isso lhes trouxe. Quando o presidente se encontrava com líderes franceses, britânicos ou norte-americanos, um dos primeiros tópicos de conversa era Angola. Silveira sentia-se tão confiante sobre a posição do Brasil em comparação à dos Estados Unidos que deu uma aula ao secretário de Estado Kissinger sobre "as idiossincrasias africanas e do comportamento dos líderes daquele continente", enfatizando a importância de estar aberto a relações com o novo regime.[66] Quando mercenários britânicos e norte-americanos foram condenados a serem executados em Angola, os respectivos governos transmitiram seus apelos por clemência por meio do Brasil.[67] Mas por trás desse prestígio, a combinação da guerra civil e do regime marxista em Angola tornou o novo país pouco atraente para cidadãos, empresários e funcionários do governo brasileiro, e isso fez com que se adiasse o envio do primeiro embaixador até março de 1976. Décadas de esperanças brasileiras e temores portugueses de que Angola seria atraída para o Brasil e passaria a ser seu portão para a África não se materializaram. Maior que esses desafios era a incompatibilidade quase que impenetrável entre os sistemas políticos dos dois países.

Os exilados Mário Osava e Maria do Carmo estavam entre os poucos brasileiros atraídos para Angola nos anos após a independência. Embora suas experiências como brasileiros que viajaram de forma independente

---

[65] Ibid., 547.
[66] "Notas da reunião de trabalho com o secretário de Estado Henry Kissinger, no Palácio Itamaraty", 19 de fevereiro de 1976, EG pr 1974.03.18, f-0614, CPDOC/FGV; "Notas sobre as conversações entre o presidente Ernesto Geisel e o presidente Carter", 29 de março de 1978, EG pr 1974.03.18, f-0614, CPDOC/FGV; "Notas sobre as conversações entre o presidente Ernesto Geisel e o presidente V. Giscard d'Estaing, no Palácio do Elysée", 24-25 de abril de 1976, EG pr 1974.03.18, f-0614, CPDOC/FGV; "Reunião ampliada entre o senhor presidente da república e o primeiro-ministro James Callagham", 6 de maio de 1976, EG pr 1974.03.18, f-0614, CPDOC/FGV.
[67] Embaixada brasileira em Luanda para o Ministério das Relações Exteriores, "Política: Brasil: Angola e Estados Unidos: Condenação de mercenários", 2 de julho de 1976, AAS mre rb 1976.01.01, CPDOC/FGV.

não possam ser generalizadas, é interessante observar que, apesar do radicalismo de sua visão do Brasil e de seu projeto em Angola, as maneiras como pensavam sobre sua identidade de brasileiros se encaixa surpreendentemente bem com os padrões "oficiais" de pensamento identificados por Freyre e promovidos pelo Estado brasileiro. Em seu exílio em Portugal, Maria do Carmo e Mário receberam um convite dos membros do MPLA em Lisboa para irem para Angola. Segundo seu cálculo, eles estavam entre os quinze brasileiros que moravam na Angola independente.[68] Por que lá? As antigas colônias portuguesas — Cabo Verde, Guiné-Bissau, Moçambique e Angola — estavam todas passando por transformações sociais revolucionárias. A princípio, Maria do Carmo queria ir para Cabo Verde, porque "achava o cabo-verdiano mais parecido com o brasileiro". Mas ela e Mário concluíram que aquele país e Guiné-Bissau eram pobres demais para oferecer oportunidades para eles. Moçambique, sob o governo da Frelimo, passou a ser o destino de muitos exilados brasileiros, como o futuro governador do Amapá, João Capiberibe, e o historiador Daniel Aarão Reis. Mas Maria do Carmo e Mário evitaram Moçambique por razões políticas: achavam que a Frelimo era extremista: "Moçambique era de um puritanismo terrível, uma linha pró-chinesa."[69]

A afinidade com Cabo Verde e a decisão eventual de ir para Angola estavam baseadas na identidade étnica e racial. Maria do Carmo adotou o arcabouço da mistura racial no mundo português descrito por Freyre, explicando que, em Angola, "a consciência da cor se reflete também no próprio idioma. Existem classificações para todas as nuances de pigmentação. Cada mistura racial recebe um nome especial, e são dezesseis nomes. O angolano reconhece de imediato a origem de cada pessoa".[70] Para Mário isso significava que "eles calculam quanto de miscigenação houve. No Brasil, a gente não tem mais noção. Ninguém se preocupa com isso; é mulato e acabou". Em Angola, Maria do Carmo, "branca de cabelos castanhos e olhos azuis", descobriu que seria identificada como "cabrita", por ter "uma remota participação de sangue negro". [71]

Mário, descendente de japoneses, e Maria do Carmo, descendente de portugueses, mas se identificando como miscigenada, sentiram afinidade

---

[68] Entrevista com Maria do Carmo Brito e Mário Osava, 25 de maio de 2006.
[69] Vianna, *Uma tempestade como a sua memória*, 149.
[70] Ibid., 159.
[71] Entrevista com Maria do Carmo Brito e Mário Osava, 25 de maio de 2006. Vianna, *Uma tempestade como a sua memória*, 159.

por Cabo Verde e Angola porque perceberam que essas sociedades eram racialmente misturadas, como a do Brasil. Embora adotassem uma postura de crítica radical à sociedade brasileira e suas desigualdades, fizeram escolhas sobre como e onde continuar seu ativismo no exílio com base em sua interpretação da significância da mistura racial. Para o casal, Angola era revolucionária e miscigenada. Eles se preocupavam com a possibilidade de serem vítimas de racismo, mas descobriram que os angolanos sabiam diferenciar o sotaque brasileiro do sotaque português da antiga metrópole. Não havia racismo "por sermos brasileiros". Maria do Carmo lembra: "Era branco, mas era brasileiro. Bastava se abrir a boca e não ouvir o sotaque português. Acabava qualquer problema, qualquer dificuldade. O medo que eu tinha de haver discriminação por ser branca, e sou excessivamente branca, até mais do que devia, eu acho, lá nós não encontramos. Mas pelo fato de sermos brasileiros."[72]

Em Luanda, os dois trabalharam em projetos do MPLA. Maria do Carmo foi professora e viajou por todo o interior destruído pela guerra, enquanto Mário trabalhava com comunicações do partido. Chegaram a Angola no começo de 1976 e permaneceram por quase dois anos. Como brasileiros, e mais ainda por serem exilados e revolucionários, eram bem-vistos. Maria do Carmo lembra que havia "simpatia" para com os brasileiros e que o Brasil era especialmente visível por causa do futebol. Essa boa vontade era essencial, porque havia poucas lojas e pouca mercadoria, e a família praticamente não tinha dinheiro. Cederam-lhes um apartamento em um edifício moderno que abrigava as famílias de funcionários do governo e dos instrutores cubanos. E conseguiram mobiliá-lo com presentes e empréstimos de outras pessoas.

O prédio onde moravam foi tema de um romance angolano sobre um porco morando na varanda de um apartamento no sétimo andar. O romance *Quem me dera ser onda*, de Manuel Rui, reflete sobre as expectativas criadas pela independência, as dificuldades cotidianas em meio a uma guerra civil e o surrealismo do espírito de libertação revolucionária que tomou conta de Luanda. O romance começa com um homem subindo com um porco no elevador do edifício — ele planeja engordar o animal para alimentar a família durante o carnaval, mas seus dois filhos se apegam ao porco e conspiram para salvá-lo da faca. O porco adquire "gostos burgueses" porque o lavam com sabonete brasileiro e o alimentam com restos de comida do

---

[72] Entrevista com Maria do Carmo Brito e Mário Osava, 25 de maio de 2006.

Hotel Trópico — "comida de embaixadores". O porco "foi um dos seres vivos que mais benefícios obteve com a revolução".[73]

Maria do Carmo e Mário chegaram a chamar a situação de Angola de "surrealismo nacional". Maria do Carmo ensinava no Instituto para o Estudo de Serviços Sociais de Angola (Iessa).[74] O Iessa se concentrava no problema dos refugiados de guerra e logo começou a trabalhar com o MPLA para ensinar grupos de soldados. Nesse trabalho, Maria do Carmo saía da capital relativamente segura e viajava para áreas de conflito e rurais por todo o interior do país, onde pôde observar os custos da guerra. Em suas viagens pelo interior, a brasileira não só se deparou com as consequências do conflito, mas também contraiu malária. Os efeitos da doença e as experiências se fundiram em uma mistura de imagens e lembranças que mais parecia um sonho.

A confusa combinação de ideologias revolucionárias em Angola desafiava a visão de mundo de Mário. Maria do Carmo lembra que quando conheceu o marido, no início da década de 1970, tinha ficado intimidada com seu "stalinismo radical".[75] No entanto, em Angola, as concepções cubanas e soviéticas do marxismo e da revolução se misturavam às expectativas de transformação social geradas pela independência nacional obtida muito recentemente, à mobilização de guerra e à inexperiência para produzir resultados às vezes muito estranhos. Como explicou Mário:

> Em Angola, também aconteceu em muitos países da África, o partido, o grupo, o movimento que fez a independência, e que tomou o poder, achava que era marxista e começava a ensinar marxismo para a população. Então, eles aprendiam isso, que tinha a dialética e a metafísica... Então, quando houve o golpe, o pessoal golpista terminava o manifesto, as suas coisas, dizendo: "Viva. Abaixo a metafísica, viva a dialética." E nas ruas, quando a gente encontrava alguém que pedia um favor para a gente: "Me arranja aí um cigarro", e eu dizia: "Eu não fumo", ele dizia: "Pô, o camarada não tá sendo dialético." Tinha que arranjar um cigarro, ou então quando pedia carona no carro, a gente ia a um bairro e ele parava... E esse negócio de oferecer carona, em geral, dava porque não havia transporte também e tal. Mas ele parava o carro e pedia uma carona, e a gente dizia:

---

[73] Rui, *Quem me dera ser onda*, 2.
[74] Entrevista com Maria do Carmo Brito e Mário Osava, 25 de maio de 2006. Vianna, *Uma tempestade como a sua memória*, 154.
[75] Vianna, *Uma tempestade como a sua memória*, 126.

"Mas a gente vai para tal bairro." Aí ele dizia: "Não, mas eu quero ir para o lado contrário." Aí a gente dizia: "Não, assim não é possível, tenho que ir para lá, você pega outra carona." Aí ele também vinha com esse papo: "O camarada não está sendo dialético". Não está sendo dialético... Tem que ir para lá e depois para o seu destino. Tudo era assim. Então, essa pregação marxista era uma coisa de doido.[76]

Quando se exilaram pela primeira vez, Maria do Carmo foi para o Chile e Mário para Cuba, onde censurava cartas escritas por outros exilados brasileiros. A primeira experiência de Maria do Carmo com Mário foi receber cartas que ele tinha escrito com um aviso "censurado por inorgânico". Foi esse dogmatismo que desapareceu em Angola.

Um golpe malogrado contra Agostinho Neto fez com que Maria do Carmo e Mário deixassem o país, assim como a violência contrarrevolucionária os tinha feito sair de Portugal e o golpe de Pinochet, do Chile. Voltaram para Portugal no final de 1977 e estavam ansiosos para retornar ao Brasil. Foram então à embaixada e seu pedido chegou até o presidente Geisel. Ao informar Geisel sobre esses pedidos e os de outros exilados em Portugal, o chanceler Silveira explicou que Maria do Carmo tinha procurado a embaixada em Lisboa indicando disposição para voltar, "ainda que para ser presa", mas que "enquanto não for revogado o banimento, não podem os cidadãos por ele atingidos regressar ao Brasil".[77] O pedido foi recusado. Um ano depois, em agosto de 1979, o governo brasileiro declarou a anistia tanto para oponentes do regime quanto para os agentes estatais da repressão. Logo depois, Maria do Carmo e Mário regressaram.

Suas experiências em Angola fizeram com que o casal repensasse o Brasil e sua própria militância. Maria do Carmo explicou que "a miséria brasileira é um caldo de cultura para a rebeldia. Não comecei a fazer política por razões teóricas. Foi por me sentir profundamente incomodada com a violência, com a fome. Só isso. Jamais tive a intenção de fazer história. Só fico incomodadíssima com a miséria, como fico até hoje. A questão do sofrimento humano sanável. Mas a interferência direta para a mudança, isso acho que terminou para a maioria de nós." As reflexões de Mário eram mais teóricas:

---
[76] Entrevista com Maria do Carmo Brito e Mário Osava, 25 de maio de 2006.
[77] "Brasileiros exilados no exterior: Possibilidade de regresso", informação para o senhor presidente da república, 2 de agosto de 1978. Arquivo Azeredo da Silveira, AAS mre/d 1974.03.26, vol. 34, CPDOC/FGV.

Em Angola a gente aprendeu muito. Foi uma crítica muito dura. A própria realidade era uma crítica muito forte. Angola, com aquela loucura toda, serviu pra mostrar para a gente que essas ideias marxistas, uma série de coisas, estavam completamente... E a gente voltando para cá é que a gente viu que... Bom, em Angola, digamos, é levado ao extremo essa confusão da sociedade, confusa, muitos desiguais, cheia de contradições, cheia de... Mas que o Brasil tem boa parte dessas coisas. Não é como nos livros, a gente, teoricamente, tem as classes bem-divididas. Não são sistemas bem-montados, lógicos. Em Angola a gente viu que não há nada disso, é uma confusão total. Que a gente achava que no Brasil havia uma certa ordem. Voltando para cá, a gente começa a ver que também... há muito dessa desordem. Não dá para pensar muito em categorias. A classe operária no Brasil é muito pequena. Está muito distante de uma Europa, onde você vê que dois terços da população ativa têm emprego. Aqui no Brasil não chega a um terço da população em idade de trabalhar que tem um emprego fixo, regular. E, além disso, um terço desses que têm emprego formal muda a cada ano. Quer dizer, não tem essa... A relação de emprego no Brasil... O emprego, para mim, é uma coisa fundamental para organizar. Os Estados Unidos, os países desenvolvidos são organizados por causa do emprego. A maior parte da população adulta tem emprego tem uma relação de emprego. Então, se organiza em torno disso. Aqui a gente não tem... Aqui é a informalidade total.[78]

Tanto Maria do Carmo quanto Mário descreveram Angola como uma versão extrema dos problemas que percebiam no Brasil, problemas de pobreza e exclusão que cada vez mais percebiam como tendo tido suas raízes na influência portuguesa. Em nossa entrevista, Maria do Carmo explicou que ter vivido no Brasil, em Portugal e na África a fez descobrir que "este é um país mais português do que africano ou índio, pela estrutura política, pela estrutura das relações sociais. A enorme influência cultural de índios e negros, ela não se estende ao lado da organização social. A organização social brasileira é portuguesa, atrasada ainda por cima". Mário fazia eco a esse sentimento: "O que a gente viu é que na cultura brasileira realmente tem muita coisa da cultura africana, mas na cultura dominante [essa influência africana] é muito pouca." Para eles, a influência africana no Brasil foi principalmente a capacidade de sobreviver à pobreza e à exclusão por meio de relacionamentos interpessoais. A ideologia marxista

---

[78] Entrevista com Maria do Carmo Brito e Mário Osava, 25 de maio de 2006.

de Mário deu lugar a uma crítica do sistema de valores culturais disseminados pelos portugueses.

Trinta anos depois da criação de "futuros brasis" celebrada por Gilberto Freyre quando viajou por Portugal e suas colônias africanas, Mário e Maria do Carmo lutaram contra a ordem brasileira que o sociólogo tinha defendido. Concordavam que o Brasil tinha herdado características dos africanos e que o Brasil e Angola compartilhavam uma trajetória histórica. Mas o conteúdo disso tinha um significado muito diferente. Se Angola era um "futuro Brasil", não era por ser um paraíso lusotropical e um modelo de desenvolvimento, e sim por sua desorganização e miséria. Se o Brasil foi moldado por Portugal, foi na rigidez e exclusão de suas instituições e de sua estrutura de classes. Esses dois brasileiros davam às conexões um significado diferente.

Como brasileiros exilados morando na África portuguesa, Maria do Carmo e Mário personificavam as múltiplas contradições da postura internacional do Brasil no fim da década de 1970. Em um nível pessoal, refletiam sobre as contradições de suas ideologias políticas diante das realidades angolanas. E por sua presença, personificavam a divergência irreconciliável entre a repressão de direita no Brasil e a política externa de seu governo. Essas experiências tiveram eco em Moçambique. Embora após o reconhecimento de Angola o governo moçambicano tivesse estabelecido relações diplomáticas com o Brasil, essas relações eram tensas em virtude da divergência ideológica entre os respectivos regimes. As dificuldades políticas foram amenizadas com a nomeação do antigo chefe da Divisão da África do Itamaraty, Ítalo Zappa, como embaixador em 1977. Sendo visto como um dos diplomatas mais esquerdistas do Brasil, a quem algumas pessoas chamavam de "embaixador vermelho", Zappa seria enviado para países onde suas tendências políticas pareceriam coincidir com as do regime local. Depois de seu mandato em Moçambique, serviu como embaixador no Vietnã, na China e em Cuba. Ele foi contra o apoio que o governo moçambicano deu a exilados brasileiros, como o líder do Partido Comunista Brasileiro, Luís Carlos Prestes (cuja filha trabalhava em Moçambique). Em 1978, o presidente Samora Machel enviou "votos de feliz aniversário" a Prestes, que foram publicados no jornal *Notícias*, de Maputo, em que ele expressava solidariedade ao "heroico povo irmão do Brasil, engajado numa luta dura e corajosa contra a ditadura fascista".[79]

---

[79] Embaixada brasileira em Maputo para o Ministério das Relações Exteriores, "Mensagem de

Figura 20 Ítalo Zappa com José Maria Pereira. Foto por cortesia de José Maria Pereira.

Os líderes moçambicanos sentiam afinidade com os membros da oposição brasileira exilados no país. Várias centenas de brasileiros exilados trabalhavam em Moçambique em atividades que iam desde a agricultura até o ensino universitário. Segundo Mário, Moçambique era mais atraente para exilados brasileiros que Angola porque a estrutura partidária e política unificada da Frelimo criava uma certa ordem. O governo moçambicano tinha também uma política voltada para o recrutamento de exilados brasileiros. Em contraste, Mário e Maria do Carmo chegaram a Luanda sem que houvesse planos ou oportunidades de trabalho. Ainda assim, a experiência moçambicana também foi temporária para os brasileiros, pois "demorou mais tempo, mas também veio a mesma confusão, a mesma divisão, guerra, destruição".[80] Como Mário e Maria do Carmo, os brasileiros em Moçambique pareciam suavizar seu fervor revolucionário depois de morar e trabalhar em uma sociedade africana marxista. Depois da anistia de 1970, os exilados brasileiros em Moçambique solicitaram passaportes e voltaram para o Brasil. Na pilha de doze formulários de solicitação de passaportes consultados, apenas um dos brasileiros respondeu "asilado

---

Samora Machel a Luís Carlos Prestes", 4 de janeiro de 1978, AAS mre rb 1974.08.19, CPDOC/FGV.
[80] Entrevista com Maria do Carmo Brito e Mário Osava, 25 de maio de 2006.

político" à pergunta do motivo para a ida a Moçambique. Os outros apenas mencionaram suas profissões.[81]

Televisionando a revolução

Nos anos que se seguiram à independência, o Brasil era um de seus poucos contatos de Angola no Ocidente. Com isso, os poucos cidadãos e empresas brasileiras que tinham conexão com o país africano desempenhavam papéis bem proeminentes — ainda que limitados — na vida do novo país. Essa presença era, no entanto, sustentada por uma linha de crédito de 50 milhões de dólares emitida pelo Banco do Brasil para que Angola comprasse bens brasileiros (como o sabonete "burguês" usado para lavar o porco no romance de Manuel Rui); pelo comércio de petróleo e outros bens e serviços entre a companhia de petróleo angolana Sonangol e a Petrobras; e pela transmissão dos programas televisivos brasileiros pela Televisão Popular Angolana (TPA). Angola tinha perdido muito da ideia sentimental que os brasileiros tinham nutrido dela. Em vez disso, o comércio brasileiro com o país seguia o mesmo padrão que seu comércio com outras nações africanas: ainda dependia do Itamaraty e da Petrobras como intermediários. Enquanto isso, o intercâmbio cultural estimulado pelos programas de televisão substituiu o "lusotropicalismo" com críticas ao capitalismo e à dependência do Terceiro Mundo muito semelhantes aos diagnósticos feitos por Mário e Maria do Carmo do Brasil e de Angola.

A programação da televisão brasileira, especialmente da TV Globo, ocupou um lugar duradouro não só em Angola, mas nos outros novos países africanos cuja língua da antiga metrópole tinha sido o português. Em 1978, por um acordo facilitado pelo Itamaraty, a Televisão Popular Angolana comprou os direitos de transmissão da novela da Globo *Gabriela*. A novela era baseada no romance *Gabriela, cravo e canela*, de Jorge Amado, cuja obra tinha sido proibida em Portugal e em suas colônias até 1974. *Gabriela* examinava os conflitos de classe causados pela modernização no começo do século XX na região de plantações de cacau, na Bahia. Em Luanda, *Gabriela* teve tal sucesso que provocou uma série de cartas ao editor publicadas pelo *Jornal de Angola*, que discutiam a adequação da hora da transmissão e do tema abordado. O debate começou com uma carta que reclamava da hora da novela coincidir com as classes noturnas durante a semana. Seu autor

---

[81] Embaixada brasileira em Maputo para o Ministério das Relações Exteriores, formulários para requisição de passaportes, 22 de maio–9 de agosto de 1979, AHI.

dizia que "por causa desse filme, muitos trabalhadores-estudantes faltam às aulas. O nosso país precisa de quadros e não de *Gabriela*. Uma leitora respondeu que o autor da carta subestimava o valor educacional que ver e discutir a novela poderia ter para os angolanos. Perguntou ela: "O camarada já se esqueceu dos quinhentos anos de sofrimento e luta? Pois então veja a novela e procure perceber o fundo político do filme e verá o que quer dizer *Gabriela*, e se as pessoas não têm razão de não perderem nenhuma parte. E olhe: veja como se estivesse a ver os hábitos coloniais da maneira como eles reagiram conosco e faça comparações a que lado pertencias nos outros tempos quando era o governo salazarista e cia. ltda. Ou então veja também hábitos coloniais, a luta pelo poder, separação de classes, pequena e alta burguesia etc., e saiba como vem e por que acontece tudo isso. Se não sabe, veja o filme e verá se vale a pena ou não perder uma farra aos sábados ou ir à farra mais tarde."[82] Assim como a África tinha servido de espelho para os brasileiros, agora também os angolanos estavam usando a televisão brasileira para interpretar sua sociedade e seu passado.

Mas a transmissão da programação televisiva da Globo em Angola também demonstrou a distância entre os valores raciais e políticos de uma ditadura militar sul-americana e de uma nação africana recém-libertada. Em 1979, a Televisão Popular Angolana cancelou a transmissão do programa infantil da Globo *O Sítio do Picapau Amarelo* porque os personagens negros só ocupavam posições subordinadas.[83] Mas se a programação infantil da TV Globo teve problemas com as autoridades angolanas em virtude de sua caracterização dos negros, outra programação infantil da mesma emissora feita para ser mostrada em Angola preocupou os serviços de inteligência brasileiros. A programação, segmentos educacionais para alunos da educação básica, tinha sido comissionada em 1979-80 pelo Ministério da Educação e Cultura brasileiro (MEC) para transmissão no Brasil. Sob o acordo com o MEC, a Globo tinha o direito de revender essa programação no exterior. A rede se aproveitou desse direito desenvolvendo programas que satisfaziam as metas de leitura e estudos sociais exigidos pelo acordo com o MEC e, ao mesmo tempo, incluindo conteúdos que atraíssem os países africanos de língua portuguesa para que também os comprassem. Esse conteúdo

---

[82] Rodolpho Godoy de Souza Dantas, "Gabriela: Recortes do jornal de Angola", 11 de maio de 1978, embaixada brasileira em Luanda para o Ministério das Relações Exteriores, AHI.
[83] Dzidzienyo, "The African Connection and the Afro-Brazilian Condition", 145; Skidmore, "Race and Class in Brazil", 15.

preocupou o serviço de inteligência da Aeronáutica brasileira, Cisa, que o analisou pela abordagem pedagógica e o conteúdo subversivo.

O Cisa também examinou o grau de radicalismo dos criadores da programação. O diretor dos módulos de estudos sociais, Kazumi Munakata, "em 1971, foi preso por militância no setor de Imprensa do Partido Operário Comunista, codinome 'Oswaldo'. Ingressou na organização em 1968, quando era ainda estudante secundarista. Em 1972, foi sentenciado com base na LSN".[84] A pedagogia da programação seguia o método de Paulo Freire para desenvolver um pensamento crítico nos alunos, realizando exercícios que enfatizavam, por exemplo, "'a seca', 'a responsabilidade e a impotência do governo'. São ressaltadas as palavras 'fome', 'seca', 'pobreza'".

O programa da Globo incluía aulas sobre a luta de Angola pela libertação, inclusive exercícios de leitura que usavam poemas de Agostinho Neto. Os textos para interpretação exploravam o caminho africano para o socialismo, a Pide e seus métodos de tortura e a reconstrução de Angola por meio de uma luta coletiva. Uma atividade específica pedia aos alunos que fizessem "uma analogia entre a situação do Brasil e a de Angola, devido à origem comum de colonização desses povos". Em outro, os alunos deviam ler um conto sobre um pescador angolano que é extorquido e ameaçado por colonialistas portugueses usurpadores. Pedia-se então aos alunos que fizessem uma comparação entre a experiência do pescador angolano e a experiência dos povos indígenas brasileiros depois da chegada dos portugueses.

Embora a TV Globo usasse a programação do MEC para desenvolver um produto que pudesse vender na África de língua portuguesa, os produtores usaram o mercado africano para abordar conteúdos que não tinham sido tolerados pelos censores do regime militar. O programa usava até a narrativa da luta pela libertação africana para produzir "reflexões diante dos problemas de racismo" e planos de aula que davam ênfase a "levantamentos de dados sobre negros e índios (perseguidos socialmente) e a criação de estereótipos da incapacidade desses, criados pelos dominadores. O relevo é dado à união existente entre os negros, como forma de reação".

Essa programação radical da Globo e do MEC foi produto de uma convergência histórica. Após a independência, Angola se tornou um mercado para o tipo de produto realizado pela Globo, que, por sua vez, aproveitou essa oportunidade a partir de incentivo governamental, vindo especialmente do

---

[84] Centro de Informações da Aeronáutica, "Programação de ensino supletivo 1º grau: Rede Globo/MEC", 13 de maio de 1981, DGIE dossiê 306: Departamento-Geral de Investigações Especiais, DOPS/APERJ.

MEC. O relatório do serviço de inteligência da Aeronáutica sobre a programação enfatizava as conexões entre os programas e o ministro da Educação, Eduardo Portella, que, em 1961, tinha sido um dos arquitetos do envolvimento diplomático de Jânio Quadros com a África e foi o primeiro diretor do IBEAA. Finalmente, o relatório capta um momento na decadência do aparato repressivo do regime militar. A Aeronáutica brasileira ainda mantinha um serviço de inteligência tão abrangente que chegava a monitorar a programação infantil comissionada por órgãos do governo. Mas em 1981 já não podia fazer muito mais do que reclamar sobre quanto dinheiro público seria gasto nesse tipo de "subversão".

A decisão de Geisel de fazer com que o Brasil fosse a única nação ocidental a reconhecer o governo do MPLA forjou uma presença internacional contraditória para o país. Por um lado, era uma ditadura militar anticomunista procurando expandir sua influência política e econômica no exterior, suprimindo a dissidência interna e vigiando cidadãos portugueses no Brasil e exilados brasileiros em Portugal. Por outro, o governo seguia um trajeto que buscava autonomia política e econômica dos Estados Unidos e apoiava a luta das nações do Terceiro Mundo contra a pobreza e a exclusão. *O Estado de S. Paulo* estava certo quando sugeriu que o governo brasileiro estava segurando com uma mão os mesmos objetivos que reprimia com a outra.

Essa abordagem foi exemplificada pela linguagem usada pelas autoridades brasileiras, seus aliados angolanos e a imprensa durante uma visita ao Brasil, em 1979, do ministro do Petróleo angolano, Jorge de Morais. A missão comercial tinha como objetivo aumentar de 50 milhões para 80 milhões de dólares a linha de crédito brasileira para exportações para Angola a fim de que fossem comprados quatorze barcos pesqueiros para a companhia estatal angolana de pesca e aumentada a participação do Brasil na engenharia de produção de petróleo angolana.[85] Morais e seus anfitriões brasileiros davam ênfase à cooperação, apesar de suas diferenças ideológicas, e o *Jornal do Brasil* (Rio de Janeiro) e o *Jornal de Angola* (Luanda) descreveram a visita nos mesmos termos, dizendo que ela mostrava o "alinhamento aberto do Brasil com o Terceiro Mundo" e que o Brasil estava "historicamente ligado a suas verdadeiras origens". Durante a visita do ministro, os representantes do Itamaraty acentuaram o desejo do Brasil de "estabelecer nossa

---

[85] Rodolfo Souza Dantas, "Visita do ministro dos Petróleos de Angola ao Brasil", telegrama 197, 4 de maio de 1979; "Visita do ministro dos Petróleos de Angola ao Brasil: Recortes de imprensa", telegrama 200, 6 de maio de 1979, embaixada em Luanda para o Ministério das Relações Exteriores, AHI.

independência política e econômica", enquanto o governador da Bahia, ao se encontrar com o ministro Morais, expressou satisfação pelo fato de o governo brasileiro ter reconhecido a independência de Angola "sem esperar pelo consentimento dos Estados Unidos".[86]

---

[86] Rodolfo Godoy Souza Dantas, "Relações Brasil-Angola: Visita do ministro dos Petróleos", telegrama 218, 11 de maio de 1979, embaixada em Luanda para o Ministério das Relações Exteriores, AHI.

9
Milagre à venda: marketing do Brasil na Nigéria

A chegada de Gibson Barboza à Nigéria para uma visita em novembro de 1972 coincidiu com a entrega de um carregamento de chuveiros elétricos. Os chuveiros, comuns no Brasil, tinham uma bobina elétrica que aquecia a água sem a necessidade de um tanque aquecedor. Esses aparelhos eram muito vendidos porque eram fáceis de instalar em casas com eletricidade e custavam apenas dez dólares. A revista *Veja* anunciou que embora os chuveiros fossem uma "sensação" era pouco provável que implicassem o início de um aumento significativo do comércio com a África, já que "o comércio exterior daqueles países continua solidamente monopolizado por empresas sediadas nas antigas metrópoles".[1] No entanto, os chuveiros eram um prenúncio dos bens que o governo e as empresas brasileiras iriam vender na África e das justificativas usadas para vendê-los. Eles eram "tecnologia tropical".

Desde o começo de seu mandato de seis anos como embaixador brasileiro na Nigéria, Geraldo de Heráclito Lima defendeu a posição de que produtos como os chuveiros eram ideais para aquele país. Ao se encontrar com o presidente Yakubu Gowon, durante a cerimônia de seu credenciamento, Heráclito Lima explicou-lhe que os produtos industriais brasileiros eram especialmente apropriados para a Nigéria porque eram destinados a condições tropicais. E ainda: eram supostamente mais simples e mais fortes, sendo, portanto, mais resistentes à instabilidade da voltagem e à umidade e mais fáceis de serem consertados. Gowon respondeu oferecendo exemplos dos problemas que os nigerianos tinham enfrentado com os produtos europeus. No final da reunião, o embaixador brasileiro preparou-se para partir no Rolls-Royce que o tinha levado até o palácio presidencial, mas mesmo depois de várias tentativas o motor não pegou. Heráclito Lima observou com ansiedade quando o presidente desceu as escadas do palácio para observar a cena. Tentando suavizar o problema, o embaixador

---

[1] "De volta da África", *Veja*, 29 de novembro de 1972, consulado português em São Paulo para o Ministério dos Negócios Estrangeiros, 29 de novembro de 1972, Proc 922, PAA 284, pt. 3, MNE.

sugeriu: "parece que o carro ouviu nossa palestra acerca da adequação de equipamentos aos trópicos."[2]

Seriam os produtos brasileiros mais apropriados aos trópicos? Ou isso era uma estratégia de marketing? Em alguns casos, como no dos chuveiros, havia produtos feitos para os consumidores brasileiros que eram mais baratos e mais simples. Outros produtos, como os ônibus feitos pela Mercedes-Benz no Brasil e exportados para a Nigéria, tinham janelas grandes e fáceis de abrir e suspensões resistentes, sendo, portanto, adaptados a climas quentes e estradas precárias. Porém, de um modo geral, as experiências dos consumidores nigerianos relatadas nos jornais locais não revelaram um mérito específico para os produtos brasileiros. Ao contrário, eles eram criticados com frequência como sendo de qualidade inferior. Apesar disso, na metade da década de 1970 e no início da de 1980, o comércio entre o Brasil e a Nigéria prosperou. A estatal brasileira Petrobras comprou centenas de milhões de barris de petróleo do país africano, e isso, com os preços altos em virtude do bloqueio de petróleo de 1973 e por conta do segundo choque do petróleo após a Revolução Iraniana de 1979, estimulou a demanda nigeriana por produtos de consumo do Brasil.

A força do comércio entre o Brasil e a Nigéria sustinha outros tipos de contatos. Em 1977, a Varig começou o primeiro serviço direto do Brasil para um país africano governado pela maioria (a Varig também voava para a África do Sul e, anteriormente, aviões com menor alcance nas rotas europeias paravam em Dacar para se reabastecer). À medida que a renda do petróleo ia financiando projetos de desenvolvimento na Nigéria, centenas de engenheiros, técnicos e empresários brasileiros foram trabalhar naquele país. Quando, por exemplo, o governo nigeriano construiu a nova capital, Abuja, no centro do país, contratou a Novacap, companhia de desenvolvimento que tinha trabalhado na construção de Brasília, para ajudar no planejamento urbano da cidade. O *boom* do petróleo nigeriano também financiou uma nova edição do Festival Senegalês de Artes e Culturas Africanas. O FESTAC, realizado em 1977, incluiu uma grande delegação brasileira que uma vez mais deu ênfase aos laços culturais entre a África Ocidental e o Brasil. O evento passou a ser um palco para que o ativista brasileiro exilado Abdias do Nascimento — presente como membro da delegação dos Estados Unidos — questionasse a imagem do Brasil como democracia racial e

---

[2] Embaixada brasileira em Lagos para o Ministério das Relações Exteriores, "Apresentação de credenciais do embaixador do Brasil em Lagos", ofício 155, 26 de outubro de 1973, AHI.

trouxesse à luz as desigualdades sistemáticas no país. Em 1966, à época do primeiro festival em Senegal, Nascimento tinha escrito o manifesto "Carta a Dacar", já fazendo uma crítica às relações raciais brasileiras.

No relacionamento entre o Brasil e a Nigéria na década de 1970, o refletor foi compartilhado por dois brasileiros negros com discursos diferentes. Enquanto Abdias do Nascimento (que viajava com documentos de refugiado porque o governo brasileiro tinha confiscado seu passaporte) expunha as contradições da democracia racial, o jogador de futebol Pelé viajou para a Nigéria como porta-voz do mundo empresarial, inicialmente promovendo a Pepsi-Cola norte-americana e depois aparecendo como rosto público para os aparelhos e produtos eletrônicos brasileiros que estavam sendo introduzidos na Nigéria por uma divisão da Petrobras sob a marca TAMA. Sustentada pelas exportações de petróleo, a Nigéria uma vez mais se transformou em um palco em que brasileiros projetavam reflexões sobre a identidade de seu país. No entanto, a penetração comercial do Brasil nesse país não durou muito. Crises econômicas nos dois países enfraqueceram o comércio na década de 1980. Ainda assim, na metade da década de 1970, a Nigéria refletia os desejos dos brasileiros de imaginar seu país como um gigante industrial emergente e um tipo de potência mundial diferente, que tinha como base uma "civilização tropical" e produzia "tecnologia tropical", e também de suprimir a crítica daquele discurso que descrevia o Brasil como uma democracia racial.

A TERRA DO FUTURO NUM MUNDO EM MUDANÇA

Durante os anos do governo Geisel, líderes políticos e diplomatas brasileiros se defrontaram com novos desafios internacionais tais como o bloqueio do petróleo, mas também descobriram novas opções para enfrentá-los. Eles sentiram que o Brasil tinha autonomia suficiente para se libertar da subordinação histórica, política e econômica aos Estados Unidos, que agora lhes pareciam um país em declínio; eles se conscientizaram também de que havia uma série mais ampla de opções de políticas que tinham como base uma economia interna em crescimento e também um sistema mundial mais flexível em que regiões antes subordinadas, tais como o Oriente Médio, a África, a América Latina, agora poderiam influenciar os eventos mundiais. Para os líderes brasileiros, as possibilidades internas eram geradas pelo crescimento econômico surpreendente e pela fé no planejamento estatal. O chanceler Silveira captou a sensação de confiança no crescimento econômico brasileiro quando falou, em 1978, na Academia Nacional de Inteligência:

Em 1960, o Brasil era um país de 70 milhões de habitantes, com apenas 45% de sua população vivendo em cidades. O Produto Interno Bruto era de 14 bilhões de dólares e a renda per capita quase atingia duzentos dólares. A capacidade geradora instalada de energia elétrica era de 5 mil megawatts, nossas usinas siderúrgicas produziam 2,5 milhões de toneladas de aço em lingotes e nossos incipientes estaleiros entregavam navios com capacidade total de 25 mil toneladas de peso bruto. A produção de veículos, da recém-instalada indústria automobilística, atingia 130 mil unidades. Em 1960, o comércio exterior brasileiro era de menos de três bilhões de dólares, sendo nossas exportações compostas em cerca de 90% de produtos primários, enquanto as exportações de manufaturados não ultrapassavam 5% do total. Hoje, somos 115 milhões de pessoas, das quais pelo menos 60% habitantes urbanos. O Produto Interno Bruto é de 160 bilhões, enquanto a renda per capita atinge quase 1.500 dólares. A capacidade geradora instalada de energia elétrica de nossas usinas é de 23 mil megawatts, enquanto a indústria siderúrgica produz 11 milhões de toneladas de aço em lingotes. Os estaleiros entregam navios com a capacidade total de 500 mil toneladas de peso bruto e a produção anual de veículos beira a significativa marca de um milhão de unidades. Nosso comércio exterior atinge a cifra global de 24 bilhões de dólares e a participação de nossas manufaturas no total das exportações é de aproximadamente 30%. Nossas reservas cambiais ultrapassam 7 bilhões de dólares. Por suas dimensões, a economia brasileira já é, hoje, a oitava do mundo ocidental em termos de Produto Nacional Bruto.[3]

Esses números eram suficientes para que Silveira proclamasse o Brasil "um país radicalmente novo" que existia em um mundo "que sofreu e sofre profundas modificações".

Os dados do chanceler eram apenas uma faceta das concepções governamentais sobre o Brasil "radicalmente novo". A crescente administração estatal da economia deu forma ao "milagre econômico". Antes de ser presidente do Brasil, Geisel tinha sido presidente da maior companhia do país, a Petrobras, empresa estatal que detinha o monopólio do petróleo. O fato de o Estado possuir a maior companhia do Brasil não era incomum ou acidental. No decorrer da década de 1970, a participação do Estado na

---

[3] "Conferência pronunciada pelo ministro de Estado das Relações Exteriores, embaixador Antonio F. Azeredo da Silveira, na Escola Nacional de Informações, ESNI, Brasília", 12 de junho de 1978, Arquivo Azeredo da Silveira, AAS mre/ag 1974.05.27, CPDOC/FGV.

economia cresceu exponencialmente. Empresas estatais competiam com as empresas privadas, um padrão que era parte da cultura política dominante e que tinha raízes profundas na cultura militar. Como explicou o presidente Geisel: "Se o Brasil quer ser uma nação moderna, sem o problema da fome e sem uma série de outras mazelas de que sofremos, tem que se desenvolver. E para isso o principal instrumento é o governo federal. A nação não se desenvolve espontaneamente. É preciso haver alguém que a oriente e a impulsione, e esse papel cabe ao governo. Esta é uma ideia antiga que possuo, sedimentada ao longo dos anos de vida esposada nos cursos da Escola Superior de Guerra."[4] Embora Geisel atribuísse à cultura militar sua crença em usar o Estado para estimular a industrialização e o desenvolvimento, Elio Gaspari sugeriu que o compromisso de Ernesto Geisel com a industrialização "ia além dos sentimentos de uma geração de militares".[5]

No final de 1975, segundo o ministro do Planejamento, Reis Velloso, o governo federal já possuía metade do capital nas 1.069 maiores companhias brasileiras, e três quartos das cem maiores companhias. Isso fazia do governo federal o maior empregador empresarial, o maior comprador e o maior vendedor do Brasil.[6] A presença do Estado na economia era um produto tanto da confiança dos planejadores em sua capacidade de controlar o mercado quanto de sua tentativa de resolver a contradição básica do milagre brasileiro: o crescimento econômico do Brasil estava baseado em importações insustentáveis de energia e capital. Os planejadores desenvolveram a economia de exportação no Brasil em uma malograda tentativa de contrabalançar, com exportações, as vultosas importações.

Em conjunto, o crescimento econômico e o planejamento estatal não conseguiram captar a sensação de euforia e até de infalibilidade que os políticos brasileiros dos anos de Geisel transmitiam enquanto testemunhavam a aparente emergência do Brasil como uma potência mundial. A grandiosidade do Brasil podia ser localizada mais amplamente em um hemisfério sul que estava em um processo ascendente frente a um norte em decadência. Em um sentido mais estrito, ela podia ser localizada em Brasília, uma expressão modernista de concreto derramado, com menos de trinta anos de idade e ainda inacabada. Sob Geisel, Brasília era o centro de um mundo que o Brasil

---

[4] D'Araujo e Castro (orgs.), *Ernesto Geisel*, 287.
[5] Gaspari, *A ditadura derrotada*, 16.
[6] "A palavra que falta", *O Estado de S. Paulo*, 14 de novembro de 1975, 3.

estava tentando fazer. Como Silveira disse ao Congresso em 1976, "no meu entender, o próprio conceito de Ocidente não é um conceito estático".[7]

Algo separava o Brasil de outras nações na mente de Geisel e de seus colegas: a democracia racial. Com efeito, na abertura de um discurso ao Congresso brasileiro, Silveira deu a democracia racial como exemplo de um Ocidente em mutação, proclamando que "historicamente o Ocidente se embebe das experiências que lhe trazem nações novas (...) Os padrões de convivência racial desenvolvidos no Novo Mundo, sobretudo em nosso país, representam um fator novo que ilustra essa contribuição".[8] Todas as iniciativas de Geisel para estabelecer uma autonomia em relação aos Estados Unidos e desenvolver relações com o Terceiro Mundo estavam saturadas com a retórica da democracia racial. Mas ele não era o único a ter essa percepção. A ideia de o Brasil ser um novo modelo de desenvolvimento econômico no mundo e a própria ideia da democracia racial eram compartilhadas entre os brasileiros conservadores. Gilberto Freyre era um proponente dessa imagem e escreveu em sua coluna jornalística: "Jovens repúblicas da África e do Oriente [são] ainda desorientadas e inseguras, e por isso, antieuropeias, e até fazem algumas delas da negritude uma perigosa mística racista. A essas como a outras nações novas pode aproveitar a experiência de um Brasil há mais de século independente e há quatro séculos em desenvolvimento (...) como civilização de tendência etnicamente democrática e, por isso, metarracial no trópico."[9] As principais considerações do governo de Geisel eram o desafio da importação de energia, a promoção das exportações e a manutenção da ordem em um regime não democrático. Ainda assim, o caráter que os líderes políticos davam à ideia da autonomia e da grandiosidade brasileiras na década de 1970 foi moldado por crenças sobre raça e seu papel na identidade brasileira.

Nos assuntos estrangeiros, o governo de Geisel seguiu um curso ainda mais ousado do que aquele adotado por Quadros e Goulart entre 1961 e 1964, com políticas que estavam menos tolhidas pelos compromissos passados como a "hipoteca portuguesa". Essas políticas incluíam o impulso mais agressivo para expandir o comércio que iria ocorrer entre o Brasil e a África.

---

[7] "Pronunciamento do Senhor Embaixador Antonio F. Azeredo da Silveira, ministro de Estado das Relações Exteriores, perante as Comissões de Relações Exteriores do Senado Federal e da Câmara dos Deputados, em reunião conjunta", 11 de agosto de 1976, Arquivo Azeredo da Silveira, AAS mre/ag 1974.01.16, CPDOC/FGV.

[8] Ibid.

[9] Gilberto Freyre, "O Brasil como um novo tipo de civilização", *Jornal do Commercio*, 4 de abril de 1976. Artigos de jornal de Gilberto Freyre, AJ-19, 1975–76, FGF.

Enquanto que em 1969 o Brasil exportava 15 milhões de dólares em produtos para a África e ampliou essa quantia para 150 milhões em 1973, já em 1977 as exportações alcançaram 587 milhões em produtos, e quase a metade deles manufaturada. Como disse Silveira em uma palestra na Escola de Guerra do Exército: a aproximação do Brasil com a África "retoma um processo histórico cujo curso natural havia sido obstado pela persistência do colonialismo (...) Com os países africanos, o Brasil tem procurado partilhar o patrimônio tecnológico que acumulou em sua experiência de civilização tropical (...) Abre o Brasil assim uma alternativa não hegemônica para os países africanos, em seu esforço para superar o subdesenvolvimento".[10]

BRASIL, INC.

Por quase uma década após o bloqueio do petróleo de 1973, a recente riqueza da Nigéria e sua população de 80 milhões fizeram do país um mercado cobiçado. A economia nigeriana não estava preparada para o aquecimento repentino, portanto havia pouca capacidade manufatureira interna para satisfazer a súbita demanda por bens que iam de carros a aparelhos domésticos e até mesmo carne. Por sua vez, o aumento repentino das importações ultrapassou a capacidade de infraestrutura portuária do país. Em 1975, a embaixada brasileira em Lagos descreveu uma lista de espera constante de setenta a noventa navios no porto principal da Nigéria, um problema que iria durar anos e significava uma espera custosa de até vários meses para que os navios pudessem atracar e descarregar.[11] O Itamaraty, empresas brasileiras e a Petrobras perseguiam avidamente as oportunidades que identificavam na Nigéria. A Petrobras foi especialmente ágil no desenvolvimento do comércio com o país, o que foi um meio potencial de aliviar os défices profundos que enfrentava por ter de pagar pela importação de petróleo. Entre 1972 e 1976, as exportações brasileiras para a Nigéria subiram de 1 milhão para 86,7 milhões de dólares, dos quais 90% eram produtos manufaturados.[12] As exportações brasileiras para a Nigéria chegaram ao máximo de 770 milhões de dólares em 1981, ano em que o país africano passou a ser

[10] "Conferência pronunciada pelo embaixador Antonio F. Azeredo da Silveira, ministro de Estado das Relações Exteriores, na Escola Superior de Guerra", 20 de setembro de 1978, Arquivo Azeredo da Silveira, AAS mre/ag 1974.05.27, CPDOC/FGV.
[11] Embaixada brasileira em Lagos para o Ministério das Relações Exteriores, "Relações Brasil-Nigéria: Problemas de navegação", telegrama 139, 24 de abril de 1975, AHI.
[12] Informação para o senhor presidente da república, "Relações econômicas e comerciais Brasil-Nigéria", 21 de junho de 1977, AAS mre d 1974.03.26, CPDOC/FGV.

"o segundo maior mercado para produtos manufaturados brasileiros depois dos Estados Unidos".[13] Além desses, a Nigéria passou a ser um mercado para os serviços técnicos e de engenharia brasileiros. Em 1977, a embaixada em Lagos já registrava a presença de seiscentos brasileiros morando e trabalhando naquele país.[14]

Fazer negócios na Nigéria tinha sérios problemas. Os brasileiros enfrentavam corrupção endêmica, engarrafamentos no porto, restrições de mercado e regulatórios imprevisíveis em virtude da instabilidade econômica resultante da volatilidade do preço do petróleo. Em 1979 e 1982, o governo nigeriano impôs restrições súbitas às importações que provaram ser desastrosas para os esquemas de exportação desenvolvidos pela Interbrás, uma subsidiária da Petrobras que investiu pesadamente no estabelecimento de mercados na Nigéria para a carne, aparelhos e produtos eletrônicos de consumo brasileiros. Além disso, os exportadores brasileiros enfrentavam um mercado difícil, em que os jornais constantemente publicavam reclamações sobre a qualidade de seus bens e serviços. O embaixador brasileiro Heráclito Lima atribuiu a má recepção da imprensa às campanhas feitas por companhias europeias e norte-americanas que buscavam manter o Brasil fora do mercado. No entanto, fosse qual fosse a origem, os comentários sobre os produtos brasileiros eram em sua grande maioria negativos, e estudos nigerianos insinuavam que o país era "um depósito de lixo" para produtos brasileiros.

Uma das primeiras companhias a marcar presença na Nigéria foi a Volkswagen do Brasil. A Volkswagen tentou repetir o sucesso que sua montadora pioneira teve no Brasil, inaugurada com muito alarde durante a presidência de Juscelino. Em 1975, a VW do Brasil tornou-se uma de duas companhias a começar a montar carros na Nigéria sob um programa nacional para estimular a produção. Os carros eram montados a partir de kits do tipo CKD ("completely knocked down") enviados do Brasil. O primeiro carregamento de 1.370 veículos CKD foi, aparentemente, "o maior embarque de veículos brasileiros já realizado no Brasil", com um valor de 6 milhões de dólares.[15] Os carros contavam tanto como exporta-

---

[13] Banco do Brasil, Carteira de Comércio Exterior, *CACEX: Séries estatísticas, 1981*. Rio de Janeiro: Carteira de Comércio Exterior, 1981; Selcher, "Uncertain Partners", 11.
[14] Embaixada brasileira em Lagos para o Ministério das Relações Exteriores, "Colônias estrangeiras na Nigéria", telegrama 376, 11 de agosto de 1977, AHI.
[15] Embaixada brasileira em Lagos para o Ministério das Relações Exteriores, "Visita à Volkswagen da Nigéria", telegrama 101, 7 de março de 1975, AHI.

ções brasileiras quanto como produtos manufaturados da Nigéria. As duas companhias se beneficiavam das barreiras à importação estabelecidas pelo governo nigeriano para estimular a criação de uma indústria automobilística nacional, dando-lhes um mercado cativo para a venda de carros de motores pequenos. O embaixador Heráclito Lima descreveu a imposição dessas cotas para proteger as montagens domésticas: "O impacto, no que diz respeito ao Brasil, é muito bom no curto prazo, pois até agora, todos os carros montados na Nigéria são de procedência brasileira."[16]

Como ocorria com outros fabricantes, a Volkswagen viu sua montadora em Kaduna, Nigéria, prejudicada pelo engarrafamento no porto de Lagos. Com isso, a empresa e a companhia de navegação Lloide Brasileiro tomaram providências "no sentido de dar prioridade à atracação dos navios brasileiros" naquele porto. Em vez de esperar semanas ou meses em uma fila de setenta a noventa navios no porto, os navios do Lloide carregando os carros desmontados esperavam, em média, 48 horas. Essas "medidas" por sua vez mantinham a tonelagem que contribuiu para que a Mercedes-Benz do Brasil começasse a exportar ônibus e caminhões para a Nigéria. Só em 1975 foram embarcados para a Nigéria 3.330 caminhões e ônibus Mercedes e Marco Polo.[17] A produção nigeriana e as importações do Brasil da Volkswagen cresceram rapidamente. A partir do primeiro carregamento em janeiro de 1975, até outubro do mesmo ano, 4.463 carros Volkswagen montados e 6.132 CKD, no valor de 21,2 milhões de dólares, foram enviados para a Nigéria.[18]

Dentro de poucos anos, a Volkswagen do Brasil já tinha uma porcentagem significativa do mercado automotivo nigeriano. Em 1977, um em cada três carros vendidos na Nigéria era um VW cujas peças tinham vindo do Brasil. Os carros iam desde Fuscas até caminhonetes e sedãs Passat. O design de todos os carros era alemão, com uma exceção, um *hatchback* desenhado no Brasil, a Brasília, que usava um motor refrigerado semelhante ao do Fusca e na Nigéria era oferecido como Igala. A Brasília era um exemplo da "tecnologia tropical": o veículo era conhecido por sua simplicidade e resistência, tendo sido desenhado para um país que ainda dependia principalmente de estradas de terra.[19] Apesar do sucesso comercial dos veículos, eles

---

[16] Id., "Medidas de proteção para a Volkswagen e a Peugeot", telegrama 111, 3 de abril de 1975, AHI.
[17] Id., "Relações Brasil-Nigéria: Problemas de navegação", telegrama 139, 24 de abril de 1975, AHI.
[18] Informação para o senhor presidente da república, "Missão Comercial à África", 3 de março de 1976, AAS mre d 1974.03.26, vol. 14, CPDOC/FGV.
[19] Embaixada brasileira em Lagos para o Ministério das Relações Exteriores, "Volkswagen da

não eram lançados no mercado como brasileiros. Os anúncios publicitários apenas os apresentavam como carros esportivos e modernos, e ao renomear o Brasília como Igala, nome de animal e de um grupo étnico nigeriano, a VW eliminou um identificador claramente brasileiro do único modelo que podia ser assim considerado genuína e justificadamente.

A CARNE BOVINA BRASILEIRA

Uma delegação do Ministério da Agricultura nigeriano visitou o Brasil em 1975 para examinar a indústria pecuária. O *boom* do petróleo tinha intensificado a migração do campo para os centros urbanos e aumentado a demanda dos consumidores por carne. A delegação propôs um plano audacioso para exportar a carne bovina brasileira para a Nigéria. Para evitar o engarrafamento no porto de Lagos, a Autoridade Nigeriana de Carne e Criação de Gado pagaria para que a carne fosse transportada por via aérea até o mercado e subsidiaria o preço para os nigerianos por meio de seu programa "Alimente a nação".[20] No Brasil, uma parceria entre um fazendeiro que possuía um frigorífico, Cotia, e a Braspetro, uma filial da Petrobras, ficou encarregada de fornecer a carne. O negócio foi o primeiro passo para que a Cotia se transformasse em um exportador diversificado e para os esforços por parte da Braspetro e sua sucessora, a Interbrás, de contrabalançar os custos das importações de petróleo feitas pela Petrobras.

O envolvimento da Braspetro foi um fracasso financeiro que estimulou o debate sobre a adequação de o governo brasileiro envolver-se em negócios e na economia sob o governo militar. Braspetro era a filial da Petrobras responsável pelas compras de petróleo do exterior, o que fazia com que seu diretor, Carlos Santana, fosse fortemente consciente do impacto que o consumo de petróleo no Brasil tinha sobre o défice do balanço de pagamentos. A empresa começou a buscar formas de reduzir os défices comerciais brasileiros com os países dos quais importava petróleo, lançando-se em projetos conjuntos de engenharia e exploração de petróleo, compartilhando atividades de refinamento e de processamento de subprodutos do petróleo, e também no comércio de bens primários, que trazia dólares para as contas da Petrobras. Em 1976, essas atividades comerciais já tinham se tornado suficientemente importantes para que a estatal pudesse dividir as operações. A Braspetro se voltou para a importação de petróleo e uma nova subsidiária,

---

Nigéria: Mercado de automóveis", telegrama 107, 5 de abril de 1978, AHI.
[20] Santana, *Interbrás, ficção e realidade*, 98.

a Interbrás, passou a ser responsável pelas outras transações financeiras cada vez maiores e mais complexas da Petrobras.

Entre 1976 e 1979, a Interbrás iniciou uma série de projetos comerciais na Nigéria que não tiveram sucesso. Em 1984, o jornalista José Carlos de Assis usou esses projetos como exemplos da interferência exagerada do Estado no mercado em seu livro *Os mandarins da república*, uma referência à classe burocrática da China imperial. O diretor da Interbrás, Santana, publicou uma réplica, *Interbrás: ficção e realidade*. Juntos, os dois livros dão uma visão do comércio brasileiro com a Nigéria. Para Assis, os fracassos da Interbrás eram um exemplo da incompetência governamental brasileira e da concorrência imprópria com o setor privado. Para Santana, eram evidência da crescente presença comercial do Brasil no exterior e da necessidade de o Estado ajudar as empresas brasileiras e protegê-las das "dores do crescimento" geradas pelo estabelecimento de um sistema de exportação na África.

A Cotia tinha capacidade para suprir o mercado nigeriano, mas não tinha a infraestrutura financeira ou comercial para exportar, principalmente nos níveis requeridos pelo contrato com a Nigéria. A Interbrás (ainda Braspetro no começo do negócio) emprestou à Cotia o capital necessário para aumentar a produção, estabeleceu o canal bancário para que ela recebesse os pagamentos, negociou o frete aéreo nos aviões de carga da Varig e supervisionou os primeiros embarques de carne bovina. Como um sinal das vicissitudes do comércio entre o Brasil e a Nigéria, quando o primeiro Boeing 707 da Varig estava sendo carregado no Rio de Janeiro, o presidente da Nigéria, Murtala Muhammad, foi assassinado em um golpe malogrado. O aeroporto de Lagos foi fechado e a lei marcial foi declarada no país. A embaixada brasileira mandou um telegrama a Brasília dizendo que todos os trabalhadores brasileiros estavam a salvo e que Pelé, que estava em Lagos para um evento publicitário para a Pepsi-Cola, estava em segurança em seu hotel. O contrato da carne, no entanto, tinha importância suficiente para fazer com que o ministro da Agricultura nigeriano tomasse as providências necessárias para que o aeroporto (hoje com o nome de Muhammad) reabrisse para a chegada do avião da Varig e seu carregamento de carne.[21] Quase todos os dias pelo resto daquele ano, um Boeing 707, carregado com 35 toneladas de carne bovina, saía do Rio de Janeiro ou de São Paulo. Houve 288 embarques, no valor de 22,5 milhões de dólares no primeiro ano.

---

[21] Informação para o senhor presidente da república, "Situação na Nigéria", 17 de fevereiro de 1976, AAS mre d 1974.03.26, CPDOC/FGV.

Santana anunciou que esse foi o maior contrato de transporte de carga que a Varig tinha assinado até então e afirmou que ele lançou a base para que a companhia aérea pudesse começar o serviço de passageiros para Lagos no ano seguinte.[22]

Figura 21 Publicidade da Varig enfatiza a proximidade entre o Brasil e a Nigéria.

Em 1977, tanto a Cotia quanto a Interbrás atuaram para renovar o contrato, só que agora separadamente. A Cotia assinou um contrato diretamente com a Autoridade Nigeriana de Carne e Criação de Gado e com a Varig e continuou a exportar carne pelos dois anos seguintes. No total, a Cotia vendeu quase 20 mil toneladas de carne na Nigéria.[23] Enquanto isso, a Interbrás usou seu capital e sua organização para desenvolver um contrato logisticamente complexo sob o qual os produtores brasileiros forneceriam a carne que seria enviada congelada para o porto de Abidjã, na Costa do Marfim, que não sofria com os atrasos do porto de Lagos. A carne ficaria em um frigorífico em Abidjã e carregamentos seriam enviados pela Air Afrique até Lagos — um voo de 1.600 quilômetros —, e lá seria distribuída pela Cooperativa Estatal de Açougueiros de Lagos. Como parte desse acordo, a Interbrás enviou quatro caminhões para a Cooperativa de Açougueiros a fim de que ela transportasse a carne do aeroporto em Lagos para a rede distribuidora.

Assis criticou o contrato como um exemplo da competição entre o Estado e a empresa privada, sugerindo que a Interbrás tentou tirar negócios da

---
[22] Santana, *Interbrás, ficção e realidade*, 99, 105.
[23] Ibid., 118.

Cotia para reduzir o déficit do balanço de pagamentos da Petrobras. Santana defendeu o acordo argumentando que gerava uma oportunidade para um número mais amplo de produtores de carne brasileiros e permitia que o Brasil dominasse um mercado estrangeiro que tinha uma capacidade maior do que aquela que a Cotia poderia satisfazer. Seja como for, o projeto da Interbrás foi um desastre. A carne chegou a Abidjã e os caminhões foram entregues à Cooperativa de Açougueiros de Lagos. O primeiro carregamento de carne foi enviado por via aérea para Lagos e recebido pela cooperativa, mas nenhum pagamento foi feito. Outro carregamento foi enviado e, uma vez mais, nenhum pagamento foi efetuado. Assis explica: "De acordo com o plano, se os açougueiros não quitassem uma determinada cota, a entrega da seguinte seria automaticamente suspensa. Contudo, o contador automático de tempo na câmara de Abidjã continuava ligado. E o contrato com a Air Afrique tinha uma pesada cláusula de multa, equivalente ao pagamento do frete, houvesse ou não carga. À falta de melhor alternativa, a Interbrás preferiu dar um novo crédito de confiança aos açougueiros e manter a entrega [à cooperativa]... não pagou de novo. Pior ainda: os açougueiros desapareceram com os caminhões." Pouco tempo depois o governo nigeriano proibiu as importações de carne que não tivessem permissões preexistentes do governo (o que a Cotia tinha, mas a Interbrás não). A Interbrás vendeu o estoque restante da carne com perda em Abidjã. Assis acredita que o esquema perdeu 3 milhões de dólares, enquanto que Santana avaliou a perda em apenas 900 mil, incluindo os caminhões sumidos.[24]

A Cotia continuou a prosperar, estabelecendo um contrato com o governo nigeriano para projetos que iam desde consultoria para sua indústria pecuária até o estabelecimento de uma rede de frigoríficos e instalações para o processamento de carne, o que fez com que a companhia passasse a ser um exportador importante de azulejos de cerâmica.[25] Em 1977, a companhia conseguiu que um grupo de companhias farmacêuticas brasileiras começasse a enviar remédios e outras provisões médicas para a Nigéria, "a primeira exportação de remédios brasileiros para a África".[26] Em 1980, a Cotia já tinha sete companhias subsidiárias funcionando na Nigéria. Alberto da Costa e Silva, então embaixador em Lagos, assistiu à inauguração de uma fábrica de refrigerantes

---

[24] Ibid., 105; Assis, *Os mandarins da república*, 66-68.
[25] Embaixada brasileira em Lagos para o Ministério das Relações Exteriores, "Estabelecimento de fazendas integradas: Frigorífico Cotia", telegrama 178, 5 de abril de 1977, AHI.
[26] Ministério das Relações Exteriores para embaixada brasileira em Lagos, "Promoção comercial Brasil-Nigéria: Exportação de remédios: Cotia", telegrama 373, 12 de julho de 1977, AHI.

da Cotia, Drinco, que fazia soda do concentrado de guaraná brasileiro. Costa e Silva comentou que "são pouco mais de sessenta funcionários, com suas famílias, imbuídos de um raro espírito de seriedade e do sentimento que estão cumprindo uma tarefa pioneira e do maior interesse para o Brasil".[27]

Desafiando a democracia racial: o FESTAC

O Festival de Artes e Culturas Africanas (FESTAC) realizado em Lagos em 1977 foi uma oportunidade para o governo nigeriano evocar uma imagem de liderança africana alimentada pelos lucros do petróleo. Para o governo brasileiro, o FESTAC era uma oportunidade de promover o africanismo do Brasil e com isso apoiar o número crescente de bens de consumo e de serviços técnicos sendo vendidos para a Nigéria. O festival, que teve a duração de um mês, entre janeiro e fevereiro, atraiu milhares de artistas, intelectuais e ativistas para uma série de eventos e shows e um seminário acadêmico que deu ênfase à presença cultural africana no mundo. Maior e mais sofisticado que o festival realizado em Dacar em 1966, o FESTAC foi menos uma expressão da negritude defendida por Léopold Senghor e mais uma celebração da cultura negra à sombra do movimento do Black Power no exterior e da ascensão econômica da Nigéria na África.

Inesperadamente, os projetos brasileiros e nigerianos no festival foram reapropriados pelo intelectual brasileiro exilado Abdias do Nascimento. Tendo tido seu passaporte confiscado em virtude de sua militância contra a discriminação racial brasileira, ele deu aulas nos Estados Unidos e, à época do segundo FESTAC, era professor visitante na Universidade de Ife, na Nigéria.[28] Excluído da delegação brasileira, que apresentava a cultura africana como inspiradora de um Brasil racialmente democrático, Nascimento assistiu ao seminário acadêmico do FESTAC com o intuito de chamar a atenção para a discriminação no Brasil. Nascimento e a delegação oficial brasileira entraram em conflito sobre a verdadeira natureza da sociedade brasileira, debatendo se a democracia racial era uma virtude ou uma fraude.

Nascimento abordou os organizadores do seminário com a intenção de apresentar um documento que foi posteriormente publicado como livro com o título *Brasil: Mistura ou massacre?*. O texto questionava a visão dominante de que a mistura racial era um meio de integração, argumentando que, ao contrário, era uma forma de "embranquecimento", por meio do qual a marginalização

---

[27] Embaixada brasileira em Lagos para o Ministério das Relações Exteriores, "Promoção cultural: Nigéria: Inauguração da Fábrica 'LIK'", telegrama 220, 4 de abril de 1980, AHI.
[28] Id., "II FESTAC", telegrama 37, 20 de janeiro de 1977.

e a miscigenação iriam gradativamente dar fim à população negra do Brasil. Esse argumento cada vez mais encontrava eco no Brasil, onde o regime proibia estudos sobre discriminação racial, e embasava o consenso acadêmico sobre desigualdade racial brasileira e o ideal do "embranquecimento" que surgiam no país. A crítica de Nascimento chamou a atenção da imprensa em Lagos. Os jornais nigerianos o entrevistaram e citaram seu documento mimeografado. Seu protesto incentivou a realização de um editorial no principal jornal de Lagos, o *Daily Times*, que advertia que "onde quer que africanos e descendentes de africanos morem, seja na África do Sul ou no Brasil, a eles deve ser dado o respeito e a dignidade que lhes são devidos como seres humanos".[29]

Como Nascimento tinha escolhido um fórum público para questionar as relações raciais brasileiras, sua participação no FESTAC provocou uma campanha dirigida pelo Itamaraty e apoiada pela delegação brasileira para silenciá-lo e suprimir sua mensagem. Essa campanha se estendeu desde a delegação brasileira e a embaixada em Lagos até os saguões do Itamaraty e o presidente Geisel, que foi informado sobre Nascimento e a campanha contra ele. Os diplomatas brasileiros evitaram que Nascimento participasse formalmente do simpósio do FESTAC. Mas tal perseguição provocou uma reação. A causa de Nascimento foi defendida pela delegação dos Estados Unidos e ressoou na imprensa, apesar dos esforços brasileiros para que as reportagens sobre ele fossem censuradas.

Um "irmão negro" na embaixada em Lagos passou para Nascimento cópias da correspondência diplomática sigilosa sobre ele, que publicou um resumo desses documentos em um livro sobre o confronto no FESTAC com o título de *Sitiado em Lagos*. Seu relato da perseguição é tão extremo que parece quase implausível. No entanto, consegui encontrar os documentos que ele resumiu e outros além daqueles que lhe deram nos arquivos do próprio Itamaraty e nos documentos do ministro das Relações Exteriores Silveira. Juntos, eles confirmam seu relato dos esforços do governo brasileiro para silenciá-lo. Mas assim como Nascimento tinha a ajuda de informantes, o governo brasileiro também contava com informações sobre a intenção de Nascimento de apresentar o texto crítico no FESTAC, informação que veio de outro professor visitante — patrocinado pelo Itamaraty — na Universidade de Ife.[30]

O embaixador Heráclito Lima soube da presença de Nascimento na Nigéria pela primeira vez em outubro de 1976, quando o embaixador senegalês

---
[29] Id., "Editorial na imprensa local: Crítica ao Brasil", telegrama 8, 6 de janeiro de 1977, AHI.
[30] Id., "II FESTAC", telegrama 37, 20 de janeiro de 1977; Nascimento, *Sitiado em Lagos*.

em Lagos comentou que um brasileiro com documentos de viagem dos Estados Unidos o tinha abordado solicitando um visto para visitar o Senegal, onde ele pretendia encontrar-se com o presidente Senghor. No desfile que comemorava a independência da Nigéria, o embaixador senegalês perguntou a Heráclito Lima "se o governo do Brasil tinha algo contra o senhor Abdias do Nascimento". Lima procurou informar-se sobre "o refugiado Nascimento". De férias no Brasil, verificou com "as autoridades competentes" que "se tratava de homem de cor, agitador, membro da Ação Integralista Brasileira e fichado como membro do Partido Comunista Brasileiro". O embaixador brasileiro então tomou medidas preventivas. Certificou-se de que a delegação brasileira já tinha o número máximo de representantes (e que, portanto, nenhum outro brasileiro poderia participar) e informou aos chefes da delegação brasileira que "é importante, para a política externa do país, manter a imagem de que o Brasil é o único país do mundo que conseguiu construir, sem conflitos nem choques, uma sociedade multirracial, opinião que sustento pessoalmente e que constitui, a meu ver, uma das grandes e maiores contribuições universais do Brasil".[31]

Tanto em suas entrevistas aos jornais quanto de seu assento como membro do público nos eventos do FESTAC, Nascimento questionou a legitimidade da delegação brasileira. Argumentou que aquela delegação não era representativa da sociedade brasileira ou dos brasileiros negros, e era um porta-voz da ditadura, repetindo a falsa doutrina de que o país era uma democracia racial.[32] Nas palestras sobre influências africanas na cultura brasileira, Nascimento usou os períodos para debates, nas palavras do embaixador Heráclito Lima, para "fazer intervenção em termos violentos e teatrais para condenar a dominação da 'minoria branca' no Brasil". O delegado Fernando Mourão respondeu que o tema do simpósio era a influência cultural e linguística africana no Brasil e que essa discussão "científica" excluía debates "políticos".[33]

O objetivo de Nascimento era obrigar os organizadores do simpósio acadêmico a reconhecer a discriminação racial no Brasil no relatório final do festival e fazer com que incluísse a solicitação da formação de uma comissão

---

[31] Id., "A atuação do senhor Abdias do Nascimento no 'Colóquio' do II FESTAC", ofício 27, 6 de fevereiro de 1977, AHI.
[32] Id., "FESTAC: Imprensa: Entrevista de Abdias do Nascimento", telegrama 45, 24 de janeiro de 1977; embaixada brasileira em Lagos para o Ministério das Relações Exteriores, "A atuação do senhor Abdias do Nascimento no 'Colóquio' do II FESTAC", ofício 27, 6 de fevereiro de 1977, AHI.
[33] Id., "II FESTAC", telegrama 40, 31 de janeiro de 1977, AHI.

internacional para investigar as relações raciais no Brasil.[34] Como os delegados brasileiros e os diplomatas se esforçaram para manter as provocações de Nascimento fora do relatório do simpósio e fora da imprensa, membros da delegação dos Estados Unidos se uniram para manter o próprio Nascimento e seu trabalho visíveis, ajudando-o a distribuir *Mistura or Massacre?*.[35] Nas cerimônias de fechamento, o chefe da delegação norte-americana, Ron Karenga, "atacou a delegação brasileira, como de uma maioria branca opressora dos negros".[36]

Os representantes africanos se aproveitaram das perguntas feitas por Nascimento e incluíram no relatório final da conferência uma recomendação para que fosse formada uma comissão para investigar as relações raciais no Brasil. Rejeitaram as objeções feitas pela delegação brasileira dizendo que "se o Brasil fosse uma verdadeira democracia racial, então não haveria nada a temer".[37] O governo brasileiro intensificou sua campanha para silenciar Nascimento. Para aplacar os diplomatas brasileiros, o ministro da Educação nigeriano, Ahmed Ali, deu uma entrevista ao *Daily Times* dizendo que o texto de Nascimento "não tinha sido considerado acadêmico e tinha cunho de propaganda". Além disso, o governo também concordou em impedir que o texto, ou a resolução para investigar as relações raciais brasileiras, aparecesse no relatório final do simpósio.[38]

Heráclito Lima ficou preocupado com os motivos de Nascimento e do apoio da delegação dos Estados Unidos e escreveu ao chanceler brasileiro dizendo: "Tenho a impressão de que grupos negros americanos estão orquestrando uma campanha (...) Com o fito de, aproveitando a repercussão do FESTAC de Lagos, mover ampla campanha difamatória em órgãos da imprensa americana e mundial até mesmo para obter efeito de economia interna para a plateia negra americana em que o Brasil, e não os Estados Unidos,

---

[34] Id., "FESTAC: Imprensa: Entrevista de Abdias do Nascimento", telegrama 45, 27 de janeiro de 1977, AHI.

[35] Informação para o senhor presidente da república, "II Festival Mundial de Artes Negras: Acusações de racismo ao Brasil", 3 de fevereiro de 1977, AAS mre d 1974.03.26, vol. 23, CPDOC/FGV.

[36] Id., "FESTAC: Participação de Abdias do Nascimento: Ataque à delegação brasileira", telegrama 61, 24 de janeiro de 1977, AHI.

[37] Embaixada brasileira em Lagos para o Ministério das Relações Exteriores, "A atuação do senhor Abdias do Nascimento no 'Colóquio' do II FESTAC"; embaixada brasileira em Lagos para o Ministério das Relações Exteriores, ofício 27, 6 de fevereiro de 1977; "II FESTAC", telegrama 51, 28 de janeiro de 1977, AHI.

[38] Ministério das Relações Exteriores brasileiro para embaixada em Lagos, "II FESTAC: Monografia de Abdias do Nascimento", telegrama 74, 31 de janeiro de 1977, AHI.

passaria a ser o país 'execrado; como nova modalidade de *apartheid*.'"³⁹ Redigiu também uma carta ao editor do jornal, que foi submetida ao Itamaraty para revisão. Na carta, escrita em inglês, ele descrevia Nascimento como:

> Mora há mais de dez anos nos Estados Unidos, onde, com o disfarce de professor universitário, opera como ativista político, com grupos duvidosos envolvidos em protestos contra a segregação racial (...) As contradições do sr. Abdias do Nascimento são tão óbvias que seria inócuo responder a elas. A espinha dorsal de seus escritos é a contenção de que o *melting pot* brasileiro, sua miscigenação e casamentos entre raças diferentes, a ausência de áreas separadas para descendentes de africanos, italianos, alemães, portugueses e japoneses é uma forma sutil de destruir a raça negra; atos de integração racial que o sr. Abdias do Nascimento tem a audácia de chamar de "genocídio", ofendendo 90% da população brasileira — um resultado feliz e exemplo para o mundo — de uma mistura bem-sucedida de todos os brasileiros, a maioria deles com sangue indígena, negro, europeu e asiático. A melhor forma de avaliar o sr. Nascimento é lendo seus escritos. Ele próprio é uma contradição viva a sua tese, já que se casou duas vezes — uma senhora branca brasileira e agora, com 62 anos, persistentemente pratica o "genocídio" estando casado com uma loura norte-americana de dezenove anos.⁴⁰

Continuando, Heráclito Lima descreveu Nascimento como uma "pessoa ridícula", que "pode ser mentalmente desequilibrada", e concluiu: "A embaixada brasileira está confiante de que nenhum nigeriano será ludibriado, já que o Brasil é conhecido no mundo inteiro e citado por milhares de cientistas sociais e políticos como um país capaz de construir uma civilização multirracial (...) Ninguém jamais ouviu falar de problemas ou conflitos raciais no Brasil."⁴¹ Heráclito Lima realizou reuniões estratégicas com os delegados acadêmicos brasileiros em seu escritório e no final eles o dissuadiram de publicar a carta para evitar atiçar a polêmica.

Com a intenção de silenciar Nascimento, e não de desafiá-lo, Heráclito Lima explicou: "através do *public relations* da Mendes Júnior, estou bloqueando as entrevistas de Abdias aos jornais e colocando entrevistas

---

[39] Embaixada brasileira em Lagos para o Ministério das Relações Exteriores, "FESTAC", telegrama 51, 27 de janeiro de 1977, AHI.
[40] Id., ibid., telegrama 51, 27 de janeiro de 1977, AHI.
[41] Ibid.

dadas por Olga de Alaketo."[42] A essa altura, o presidente Geisel soube do confronto em Lagos. Silveira lhe informou sobre a recomendação de Nascimento na conferência e sobre os argumentos do livro *Mistura ou massacre?*. Além disso, informou-o também que tinha instruído os diplomatas na Nigéria para que reclamassem junto aos Ministérios das Relações Exteriores e de Educação nigerianos. O ministro da Educação concordou em bloquear as iniciativas de Nascimento, se necessário até recorrendo diretamente ao presidente nigeriano. Enquanto isso, as solicitações do embaixador Heráclito Lima ao ministro da Educação deram resultado. "Através desse amigo comum, o coronel Ali mandou-me dizer que ficasse tranquilo e que o inspetor-geral da polícia iria investigar a permanência de Abdias do Nascimento na Nigéria." Lima pôs um fim à história sugerindo ao Ministério das Relações Exteriores que era preciso promover as relações raciais brasileiras no exterior, talvez elaborando uma revista sobre relações raciais e étnicas.[43]

Prestando atenção

Nascimento forneceu uma narrativa alternativa sobre as relações raciais que colidia com a mensagem oficial brasileira e que se encaixava cada vez mais em uma linha de reportagens críticas sobre o Brasil na imprensa nigeriana. Essa crítica abrangia desde discussões sobre a desigualdade racial até reclamações sobre a qualidade das mercadorias e serviços brasileiros no mercado nigeriano, questões sobre os motivos do Brasil na África e se o "milagre brasileiro" seria um modelo apropriado para a Nigéria. Um artigo na revista *New Nigerian* captou bem essas apreensões: "Aproxime-se com cuidado: relações Nigéria-Brasil." O artigo apresentava o milagre econômico brasileiro como fruto do imperialismo ocidental e da repressão autoritária, afirmando que "a recente aproximação entre as classes dominantes nigerianas e a ditadura brasileira é terrivelmente preocupante".[44]

À medida que companhias como a Volkswagen fincavam raízes, elas foram seguidas pelos bancos brasileiros, que, por sua vez, foram seguidos

---

[42] Id., "FESTAC: Participação de Abdias do Nascimento: Imagem do Brasil", telegrama 58, 1º de fevereiro de 1977, AHI.
[43] Id., "A atuação do senhor Abdias do Nascimento no 'Colóquio' do II FESTAC", ofício 27, 6 de fevereiro de 1977, AHI.
[44] Femi Abubakar, "Approach with Caution: Nigeria-Brazil Relations", *New Nigerian*, 26 de julho de 1977, 5; embaixada brasileira em Lagos para o Ministério das Relações Exteriores, "Imagem do Brasil no exterior: Artigo na imprensa nigeriana", ofício 146, 28 de julho de 1977, AHI.

pela Interbrás. Em 1977, a companhia aérea Varig estabeleceu o serviço de passageiros, entre Lagos e Rio, com um voo inaugural que trouxe os ministros nigerianos da Indústria, da Habitação, do Desenvolvimento Urbano e da Agricultura até a cidade carioca.[45] Em 1980, a Varig já tinha acrescentado uma nova rota, de Lagos até Luanda. Firmas de consultoria brasileiras estavam envolvidas no desenvolvimento de reflorestamento, pecuária, criação de suínos, frigoríficos, telecomunicações e siderurgia.[46]

A presença brasileira chamou a atenção das autoridades nigerianas. Em 1967, o ministro das Relações Exteriores nigeriano foi anfitrião para um seminário no Instituto Nigeriano de Negócios Internacionais sobre o "Eixo Nigéria-Brasil". Um dos debatedores perguntou: "Qual será a melhor maneira de a Nigéria fazer uso do novo entusiasmo do Brasil neste continente?" Ele ainda recomendou que a Nigéria "deve resistir às tentativas de manter o interesse econômico do Brasil sem necessariamente se transformar em um depósito de lixo para alguns dos produtos brasileiros de qualidade inferior. Nosso estágio atual de desenvolvimento — especialmente nosso grande interesse em melhorar os serviços de telecomunicação e a construção de estradas atraiu algumas construtoras brasileiras (...) Devemos encorajar o espírito aventureiro do Brasil nas áreas onde podem competir efetivamente com outras firmas estrangeiras". Outro membro do painel concordou: "A Nigéria não deve, de forma alguma, ser considerada um depósito de lixo para os produtos brasileiros."[47]

O *Daily Times* publicou um editorial sobre os resultados da conferência, dando ênfase à preocupação dos membros da reunião com o fato de o Brasil não ser verdadeiramente uma potência política e econômica autônoma, e sim uma espécie de agente subimperialista das companhias multinacionais europeias e norte-americanas (como a Volkswagen). O jornal lembrava a seus leitores que, no passado, o Brasil tinha apoiado as "guerras coloniais genocidas" do Portugal "fascista" e concluía dizendo que "seria ilusão pensar

---

[45] Ministério das Relações Exteriores para embaixada brasileira em Lagos, "Voo inaugural da Varig Lagos-Rio de Janeiro", telegrama 338, 23 de junho de 1977, AHI.

[46] Embaixada brasileira em Lagos para o Ministério das Relações Exteriores, "Transportes Aéreos: Brasil-Nigéria: Linha da Varig", telegrama 444, 25 de junho de 1980, AHI; informação para o senhor presidente da república, "Relações econômicas e comerciais Brasil-Nigéria", 21 de junho de 1977, AAS mre d 1974.03.26, CPDOC/FGV.

[47] R.A. Tokuta, "Nigeria and Brazil: Problems and Prospects"; A. Odutola, "Expanding Diplomatic Relations between Nigeria and Brazil", textos apresentados na conferência "Nigeria-Angola-Brazil Axis", Instituto Nigeriano de Negócios Internacionais, Lagos, abril de 1976; embaixada brasileira em Lagos para o Ministério das Relações Exteriores, 7 de maio de 1976, AHI.

que (...) o Brasil possa ser influenciado para que modifique suas políticas internas e se tornar mais liberal com relação à população negra do país".[48]

Enquanto isso, as críticas aos produtos brasileiros aumentavam. Havia reclamações sobre a confiabilidade dos carros Volkswagen montados na Nigéria, por exemplo. Em abril e maio de 1978, o *Daily Times* publicou três artigos sobre problemas com veículos da Volkswagen montados no país. Um deles criticava o Igala por "superaquecimento frequente porque o carro não utiliza água no sistema de resfriamento", acrescentando que "as peças do motor não são tão duráveis quanto as de outros carros". Houve também reclamações sobre fiação defeituosa e denúncias de carros que tinham pegado fogo.[49] Da mesma forma, o Passat, da Volkswagen, fez com que um dos comentaristas "batalhasse com um ou outro tipo de problema (...) às vezes o calor fica tão insuportável que tenho vontade de pular fora do carro (...) deveríamos estar pagando tanto por esses 'limões'?".[50]

Algumas das críticas eram dirigidas às companhias de engenharia responsáveis pela expansão da rede telefônica de Lagos. Em março de 1976, um grupo de companhias brasileiras já tinha obtido uma série de contratos lucrativos. Hidroservice e Promon tinham contratos em um total de 28 milhões de dólares para inspecionar equipamento de comunicações importado da Europa; Protec-Sobratel tinha um contrato de 20,9 milhões de dólares para manter o sistema telefônico em Lagos; a Graham Bell brasileira estava finalizando um contrato de 20,8 milhões para atualizar as centrais telefônicas. Em conjunto, havia contratos no valor de 120 milhões de dólares sendo negociados à época ou já em andamento.[51]

Esses contratos faziam com que as firmas brasileiras fossem alvo da frustração dos nigerianos quando pegavam seus telefones e não conseguiam o sinal de discar. O *Daily Times* publicou um editorial em fevereiro de 1978 com o título "Telefones mudos", em que relatou: "Dois anos atrás a P&T assinou um contrato com alguns interesses estrangeiros para modernizar os serviços telefônicos neste país. Apesar do contrato, nossos serviços telefônicos continuam tão pouco confiáveis quanto eram antes. Várias pessoas questionaram o ritmo lento com que os brasileiros trabalham e argumenta-se

---

[48] Citado em Forrest, "Brazil and Africa", 14-15.
[49] "Consumers Assess Igala", *Daily Times*, 11 de abril de 1978, 16; "Are Igala Cars Defective?", *Daily Times*, 11 de abril de 1978, 17.
[50] "My Experience with the Passat", *Daily Times*, 2 de maio de 1978, 12.
[51] Informação para o senhor presidente da república, "Missão comercial à África", 3 de março de 1976, AAS mre d 1974.03.26, vol. 14, CPDOC/FGV.

que, talvez, se eles trabalhassem mais rapidamente, as coisas poderiam ter melhorado como foi prometido."[52] Quando o presidente Carter visitou a Nigéria em 1978, o *Daily Times* criticou os empreiteiros das telecomunicações brasileiras, observando que durante a visita do presidente Eisenhower a Brasília, em 1960, o governo dos Estados Unidos tinha enviado uma central telefônica para apoiar as comunicações dos americanos: "Por ironia do destino, outro presidente americano planeja visitar a Nigéria. Lagos não tem nenhum sistema telefônico de que se vangloriar; e os brasileiros foram contratados para fazer com que os telefones funcionem." Heráclito Lima acreditava que o artigo era "parte de uma campanha que está sendo organizada contra as empresas brasileiras que estão colaborando com o Ministério das Comunicações da Nigéria por parte de empresas que tiveram seus interesses comerciais não atendidos".[53] Haveria realmente uma campanha contra as empresas brasileiras? A avaliação de Heráclito Lima, que acreditava que os produtos brasileiros estavam forçados a sair do mercado pelas companhias estrangeiras que compravam a imprensa era, afinal de contas, a opinião de alguém que tinha usado as "relações públicas" da Mendes Júnior para silenciar a imprensa sobre Abdias do Nascimento.

TAMA

Até Pelé passou a ser alvo das críticas da imprensa quando chegou a Lagos em abril de 1978 para uma viagem de doze dias como porta-voz da TAMA. Um editorial no *Daily Times* declarou que a viagem de Pelé era "puramente um negócio" — o que era verdade. O embaixador Heráclito Lima viu a ação de companhias rivais por trás da crítica: "Como descobri, as notícias são inseridas por rivais europeus que estão preocupados com o volume de vendas que já está ocorrendo."[54] Segundo o *Daily Times*:

> Pelo que se diz, o aparecimento recente neste país da estrela do futebol brasileiro Pelé foi menos relacionada com esportes do que qualquer outra coisa. O que a maioria das pessoas aqui não percebeu é que o *superstar* acima do peso esteve na Nigéria a negócio e não por prazer, e por isso recusou-se a

---

[52] "Dead Telephones", *Daily Times*, 17 de fevereiro de 1978, 3.
[53] Embaixada brasileira em Lagos para o Ministério das Relações Exteriores, "Nigéria: Telecomunicações: Campanha contra as firmas brasileiras estabelecidas em Lagos: Artigo na imprensa local", telegrama 11, 25 de janeiro de 1978, AHI.
[54] Embaixada brasileira em Lagos para o Ministério das Relações Exteriores, "Artigo na imprensa local sobre 'Pelé': Remessa de recorte", ofício 130, 31 de maio de 1978, AHI.

satisfazer as expectativas nigerianas de uma festa de futebol. Para ser exato, o Rei Pelé esteve aqui em uma campanha promocional para a TAMA, uma equipe de exportadores brasileiros que se juntaram apressadamente em virtude das dificuldades econômicas do regime do general Geisel do Brasil. Esse grupo representa firmas de várias competências industriais, portanto, não podemos garantir que esse produto TAMA é tão bom ou tão ruim quanto qualquer outro.

A pergunta aqui é se a Nigerian Standards Organization ou o Ministério do Comércio testaram esses produtos para ter certeza de que são adequados para o mercado nigeriano, ou, aliás, para qualquer outro mercado.

Não se pode dizer que a associação de um "nigeriano" libanês com a promoção nos tranquiliza totalmente. Do que descobri, a especialidade empresarial desse senhor está relacionada com a administração de casas de jogo, boates e corridas de cavalo. Mas se as corridas lhe dão a conexão esportiva necessária para ser anfitrião de Pelé, pessoalmente acho que não é um jogo limpo inundar o inocente mercado nigeriano com produtos não testados. Alguém interessado em uma pilha brasileira à prova de vazamento?[55]

A TAMA foi um projeto desenvolvido por Carlos Santana para expandir a capacidade de exportação de bens de consumo manufaturados brasileiros. Ele calculou que fabricantes individuais nacionais não tinham experiência de exportação, redes de distribuição locais ou recursos de marketing para colocar seus produtos no exterior. Acreditava também que a Interbrás poderia fornecer a estrutura para que fabricantes independentes vendessem seus produtos para países exportadores de petróleo e para a África em geral. A Interbrás então criou a marca TAMA, definiu um conjunto de especificações comuns e convidou fabricantes de geladeiras, ventiladores, aparelhos de ar-condicionado, máquinas de costura, despertadores, e uma dúzia de outros produtos, para fornecê-los. A Interbrás os recolheria em um armazém do cais do porto em Santos e os enviaria por mar para a Nigéria. Lá, a Interbrás criou um sistema de distribuição integrada, com um armazém e centro para reparos em Lagos, manuais e documentos técnicos em inglês e facilidades de distribuição por todo o país. A companhia também organizaria a colocação dos produtos em lojas nigerianas e se encarregaria do marketing unificado de toda a linha TAMA.

---

[55] Ibid.

Santana explicou que "a ideia contemplava basicamente os consumidores do Terceiro Mundo, e foi concebida tendo como ponto de partida o fato de que aqueles produtos, no Brasil, incorporavam adaptações que os tornavam mais resistentes a situações típicas nos países em desenvolvimento, tais como flutuações de voltagem, manuseio rude, condições extremas de clima (calor e umidade) e deficiências nos serviços de assistência técnica".[56] A Nigéria era um mercado de primeira qualidade para esse tipo de produto. Em 1976, tinha importado 36 milhões de dólares em aparelhos e 100 milhões em pequenos produtos elétricos e eletrônicos, e o número de domicílios com eletricidade no país estava crescendo a uma taxa de 18% ao ano. Segundo Santana, "o assalariado nigeriano já era, em 1976, o mais bem-pago da África Ocidental, e o país vivia uma verdadeira explosão consumista. Importava-se tudo, de quase todas as origens".[57]

Figura 22 Pelé, em um anúncio da TAMA para "tecnologia tropical".

---

[56] Santana, *Interbrás, ficção e realidade*, 123.
[57] Ibid., 124-5.

No começo de 1978, enquanto os produtos começavam a chegar ao porto brasileiro, a Interbrás elaborou uma gigantesca campanha publicitária para a TAMA. Foram gastos 1,2 milhão de dólares em publicidade e marketing (um quarto dessa quantia era para Pelé). Esse dinheiro comprou 340 momentos comerciais na televisão e 2.070 no rádio, bem como *outdoors* em quatrocentos lugares em Lagos. Um comercial de 45 minutos com informação sobre o Brasil, reunindo trechos de reportagens da TV Globo, era transmitido em horário nobre.[58] Anúncios de página inteira saíam, às vezes diariamente, nos jornais de toda a Nigéria. Ao contrário dos carros da Volkswagen, que não anunciavam sua origem brasileira, a TAMA estava vendendo o Brasil, desde a imagem de Pelé até o *slogan* "TAMA — Feita para os trópicos".[59] Um anúncio de máquina de costura dizia "A máquina para a moda tropical", enquanto que os anúncios para toda a linha de produtos prometiam:

> TAMA: aparelhos domésticos para os trópicos.
> A única linha internacional de aparelhos domésticos eletrônicos especialmente desenhados para suportar a tensão do calor e da umidade tropicais.
> Uma tecnologia especialmente desenvolvida para esse fim.
> Testada na origem: um país tropical, o Brasil.
> TAMA é aparelhos de ar-condicionado, geladeiras, resfriadores de água, aparelhos de som, ferros elétricos, moedores de carne, liquidificadores, batedeiras, máquinas de costura.
> Esses e muitos outros produtos em muitos modelos.
> Todos eles fabricados para funcionar perfeitamente em um clima quente e tropical como o da Nigéria.
> Capaz de suportar as mudanças de voltagem mais repentinas.
> Com garantia para o serviço local.
> É por isso que você pode depender da TAMA.[60]

Cada um desses anúncios tinha Pelé com uma camisa de futebol que dizia "TAMA". O Rei era o rosto da "tecnologia tropical" brasileira.

Quanto a Pelé, o jogador se desempenhou admiravelmente, como até mesmo Assis admitiu, apesar da crítica do jornal *Daily Times*. Ao chegar,

---

[58] Ibid., 134. Embaixada brasileira em Lagos para o Ministério das Relações Exteriores, "Programa de lançamento pela Interbrás de produtos de eletrodomésticos na Nigéria: Participação de Pelé", telegrama 139, 24 de abril de 1978, AHI.
[59] *Daily Times*, 16 de maio de 1978, 8.
[60] Ibid.

o DC-10 da Varig que levou Pelé e o time do Fluminense encontrou uma multidão ansiosa que os esperava no aeroporto Murtala Muhammad (talvez enquanto um avião de carga da Varig carregando toneladas de carne pousava a distância). Pelé saudou a multidão e deu uma conferência de imprensa que foi publicada na primeira página do *Daily Times*. Ele e o Fluminense jogaram três amistosos. O primeiro encheu o estádio Nacional, superando a capacidade de 70 mil espectadores. Pelé levou a multidão ao delírio quando entrou no campo correndo com uma camisa da seleção brasileira, que em seguida tirou para revelar que por baixo vestia a camisa da seleção nigeriana, na qual ele jogou naquele dia. Para o jogo, Pelé era nigeriano.[61] Segundo a imprensa, nem mesmo para o FESTAC tinha havido uma multidão assim. A publicidade deu resultado e nos primeiros meses de vendas os nigerianos compraram 2,2 milhões de dólares de produtos TAMA.

No entanto, o sucesso não durou muito. Quando os preços do petróleo caíram nos meses anteriores ao segundo choque do petróleo, o governo nigeriano impôs restrições à importação. A entrada de quase todos os produtos com a marca TAMA foi subitamente proibida. Wayne Selcher explica: "A arriscada aventura foi frustrada após o sucesso inicial em virtude de erros de marketing, na escolha dos sócios nigerianos, e a maneira como o fracasso de um pequeno número de produtos prejudicou a imagem da marca como um todo. A TAMA também não foi capaz de se adaptar à pressão para fabricar localmente à medida que políticas de substituição de importações foram adotadas na Nigéria como resultado da queda repentina do preço do petróleo."[62] A Interbrás e seu sócio distribuidor nigeriano se esforçaram para manter o mercado aberto tentando fabricar geladeiras na Nigéria, mas não tiveram sucesso.[63]

A abordagem tardiamente proposta pela Interbrás foi o modelo que tinha funcionado para a Cotia, que exportava a carne e ao mesmo tempo fornecia assistência técnica à produção de uma indústria integrada de criação de gado e processamento de carne. Nesse sentido, a Cotia era mais apropriada para o mercado nigeriano, já que o governo tinha desenvolvido ideias que eram semelhantes àquelas realizadas pelo governo brasileiro em seu planejamento

---

[61] Embaixada brasileira em Lagos para o Ministério das Relações Exteriores, "Programa de lançamento pela Interbrás de produtos de eletrodomésticos na Nigéria: Participação de Pelé", telegrama 139, 24 de abril de 1978, AHI.
[62] Selcher, "Uncertain Partners", 14.
[63] Embaixada brasileira em Lagos para o Ministério das Relações Exteriores, "Promoção comercial Brasil-Nigéria: Licenças de importação: Interbrás/Jobrás", telegrama 1329, 30 de abril de 1979, AHI.

econômico. O governo nigeriano aceitava bem as importações como parte do processo de desenvolvimento da capacidade produtiva nacional. A Cotia compreendeu isso, e se adaptou, transformando-se em uma companhia que exportava os materiais utilizados para construir as instalações na Nigéria a fim de produzir dentro do país aquele mesmo produto que tinha exportado antes. A Interbrás operava de outra forma: era um projeto de desenvolvimento brasileiro que dependia da Nigéria como consumidora, e com isso competia com os próprios planos de desenvolvimento daquele país.

No final, a Interbrás vendeu 6,7 milhões de dólares em aparelhos na Nigéria e perdeu 2,5 milhões na empreitada.[64] José Carlos de Assis achava que o projeto TAMA era um exemplo de corrupção e incompetência. Mencionou mercadorias que eram entregues com as tomadas e a voltagem erradas e sugeriu que em todos os seus negócios, os sócios da Interbrás, desde a companhia de navegação até o distribuidor nigeriano, estavam se aproveitando da ingenuidade dos brasileiros. Por sua vez, Santana argumentava que a experiência lançou uma marca que continuou a vender em outros nove países africanos, do Senegal até Angola. E refletiu que "a Petrobras é o maior comprador do Brasil", o que lhe dava liberdade para apoiar negócios como a venda de 55 mil geladeiras da TAMA na Argélia em troca de fosfatos, a construção de uma estrada de 1,3 bilhão de dólares no Iraque e a venda de soja e aço para o Irã. Segundo Santana, 32 milhões em produtos da Tama foram vendidos em 27 países entre 1978 e 1985.[65]

Como no caso da TAMA, o ímpeto brasileiro para exportar para a Nigéria não durou muito tempo. Na década de 1980 ele diminuiu sob o peso de dívidas, agitação econômica e convulsão política tanto na Nigéria quanto no Brasil. Taxas de juro altas sobrecarregavam os dois países com os onerosos pagamentos da dívida externa, enquanto uma economia mundial mais lenta e a queda do preço do petróleo prejudicaram ainda mais a capacidade da Nigéria de importar. Selcher escreve: "Em 1982, as relações econômicas entre o Brasil e a África negra enfrentaram dificuldades que iriam persistir pelo menos por alguns anos. O progresso foi bloqueado pelo surgimento de dificuldades econômicas mais sérias nos dois lados, dívidas crescentes, recessão internacional e preços mais baixos para produtos primários. A prosperidade do petróleo nigeriano, por exemplo, e as ambições de desenvolvimento do país como a principal potência regional caíram por terra a

---

[64] Santana, *Interbrás: ficção e realidade*, 138.
[65] Ibid., 175-76, 139.

partir do colapso do mercado mundial do petróleo em virtude da provisão excessiva."[66] E acrescentou: "A maior parte do ímpeto político e econômico no relacionamento entre a África e o Brasil foi iniciada pelo segundo sob a premissa de que o continente representava um mercado de crescimento no longo prazo que compensaria os altos custos e esforços no curto prazo." Santana, como Heráclito Lima e Silveira, acreditava que esses custos valiam a pena pelas recompensas no longo prazo, embora elas não tenham se materializado no século XX.

---

[66] Selcher, "Uncertain Partners", 20.

Epílogo

NA ESTEIRA DE UM MASSACRE NA FAVELA NOVA HOLANDA, no Rio de Janeiro, em fevereiro de 2000, a Polícia Civil repetiu o boato de que os autores do crime eram refugiados angolanos que estavam adaptando táticas de guerrilha ao tráfico de drogas. Em uma cidade cercada por uma violência em espiral, a imagem de veteranos de combates na África, armados com fuzis AK-47, elaborando táticas com nomes como "bonde suicida" e "ataque soviético" para as quadrilhas predominantemente negras do tráfico, teve ressonância sobre a questão racial nos jornais do Rio.[1] A Polícia Militar deu início a uma investigação para averiguar a participação de angolanos na guerra do tráfico; 850 policiais entraram no complexo da Maré para interrogar os angolanos que lá residiam e cadastrá-los devidamente, mas no final não encontraram qualquer indicação de que eles estavam envolvidos na violência. Os refugiados angolanos fizeram uma manifestação diante da delegacia onde a investigação tinha sido coordenada, queixando-se de que os rumores e a investigação tinham aumentado o preconceito de que já eram vítimas. Um deles explicou: "[Sou] refugiado, angolano, negro, morador de favela, alguém acha que é fácil conseguir emprego? Agora ainda sou mercenário? Por conta dessa história dos mercenários, dois colegas nossos foram demitidos."[2]

Enquanto, em 1975, os líderes brasileiros tinham esperança de que a Angola recém-independente iria ser o portão comercial e político para a África, a guerra civil angolana, que durou até 2003, erodiu grande parte daquele potencial. Em vez disso, as relações brasileiras com o país foram moldadas pela guerra. Na década de 1990, uma companhia de engenheiros do Exército brasileiro participou de uma missão de paz das Nações Unidas para limpar campos minados.[3] O Brasil passou a ser um lar para os refugiados de guerra angolanos. Dos 2.700 refugiados no Brasil em 2001, a maioria

---

[1] Soares, *Meu casaco de general*, 435; "PF ajudará a investigar atuação de angolanos na chacina no Rio", *Folha de S. Paulo*, 7 de fevereiro de 2000, IV-4.
[2] Fernanda da Escóssia, "Investigação de angolanos intimida favela", *Folha de S.Paulo*, 9 de fevereiro de 2000, III-5.
[3] Carlos Eduardo Lins da Silva, "Angola pede que brasileiros fiquem", *Folha de S.Paulo*, 8 de junho de 1997, I-19.

era angolana, seguida pelos liberianos.[4] Em 2007, havia 1.750 refugiados angolanos no Brasil, além de outros que viviam ilegalmente no país.[5] Eles recebiam uma ajuda modesta da Arquidiocese Católica do Rio de Janeiro e se congregavam nas áreas pobres do centro da cidade ou em favelas. Mas mesmo quando o secretário estadual de Segurança Pública se certificou de que os angolanos não haviam participado no massacre, ele insistiu que "se não existe hoje o envolvimento comprovado, com certeza absoluta ele existirá dentro de algum tempo".[6]

O rumor e a investigação improcedentes chamaram a atenção da população, e um editorial criticando a polícia foi publicado no jornal *Folha de S.Paulo*, declarando que "a manobra truculenta resultou em maus tratos e humilhações para o contingente de angolanos que vive nas favelas da Maré e em um incidente diplomático. O consulado de Angola no Rio de Janeiro agora exige justas desculpas. Mais abstratos, mas não menos importantes, são o racismo, a falta de compaixão e o completo desprezo ao estado de direito que marcaram a intervenção policial". O editorial concluía dizendo que "em um momento em que a rica e desenvolvida Europa se vê às voltas com os fantasmas da xenofobia, particularmente na Áustria e na Espanha, é também uma excelente oportunidade para o Brasil demonstrar suas virtudes — que, nesse campo, existem — e firmar-se no cenário internacional como nação em que não impera uma das chagas do século, que é a intolerância".[7] Curiosamente, o editorial classificou o episódio tanto como um ato de racismo quanto como um exemplo para o mundo de que o Brasil era imune a esse mesmo racismo. A África — ou, nesse caso, um grupo de refugiados africanos — foi uma vez mais palco em que a autoimagem nacional benigna foi projetada, mesmo diante de uma reconhecida discriminação racial.

No começo do século XXI, a "África" ainda continuava a ser uma abstração para os brasileiros como tinha sido durante décadas e um palco no qual as questões sobre as relações raciais brasileiras e a identidade nacional eram interpretadas. O período entre 1960 e 1980 foi uma espécie de idade de ouro para as relações brasileiras com os países africanos. Ele começou

---

[4] "Brasil diminui acolhida a refugiados", *Folha de S.Paulo*, 23 de maio de 1997, I-18; "Brasil retoma plano para receber famílias afegãs", *Folha de S.Paulo*, 21 de novembro de 2001, A-14.

[5] Adriana Marcolini, "Crescimento faz angolanos retornarem", *Folha de S.Paulo*, 13 de maio de 2007, A-16; Fernanda da Escóssia, "Investigação de angolanos intimida favela", *Folha de S.Paulo*, 9 de fevereiro de 2000, I-2.

[6] "Exercício de imaginação", *Folha de S.Paulo*, 12 de fevereiro de 2000, I-2.

[7] Ibid.

com o entusiasmo gerado pela descolonização da África e a sensação de mudança e de possibilidade que isso trouxe. Esse entusiasmo foi traduzido em conexões políticas e econômicas breves, mas substantivas, em meados da década de 1970, que declinaram subitamente com a crise da dívida externa brasileira na década de 1980. Como exemplo desse declínio, em 2008 as instruções do Itamaraty sobre relações brasileiras com a África seguiam uma descrição de três páginas sobre as relações durante a década de 1970 com uma única frase sobre as duas décadas seguintes: "Houve desaceleração no ritmo do relacionamento com a África, devido aos efeitos da segunda crise do petróleo, da moratória brasileira e da crise asiática."[8]

Declínio e contradição

Em 1982, enquanto o presidente do Brasil general João Baptista Figueiredo se preparava para visitar o presidente Ronald Reagan, a revista *Veja* declarou em uma reportagem que "o terceiro-mundismo e a política africanista do Itamaraty, com alguma frequência, têm-se traduzido, no dia a dia da ação diplomática brasileira, por um antiamericanismo (...) Isso poderia não ter a menor importância em tempos de prosperidade econômica — mas com o Brasil necessitando cada vez mais de recursos internacionais e de boas relações comerciais com os países onde está o dinheiro, tais diferenças têm começado a incomodar. Vários ministros brasileiros, inclusive, têm apontado que o que existe não é tanto um problema entre o Brasil e os Estados Unidos — e sim um problema entre os diplomatas do Itamaraty e os Estados Unidos."[9]

Por uma década, a ditadura militar tinha se esforçado para alcançar uma autonomia política e econômica em relação aos Estados Unidos, desenvolvendo laços com países africanos. Mas a viagem de Figueiredo a Washington veio em um momento em que havia o perigo de que o governo brasileiro pudesse dar calote na maior dívida externa do mundo em desenvolvimento, e no ápice de uma crise que devastava sua economia e arruinou sua moeda ao longo da década seguinte. A crise, um resultado combinado do segundo choque do petróleo do fim da década de 1970, dos gastos governamentais e de um aumento vertiginoso da taxa de juros, pôs em dúvida a retórica da emergência do Brasil como uma potência mundial independente dos Estados Unidos. Como a revista *Veja* sugeriu, "o Itamaraty faz uma política que

---
[8] MFAN, "Brasil e África", 3 de junho de 2008, AHI.
[9] "Guerreiro: política africanista em questão", *Veja*, 3 de novembro de 1982, 116, AAS ep 1982.10.13, CPDOC/FGV.

enfatiza as diferenças do Brasil com o mundo desenvolvido e tenta privilegiar relações com o Terceiro Mundo em geral e os países africanos em particular". Isso agora está causando conflitos em suas relações com os países pelos quais "passam as artérias vitais da economia brasileira".[10]

O artigo na *Veja* marcou o fim de uma era que podia ser medida em termos de comércio e de diplomatas. O comércio brasileiro com a África chegou ao cume em 1984, a 7,9% das exportações. Em 1990, as exportações para a África já tinham caído para 3%. O comércio definhou sob o peso da crise da dívida externa tanto no Brasil quanto na África, onde a capacidade de importar caiu pela metade entre 1979 e 1991.[11] Essas exportações tinham sido amparadas por linhas de crédito que o governo brasileiro já não podia fornecer e os governos africanos já não podiam pagar. Parte do peso da dívida africana era resultado de empréstimos do Brasil que não tinham sido pagos. Outra maneira de medir o declínio nas relações é examinando o número de diplomatas brasileiros enviados para nações africanas. Esse número encolheu de 34 para 24 entre 1983 e 1993, embora o número de diplomatas com postos no exterior tivesse aumentado de 362 para 418.[12]

Esse período foi também caracterizado por uma contradição persistente que foi invocada por um oficial da Marinha quando questionou o chanceler Silveira depois de um discurso na Escola de Guerra Naval. O oficial perguntou: "Não haveria contradição entre a política interna brasileira e a externa no tocante ao combate ao comunismo?"[13] Essa contradição foi vivenciada pelos esquerdistas brasileiros exilados que se mudavam para Angola e Moçambique para participar de projetos de construção da nação nos dois países marxistas, apoiados pela ditadura brasileira que os tinha perseguido e, em alguns casos, tentado matá-los por suas crenças políticas.

A contradição se estendia também pelo Brasil, onde as relações com Angola tinham criado uma abertura para os tipos de diálogo político e crítico que tinham sido proibidos sob o governo militar. A expansão da influência externa do Brasil foi contida pela pressão contra a violação sistemática dos direitos humanos pela polícia brasileira e segmentos dos próprios militares. A repressão atingiu todos os setores da sociedade. Centenas foram mortos, milhares foram torturados e dezenas de milhares foram presos por

---
[10] Ibid.
[11] Ribeiro, "Crise e castigo", 51, 53.
[12] Sombra Saraiva, *O lugar da África*, 218.
[13] "Conferência pronunciada pelo senhor ministro de Estado das Relações Exteriores na Escola de Guerra Naval, Rio de Janeiro", 9 de novembro de 1976, AAS mre ag 1974.05.27, CPDOC/FGV.

um regime que empregava a retórica da democracia enquanto governava arbitrariamente e através do medo. A burocratização da ditadura e de seu discurso pode ser vista até em pequenos detalhes, como o carimbo que ficava sobre as mesas dos agentes da inteligência que impreterivelmente imprimiam sua mensagem nas pilhas de papel que passavam diante deles: "A Revolução de 64 é irreversível e consolidará a democracia no Brasil."[14]

Em 1975, Geisel criou uma força-tarefa para encontrar meios de limitar o prejuízo que as violações de direitos humanos estavam causando à imagem internacional e às relações exteriores do Brasil. O relatório da força-tarefa dizia que "a substituição recente de governos que antes absorviam boa parcela das críticas (como Grécia e Portugal) e o fim, próximo, do processo de descolonização são alguns fatores que liberam energia para o tratamento dos direitos humanos".[15] Mas com o fim do colonialismo, o Brasil podia também contar com novos aliados ao bloquear as pressões por direitos humanos. Em 1976, diplomatas brasileiros na Comissão de Direitos Humanos das Nações Unidas conseguiram arquivar um relatório sobre abusos no Brasil com os votos favoráveis de Nigéria, Ruanda, Serra Leoa, Tanzânia e República do Alto Volta (hoje Burkina Faso). No ano seguinte, uma tentativa por parte dos "países desenvolvidos" de reabrir a questão por uma subcomissão da ONU não teve sucesso devido "em grande parte ao apoio novamente recebido pelo Brasil dos países em desenvolvimento", inclusive Gana.[16]

Depois de 1977, o governo do presidente Carter cumpriu uma promessa de campanha de promover os direitos humanos em países como o Brasil. O governo de Geisel viu na crítica de Carter às violações brasileiras de direitos humanos uma tentativa de reafirmar a influência norte-americana sobre o país e reagiu descrevendo os Estados Unidos como uma nação em decadência. Quando o secretário de Estado Cyrus Vance visitou o Brasil em 1977, um dos documentos de instruções preparado pelo Itamaraty afirmava que "a diversificação da política externa brasileira fazia-se, assim, vale reiterar, respondendo a interesses reais e também à margem do nosso relacionamento com os Estados Unidos da América, os quais se mostravam incapazes de uma renovação".[17] Na verdade, da maneira que o Itamaraty apresentava a

---

[14] Fico, *Como eles agiam*, 99.
[15] Relatório do Grupo de Trabalho Interministerial sobre Direitos Humanos, 22 de dezembro de 1975, AAS mre ag 1974.03.25, CPDOC/FGV.
[16] Posição do Brasil no tratamento internacional: A questão dos direitos humanos, n.d., AAS mre ag 1974.03.25, CPDOC/FGV.
[17] "Visita do secretário Vance: As relações com os Estados Unidos (direitos humanos e questão nuclear)", AAS mre be 1977.01.27, CPDOC/FGV.

questão, "o governo dos Estados Unidos não parece estar ainda plenamente consciente das implicações do novo peso brasileiro no sistema internacional (...) O Brasil está chegando a um *status* internacional distinto da mera independência formal. Levará tempo até que todos os setores da própria sociedade brasileira, quanto mais as outras nações, adaptem suas atitudes e seus esquemas mentais a essa nova situação".[18]

Em 1977, a primeira-dama norte-americana, Rosalynn Carter, visitou o Brasil e pressionou Geisel com relação aos direitos humanos. Segundo Elio Gaspari, Geisel ficou indignado por ter sido admoestado pela esposa de um presidente. Quando a sra. Carter contestou a questão dos direitos humanos no Brasil, a ata da reunião registra, com respeito à resposta de Geisel à primeira-dama: "[O presidente Geisel] continuou, relembrando um fato que caracteriza, melhor talvez do que qualquer outro, o respeito profundo do Brasil e dos brasileiros pelos direitos humanos: a ausência de preconceitos raciais e religiosos. O Brasil seria talvez realmente um exemplo para o mundo, com sua sociedade multirracial convivendo em harmonia. Com uma legislação que data de muitos anos e que pune severamente quaisquer tendências racistas. Um povo livre, enfim, e que respeita essas liberdades. A sra. Carter retrucou que nos Estados Unidos de fato permaneciam problemas dessa índole, embora muito tivesse sido feito em anos recentes para corrigi-los. Em vista do adiantado da hora, ambos lamentaram a impossibilidade de continuarem a discussão."[19]

A pressão vinda dos Estados Unidos afastou o Brasil. Naquele mesmo ano, quando o Congresso norte-americano começou a rever as condições dos direitos humanos como precondição para renovar os acordos militares com países estrangeiros, o governo de Geisel cancelou o acordo militar que tinha vigorado entre os dois países havia vinte anos. Gradativamente, o governo brasileiro começou a pôr fim em outros programas do governo norte-americano, como, por exemplo, a expulsão do Peace Corps. Outra entidade dos Estados Unidos excluída do Brasil foi a Inter-American Foundation (IAF). A IAF gastava anualmente 3,5 milhões de dólares financiando projetos sociais e culturais no Brasil, alguns dos quais em comunidades de descendentes de quilombolas ou relacionados de alguma maneira com relações raciais. A IAF foi expulsa por "criar tensões raciais no Brasil, por meio da mobilização de

---

[18] "Política externa brasileira: Características gerais e alguns aspectos regionais", AAS mre be 1977.01.27, CPDOC/FGV.

[19] Audiência concedida por Sua Excelência o Presidente Ernesto Geisel à senhora Carter, 7 de junho de 1977, EG pr 1974.03.18, f-0177, CPDOC/FGV. Elio Gaspari, *A ditadura encurralada*, 303.

grupos de brasileiros pretos" e "destinar recursos para atividades estranhas à cultura brasileira, ao transferir para o Brasil padrões de comportamento socioculturais alienígenas, que tendem a alterar o clima de tolerância racial aqui existente".[20] A expulsão da IAF enquadrou-se no padrão de hostilidade do governo brasileiro para com os projetos de ajuda norte-americana no Brasil em reação à pressão sobre a violação de direitos humanos. Mas ela se enquadrou também no padrão de defesa da democracia racial contra críticas estrangeiras e internas.

Em 1978, a agência brasileira de turismo Embratur pediu o apoio do Itamaraty para um evento que seria organizado no Brasil por uma agência de viagens dos Estados Unidos, e se chamaria Primeiro Festival Mundial da Diáspora Africana. O festival combinava atividades acadêmicas, culturais e artísticas e trazia afro-americanos para Salvador e o Rio de Janeiro com o propósito de vivenciar a cultura brasileira negra. O festival acabou sendo alvo de uma discussão entre Geisel e Silveira, que buscou autoridade para bloquear o apoio governamental. A Embratur apoiava o evento porque ele possivelmente contribuiria para aumentar o fluxo de turismo negro dos Estados Unidos. Mas Silveira argumentou que um evento sobre a "diáspora africana" era problemático: "Essa denominação indica que o festival se inspira numa visão do problema do negro que não se coaduna com as tradições da sociedade brasileira nem com a posição do governo. De fato, não aceitamos que seja aplicável aos brasileiros de raça negra o conceito de diáspora, o qual pertence, no seu sentido próprio, a uma tradição cultural e religiosa completamente distinta." Ele enfatizou as diferenças entre o Brasil e os Estados Unidos: "Nesse particular, as orientações brasileira e norte-americana certamente divergem, pois nossa sociedade está organizada não só em termos não discriminatórios, mas também de integração racial. Do ponto de vista político, não caberia apoiarmos iniciativas culturais desse tipo (...) [onde] sejam formuladas críticas à situação racial brasileira, do ponto de vista da 'emancipação' cultural negra."[21]

O fato de o conceito "diáspora africana" ser incompatível com a sociedade brasileira é curioso, mas significativo. Embora os diplomatas brasileiros na África tivessem elogiado as conexões do Brasil com o continente, o termo "diáspora africana" implica uma conexão entre povos de descendência africana por todos os países das Américas, sugerindo que eles compartilhavam

---

[20] "Roteiro para conversações presidenciais", AAS mre 1976.00.00, CPDOC/FGV.
[21] Informação para o senhor presidente da república, "Festival de Arte e Cultura Afro-Americana no Brasil", 19 de junho de 1978, AAS mre d 1974.03.26, vol. 34, CPDOC/FGV.

uma experiência que transcendia as fronteiras nacionais. Aqui residia a crítica de Silveira, já que ele e outros diplomatas e intelectuais brasileiros — e até o próprio Geisel quando recusou a solicitação dos Estados Unidos de "sargentos negros" — insistiam que os africanos estavam racial e culturalmente integrados na sociedade brasileira. Nesse sentido não havia negros no Brasil que não fossem brasileiros em primeiro lugar e não havia nenhum brasileiro que não fosse negro. Essa crítica espelhava aquela feita por Gilberto Freyre em 1963, quando declarou sobre os estudiosos da África e da diáspora: "Pretende-se até criar no Brasil uma figura que sociologicamente não existe: a do negro brasileiro. Um negro substantivamente negro e apenas adjetivamente brasileiro."[22]

Mudança e continuidade

No contexto da redemocratização do Brasil após 1985, tanto as relações raciais quanto a base para as relações com a África se modificaram. Embora durante as décadas de 1960 e 1970 tivesse havido pouca mobilização ou envolvimento político por parte de brasileiros negros com relação às políticas para a África, no final da ditadura um movimento político negro ganhou força desafiando a desigualdade racial e pressionando por mudanças nas políticas públicas, inclusive nas relações externas. Nos últimos anos da década de 1970, ativistas brasileiros negros se uniram em torno dos desafios à defesa da democracia racial do regime militar e passaram a defender uma redemocratização social e política mais ampla. Embora as energias desses ativistas estivessem a princípio voltadas para os desafios brasileiros, na década de 1990, a crescente consciência política negra expandiu-se e começou a estabelecer conexões entre sua própria luta por igualdade racial e o relacionamento do Brasil com a África.[23]

Depois da década de 1970, o significado de um conhecido discurso, "o Brasil tem uma dívida para com a África", deixou de ser uma expressão de gratidão para ser um reconhecimento do custo do comércio de escravos para os africanos, bem como o impacto da escravidão e da discriminação subsequente nos descendentes dos africanos no Brasil. O diplomata Rubens

---

[22] Gilberto Freyre, "'Africanologistas' excesso de glorificação da negritude", *O Cruzeiro*, 21 de dezembro de 1963, Artigos de Jornal de Gilberto Freyre, AJ-13, 1963–64, FGF.
[23] Alberti e Pereira, "Qual África?"; Alberto, "When Rio was *Black*". Veja também Mitchell, "Blacks and the *abertura democrática*"; González, "The Unified Black Movement"; e Skidmore, "Race and Class in Brazil".

Ricupero captou a mudança de atitude em 1986, quando, na Comissão de Relações Exteriores do Congresso, disse a respeito das relações do Brasil com a África: "A solução do nosso dilema africano passa por uma transformação do próprio Brasil. Acredito que enquanto a sociedade brasileira continuar a ser, como é hoje, dilacerada por desequilíbrios intoleráveis em matéria de distribuição da riqueza e da renda (...) será muito difícil conseguirmos nos alçar à compreensão dessa dívida que temos de resgatar (...) Tudo isso nos obriga a ter consciência de que há necessidade da transformação da própria sociedade brasileira, sobretudo para que essa sociedade e o governo ofereçam, enfim, à população de origem negra as condições para sua realização plena."[24] Em 2006, ele refletiu sobre aquela discussão, lembrando que: "Até hoje estou convencido disso, tenho dito muitas vezes, o Brasil (...) não vai conseguir pagar, porque é uma dívida impagável (...) Nós só poderíamos fazer alguma coisa quando começássemos a pagar essa dívida aqui, aos descendentes dos africanos, porque havia, como há até hoje, uma certa contradição inerente à nossa política."[25]

Na década de 1990, a militância negra, o reconhecimento crescente da desigualdade racial e mudanças na liderança política no Brasil se combinaram para provocar uma mudança nas políticas públicas relacionadas às questões raciais. A ideia de democracia racial foi substituída por uma compreensão de que o Brasil era profundamente desigual e que o Estado tinha um mandato para remediar essa desigualdade. O conflito entre a retórica antiga de democracia racial e a mobilização política negra contemporânea contra a desigualdade racial foi inadvertidamente enfatizada por Nelson Mandela quando visitou o Brasil, pouco depois de ter sido libertado. Mandela escandalizou os ativistas brasileiros negros, para quem sua luta contra o *apartheid* tinha sido uma inspiração, quando declarou sua intenção de fazer da África do Sul um país que se parecesse com o Brasil em termos de relações raciais. Um ativista resumiu essa reação: "Muitos torceram o nariz, pois estávamos no início do processo de demolição do perverso mito da democracia racial, que por muitos anos imobilizou a sociedade brasileira, impedindo um tratamento mais honesto das relações raciais e, sobretudo, punindo os negros."[26]

---

[24] Câmara dos Deputados, Brasil – Anais do *Simpósio Relações Brasil-África: Uma nova perspectiva*. Brasília: Centro de Coordenação de Publicações, 1986, 108.
[25] Entrevista com Rubens Ricupero, 26 de julho de 2006.
[26] Dulce Maria Pereira, "Mandela é referência para afro-brasileiros", *Folha de S.Paulo*, 30 de maio de 1999, I-25; Penna Filho, "África do Sul e Brasil", 71.

O presidente Fernando Henrique Cardoso (1994-2002) foi o primeiro líder nacional a reconhecer a existência da desigualdade racial e a promulgar políticas orientadas para promover a integração. Semelhante às afirmações anteriores sobre democracia racial, as novas iniciativas sobre integração no Brasil eram muitas vezes projetadas contra um pano de fundo africano. Por exemplo, em 2000, Fernando Henrique aproveitou uma visita do presidente Thabo Mbeki, da África do Sul, para se descrever com "um pé na cozinha" e para afirmar que "o Estado brasileiro ainda tem muito a fazer para assegurar que a maioria da população negra tenha acesso pleno aos benefícios do processo de democratização dos direitos e garantias sociais", e que "reparar o mal causado por séculos de opressão, preconceito e discriminação é uma obrigação do Estado".[27] Coerentemente com essas afirmações, o governo de Fernando Henrique usou a Conferência Mundial contra Racismo da ONU, realizada em Durban, África do Sul, em 2001, como palco para a introdução de uma cota racial e políticas de ação afirmativa nas contratações do setor público e no acesso às universidades.

As novas políticas incluíam um programa de bolsas para candidatos negros frequentarem o Instituto Rio Branco, o instituto de treinamento de diplomatas. Quando o programa de bolsas foi criado, em 2002, Fernando Henrique criticou a "notável falta de diversidade" do Itamaraty e chamou o corpo diplomático de "monocromático".[28] No começo do governo de Luiz Inácio da Silva — o Lula —, em 2003, o governo federal e muitos governos municipais e estaduais já estavam introduzindo cotas e programas de ação afirmativa por todo o Brasil. Foram também criados alguns postos específicos no governo — tais como a Secretaria Especial de Políticas de Promoção da Igualdade Racial da Presidência (Seppir) — para tratar das relações raciais.

Em 2003, o Congresso Nacional aprovou a Lei 10.639, que obriga as escolas públicas e privadas a ensinar a "história da África e dos africanos, a luta dos negros no Brasil, a cultura negra brasileira e o negro na formação da sociedade nacional, resgatando a contribuição do povo negro nas áreas social, econômica e política pertinentes à História do Brasil".[29] Assim como a representação da história negra nos livros didáticos raramente ia

---

[27] Daniela Nahass, "FHC se define novamente como mestiço", *Folha de S.Paulo*, 14 de dezembro de 2000, A-13.
[28] "FHC elogia bolsas a negros e critica diplomacia do país", *Folha de S.Paulo*, 22 de novembro de 2002, A-10.
[29] Lei 10.639, 9 de janeiro de 2003, altera a Lei nº 9.394, de 20 de dezembro de 1996.

além das representações mais estereotipadas e românticas da escravidão e das relações raciais, o ensino sobre a África tinha sido quase inexistente. O continente tinha sido caracterizado simplesmente como um lugar de onde os escravos brasileiros tinham vindo e onde o colonialismo europeu tinha sido praticado; e os brasileiros negros tinham sido representados como pessoas manipuladas por brasileiros brancos. Pelo menos no papel, a nova lei significou uma mudança, mas ficou claro que sua implementação seria difícil. Embora, em 2008, o MEC e a Seppir já tivessem oferecido treinamento curricular a 44 mil professores, essas instituições reconheceram que a lei tinha tido pouco resultado e estavam se preparando para relançar o currículo. Um dos técnicos do MEC responsável pelo currículo reconheceu: "Só algumas escolas públicas, em razão de professores interessados, adotaram a lei. As particulares nem sequer discutiram a temática (...) Alunos negros não conseguem se ver na escola, já que não existe nada que os identifique."[30] Embora a lei tenha tido dificuldade em sair do papel, sua presença foi um sinal da mudança na área de relações raciais do Brasil, uma mudança que reconhecia a desigualdade como uma característica nacional e o Estado como o instrumento capaz de remediá-la.

Em meio a essa mudança, as relações brasileiras com a África ressurgiram durante a presidência de Lula. Entre 2003 e 2009, o presidente fez oito viagens a nações africanas, incluindo Angola, Moçambique, Nigéria, São Tomé e África do Sul. Essas viagens tiveram início no começo de seu mandato, posto que ele buscava reivindicar um papel de líder mundial dos povos e nações pobres. Os objetivos de Lula e o papel da África em seu projeto político não só ecoaram a Política Externa Independente de Jânio Quadros, como reacenderam a abordagem à política externa desenvolvida pelo regime militar na década de 1970. Na viagem para a África, Lula declararia que "o século XIX foi da Europa, o século XX dos Estados Unidos e o século XXI tem de ser do Brasil e dos países africanos".[31] A mudança na política interna repetia as políticas externas do passado.

Ao definir o Brasil como um líder entre as nações pobres, o governo de Lula buscava apoio para a obtenção de um assento permanente no Conselho de Segurança das Nações Unidas, bem como influência nas negociações comerciais mundiais. Em parte, Lula também cultivou uma imagem de líder

---

[30] Cíntia Acayaba, "África esquecida: Colégios ignoram lei que obriga ensino da cultura afro", *Folha de S.Paulo*, 27 de outubro de 2008, C-5; Eduardo Scolese, "Movimento negro cobra de secretaria 'efeitos práticos'", *Folha de S.Paulo*, 31 de janeiro de 2008, A-6.
[31] Scolese e Nossa, *Viagens com o presidente: Dois repórteres no encalço de Lula do Planalto ao exterior*, 107.

na África para contrabalançar o desaponto que suas políticas econômicas conservadoras e as reformas limitadas realizadas por seu governo tinham causado a seus partidários no Brasil. Finalmente, a renovada iniciativa com relação à África tinha como objetivo reconstruir os mercados de exportação que tinham se deteriorado nas décadas anteriores. Durante suas visitas, Lula anunciou o cancelamento das dívidas que os governos da Nigéria e de Moçambique tinham com o Brasil e a renegociação das dívidas de Angola e Gana.[32] Em sua primeira viagem a Angola, em 2003, ele falou sobre a necessidade de pagar a "dívida política, moral e histórica do Brasil com a África" e prometeu pôr fim às tarifas para importações do Brasil feitas pelos países pobres, a começar por Angola.[33]

A arquitetura renovada das relações do Brasil com a África dependia das viagens frequentes do presidente, do retorno por parte das entidades estatais brasileiras aos projetos em países africanos e de uma intensificação das exportações comerciais e dos investimentos. A expansão das operações de duas agências estatais em 2008 caracteriza esse relacionamento. A Embrapa, instituto de pesquisa agrícola aplicada, abriu um escritório em Acra, Gana, para divulgar a "tecnologia tropical" brasileira na agricultura para as nações africanas. A Fiocruz, que promove pesquisas biomédicas e nas ciências sociais e produz medicamentos genéricos, abriu um escritório em Maputo, Moçambique, e estava construindo uma fábrica de produtos farmacêuticos para produzir medicamentos genéricos, inclusive drogas antirretrovirais.[34]

Como ocorreu na década de 1970, onde o governo entrava, os negócios seguiam. Entre 1997 e 2007, o valor combinado de importações e exportações aumentou de 3,5 bilhões de dólares para entre 15 e 20 bilhões, naquilo que a *Folha de S.Paulo* chamou de "febre da África".[35] O comércio refletiu a venda de bens industriais de alto valor, tais como os jatos da Embraer, bens de consumo como os jeans Ellus e a *fast food* vendida pelas franquias do Bob's, bem como a programação televisiva da Globo.[36] Além da venda de mercadorias, as companhias que forneciam construção, engenharia e

---

[32] "País perdoou menos dívidas que o anunciado", *Folha de S.Paulo*, 25 de dezembro de 2008, A-6, 35.
[33] Eliane Cantanhêde, "Lula anuncia 'imposto zero' para os produtos angolanos", *Folha de S. Paulo*, 4 de novembro de 2003, A-4.
[34] MFAN, "Brasil e África", 3 de junho de 2008, 14, 18, AHI.
[35] Janaína Lage, "Comércio dobra e empresas vivenciam 'febre da África'", *Folha de S.Paulo*, 16 de setembro de 2007; MFAN, "Brasil e África", 3 de junho de 2008, B-13, AHI.
[36] "Prateleiras africanas incluem de comida a livros brasileiros", *Folha de S.Paulo*, 16 de setembro de 2007, B-18.

serviços técnicos desde a década de 1970, incluindo a Petrobras, levaram um número crescente de engenheiros e técnicos brasileiros para países em todo o continente africano.[37] Como explicou o presidente da mineradora Vale: "A África é marcada por regimes instáveis, conflitos armados e outras formas de violência, problemas sanitários significativos e imensa pobreza. Mas é também uma das poucas fronteiras naturais ainda abertas para a expansão de negócios em setores como petróleo, gás e mineração."[38] Entre os meios que o governo brasileiro utilizou para expandir esse mercado está a assinatura de um acordo ortográfico entre países de língua portuguesa em 2007. A linguagem padronizada entre Brasil, Portugal, Angola, Moçambique, Guiné-Bissau e São Tomé e Príncipe contribuiu para facilitar a venda nesses países da mídia impressa e televisiva, especialmente livros escolares e programação educacional. Essas conexões educacionais incluem bolsas para que estudantes da África de língua portuguesa — especialmente Angola — possam estudar no Brasil. [39]

Este livro foi pesquisado e escrito em um momento em que a era de ouro das relações com a África estava sendo reacendida. Será que isso significa que as conexões cultivadas nas décadas de 1960 e 1970 finalmente deram fruto? Ou foi apenas mais um ciclo de políticas internas e oportunidade econômica internacional? Há uma diferença e também uma semelhança entre o passado e o presente que talvez possam conter a resposta para essas perguntas. A diferença é o grau de mobilização social e política a favor da integração racial no Brasil à época em que este livro foi escrito, o que reflete uma mudança rápida e quase inimaginável nas maneiras em que os brasileiros imaginam sua sociedade, a natureza das relações raciais e o papel do Estado.

A semelhança reside na natureza da execução das políticas públicas — embora a pressão popular tenha resultado em uma lei federal obrigando o ensino de temas africanos ou relacionados com brasileiros negros, essa pressão não foi capaz de colocar essa lei em prática. Da mesma maneira, a política externa brasileira para a África no começo do século XXI ainda

---

[37] "Falta de infraestrutura abre espaço a construtoras do país", *Folha de S.Paulo*, 16 de setembro de 2007, B-18; "Brasileiros buscam salário alto e desafios", *Folha de S.Paulo*, 16 de setembro de 2007, B-18.
[38] "Petrobrás e Vale entram em corrida por reservas", *Folha de S.Paulo*, 16 de setembro de 2007, B-18.
[39] MFAN, "Brasil e África", 3 de junho de 2008, p. 14, AHI.

parecia desconectada: restrita ao simbolismo sobre relações raciais no Brasil e sobre o papel que o Brasil deseja desempenhar no mundo e no comércio.

Em maio de 2005 fiz minha primeira viagem até os arquivos do Itamaraty em Brasília. No meu primeiro dia, conversei com os arquivistas sobre minha pesquisa e um deles sugeriu: "Sabe, hoje é o Dia da África. Vai haver um evento no auditório." Eu nunca tinha ouvido falar do Dia da África, mas aceitei o convite. O evento simbolizou a abstração que a África significava para o Brasil. Quase não havia brasileiros presentes, a não ser os organizadores do evento e da secretária da Seppir, Matilde Ribeiro, que o presidia. Vários diplomatas africanos servindo em Brasília falaram. O público consistia de várias centenas de jogadores de futebol adolescentes, que estavam participando da Copa Júnior de Futebol da Comunidade de Países de Língua Portuguesa. Tirados rapidamente do campo e ainda em seus uniformes, os jovens atletas de Brasil, Portugal, Angola, Moçambique e outras antigas colônias portuguesas faziam o possível para ficarem acordados e com uma atitude respeitosa até o embaixador nigeriano começar a falar. Os adolescentes, inquietos, não conseguiram conter o riso com o português hesitante do diplomata.

Desde os "mercenários" refugiados no Rio de Janeiro até os adolescentes no Dia da África, as conexões entre o Brasil e a África permanecem. Mas os padrões do passado ainda se refletem no presente e a África ainda é uma abstração no Brasil, uma tela sobre a qual as aspirações nacionais e os valores raciais brasileiros foram representados. Essa tela é significativa em virtude do entendimento de que todos os brasileiros compartilham uma herança africana. Essa conexão foi invocada pelo presidente Fernando Henrique Cardoso quando, de pé ao lado do presidente Mbeki, descreveu seu "pé na cozinha". Por outro lado, a conexão foi invocada para o presidente Lula em sua segunda viagem à África em um intercâmbio resumido por um repórter da *Folha de S.Paulo* que viajava com ele: "O presidente Lula conversou ontem com brasileiros que vivem em Cabo Verde sobre a partida de anteontem entre o Corinthians e o Cruzeiro (...) A cena aconteceu depois de o presidente visitar a Biblioteca Nacional de Praia, a capital do país. Durante a visita, um casal conversava sobre quanto ele havia mudado. 'O Lula está branco', comentou o brasileiro Wilson Alexandre. 'Mas ele é branco', respondeu a cabo-verdiana Leni. 'Não. Ele é o primeiro presidente negro do Brasil', retrucou o brasileiro. 'Então embranqueceu', disse Leni. Depois de alguns segundos em silêncio, Alexandre concluiu: 'Ele não toma mais sol.

Deve ser o ar-condicionado do gabinete."[40] O "pé na cozinha" de Fernando Henrique e o "ar-condicionado" de Lula são diferentes e, no entanto, são a mesma coisa. São diferentes no sentido de que Fernando Henrique, em um determinado momento professor de sociologia, podia invocar sua ascendência negra em um exercício político como presidente, enquanto que Lula, que foi um metalúrgico vindo de uma família pobre, teve sua identidade racial atribuída e ganhou seu "diploma de brancura" ao se tornar presidente. No entanto, os dois exercícios em identidade racial brasileira são a mesma coisa: ambos tiveram a África como pano de fundo.

---
[40] "Lula conversa sobre futebol com brasileiros", *Folha de S.Paulo*, 30 de julho de 2004, A-8.

Abreviações

AHI	Arquivo Histórico do Itamaraty, Brasília e Rio de Janeiro
AHU	Arquivo Histórico Ultramarino, Lisboa
AN	Arquivo Nacional, Rio de Janeiro
ANTT	Arquivo Nacional Torre do Tombo, Lisboa
BL	Coleção de jornais da Biblioteca Britânica
CPDOC/FGV	Centro de Pesquisa e Documentação Histórica, Fundação Getulio Vargas
AAS	Coleção Antonio Azeredo da Silveira
EG	Coleção Ernesto Geisel
JM	Coleção Juracy Magalhães
NL	Coleção Francisco Negrão de Lima
OA	Coleção Oswaldo Aranha
APERJ	Arquivo Público do Estado do Rio de Janeiro
DOPS	Coleção do Departamento de Ordem Política e Social
FGF	Fundação Gilberto Freyre
FPV	Fundação Pierre Verger
MNE	Ministério dos Negócios Estrangeiros, Lisboa
NARA	U.S. National Archives and Records Administration (Arquivos Nacionais e Administração de Registros dos EUA)
VG	Videoteca Global/TV Globo

Bibliografia

Jornais

Afrique Nouvelle, Dacar, Senegal

Correio Braziliense, Brasília

Correio da Manhã, Rio de Janeiro

Daily Graphic, Acra, Gana

Daily Telegraph, Lagos, Nigéria

Daily Times, Lagos, Nigéria

Diário Carioca, Rio de Janeiro

Diário da Manhã, Lisboa

Diário de Luanda, Luanda, Angola

Diário de Notícias, Lisboa

Diário de Pernambuco, Recife, Brasil

Diário Popular, Lisboa

Diário Popular, São Paulo

Estado de S. Paulo, São Paulo

Evening News, Acra, Gana

Financial Times, Londres

Folha de S.Paulo, São Paulo

Fraternité Matin, Abidjã, Costa do Marfim

Gazeta Mercantil, São Paulo

Ghanaian Times, Acra

O Globo, Rio de Janeiro

Independent, Lagos, Nigéria

O Jornal, Rio de Janeiro

Jornal da Tarde, Rio de Janeiro

Jornal de Angola (também *Província de Angola*), Luanda

Jornal do Brasil, Rio de Janeiro

Jornal do Commercio, Rio de Janeiro

The New York Times, Nova York, Estados Unidos

Nigerian Morning Post, Lagos

Notícias, Maputo, Moçambique

Portugal Democrático, São Paulo

Pretoria News, Pretória, África do Sul

Le Soleil, Acra, Gana

Spark, Acra, Gana

Star, Joanesburgo

Sunday Times, Lagos, Nigéria

A Tarde, Salvador, Brasil

Times of Zambia, Lusaca

Tribuna da Imprensa, Rio de Janeiro

Última Hora, Rio de Janeiro

A Voz de Portugal, Rio de Janeiro

West African Pilot, Lagos, Nigéria

Livros e Artigos

Abegunrin, Olayiwola. *Nigerian Foreign Policy under Military Rule, 1966–1999*. Westport: Praeger, 2003.

Alberti, Verena, e Amilcar Araujo Pereira. "Entrevista com José Maria Nunes Pereira." *Estudos Históricos* 39 (2007), pp. 121-56.

_____."Qual África? Significados da África para o movimento negro no Brasil." *Estudos Históricos* 39 (2007), pp. 25-56.

Alberto, Paulina. "When Rio Was *Black*: Soul Music, National Culture, and the Politics of Racial Comparison in 1970s Brazil." *Hispanic American Historical Review* 89, nº 1 (2009), pp. 3-39.

Alden, Dauril. "Charles R. Boxer, 1904-2000." *Hispanic American Historical Review* 80, nº 4 (2000), pp. 945-49.

Alencastre, Amílcar. *Brasil, África e o futuro*. Rio de Janeiro: Laemmert, 1969.

Alencastro, Luiz Felipe de. *O trato dos viventes: Formação do Brasil no Atlântico Sul*. São Paulo: Nacional, 2000.

Almeida, Paulo Roberto de. *Formação da diplomacia econômica no Brasil: As relações econômicas internacionais no império*. São Paulo: Senac, 2001.

Amado, Jorge. *Tent of Miracles*. [1971] New York: Avon, 1988.

Amos, Alcione Meira, e Ebenezer Ayesu. "Sou brasileiro: história dos TaBom afro-brasileiros em Acra, Gana." *Afro-Ásia* 33 (2005), pp. 35-66.

Andrade, Mário de. "O mito lusotropical." *IstoÉ*, 19 de março de1980, pp. 46-7 [reimpressão].

Arinos, Afonso, Candido Mendes, e Fernando B. de Ávila. *Senghor em diálogo*. Rio de Janeiro: Instituto Brasileiro de Estudos Afro-Asiáticos, 1965.

Arinos de Melo Franco, Afonso. *Evolução da crise brasileira*. São Paulo: Nacional, 1965.

_____.*Planalto: Memórias*. Rio de Janeiro: José Olympio, 1968.

Arinos Filho, Afonso. *Atrás do espelho*. Rio de Janeiro: Record, 1994.

_____.*Diplomacia independente: Um legado de Afonso Arinos*. São Paulo: Paz e Terra, 2001.

Assis, J. Carlos de. *Os mandarins da república: Anatomia dos escândalos na administração pública, 1968-1984*. 7ª edição. São Paulo: Paz e Terra, 1984.

Azevedo, Fernando de. *Brazilian Culture: An Introduction to the Study of Culture in Brazil*. Nova York: Macmillan, 1950.

Azevedo, Thales de. *As elites de cor numa cidade brasileira: Um estudo de ascensão social*. Rio de Janeiro: Nacional, 1955.

Badji, Honore. "A política externa do Senegal e as relações com o Brasil: Da independência ao final da década de oitenta." Brasília: Universidade de Brasília, 2000.

Ball, George W. *The Past Has Another Pattern: Memoirs*. New York: W.W. Norton, 1982.

Bastos, Cristina, Miguel Vale de Almeida, e Bela Feldman-Bianco, orgs. *Trânsitos coloniais: Diálogos críticos luso-brasileiros*. Lisboa: Instituto de Ciências Sociais, 2002.

Bastos, João Pereira. *Angola e Brasil: duas terras lusíadas do Atlântico*. Lourenço Marques: Minerva, 1964.

Bender, Jeremy. *Angola under the Portuguese*. Berkeley: University of California Press, 1978.

Benzaquen de Araújo, Ricardo. *Guerra e paz: Casa-grande e senzala e a obra de Gilberto Freyre nos anos 30*. 2ª ed. São Paulo: Editora 34, 2005.

Bezerra de Menezes, Adolpho Justo. *O Brasil e o mundo ásio-africano*. Rio de Janeiro: GRD, 1960.

_____.*Ásia, África e a política independente do Brasil*. Rio de Janeiro: Zahar, 1961.

Birmingham, David. *The Decolonization of Africa*. Athens: Ohio University Press, 1995.

_____.*Portugal and Africa*. Athens: Ohio University Press, 1999.

_____.*A Concise History of Portugal*. 2ª ed. Cambridge: Cambridge University Press, 2003.

Borstelmann, Thomas. *The Cold War and the Color Line: American Race Relations in the Global Arena*. Cambridge: Harvard University Press, 2001.

Boxer, Charles. *Race Relations in the Portuguese Colonial Empire, 1415-1825*. Oxford: Oxford University Press, 1963.

_____.*The Portuguese Seaborne Empire, 1415-1825*. Nova York: Alfred A. Knopf, 1969.

Cardoso, Fernando Henrique, e Mário Soares. *O mundo em português*. São Paulo: Paz e Terra, 1998.

Carvalho, Delgado de. *África: Geografia social, econômica e política*. Rio de Janeiro: IBGE, 1963.

Carvalho, José Jorge de. *Inclusão étnica e racial no Brasil*. São Paulo: Attar, 2006.

Castelo, Cláudia. "O modo português de estar no mundo: O lusotropicalismo e a ideologia colonial portuguesa (1933-1961)" . Porto: Afrontamento, 1999.

Castro, Celso, e Maria Celina D'Araujo, orgs. *Dossiê Geisel*. Rio de Janeiro: FGV, 2002.

Castro Gomes, Ângela de. "O Brasil de JK." Rio de Janeiro: FGV, 2002.

Cervo, Amado Luiz, e Clodoaldo Bueno. *História da política exterior do Brasil*. 3ª ed. Brasília: UNB, 2008.

Cervo, Amado Luiz, e José Calvert de Magalhães. *Depois das caravelas: As relações entre Portugal e o Brasil, 1808-2000*. Lisboa: Instituto Camões, 2000.

Chilcote, Ronald, org. *Protest and Resistance in Angola and Brazil: Comparative Studies*. Los Angeles: Ucla, 1972.

Comitini, Carlos. *África arde*. Rio de Janeiro: Codecri, 1980.

Condé, Cláudia de Moraes Sarmento. *Antonio Olinto: O operário da palavra*. 2ª ed. Rio de Janeiro: UniverCidade, 2005.

Costa e Silva, Alberto da. *O vício da África e outros vícios*. Lisboa: Sá de Costa,

1989.

———.*Um rio chamado Atlântico: A África no Brasil e o Brasil na África*. Rio de Janeiro: UFRJ, 2003.

———.*Das mãos do oleiro: Aproximações*. Rio de Janeiro: Nova Fronteira, 2005.

Costa Pinto, Antonio. *O fim do império português: A cena internacional, a guerra colonial e a descolonização, 1961-1975*. Lisboa: Livros Horizonte, 2001.

Curtin, P.D. "'The White Man's Grave': Image and Reality, 1750-1850." *Journal of British Studies* 1, nº 1 (1961), pp. 94-110.

Curto, José C., e Renée Soulodre-La France, orgs. *Africa and the Americas: Interconnections during the Slave Trade*. Trenton: Africa World, 2005.

D'Adesky, Jacques Edgard. "Brasil-África: Convergência para uma cooperação privilegiada." *Estudos Afro-Asiáticos* 4 (1980), pp. 5-19.

———."Penetração brasileira na África Austral: Perspectivas políticas e entraves econômicos." *Estudos Afro-Asiáticos* 10 (1984), pp. 95-106.

———."Pluralismo étnico e multiculturalismo." *Afro-Ásia* 19-20 (2001), pp. 165-82.

Dantas, Beatriz Góis. *Vovó nagô e papai branco: Usos e abusos da África no Brasil*. Rio de Janeiro: Graal, 1988.

D'Araujo, Maria Celina, e Celso Castro. *Ernesto Geisel*. Rio de Janeiro: FGV, 1997.

D'Araujo, Maria Celina, Celso Castro, Carolina von der Weid, e Dora Rocha, *João Clemente Baena Soares: Sem medo da diplomacia*. Rio de Janeiro: FGV, 2006.

Dáskolos, Sócrates. *Um testemunho para a história de Angola: Do huambo ao huambo*. Lisboa: Vega, 2000.

Davidson, Basil. "Africa's Modern Slavery." *Harper's*, julho de 1954, pp. 56-64.

Dávila, Jerry. *Diploma de brancura: Política social e racial no Brasil, 1917-1945*. São Paulo: Unesp, 2006.

———."O comparativo e o transnacional nos estudos dos Estados Unidos e do Brasil." *Transit Circle: Revista brasileira de estudos americanos* 4 (2005).

Dávila, Jerry, e Zachary Morgan. "Since *Black into White*: Thomas Skidmore on Brazilian Race Relations." *Americas* 64, nº 3 (2008), pp. 409-23.

Dinges, John. *The Condor Years: How Pinochet and His Allies Brought Terrorism to Three Continents*. Nova York: New Press, 2005.

Dudziak, Mary K. *Cold War Civil Rights: Race and the Image of American Democracy*. Princeton: Princeton University Press, 2000.

Dulles, John W.F. *Castello Branco: O presidente reformador*. Brasília: UNB, 1983.

Dunn, Christopher. *Brutality Garden: Tropicalia and the Emergence of a Brazilian Counterculture*. Chapel Hill: University of North Carolina Press, 2001.

Dzidzienyo, Anani. "A África vista do Brasil." *Afro-Asia* 10-11 (1970), pp. 79-98.

_____."Brazil's View of Africa: 1." *West Africa*, 1972.

_____."Brazil's View of Africa: 2." *West Africa*, 1972.

_____."African (Yoruba) Culture and the Political Kingdom in Latin America." Texto apresentado na Conferência sobre Civilização Ioruba, Universidade de Ife, Nigéria, 1976.

_____."Activity and Inactivity in the Politics of Afro-Latin America." *SECOLAS Annals* 9 (1978).

_____."The African Connection and the Afro-Brazilian Condition." *Race, Class and Power in Brazil,* org. Pierre-Michel Fontaine Los Angeles: CAAS, 1985.

_____."Brazil." *International Handbook on Race and Race Relations*, org. Jay A. Sigler. Westport: Greenwood, 1987.

_____."Abdias do Nascimento as Metaphor." *The Afro-Brazilian Mind: Contemporary Afro-Brazilian Literary and Cultural Criticism*, org. Niyi Afolabi, Márcio Barbosa e Esmeralda Ribeiro pp. 35-44. Trenton: Africa World Press, 2007.

_____."Uma perspectiva africana continental." *Vivaldo da Costa Lima: Intérprete do Afro-Brasil*, org. Jefferson Bacelar e Cláudio Pereira. Salvador: Edufba, 2007.

_____."África e diáspora: Lentes contemporâneas, vistas brasileiras e afro-brasileiras." *A matriz africana no mundo*, org. Elisa Larkin Nascimento. São Paulo: Selo Negro, 2008.

Ferreira, Manuel Ennes. "Performance econômica em situação de guerra: O caso de Angola (1975-1992)." *África* 16-17, nº 1 (1993-94), pp. 135-56.

Fico, Carlos. *Inventando o otimismo: Ditadura, propaganda e imaginário social no Brasil*. Rio de Janeiro: FGV, 1997.

_____.*Como eles agiam: Os subterrâneos da ditadura militar*. Rio de Janeiro: Record, 2001.

Figueiredo, Antônio de. "A questão racial em Angola e Moçambique." *Política Externa Independente* 1, nº 3 (1966), pp. 40-56.

Flecha de Lima, Paulo Tarso. "Diplomacia e comércio: Notas sobre a política externa brasileira nos anos 70." *Sessenta anos de política externa brasileira*, org. José Augusto Guilhon Albuquerque, 219-37. São Paulo: Editora de Cultura, 1996.

Forrest, Tom. "Brazil and Africa: Geopolitics, Trade and Technology in the South Atlantic." *African Affairs* 81, nº 322 (1982), pp. 3-20.

Freyre, Gilberto. *Casa-grande e senzala: Formação da família brasileira sob o regime de economia patriarcal*. Rio de Janeiro: Maia e Schmidt, 1933.

_____.*Sobrados e mucambos: Decadência do patriarcado rural no Brasil*. São Paulo: Nacional, 1936.

_____.*O mundo que o português criou*. Rio de Janeiro: José Olympio, 1940.

_____.*Um brasileiro em terras portuguesas: Introdução a uma possível luso-tropicologia, acompanhada de conferências e discursos proferidos em Portugal e em terras lusitanas e ex-lusitanas da Ásia, África e do Atlântico*. Rio de Janeiro: José Olympio, 1953.

_____.*New World in the Tropics: The Culture of Modern Brazil*. Nova York: Alfred A. Knopf, 1959.

_____.*The Portuguese and the Tropics: Suggestions Inspired by the Portuguese Methods of Integrating Autochthonous Peoples and Cultures Differing from the*

European in a New, or Luso-Tropical Complex of Civilization. Lisboa: Comitê Executivo para a Comemoração do 5º Centenário da Morte do Príncipe Henrique, o Navegador, 1961.

———.*Portuguese Integration in the Tropics*. Lisboa: Comitê Executivo para a Comemoração do 5º Centenário da Morte do Príncipe Henrique, o Navegador, 1961.

———."Brasil na face das Áfricas negras e mestiças." *Portugal na África: Revista de Cultura Missionária* 23 (1966).

———.*Uma cultura ameaçada: A luso-brasileira*. Recife: Gabinete Português de Leitura de Pernambuco, 1989.

———.*Aventura e rotina: Sugestões de uma viagem à procura de constantes portuguesas de caráter e ação*. Rio de Janeiro: Topbooks, 2001.

Frota, Sylvio. *Ideais traídos*. Rio de Janeiro: Zahar, 2006.

Fry, Peter. "*Gallus Africanus est*, ou como Roger Bastide se tornou africano no Brasil." *Revisitando a terra de contrastes: A atualidade da obra de Roger Bastide*, org. Olga R. de Moraes von Simon. São Paulo: USP/FFLCH, 1986.

———."Duas estórias e uma parábola: Uma experiência de cooperação Brasil-África." *O Brasil na virada do século: O debate dos cientistas sociais*, org. Glaucia Villas Bôas e Marco Antônio Gonçalves. Rio de Janeiro: Relume Dumará, 1995.

———.*A persistência da raça*. Rio de Janeiro: Civilização Brasileira, 2005.

———,org. *Moçambique: Ensaios*. Rio de Janeiro: UFRJ, 2001.

Funk, Ray. "In the Battle for Emergent Independence: Calypsos of Decolonization." *Anthurium: A Caribbean Studies Journal* 3, nº 2 (2005).

Gaines, Kevin K. *African Americans in Ghana: Black Expatriates and the Civil Rights Era*. Chapel Hill: University of North Carolina Press, 2006.

Galvão, Henrique. *Angola (para uma nova política)*. Lisboa: Livraria Popular Francisco Franco, 1937.

Garcia, Eugênio Vargas. *Cronologia das relações internacionais do Brasil*. Rio de Janeiro: Contraponto, 2005.

Gaspari, Elio. *A ditadura escancarada*. São Paulo: Nacional, 2002.

———. *A ditadura derrotada*. São Paulo: Companhia das Letras, 2003.

———. *A ditadura encurralada*. São Paulo: Companhia das Letras, 2004.

———. *A ditadura envergonhada*. São Paulo: Companhia das Letras, 2004.

Gérard, A.S., org. *European-Language Writing in Sub-Saharan Africa*. Budapeste: John Benjamins, 1986.

Gibson Barboza, Mário. *Na diplomacia, o traço todo da vida*. 2ª ed. Rio de Janeiro: Francisco Alves, 2002.

Gilroy, Paul. *The Black Atlantic: Modernity and Double Consciousness*. Cambridge: Harvard University Press, 1993.

Gleijeses, Piero. *Conflicting Missions: Havana, Washington and Africa, 1959-1976*. Chapel Hill: University of North Carolina Press, 2002.

Gomes da Costa, Antonio. *O homem português e o Brasil*. Rio de Janeiro: Nórdica, 1998.

———. *A brasilidade dos portugueses*. Rio de Janeiro: Nórdica, 2002.

Gonçalves, Williams da Silva. "O realismo da fraternidade: As relações Brasil-Portugal no governo Kubitschek." São Paulo: Universidade de São Paulo, 1994.

Gonzalez, Lélia. "The Unified Black Movement: A New Stage in Black Political Mobilization." *Race, Class and Power in Brazil*, org. Pierre-Michel Fontaine. Los Angeles: CAAS, 1985.

Goulart, João. *Mensagem ao Congresso Nacional, remetida pelo presidente da República na abertura da sessão legislativa de 1963*. Brasília: Imprensa Nacional, 1963.

Green, James. *Beyond Carnival: Male Homosexuality in Twentieth-Century Brazil*. Chicago: University of Chicago Press, 2001.

Guerra, Jacinto. *JK, triunfo e exílio: Um estadista brasileiro em Portugal*. Brasília: Thesaurus, 2005.

Guimarães, Antonio Sérgio. "Racial Democracy." *Imagining Brazil*, org. Jesse Souza e Valter Sinder. Nova York: Lexington, 2005.

———.*Preconceito racial: Modos, temas e tempos*. São Paulo: Cortez, 2008.

Guimarães, Edson. "Progresso técnico e exportações de manufaturados nos países em desenvolvimento: O caso brasileiro." *Estudos Afro-Asiáticos* 11 (1985), pp. 109-17.

Gusmão, Neusa Maria Mendes de. *Os filhos da África em Portugal: Antropologia, multiculturalidade e educação*. Belo Horizonte: Autêntica, 2005.

Harris, Marvin. "Raça, conflito e reforma em Moçambique." *Política Externa Independente* 1, nº 3 (1966), pp. 8-39.

Hernandez, Leila Leite. *A África na sala de aula: Visita à história contemporânea*. São Paulo: Selo Negro, 2005.

Hodges, Tony. *Angola: From Afro-Stalinism to Petro-Diamond Capitalism*. Bloomington: Indiana University Press, 2001.

Hollanda, Luiz Buarque de. *Pierre Verger: A Messenger between Two Worlds*. Synapse, 1998.

Hollinger, David A. "Amalgamation and Hypodescent: The Question of Ethnoracial Mixture in the History of the United States." *American Historical Review* 108, nº 5 (2003), pp. 1363-90.

Howes, Robert. "Damata, Gasparino." *Who's Who in Contemporary Gay and Lesbian History: From World War II to the Present Day*, org. Robert Aldrich. New York: Routledge, 2001.

Hurrell, Andrew. "The Politics of South Atlantic Security: A Survey of Proposals for a South Atlantic Treaty Organization." *International Affairs* 59, nº 2 (1983), pp. 179-83.

"A igualdade de raças no Brasil: Suas raízes históricas." *Cultura Política* 1, nº 1 (1941).

Iñiguez, Carlos Pinheiro. *Sueños paralelos: Gilberto Freyre y el lusotropicalismo: Identidad, cultura y política en Brasil y Portugal*. Buenos Aires: Latinoamericano, 1999.

Interbrás. *Interbrás, ficção e realidade: Resposta a "Os mandarins da república"*. Rio de Janeiro: Assessoria de Promoções da Interbrás, 1984.

Isfahani-Hammond, Alexandra. *White Negritude: Race, Writing and Brazilian Cultural Identity*. Nova York: Palgrave Macmillan, 2007.

Khadiagala, Gilbert M., e Terrence Lyons, orgs. *African Foreign Policies: Power and Process*. Boulder: Lynne Rienner, 2001.

Kissinger, Henry. *Years of Renewal*. Nova York: Simon and Schuster, 1999.

Krenn, Michael L., org. *The African American Voice in U.S. Foreign Policy since World War II*. Nova York: Garland, 1998.

Lacerda, Carlos. *Depoimento*. Rio de Janeiro: Nova Fronteira, 1977.

Lafer, Celso. "O Brasil e o mundo." *Brasil: Um século de transformações*, orgs. Paulo Sérgio Pinheiro, Jorge Wilheim e Ignacy Sachs. São Paulo: Companhia das Letras, 2003.

Latham, Michael. *Modernization as Ideology: American Social Science and Nation Building in the Kennedy Era*. Chapel Hill: University of North Carolina Press, 2000.

Le Bouler, Jean-Pierre. *Pierre Fatumbi Verger: Um homem livre*. Salvador: Fundação Pierre Verger, 2002.

Lechini, Gladys Teresita. "A política exterior argentina para a África no marco referencial da política africana do Brasil: O caso da África do Sul na década de 1990." São Paulo: Universidade de São Paulo, 2002.

Leitão da Cunha, Vasco. *Diplomacia em alto-mar: Depoimento ao CPDOC*. Rio de Janeiro: FGV, 1994.

Lesser, Jeffrey. *Welcoming the Undesirables: Brazil and the Jewish Question*. Berkeley: University of California Press, 1995.

———. *Negotiating National Identity: Immigrants, Minorities and the Struggle for Ethnicity in Brazil*. Durham: Duke University Press, 1999.

———. *A Discontented Diaspora: Japanese Brazilians and the Meanings of Ethnic Militancy, 1960-1980*. Durham: Duke University Press, 2007.

Lima, Vivaldo da Costa. *A família de santo nos candomblés Jejes-Nagôs da Bahia: Um estudo de relações intergrupais*. Salvador: Corrupio, 2003.

Lindsay, Lisa. "To Return to the Bosom of Their Fatherland": Brazilian Immigrants in Nineteenth-Century Lagos." *Slavery and Abolition* 15, nº 1 (1994), pp. 22-50.

Lins, Álvaro. *Missão em Portugal*. Rio de Janeiro: Civilização Brasileira, 1960.

Macedo, Márcio José de. "Abdias do Nascimento: Trajetória de um negro revoltado (1914-1968)." São Paulo: Universidade de São Paulo, 2005.

Madureira, Fernando Pinto. "As relações Brasil-África no contexto da política externa brasileira." PhD diss., Universidade de São Paulo, 1997.

Magalhães, José Calvet de. *Breve história das relações diplomáticas entre Brasil e Portugal*. São Paulo: Paz e Terra, 1999.

Magalhães, Juracy. *Minha experiência diplomática*. Rio de Janeiro: José Olympio, 1971.

Maio, Marcos Chor, e Ricardo Ventura Santos, orgs. *Raça, ciência e sociedade*. Rio de Janeiro: Fiocruz, 1996.

Martins, José Abílio Lomba. "Guiné-Bissau da década de 50 à atualidade." *Africana* 12, nº 5 (março de 1992), pp. 81-144.

———."África, comércio e desenvolvimento, I parte: O comércio mundial." *Africana* 12, nº 7 (1993), pp. 113-64.

———."Sistemas de colonização e conceitos de desenvolvimento, parte II: O debate sobre o desenvolvimento, os novos conceitos e os economistas." *Africana* 20, nº 13 (1999), pp. 13-149.

Marx, Anthony. *Making Race and Nation: A Comparison of the United States, South Africa and Brazil*. Nova York: Cambridge University Press, 1998.

Matory, J. Lorand. "The English Professors of Brazil: On the Diasporic Roots of the Yoruba Nation." *Comparative Studies in Society and History* 41, nº 1 (1999), pp. 72-103.

———."The 'Cult of Nations' and the Ritualization of Their Purity." *South Atlantic Quarterly* 100, nº 1 (2001), pp. 171-205.

———.*Black Atlantic Religion: Tradition, Transnationalism, and Matriarchy in the Afro-Brazilian Candomblé*. Princeton: Princeton University Press, 2005.

Maxwell, Kenneth. *The Making of Portuguese Democracy*. Cambridge: Cambridge University Press, 1995.

Meira Mattos, Carlos de. *A geopolítica e as projeções do poder*. Rio de Janeiro: José Olympio, 1977.

Meira Penna, José Osvaldo. *Política externa: Segurança e desenvolvimento*. Rio de Janeiro: Agir, 1967.

Melo, Ovídio de Andrade. "O Reconhecimento de Angola pelo Brasil em 1975." Memórias ainda não publicadas, sem data.

Melo Filho, Murilo. *O milagre brasileiro*. Rio de Janeiro: Bloch, 1972.

Meriwether, James H. *Proudly We Can Be Africans: Black Americans and Africa, 1935-1961*. Chapel Hill: University of North Carolina Press, 2002.

Mitchell, Michael. "Blacks and the *abertura democrática*." *Race, Class and Power in Brazil*, org. Pierre-Michel Fontaine. Los Angeles: CAAS, 1985.

Monteiro, John M. "Raças de gigantes: Mestiçagem e mitografia no Brasil e na Índia Portuguesa." *Trânsitos coloniais: Diálogos críticos luso-brasileiros*, org. Cristina Bastos, Miguel Vale de Almeida e Bela Feldman-Bianco, pp. 227-50. Lisboa: Instituto de Ciências Sociais, 2002.

Moore, Carlos. *Castro, the Blacks and Africa*. Los Angeles: CAAS, Ucla, 1988.

Moraes, Marieta de. "Entrevista com Maria Yedda Linhares." *Estudos Históricos* 5, nº 10 (1992), pp. 216-36.

Morais, Fernando. *Chatô: O rei do Brasil*. São Paulo: Círculo do Livro, 1994.

Morais, Vamberto. "Zimbabwe ou Rodésia?" *Política Externa Independente* 1, nº 3 (1966), pp. 57-63.

Motta, Roberto. "L'invention de l'Afrique dans le candomblé du Brésil." *Storia, antropologia e scienze del linguaggio* 9, nºs 2-3 (1994), pp. 65-85.

Mourão, Fernando Augusto Albuquerque. "O século XIX como fator de decifração das relações Brasil-África." *Studia* 52 (1994), pp. 181-93.

Munteal, Oswaldo, Jaqueline Ventapane, e Adriano de Freixo. *O Brasil de João Goulart: um projeto de nação*. Rio de Janeiro: PUC-Rio, 2006.

"A voz do Senegal." *Política Externa Independente* 1, nº 3 (1966), pp. 172-90.

_____."O Brasil e as colônias portuguesas na África." *Política Externa Independente* 1, nº 3 (1966), pp. 191-202.

_____."O Brasil e o mundo africano." *Política Externa Independente* 1, nº 3 (1966), pp. 3-7.

Nascimento, Abdias do. *Sitiado em Lagos: Autodefesa de um negro acossado pelo racismo*. Rio de Janeiro: Nova Fronteira, 1981.

_____.*O Brasil na mira do pan-africanismo*. 2ª ed. Salvador: Edufba/Ceao, 2002.

Needell, Jeffrey. "Identity, Race, Gender, and Modernity in the Origins of Gilberto Freyre's Oeuvre." *American Historical Review* (1995), pp. 51-77.

Noer, Thomas. *Cold War and Black Liberation: The United States and White Rule in Africa, 1948-1968*. Columbia: University of Missouri Press, 1985.

Nórton de Matos, José Mendes Ribeiro. "A minha concepção do império português." *Boletim da Sociedade Luso-Africana*, nº 6 (1933), pp. 3-12.

Nunes, António Pires. *Angola, 1966-1974: Vitória militar no leste*. Lisboa: Tribuna da História, 2002.

Olinto, Antonio. *Brasileiros na África*. Rio de Janeiro: GRD, 1964.

_____.*The Water House*. Nova York: Carroll and Graf, 1985.

Oliveira, Henrique Altemani de. "Política externa brasileira e relações Brasil-África." São Paulo: Universidade de São Paulo, 1987.

Oliveira Lima, Manoel. *O movimento da independência, 1821-1822*. São Paulo: Melhoramentos, 1922.

Ortiz, José M. *Angola: Un abril como giron*. Havana: Política, 1979.

Paim, Rodrigo de Souza. "A política externa brasileira para a República de Angola." *Relações Internacionais no Mundo Atual* 5, nº 5 (2005), pp. 25-48.

Pallares-Burke, Maria Lúcia. *Gilberto Freyre: Um vitoriano nos trópicos*. São Paulo: Unesp, 2005.

Paulo, Heloisa. *"Aqui também é Portugal": A colônia portuguesa do Brasil e o salazarismo*. Coimbra: Quarteto, 2000.

Peixoto, Maria do Carmo de Lacerda, e Antônia Vitoria Aranha, orgs. *Universidade pública e inclusão social: Experiência e imaginação*. Belo Horizonte: UFMG, 2008.

Penna Filho, Pio. "África do Sul e Brasil: Diplomacia e comércio (1918-2000)." *Revista Brasileira de Política Internacional* 44, nº 1 (2001), pp. 69-93.

Penna Filho, Pio. "O Itamaraty nos anos de chumbo: O Centro de Informações do Exterior (Ciex) e a repressão no Cone Sul." *Revista Brasileira de Política Internacional*, 52, nº 2 (2009), pp. 43-62.

Penna Filho, Pio, e Antônio Carlos Moraes Lessa. "O Itamaraty e a África: as origens da política africana do Brasil." *Estudos Históricos* 39 (2007), 57-82.

Pereira, José Maria Nunes. "Os estudos africanos no Brasil e as relações com a África: Um estudo de caso: O Ceaa, 1973-1986." Universidade de São Paulo, 1991.

Peres, Damião. *Albino Souza Cruz: Uma vida, uma obra, um exemplo*. Lisboa: do Minho, 1961.

Petrus, Maria Regina. "Emigrar de Angola e imigrar no Brasil." Tese de mestrado. Universidade Federal do Rio de Janeiro, 2001.

Pinheiro, Letícia. "Brasil, Portugal e descolonização africana (1946-60)." *Contexto Internacional* 9 (1989), pp. 91-111.

_____."'Ao vencedor, as batatas': o reconhecimento da independência de Angola." *Estudos Históricos* 39 (2007), pp. 83-120.

Pinheiro, Paulo Sérgio, Jorge Wilhelm e Ignacy Sachs, orgs. *Brasil: Um século de transformações*. São Paulo: Companhia das Letras, 2003.

Pio Correia, Manuel. *O mundo em que vivi*. Rio de Janeiro: Expressão e Cultura, 1995.

Plummer, Brenda Gayle, org. *Window on Freedom: Race, Civil Rights and Foreign Affairs, 1945-1988*. Chapel Hill: University of North Carolina Press, 2003.

Quadros, Jânio. "Brazil's New Foreign Policy." *Foreign Affairs* 40, nº 1 (1961), pp. 19-27.

Quintais, Luís. *As guerras coloniais portuguesas e a invenção da história*. Lisboa: Ciências Sociais, 2000.

República, Presidência da. *Metas e bases para a ação de governo*. Brasília: IBGE, 1970.

Ribeiro, Claudio Oliveira. "Crise e castigo: As relações Brasil-África no governo Sarney." *Revista Brasileira de Política Internacional* 51, nº 2 (2008), pp. 39-59.

Rodrigues, José Honório. *Brazil and Africa*. Berkeley: University of California Press, 1965.

Rodrigues, Luís Nuno. *Salazar-Kennedy: A crise de uma aliança*. Lisboa: Notícias Editorial, 2002.

Romo, Anadelia. "Rethinking Race and Culture in Brazil's First Afro-Brazilian Congress of 1934." *Journal of Latin American Studies* 39 (2007), pp. 31-54.

Rui, Manuel. *Quem me dera ser onda*. Lisboa: Cotivia, 1991.

Sansone, Livio, Elisée Soumonni e Boubacar Barry, orgs. *Africa, Brazil and the Construction of Trans Atlantic Black Identities*. Trenton: Africa World Press, 2008.

Santana, Carlos. *Interbrás, ficção e realidade: Resposta a "Os mandarins da república."* Rio de Janeiro: Interbrás, 1984.

San Tiago Dantas, Francisco Clementino. *Política externa independente*. Rio de Janeiro: Civilização Brasileira, 1962.

Saraiva Guerreiro, Ramiro. *Lembranças de um empregado do Itamaraty*. São Paulo: Siciliano, 1992.

Schopen, Lynn, Hanna Newcombe, Chris Young e James Wert, orgs. *Nations on Record: United Nations General Assembly Roll-Call Votes (1946-1973)*. Oakville-Dundas: Canadian Peace Research Institute, 1975.

Scolese, Eduardo e Leonencio Nossa. *Viagens com o presidente: Dois repórteres no encalço de Lula do Planalto ao exterior*. Rio de Janeiro: Record, 2006.

Scott, James C. *Seeing like a State: How Certain Schemes to Improve the Human Condition Have Failed*. New Haven: Yale University Press, 1998.

Selcher, Wayne. *The Afro-Asian Dimension of Brazilian Foreign Policy*. Gainesville: University of Florida Press, 1974.

_____."Brazil in the International System, 1982-March 1983: The Supremacy of the International System." *Latin American and Caribbean Contemporary Record* 11 (1984), pp. 85-98.

_____."Dilemas políticos nas relações Brasil-África." *Estudos Afro-Asiáticos* 10 (1984), pp. 55-72.

_____."Uncertain Partners: South-South Trade between Brazil and Black Africa." *Managing International Development* 1, nº 1 (1984), pp. 7-23.

Seljan, Zora. *No Brasil ainda tem gente da minha cor?*. 2ª ed. Salvador: Prefeitura da Cidade de Salvador, 1978.

Simpósio relações Brasil-África: Uma nova perspectiva, org. Câmara dos Deputados. Brasília: Câmara dos Deputados, 1986.

Sita Gomes, José Manuel. "Estudantes na terra dos outros: A experiência dos universitários angolanos da Universidade Federal de Minas Gerais, Brasil." Universidade Federal de Minas Gerais, 2002.

Skidmore, Thomas E. *Politics in Brazil, 1930-1964: An Experiment in Democracy*. Oxford: Oxford University Press, 1967.

_____."Race and Class in Brazil: Historical Perspectives." *Race, Class and Power in Brazil*, org. Pierre-Michel Fontaine. Los Angeles: CAAS, 1985.

_____.*The Politics of Military Rule in Brazil, 1964-1985*. Nova York: Oxford University Press, 1988.

_____.*Black into White: Race and Nationality in Brazilian Thought*. 2ª ed. Durham: Duke University Press, 1993.

_____."Racial Mixture and Affirmative Action: The Cases of Brazil and the United States." *American Historical Review* 108, nº 3 (2003), pp. 1391-6.

_____."Raízes de Gilberto Freyre." *Gilberto Freyre em quatro tempos*, org. Ethel Volfzon, Claude Lepine Kosminsky e Cláudio Arêas Peixoto. São Paulo: Unesp, 2003.

Soares, Luiz Eduardo. *Meu casaco de general: Quinhentos dias no Front da Segurança Pública do Rio de Janeiro*. São Paulo: Companhia das Letras, 2000.

Sombra Saraiva, José Flávio. *O lugar da África: A dimensão atlântica da política externa brasileira (de 1946 a nossos dias)*. Brasília: UNB, 1996.

_____."A África e o Brasil: Encontros e encruzilhadas." *Ciências e Letras* 21-22 (1998), pp. 115-72.

_____."Política exterior do governo Lula: O desafio africano." *Revista Brasileira de Política Internacional* 45, nº 2 (2002), pp. 5-25.

Souto Maior, Luiz Augusto. "A diplomacia econômica brasileira no pós-guerra (1964-1990)." *Sessenta anos de política externa brasileira*, org. José Augusto Guilhon Albuquerque, pp. 267-96. São Paulo: Editora de Cultura, 1996.

Souza Dantas, Raymundo. *África difícil (missão condenada: diário)*. Rio de Janeiro: Nova Fronteira, 1965.

Soyinka, Wole. *Myth, Literature and the African World*. Cambridge: Cambridge University Press, 1976.

Spektor, Matias. *Kissinger e o Brasil*. Rio de Janeiro: Zahar, 2009.

Spínola, Antonio de. *Portugal e o futuro*. Rio de Janeiro: Nova Fronteira, 1974.

Spitzer, Leo. *Lives in between. Studies in Comparative World History*. Cambridge: Cambridge University Press, 1989.

_____.*Hotel Bolivia: Culture and Memory in a Refuge from Nazism*. Nova York: Hill and Wang, 1998.

Stepan, Alfred, org. *Authoritarianism in Brazil*. New Haven: Yale University Press, 1974.

Stockwell, John. *In Search of Enemies: A CIA Story*. New York: W. W. Norton, 1978.

Stoler, Ann Laura. *Carnal Knowledge and Imperial Power: Race and the Intimate in Colonial Rule*. Berkeley: University of California Press, 2002.

Taylor, Diana. *The Archive and the Repertoire*. Durham: Duke University Press, 2003.

Teixeira, Moema de Poli. *Negros na universidade: Identidade e trajetórias de ascensão social no Rio de Janeiro*. Rio de Janeiro: Pallas, 2003.

Teles dos Santos, Jocélio. *O poder da cultura e a cultura no poder: A disputa simbólica da herança cultural negra no Brasil.* Salvador: Edufba, 2005.

Telles, Edward. *Race in Another America: The Significance of Skin Color in Brazil.* Princeton: Princeton University Press, 2004.

Thomaz, Omar Ribeiro. *Ecos do Atlântico Sul: Representações sobre o terceiro império português.* Rio de Janeiro: UFRJ, 2002.

――――. "Tigres de Papel: Gilberto Freyre, Portugal e os países Africanos de língua oficial Portuguesa." *Trânsitos Coloniais: Diálogos críticos luso-brasileiros,* org. Cristina Bastos, Miguel Vale de Almeida e Bela Feldman-Bianco, pp. 39-64. Lisboa: Instituto de Ciências Sociais, 2002.

Toscano, Daniella Maria Barandier. "A influência do sistema Petrobras sobre a ação externa do governo de Ernesto Geisel." Tese de mestrado. Universidade de Brasília, 2004.

Verger, Pierre. *Verger-Bastide: Dimensões de uma amizade.* Rio de Janeiro: Bertrand Brasil, 2002.

――――. *Pierre Verger, repórter fotográfico.* Rio de Janeiro: Bertrand Brasil, 2004.

Vianna, Martha. *Uma tempestade como a sua memória: A história de Lia, Maria do Carmo Brito.* Rio de Janeiro: Record, 2003.

Vieira, Sérgio. "Vectores da política externa da Frente de Libertação de Moçambique." *Estudos Moçambicanos* 7 (1990), pp. 31-55.

Wiedmann, Luiz Felippe da S., org. *Brasil: Realidade e desenvolvimento.* Biblioteca do Exército. São Paulo: Editora e Sugestões Literárias, 1972.

Wright, Richard. *Black Power: A Record of Reactions in a Land of Pathos.* Nova York: Harper and Brothers, 1954.

Wright, Stephen, org. *African Foreign Policies.* Boulder: Westview, 1999.

Yergin, Daniel. *The Prize: The Epic Quest for Oil, Money and Power.* Nova York: Free Press, 1991.

Young, Cynthia. *Soul Power: Culture, Radicalism, and the Making of a U.S. Third World Left.* Duke University Press, 2006.

Editor responsável
Izabel Aleixo

Produção editorial
Mariana Elia

Revisão
Eduardo Carneiro
Eni Valentim Torres

Projeto gráfico
Priscila Cardoso

Diagramação
Trio Studio

Este livro foi impresso em agosto de 2011, pela EGB, para a Editora Paz e Terra. A fonte usada no miolo é Dante 11,5/14,5. O papel do miolo é offset 75g/m² e o da capa é cartão 250g/m².